実務解説

連結財務諸表作成と会計処理

太陽ASG有限責任監査法人［編著］

清文社

はじめに

有価証券報告書による企業開示においては、平成11年4月以降に開始する事業年度より連結財務諸表が主たる財務諸表として位置づけられるとともに連結情報中心の開示となっており、すでに十年を超える時が経過している。一方で、近年連結財務諸表の作成実務を取り巻く環境も変化してきており、連結財務諸表に関する基準や実務指針等に多くの改定が行われ、実務家を悩ませている。

また、連結財務諸表を作成するためには、グループ各社の財務諸表を合算するだけでなく、連結修正仕訳などの処理や注記情報の収集取りまとめなど、連結決算に係る多くの手続が必要である。正しい連結数値を求めるためには、連結修正に係る処理やその背景にある連結特有の考え方についての理解とアップデートが欠かせない。

こうした観点から本書では、できうる限り最新の基準や実務指針等に対応し、四半期連結財務諸表の作成に関する解説はもとより、平成22年4月以降に開始する事業年度より適用された、企業会計基準第16号「持分法に関する会計基準」(改正平成20年12月26日)、同第17号「セグメント情報等の開示に関する会計基準」(最終改正平成22年6月30日)、同第22号「連結財務諸表に関する会計基準」(最終改正平成23年3月25日)、同第25号「包括利益の表示に関する会計基準」(平成22年6月30日)などの会計基準や関連する実務指針に関する内容を織り込んだ。国際財務報告基準(IFRS)についても、執筆時点での情報を元に織り込んでいる。

また、連結財務諸表の作成手順について、連結決算の流れやその特徴、連結決算に必要な準備、連結精算表の作成方法等にも紙幅を割き、詳しく解説することにより、連結決算実務の習熟が浅い方においても本書に沿って実務を行っていただくことによって一巡の手続が完結できるように配慮した。

各章の解説においては、数値による具体的な設例を用いるとともに、考え方をできうる限り図表を用いてわかりやすく解説している。開示に関しても設例を提示してできるだけ理解しやすいように努めた。紙幅の関係上、すべてのケースを解説することはできないため、実務でより遭遇するケースの多い設例の解説を優先している点はご容赦いただきたい。

本書が広く連結財務諸表を作成される方、利用される方の双方の役に立ち、結果、連結財務諸表に対する理解の向上に寄与することを願う次第である。

本書は、太陽 ASG 有限責任監査法人において連結財務諸表監査の実務に携わっている公認会計士によって分担執筆・編集されているが、他に執筆・編集方針、校正等について鈴木教夫代表社員、新村実代表社員、高橋秀彰代表社員の協力を得た。

また、今回の企画をいただき、最終的な取りまとめにご尽力いただいた清文社の永見俊博氏に感謝申し上げる。

平成24年３月

太陽 ASG 有限責任監査法人
代表社員　**柳下　敏男**

目次

第1章 総論

第2章　連結財務諸表の作成手順

第3章 連結特有の会計処理

第4章　包括利益計算書

第5章　連結キャッシュ・フロー計算書の作成手順

第6章 注記その他の開示項目

第７章　四半期連結財務諸表

第8章　会社法における連結計算書類

資　料

索引　726

COLUMN

【凡例】

■法令等の略記

略　称	法令等
金商法	金融商品取引法
金商法施行令	金融商品取引法施行令
計規	計算書類規則
開示府令	企業内容等の開示に関する内閣府令
開示ガイドライン	企業内容等開示ガイドライン
連結財規	連結財務諸表規則
連結財規ガイドライン	連結財務諸表規則ガイドライン
四半期連結財規	四半期連結財務諸表規則
四半期連結財規ガイドライン	四半期連結財務諸表規則ガイドライン
中間連結財規	中間連結財務諸表規則ガイドライン
中間連結財規ガイドライン	中間連結財務諸表規則ガイドライン
連会	連結財務諸表に関する会計基準（企業会計基準第22号）
子会社等範囲適用指針	連結財務諸表における子会社及び関連会社の範囲の決定に関する適用指針（企業会計基準適用指針第22号）
連結範囲等重要性取扱い	連結の範囲及び持分法の適用範囲に関する重要性の原則の適用等に係る監査上の取扱い（監査・保証実務委員会報告第52号）
子会社等範囲 Q&A	連結財務諸表における子会社及び関連会社の範囲の決定に関する監査上の留意点についての Q&A
連結範囲等見直し取扱い	連結財務諸表における子会社及び関連会社の範囲の見直しに係る具体的な取扱い
会計処理の統一に関する当面の取扱い	親子会社間の会計処理の統一に関する当面の監査上の取扱い
会計処理の統一に関する当面の取扱い Q&A	「親子会社間の会計処理の統一に関する当面の監査上の取扱い」に関する Q&A
投資事業組合支配力基準等適用実務指針	投資事業組合に対する支配力基準及び影響力基準の適用に関する実務上の取扱い（実務対応報告第20号）
TMK 開示適用指針	一定の特定目的会社に係る開示に関する適用指針
在外子会社の会計処理に関する当面の取扱い	連結財務諸表作成における在外子会社の会計処理に関する当面の取扱い
資本連結実務指針	連結財務諸表における資本連結手続に関する実務指針（会計制度委員会報告第７号）
間接保有資本連結実務指針	株式の間接保有に係る資本連結手続に関する実務指針（会計制度委員会報告第７号追補）
持会	持分法に関する会計基準（企業会計基準第16号）
持分法適用関連会社会計処理当面の取扱い	持分法適用関連会社の会計処理に関する当面の取扱い（実務対応報告第24号）
持分法実務指針	持分法会計に関する実務指針（会計制度委員会報告第９号）
セグメント基準	セグメント情報等の開示に関する会計基準（企業会計基準第17号）

セグメント適用指針	セグメント情報等の開示に関する会計基準の適用指針（企業会計基準適用指針第20号）
キャッシュ・フロー基準	連結キャッシュ・フロー計算書等の作成基準
キャッシュ・フロー実務指針	連結財務諸表等におけるキャッシュ・フロー計算書の作成に関する実務指針（会計制度委員会報告第８号）
四半期会計基準	四半期財務諸表に関する会計基準（企業会計基準第12号）
四半期適用指針	四半期財務諸表に関する会計基準の適用指針（企業会計基準適用指針第14号）
企業結合会計基準	企業結合に関する会計基準（企業会計基準第21号）
事業分離等会計基準	事業分離等に関する会計基準（企業会計基準第７号）
企業結合等適用指針	企業結合会計基準及び事業分離等会計基準に関する適用指針（企業会計基準適用指針第10号）
純資産表示会計基準	貸借対照表の純資産の部の表示に関する会計基準（企業会計基準第５号）
純資産表示適用指針	貸借対照表の純資産の部の表示に関する会計基準等の適用指針（企業会計基準適用指針第８号）
外貨基準	外貨建取引等会計処理基準
外貨建実務指針	外貨建取引等の会計処理に関する実務指針（会計制度委員会報告第４号）
税効果会計基準	税効果会計に係る会計基準
連結税効果実務指針	連結財務諸表における税効果会計に関する実務指針（会計制度委員会報告第６号）
個別税効果実務指針	個別財務諸表における税効果会計に関する実務指針（会計制度委員会報告第10号）
包会	包括利益の表示に関する会計基準（企業会計基準第25号）
ストック・オプション基準	ストック・オプション等に関する会計基準（企業会計基準第８号）
金融商品会計基準	金融商品に関する会計基準（企業会計基準第10号）
金融商品実務指針	金融商品会計に関する実務指針（会計制度委員会報告第14号）
土地再評価Q&A	土地再評価差額金の会計処理に関するQ&A
遡及修正基準	会計上の変更及び誤謬の訂正に関する会計基準（企業会計基準第24号）
遡及修正適用指針	会計上の変更及び誤謬の訂正に関する会計基準の適用指針（企業会計基準適用指針第24号）
関連当事者適用指針	関連当事者の開示に関する会計基準の適用指針（企業会計基準適用指針第13号）

■条文等の略記例

会社法第31条第２項第３号……………………………………………会社法31②三
連結財務諸表に関する会計基準第７項⑵①………………………連会７⑵①
連結財務諸表における子会社及び関連会社の範囲の決定に関する
監査上の留意点についてのQ&A Q２ ……………………………子会社等範囲Q&A・Q２
外貨建取引等会計処理基準一２．⑴③ロ ………………………外貨基準一２．⑴③ロ

第 1 章

総論

1 連結財務諸表の目的と体系

1-1 連結財務諸表の目的

P ポイント

- 企業活動の多角化、国際化に伴い、企業グループによる経営が増加している。
- 個別財務諸表のみの開示では企業グループの経営実態を正確に把握できないため、連結財務諸表の開示制度が拡大されている。

1-1-1 グループ経営の進展

従来、わが国においては、単一の企業が必要な資源をすべて所有し、経営活動を行うケースが主流であった。しかし企業を取り巻く環境の変化に伴い、複数の企業からなる企業グループを単位として経営活動を行う企業が増加している。

その背景として、事業の多角化や国際化が進み、会社の新設または子会社化等により企業活動の拡大を図るケースが増加している。このような形式がとられる理由としては機動的な経営活動の展開及び諸外国を含む法制度への対応などが挙げられる。また、世界規模での競争の激化に伴い、既存企業間で経営統合により企業規模の拡大を図るケースが相次いでいるが、この際も持株会社制度を利用した連結グループの形成により規模を拡大するケースが多く見られる。

これらの流れに対して政府においても制度面における対応を強化し、各種の法令の新設・改正を行い、手続の簡素化、税負担の軽減をはかっている。

企業グループに関する法制・税制上の主な動き

・1997年…純粋持株会社制度の解禁
・1999年…株式交換・移転制度の導入
・2001年…会社分割制度、企業組織再編税制の創設
・2002年…旧商法における連結決算制度の導入、連結納税制度の創設
・2006年…新会社法の施行、組織再編税制の改正

1-1-2 連結グループ単位による情報の把握の重要性

個別財務諸表の限界

・連結グループ内の内部取引が含まれたまま開示される。
・子会社を利用した会計上の操作が行われる可能性がある。

企業が経営活動を行うにあたっては、単一の企業による経営形態と複数の企業からなる企業集団による経営形態が存在する。本来、経済的実態が実質的に同一であるならば、形態にかかわらず、企業の利害関係者に提供される会計情報についても実質的に同一であることが望ましい。

しかし、個別財務諸表を単位とした企業情報の開示のみで、企業集団の経営の実態を把握することは難しい。

個別財務諸表では企業集団内での販売・仕入活動等の営業取引、配当、固定資産の売却等のいわゆる内部取引が、各社の財務諸表に計上されることになる。しかし、企業集団単位で考えると、収益の実現や費用の発生が実質的に確定するのは、外部の第三者との取引が行われたときである。このため個別財務諸表のみでは、企業集団の財政状態や経営成績を正確に把握することが困難である。

親会社の個別財務諸表のみが開示対象とされている場合、親会社が子会社に対する支配関係を利用し、いわゆる押し込み販売による売上高の水増し等

で個別財務諸表の経営成績を実態よりよく見せることも可能である。さらに、実質的な支配関係は維持しつつも、企業内の業績不振の部門を子会社等に分離することで、個別財務諸表上は財政状態や経営成績を改善させたかのように見せかけることも可能である。個別財務諸表のみが開示された場合、このような会計上の操作が行われるおそれがある。

また、国際的にも連結での会計情報を重視するのが主流となっており、現在では連結情報中心による開示がなされている。

1-2 連結財務諸表を巡る諸概念

P ポイント

- 連結財務諸表作成の際には、連結グループ各社の個別財務諸表が一般に公正妥当と認められる企業会計の基準に準拠して作成される必要がある。
- 原則として、子会社は連結の対象とし、関連会社には持分法が適用される。

1-2-1 連結財務諸表作成の際における会計基準

連結財務諸表の作成目的

> 連結財務諸表は、支配従属関係にある2つ以上の企業からなる集団（企業集団）を単一の組織体とみなして、親会社が当該企業集団の財政状態、経営成績及びキャッシュ・フローの状況を総合的に報告するために作成するものである。
> （連会1）

連結財務諸表は企業集団の財政状態、経営成績及びキャッシュ・フローの状況を適正に開示し、投資家をはじめとする利害関係者の意思決定に資する情報を提供することを目的とする。

連結財務諸表の作成にあたっては、連結グループ各社の個別財務諸表を基礎とするが、個別財務諸表が適切な企業会計の基準によって作成されていなければ、適切な連結財務諸表を作成することが困難となる。よって、適切な基準によらない個別財務諸表がある場合には、原則として、連結手続を行う前にそれらの個別財務諸表を適切な基準に適合させるための修正を行う必要がある（ただし、連結財務諸表に重要な影響を与えないと認められる場合はこの限りではない。）。

1-2-2 連結と持分法

企業が経営活動において、投資を行う形態として、子会社とする場合と関連会社とする場合がある。いずれの場合も、企業の経営戦略の一環として投資が行われるという点は共通する。

親会社がある会社の意思決定機関を支配している場合には、子会社とされるのに対し、財務及び営業または事業方針の決定に対して重要な影響を与えるにとどまる場合には、関連会社とされる。また、持分の大きさの違いにより、子会社と関連会社の財政状態及び経営成績等が企業集団に及ぼす影響にも違いが生じる（それぞれの詳細な定義については、子会社は「第１章３−１−１子会社の判定」、関連会社は「第１章３−２−１関連会社の範囲の決定」参照）。

子会社と関連会社の比較

	子会社	関連会社
要件	意思決定機関の支配	財務・営業・事業の方針の決定に重要な影響を与える
適用される会計処理	連結	持分法
各科目の合算	資産・負債をすべて合算する	親会社に帰属する持分の変動を純額で投資勘定に反映する
親会社の持分の表示	総額表示	純額表示

そして、連結財務諸表に関する会計基準では連結財務諸表の作成にあたり、

原則として、子会社は連結の対象とし、関連会社は持分法を適用することとしている。

連結手続では親会社と子会社の資産、負債、収益及び費用を勘定科目ごとにすべて合算した上で連結修正仕訳を行い、連結財務諸表を作成する。親会社の子会社に対する持分は、連結財務諸表において総額で表示される。

一方、持分法では親会社が関連会社の資本及び損益のうち、親会社に帰属する持分の変動について、連結決算日ごとに連結貸借対照表では投資有価証券の計上額を修正し、連結損益計算書では「持分法による投資損益」として、関連会社の財政状態及び経営成績等を連結財務諸表に反映させる。このため、親会社の関連会社に対する持分は、連結財務諸表において純額で表示される。

連結または持分法のいずれの方法によっても、子会社または関連会社に対する親会社の持分の変動が連結財務諸表上に反映され、純資産及び純損益に与える影響は結果的には同じである。しかし、持分の変動が連結では総額で表示されるのに対し、持分法は純額で表示される点が異なる。このことから、連結は「完全連結」、持分法は「一行連結」とも呼ばれることもある。

1-3　連結財務諸表の体系

P ポイント

- 連結財務諸表は、「連結貸借対照表」、「連結損益計算書及び連結包括利益計算書」、「連結株主資本等変動計算書」、「連結キャッシュ・フロー計算書」及び「連結附属明細表」で構成される。
- 連結貸借対照表の作成時には親会社の投資と子会社の資本及び連結会社間の債権と債務が相殺消去される。
- 連結損益計算書の作成時には内部取引及び未実現損益を相殺消去する。

- 連結株主資本等変動計算書では純資産の変動状況が表示される。
- 連結キャッシュ・フロー計算書では営業活動・投資活動・財務活動の活動別にキャッシュ・フローを表示する。
- 連結附属明細表は、社債明細表、借入金等明細表及び資産除去債務明細表の3つについて明細を表示する。

1-3-1 連結貸借対照表

連結貸借対照表

> 連結貸借対照表は、親会社及び子会社の個別貸借対照表における資産、負債及び純資産の金額を基礎とし、子会社の資産及び負債の評価、連結会社相互間の投資と資本及び債権と債務の相殺消去等の処理を行って作成する。
> (連会18)

連結貸借対照表作成の際には、親会社による投資とこれに対応する子会社の資本を相殺消去する必要がある。これにより生じた投資と資本の差額は、のれんまたは負ののれんとして計上される。また、親会社の持分に帰属しない子会社の資本は、少数株主持分として計上される。

1-3-2 連結損益計算書及び連結包括利益計算書

連結損益及び包括利益計算書又は連結損益計算書及び連結包括利益計算書

> 連結損益及び包括利益計算書又は連結損益計算書及び連結包括利益計算書は、親会社及び子会社の個別損益計算書等における収益、費用等の金額を基礎とし、連結会社相互間の取引高の相殺消去及び未実現損益の消去等の処理を行って作成する。
> (連会34)

連結損益計算書作成の際には、連結会社間で行われた内部取引は相殺消去されるとともに、連結グループ外部への販売が行われていない棚卸資産等に含まれる未実現損益の消去が行われる。

また、国際的な会計基準のコンバージェンスの一環により、2011年3月期より包括利益の開示が義務付けられた。包括利益とは、ある企業の特定期間の財務諸表において認識された純資産の変動額のうち、当該企業の純資産に対する持分所有者との直接的な取引によらない部分をいう。包括利益は、少数株主損益調整前当期純損益にその他の包括利益を加減して作成される。その他の包括利益とは、包括利益のうち当期純利益及び少数株主損益に含まれない部分をいう。その他の包括利益に含まれる変動項目には、その他有価証券評価差額金、繰延ヘッジ損益、為替換算調整勘定等がある。開示にあたっては、1計算書方式（「連結損益及び包括利益計算書」により開示）と2計算書方式（「連結損益計算書」及び「連結包括利益計算書」に分けて開示）の2つの形式が定められており、継続適用を前提としてどちらの形式での作成も認められている。

1-3-3 連結株主資本等変動計算書

連結株主資本等変動計算書

> 株主資本等変動計算書は、貸借対照表の純資産の部の一会計期間における変動額のうち、主として、株主に帰属する部分である株主資本の各項目の変動事由を報告するために作成するものである。
> （株主資本等変動計算書に関する会計基準1）

連結株主資本等変動計算書は連結貸借対照表の純資産の部に含まれる各項目の期中の変動状況を開示するために作成され、株主に帰属する部分である株主資本の項目とその他の包括利益累計額の項目に区分して開示が行われる。

1-3-4 連結キャッシュ・フロー計算書

連結キャッシュ・フロー計算書

> 『キャッシュ・フロー計算書』は、一会計期間におけるキャッシュ・フローの状況を一定の活動区分別に表示するものであり、貸借対照表及び損益計算書と同様に企業活動全体を対象とする重要な情報を提供するものである。
> （キャッシュ・フロー基準二）

連結キャッシュ・フロー計算書は、連結グループ全体のキャッシュ・フローの状況を、事業目的とのかかわりに応じて、営業活動によるキャッシュ・フロー、投資活動によるキャッシュ・フロー及び財務活動によるキャッシュ・フローの３つの活動区分別に開示する。

キャッシュ・フローの区分

営業活動によるキャッシュ・フロー	投資活動によるキャッシュ・フロー	財務活動によるキャッシュ・フロー
・商品及び役務の販売による収入、商品及び役務の購入による支出等、営業損益計算の対象となった取引 ・投資活動及び財務活動以外の取引によるキャッシュ・フロー	・固定資産の取得及び売却、現金同等物に含まれない短期投資の取得及び売却等によるキャッシュ・フロー	・株式の発行による収入、自己株式の取得による支出、社債の発行・償還及び借入れ・返済による収入・支出等、資金の調達及び返済によるキャッシュ・フロー

（キャッシュ・フロー基準三３⑶、⑷、⑸）

1-3-5 連結附属明細表

連結附属明細表の種類

・社債明細表 ・借入金等明細表 ・資産除去債務明細表 （連結財規92）

連結附属明細表は社債明細表、借入金等明細表及び資産除去債務明細表の３つを作成することとされている。ただし、資産除去債務明細表については当連結会計年度末及び直前連結会計年度末における資産除去債務の金額がそれぞれの負債及び純資産の合計額の１％以下である場合には、作成を省略することができる（連結財規92の２）。

連結財務諸表の各表の関連

連結貸借対照表

資産の部		負債の部	
流動資産	×××	流動負債	×××
現金及び預金	×××	短期借入金	×××
		1年内償還予定の社債	×××
		資産除去債務	×××
固定資産	×××	固定負債	×××
有形固定資産	×××	社債	×××
無形固定資産	×××	長期借入金	×××
投資その他資産	×××	資産除去債務	×××
繰延資産		純資産の部	×××
		株主資本	×××
		その他の包括利益累計額	×××
		新株予約権	×××
		少数株主持分	×××

連結附属明細表

- 社債明細表
- 借入金等明細表
- 資産除去債務明細表

連結損益計算書

売上高	×××
売上原価	×××
売上総利益	×××
販売費及び一般管理費	×××
営業利益	×××
営業外収益	×××
営業外費用	×××
経常利益	×××
特別利益	×××
特別損失	×××
税金等調整前当期純利益	×××
法人税、住民税及び事業税	×××
法人税等調整額	×××
少数株主持分調整前当期純利益	×××
少数株主利益	×××
当期純利益	×××

連結株主資本等変動計算書

株主資本	×××
株主資本合計	×××
当期首残高	×××
当期変動額	×××
新株の発行	×××
剰余金の配当	×××
当期純利益	×××
自己株式の処分	×××
………………	×××
当期変動額合計	×××
当期末残高	×××
その他の包括利益累計額	×××
その他の包括利益累計額合計	×××
当期首残高	×××
当期変動額	×××
株主資本以外の項目の当期変動額(純額)	×××
当期変動額合計	×××
当期末残高	×××
少数株主持分	×××
当期首残高	×××
当期変動額	×××
剰余金の配当	×××
当期純利益	×××
………………	×××
当期変動額合計	×××
当期末残高	×××
純資産合計	×××
当期首残高	×××
当期変動額	×××
新株の発行	×××
剰余金の配当	×××
当期純利益	×××
自己株式の処分	×××
………………	×××
株主資本以外の項目の当期変動額(純額)	×××
当期変動額合計	×××
当期末残高	×××

連結包括利益計算書

少数株主持分調整前当期純利益	×××
その他の包括利益	×××
………………	×××
その他の包括利益合計	×××
包括利益	×××
(内訳)	×××
親会社株主に係る包括利益	×××
少数株主に係る包括利益	×××

連結キャッシュ・フロー計算書

営業活動によるキャッシュ・フロー	×××
税金等調整前当期純利益	×××
………………	×××
小計	×××
利息及び配当金の支払額	×××
利息の支払額	×××
損害賠償金の支払額	×××
法人税等の支払額	×××
営業活動によるキャッシュ・フロー	×××
投資活動によるキャッシュ・フロー	×××
………………	×××
投資活動によるキャッシュ・フロー	×××
財務活動によるキャッシュ・フロー	×××
………………	×××
財務活動によるキャッシュ・フロー	×××
現金及び現金同等物に係る換算差額	×××
現金及び現金同等物の増減額(△は減少)	×××
現金及び現金同等物の期首残高	×××
現金及び現金同等物の期末残高	×××

2 連結財務諸表と会計基準

2-1 金融商品取引法における連結開示制度

P ポイント

- 金融商品取引法では、連結財務諸表、四半期連結財務諸表、中間連結財務諸表の３つを上場の有無等の各社の状況に応じて開示する。
- 四半期連結財務諸表は、連結財務諸表に比べ、開示内容が簡素化されている。

2-1-1 連結財務諸表

連結財務諸表の構成要素

・連結貸借対照表
・連結損益計算書
・連結包括利益計算書
・連結株主資本等変動計算書
・連結キャッシュ・フロー計算書
・連結附属明細表
（連結財規１）

連結財務諸表と会計基準

【連結財務諸表の構成要素】（連結財規１）

- 連結貸借対照表
- 連結損益計算書
- 連結包括利益計算書
- 連結株主資本等変動計算書
- 連結キャッシュ・フロー計算書
- 連結附属明細表

【四半期連結財務諸表の構成要素】（四半期連結財規１）

- 四半期連結貸借対照表
- 四半期連結損益計算書
- 四半期連結包括利益計算書
- 四半期連結キャッシュ・フロー計算書

【中間連結財務諸表の構成要素】（中間連結財規１）

- 中間連結貸借対照表
- 中間連結損益計算書
- 中間連結包括利益計算書
- 中間連結株主資本等変動計算書
- 中間連結キャッシュ・フロー計算書

【会社法における連結計算書類の構成要素】（計規61）

- 連結貸借対照表
- 連結損益計算書
- 連結株主資本等変動計算書
- 連結注記表

連結貸借対照表では資産及び負債の期末残高が示されるが、これは企業の経営活動の最終的な成果のストックを示すものである。一方、連結損益計算書は経営活動のフローの状況を示すものであり、それによる最終的な純損益は連結貸借対照表の純資産の部に反映される。一方で、会計基準の改正により、連結損益計算書を経ることなく連結貸借対照表に反映される項目が増加している。このため、純資産の変動状況の明細書である連結株主資本等変動計算書を作成することで、連結貸借対照表と連結損益計算書の関係の明確化を図っている。

連結キャッシュ・フロー計算書については、営業活動によるキャッシュ・フローの表示方法について、主要な取引ごとに総額で表示を行う直接法と、税金等調整前当期純利益（損失）金額に調整項目を加減して表示を行う間接法の２通りの方法があるが、連結財規においては、いずれの方法も容認されている。

（連結財務諸表の様式については、708頁参照）

2-1-2 四半期連結財務諸表

四半期連結財務諸表の構成要素

・四半期連結貸借対照表
・四半期連結損益計算書
・四半期連結包括利益計算書
・四半期連結キャッシュ・フロー計算書
（四半期連結財規１）

四半期連結財務諸表の作成のために採用する会計方針は、継続性の観点から、四半期特有の会計処理を除き、原則として年度の財務諸表の作成にあたり採用する会計方針に準拠しなければならない。しかし、作成・開示の迅速化及び実務上の負担軽減の観点から、財務諸表の利用者の判断を誤らせない限り、簡便的な方法も認められる（四半期会計基準20）。なお、四半期連結財務諸表には、連結株主資本等変動計算書及び連結附属明細表は含まれない。

（四半連結財務諸表の様式については、719頁参照）

COLUMN

四半期報告制度の簡素化

平成23年4月1日以降に開始となる連結会計年度より、四半期報告制度の簡素化を目的として、四半期連結財務諸表規則の改正が行われている。

従来の四半期連結損益計算書は、四半期連結会計期間（1連結会計年度が3か月間を超える場合に、当該連結会計年度の期間を3か月ごとに区分した期間）と四半期連結累計期間（連結会計年度の期首から四半期連結会計期間の末日までの期間）の双方について四半期連結損益計算書を作成することになっていたが、今回の改正により、四半期連結会計期間の連結損益計算書の開示は任意とされた。

また、四半期連結キャッシュ・フロー計算書については、第1四半期及び第3四半期会計期間についての開示を省略することが可能となった。

2-1-3 中間連結財務諸表

中間連結財務諸表の構成要素

・中間連結貸借対照表
・中間連結損益計算書
・中間連結包括利益計算書
・中間連結キャッシュ・フロー計算書
・中間連結株主資本等変動計算書
（中間連結財規1）

中間連結財務諸表の作成が義務付けられている会社は、特定事業会社（銀行業・保険業等）及び上場会社以外の有価証券報告書提出会社である。2007年の四半期開示制度の導入により、上場会社が四半期連結財務諸表を開示することとなり、対象となる会社は大幅に減少している。

2-2 会社法における連結開示制度

ポイント

- 会社法では連結計算書類として連結財務諸表の開示が行われる。
- 連結包括利益計算書、連結キャッシュ・フロー計算書は開示の対象とはならない。

会社法における連結計算書類の構成要素

・連結貸借対照表
・連結損益計算書
・連結株主資本等変動計算書
・連結注記表
（計規61）

会社法における開示及び金融商品取引法における開示とも、利害関係者に対して情報を提供するという趣旨においては異なることはない。しかし、会社法における開示では、株主と債権者を中心とした利害関係者の保護という観点から個別の会社の財政状態を重視しており、分配可能額の計算も個別の会社を基準に行われるのが原則である。一方で企業活動がグループ単位で行われるのが主流となり、個別の会社の財政状態を知る上でも連結の情報の重要性が増している。これを踏まえ、企業集団に関する情報の充実という観点から、会社法においても連結開示制度が導入されている。

会社法の規定により、連結計算書類の作成が義務付けられている会社は、事業年度の末日で大会社（資本の額が５億円以上または負債の総額が200億円以上の会社）に該当する会社であって、かつ、金融商品取引法により有価証券報告書の提出が義務付けられている会社である（会社法444①③）。なお、それ以外の会社でも会計監査人設置会社は連結計算書類を任意で作成することができる。なお、連結包括利益計算書、連結キャッシュ・フロー計算書及び連結附属明細表は、会社法では開示の対象とはならない。

金商法及び会社法の連結の開示範囲をまとめると以下のとおりとなる。

連結の開示範囲

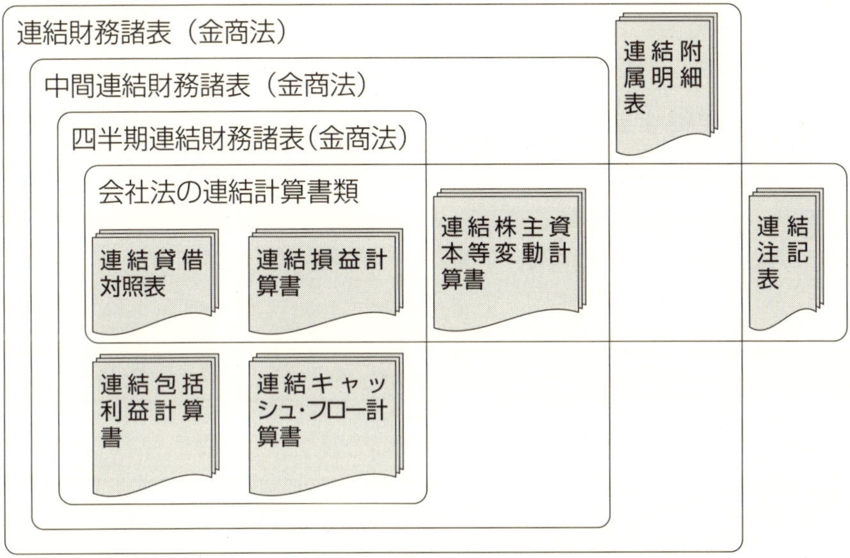

3 連結及び持分法の適用範囲の決定

3-1 連結子会社

連結の範囲の決定にあたっては、まず子会社の範囲を決定した上で各子会社を連結の範囲に含めるかを検討する。その流れは次頁の図のようになる。

3-1-1 子会社の判定

P ポイント

- 子会社の判定は、支配力基準で決定される。
- 議決権の過半数を所有している場合には、子会社とされる。
- 議決権割合が40%以上50%以下でも、支配関係が認められる場合には子会社とされる。
- 「緊密な者」「同意している者」の存在等により意思決定機関を支配している事実があれば、子会社とされる。

(1) **持株基準と支配力基準**

ある会社が他の会社を支配している場合には、当該会社が親会社とされ、当該他の会社が子会社とされる。支配関係の有無を決定するにあたっては持株基準と支配力基準の２つの考え方があるが、わが国の会計基準では支配力基準が採用されている。

連結の範囲の判定の流れ

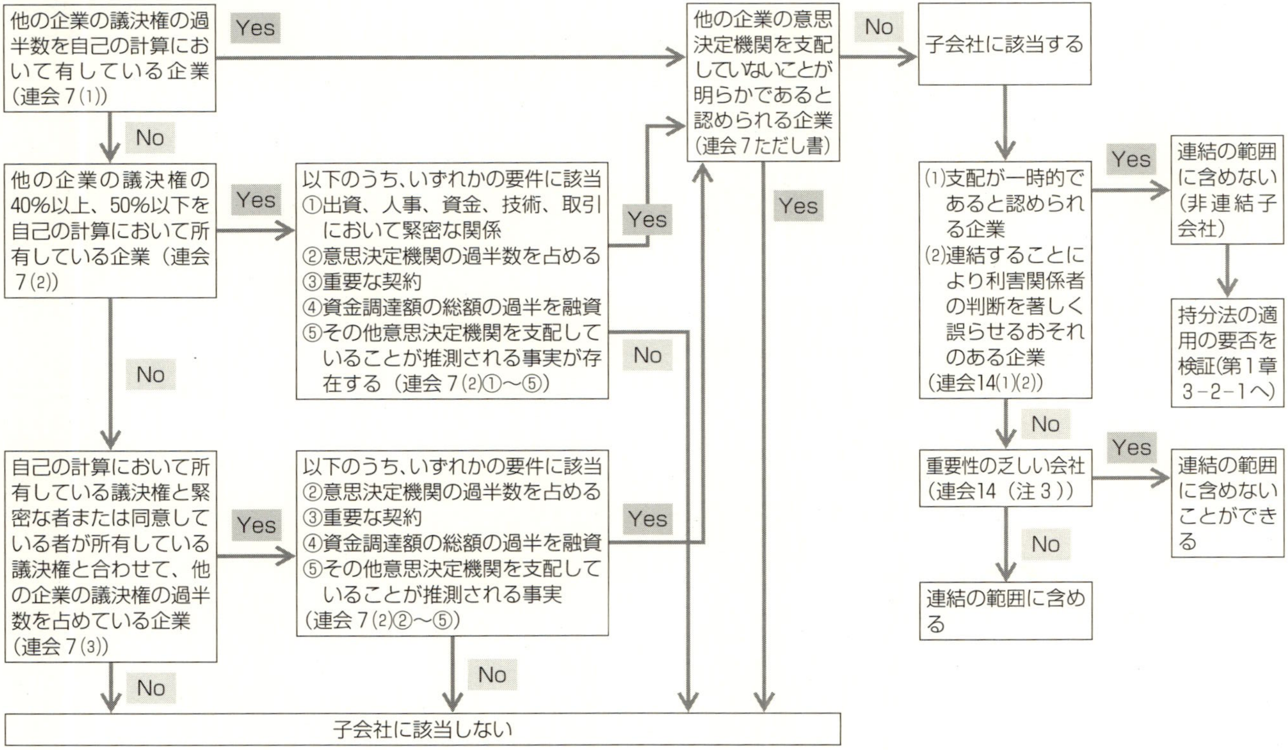
他の企業の議決権の過半数を自己の計算において有している企業（連会7(1)）
Yes
No
他の企業の議決権の40%以上、50%以下を自己の計算において所有している企業（連会7(2)）
Yes
No
以下のうち、いずれかの要件に該当
①出資、人事、資金、技術、取引において緊密な関係
②意思決定機関の過半数を占める
③重要な契約
④資金調達額の総額の過半を融資
⑤その他意思決定機関を支配していることが推測される事実が存在する（連会7(2)①～⑤）
Yes
No
自己の計算において所有している議決権と緊密な者または同意している者が所有している議決権と合わせて、他の企業の議決権の過半数を占めている企業（連会7(3)）
Yes
No
以下のうち、いずれかの要件に該当
②意思決定機関の過半数を占める
③重要な契約
④資金調達額の総額の過半を融資
⑤その他意思決定機関を支配していることが推測される事実
（連会7(2)②～⑤）
Yes
No
他の企業の意思決定機関を支配していないことが明らかであると認められる企業（連会7ただし書）
Yes
No
子会社に該当する
(1)支配が一時的であると認められる企業
(2)連結することにより利害関係者の判断を著しく誤らせるおそれのある企業
（連会14(1)(2)）
Yes
連結の範囲に含めない（非連結子会社）
持分法の適用の要否を検証(第1章3-2-1へ)
No
重要性の乏しい会社（連会14（注3））
Yes
連結の範囲に含めないことができる
No
連結の範囲に含める
子会社に該当しない

持株基準と支配力基準の比較

	持株基準	支配力基準
判定方法	親会社が直接・間接に議決権の過半数を所有しているかどうかで判定	議決権の所有比率のみならず、それ以外の実質的な要素を加味して判定
利点	客観的な数値に基づくので明確	形式的には子会社の要件を満たしていない会社についても、実質的な関係に基づいて判定される
欠点	議決権比率を引き下げるなどの方法で、連結外し等の恣意的な会計操作が可能性となる	客観的な数値以外の要素が入ることで基準が不明確となる

(2) 議決権の所有割合の計算方法

支配関係の判定は支配力基準によって行われる。その際は議決権の所有割合も判定の要素として含まれる。議決権の所有割合は以下のように計算する。

議決権の所有割合

$$議決権の所有割合=\frac{所有する議決権の数}{行使し得る議決権の総数}$$

緊密な者及び同意している者がいる場合

$$議決権の所有割合=\frac{所有する議決権の数+\text{緊密な者及び同意している者が所有する議決権の数}}{行使し得る議決権の総数}$$

(子会社等範囲適用指針4,8)

このうち、分子の「所有する議決権の数」は会社及びその子会社の所有する議決権の合計数となる。

「行使し得る議決権の総数」は、株主総会において行使できる株主の議決権の数であり、以下の株式に係る議決権についてはその総数に含まれない。

・自己株式
・完全無議決権株式
・相互保有株式（会社法308①）
・単元未満株式

(3) 支配関係の判定

親会社と子会社

> 連結上での親会社とは他の企業の財務及び営業または事業の方針を決定する機関（株主総会その他これに準ずる機関、以下、意思決定機関）を支配している会社をいい、一方、子会社とは、当該他の企業をいう。親会社及び子会社または子会社が、他の企業の意思決定機関を支配している場合における当該他の企業もその親会社の子会社とみなす。
> （連会６）

子会社の判定は支配力基準により決定されるため、自己の計算において所有する議決権の所有割合が多いケースのみならず、関連当事者等を通じた持分の所有による支配の他、財務、営業等の取引を通じて実質的に支配が可能なケースについても、支配関係が成立しているものとみなされる。

「他の企業の意思決定機関を支配している企業」について、連結財務諸表に関する会計基準の規定をまとめると、以下のようになる。

他の企業の意思決定機関を支配している企業

⑴ 他の企業（更生会社、破産会社その他これらに準ずる企業であって、かつ、有効な支配従属関係が存在しないと認められる企業を除く。下記⑵及び⑶においても同じ。）の議決権の過半数を自己の計算において所有している企業。

⑵ 他の企業の議決権の40%以上、50%以下を自己の計算において所有している企業であって、かつ、次のいずれかの要件に該当する企業。

① 自己の計算において所有している議決権と「緊密な者」及び「同意している者」が所有している議決権とを合わせて他の企業の議決権の過半数を占めていること。

② 現在及び過去の役員・使用人等が取締役会等の過半数を占めていること。

③ 他の企業の財務・営業・事業の方針を決定する契約等が存在すること。

④ 他の企業の資金調達額の総額の過半について融資等を行っていること。

⑤ その他他の企業の意思決定機関を支配していることが推測される事実が存在すること。

a.当該他の企業が重要な財務及び営業又は事業の方針を決定するにあたり、自己の承認を得ることとなっている場合。

b.当該他の企業に多額の損失が発生し、自己が当該他の企業に対し重要な経営支援を行うこととしている場合。

c.当該他の企業の資金調達額（貸借対照表の負債の部に計上されているものに限らない）の総額の概ね過半について融資及び出資を行っている場合。

⑶ 緊密な者及び同意している者が所有している議決権と合わせて、他の企業の議決権の過半数を占めている企業であって、かつ上記⑵②から⑤までのいずれかの要件に該当する企業。

（連会7より抜粋）

⑷ 「緊密な者」と「同意している者」の定義

「緊密な者」とは、出資、人事、資金、技術、取引等において緊密な関係があることによって、自己の意思と同一の内容の議決権を行使すると認められる者である。その判定は、両者の関係に至った経緯、両者の関係状況の内容、過去の議決権の行使状況、自己の商号との類似性等を踏まえ、実質的な観点から判断が行われる。子会社等範囲適用指針においては、以下のような例示がなされている。

緊密な者

- 自己（子会社含む）が議決権の20%以上を所有している企業。
- 自己の役員または自己の役員が議決権の過半数を所有している企業。
- 現在及び過去の自己の役員・使用人等が取締役会等の過半数・相当数を占めている企業。
- 現在及び過去の自己の役員・使用人等が他の企業の財務及び営業または事業の方針の決定に関して影響を与えることができる者が、代表権のある役員として派遣されており、かつ、取締役会等の相当数を占めている企業。
- 資金調達額の概ね過半について融資等を行っている企業（金融機関が通常の取引として行なっている場合を除く）。
- 技術援助契約等により重要な影響を与えることができる企業。
- 営業取引契約やフランチャイズ契約等により重要な影響を与えることができる企業。
- 上記以外の者あっても、出資、人事、資金、技術、取引等における両者の関係状況からみて、自己の意思と同一の内容の議決権を行使すると認められる者。

（子会社等範囲適用指針 9 より抜粋）

かつて自己と緊密な関係にあった者であっても、その後、関係について見直しが行われ、現時点において自己の意思と同一の内容の議決権を行使するとは認められない場合には、緊密な者には該当しない。

また、「同意している者」とは、「自己の意思と同一の内容の議決権を行使することに同意していると認められる者」である。その判定にあたっては、当事者間の契約や合意等を踏まえ実質的に判断する。

⑸　他の企業の意思決定機関を支配していないことが明らかであると認められる場合

上記の要件にあてはまる場合であっても、財務上または営業上もしくは事業上の関係からみて他の企業の意思決定機関を支配していないことが明らかであると認められる場合には、当該企業は子会社に含まれない。子会社等範囲適用指針に関する会計基準では、次頁のような例示がなされている。

このうち①については、他に議決権の過半数を所有している企業がある場合は、その会社に対する支配関係を確立するのが困難との考えに基づく。また②については、投資企業や金融機関にとって本来の事業に直接かかわらない企業に対する株式の保有や出資について、連結の範囲から除外している。ただし、売却の予定時期が長期に渡る場合などは、より慎重な検討を要する。

他の企業の意思決定機関を支配していないことが明らかであると認められる場合

- 他に議決権の過半数を所有している企業が存在している場合。
- 合弁会社に共同支配企業の形成による処理方法が適用され、その後も共同で支配されている実態にある場合。
- 当該会社が子会社ではない緊密な者（関連会社を含み、個人を除く。）の子会社である場合。
- ベンチャーキャピタルなどの投資企業または金融機関が債権の円滑な回収を目的とする営業取引として他の企業の株式や出資を有しており以下の要件を満たす場合。
  ①　売却等により議決権の大部分を所有しないこととなる合理的な計画がある。
  ②　当該企業との間で投資または融資以外の取引がほとんどなし。
  ③　自己の事業を移転した企業、または代行する企業ではない。
  ④　シナジー効果・連携効果とも見込めない。

（子会社等範囲適用指針16）

3-1-2 連結の範囲の決定

ポイント

- 子会社は原則としてすべて連結される。
- 支配が一時的と認められる企業等は連結の範囲に含めない。
- 重要性が低い小規模な子会社は連結の範囲から除外することができる。
- 小規模な子会社の連結範囲からの除外の数値基準として、資産基準、売上高基準、利益基準、利益剰余金基準の４つが例示されている。
- 経営上、重要な子会社や多額の含み損失を有している子会社を連結の範囲から除外することはできない。

(1) 原則的な取扱い

連結の範囲

> 親会社は、原則としてすべての子会社を連結の範囲に含める。
> （連会13）

連結に先立ち、親会社は子会社に該当するか検討を行った上で、さらにそれらの子会社を連結の範囲に含めるかを検討する。

親会社が連結財務諸表を作成する場合には、原則としてすべての子会社を連結の範囲に含めなければならない。これは恣意的な連結外し等を防止し、連結グループの実態を適切に表すためである。

しかし、連結することでかえって連結グループの実態を適切に表さなくなるおそれのある子会社については、連結の範囲に含めないものとしている。

(2) 連結の範囲に含めない子会社

連結の範囲に含めない子会社

> 子会社のうち次に該当するものは、連結の範囲に含めない。
> (1) 支配が一時的であると認められる企業
> (2) (1)以外の企業であって、連結することにより利害関係者の判断を著しく誤らせるおそれのある企業
> (連会14)

「支配が一時的であると認められる企業」とは、当連結会計年度において支配の要件は満たしているが、直前連結会計年度では支配の要件を満たしておらず、かつ、翌連結会計年度以降も相当の期間にわたって支配の要件を満たさないことが確実である企業とされている。このような企業を連結した場合、実務上の会計処理が煩雑となるだけではなく、かえって連結財務諸表の開示の継続性を損なうおそれがある。ただし、不適切な連結外しを防ぐ観点から、判定にあたっては会社の事業計画、契約等の内容を検討した上で実質的に判断する必要がある。

また、支配が一時的と認められる企業以外の企業であって、子会社のうち、連結することにより利害関係者の判断を著しく誤らせるおそれのある企業は、連結の範囲に含めないものとしているが、一般的にそのようなケースは限定的であるとされている。

(3) 重要性の乏しい子会社の連結の範囲からの除外

小規模子会社の連結の範囲からの除外について

> 子会社であって、その資産、売上高等を考慮して、連結の範囲から除いても企業集団の財政状態、経営成績及びキャッシュ・フローの状況に関する合理的な判断を妨げない程度に重要性の乏しいものは、連結の範囲に含めないことができる。
> (連会14注3)

連結財務諸表の作成にあたり、実務上の負担を考慮し、重要性の乏しい子会社については、連結の範囲から除外することが可能である。連結の範囲から除外することが可能な会社に該当するか否かの判断にあたっては、資産、売上高、利益及び利益剰余金に与える影響を考慮する必要がある。それぞれの影響の算定にあたっては、連結範囲等重要性取扱いにおいて、次頁の算式が例示されている。

それらの算式のうち、①資産基準における総資産額、③利益基準における当期純利益及び④利益剰余金基準における利益剰余金の金額は、内部取引の未実現利益の消去後の金額、②売上高基準における売上高の合計額は内部取引消去後の金額により算定される。金額は連結決算日の金額によるが、子会社の決算日と連結決算日との間の差異が3か月を超えないときは、当該事業年度の金額により計算することができるとされている。また、利益基準における当期純損益の額が著しく変動する会社については、最近5年間の平均を用いる方法などで計算することができるとしている。

なお、算定にあたって、支配が一時的であるため連結の範囲に含めない子会社、及び利害関係者の判断を著しく誤らせるおそれがあるため連結の範囲に含めない子会社については、上記の算式に含めない。

判定にあたっては資産や売上等の金額が小さい会社から機械的に順次除外するのではなく、個々の子会社の特性や数値以外の要素も考慮するものとされる。特に、企業活動に重要な影響を与える会社、及び多額の含み損失を有している子会社等を連結の範囲から除外することは、原則としてできない。

① 資産基準

$$\frac{\text{非連結子会社の総資産額の合計額}}{\text{連結財務諸表提出会社の総資産額及び連結子会社の総資産額の合計額}}$$

② 売上高基準

$$\frac{\text{非連結子会社の売上高の合計額}}{\text{連結財務諸表提出会社の売上高及び連結子会社の売上高の合計額}}$$

③ 利益基準

$$\frac{\text{非連結子会社の当期純損益の額のうち持分に見合う額の合計額}}{\text{連結財務諸表提出会社の当期純損益の額及び連結子会社の当期純損益の額のうち持分に見合う額の合計額}}$$

④ 利益剰余金基準

$$\frac{\text{非連結子会社の利益剰余金のうち持分に見合う額の合計額}}{\text{連結財務諸表提出会社の利益剰余金の額及び連結子会社の利益剰余金の額のうち持分に見合う額の合計額}}$$

（連結範囲等重要性取扱い４）

連結の範囲から除外することができない子会社

① 中・長期の経営戦略上の重要な子会社
② 連結財務諸表提出会社の一業務部門、たとえば製造、販売、流通、財務等の業務の全部または重要な一部を実質的に担っていると考えられる子会社。なお、地域別販売会社、運送会社、品種別製造会社等の同業部門の複数の子会社は、原則としては、その子会社群全体を１社として判断するものとする。
③ セグメント情報の開示に重要な影響を与える子会社
④ 多額な含み損失や発生の可能性の高い重要な偶発事象を有している子会社

（連結範囲等重要性取扱い４より抜粋）

3-2 持分法適用会社

持分法適用範囲の決定にあたっては、まず関連会社の範囲を決定した上で、関連会社と非連結子会社について、持分法の適用範囲に含めるか否かを検討する。その流れは場合によっては次頁のようになる。

3-2-1 関連会社の範囲の決定

P ポイント

- 関連会社の範囲は、影響力基準で決定される。
- 子会社以外の他の企業の議決権の20%以上を所有している場合には、関連会社とされる。
- 議決権の15%以上20%未満所有の場合でも、重要な影響力を有している場合には、関連会社とされる。
- 議決権比率が15%未満の場合でも、「緊密な者」・「同意している者」の存在や重要な契約の存在などにより、重要な影響力を有している事実があると、関連会社として判定されることがある。

持分法の適用範囲の判定の流れ

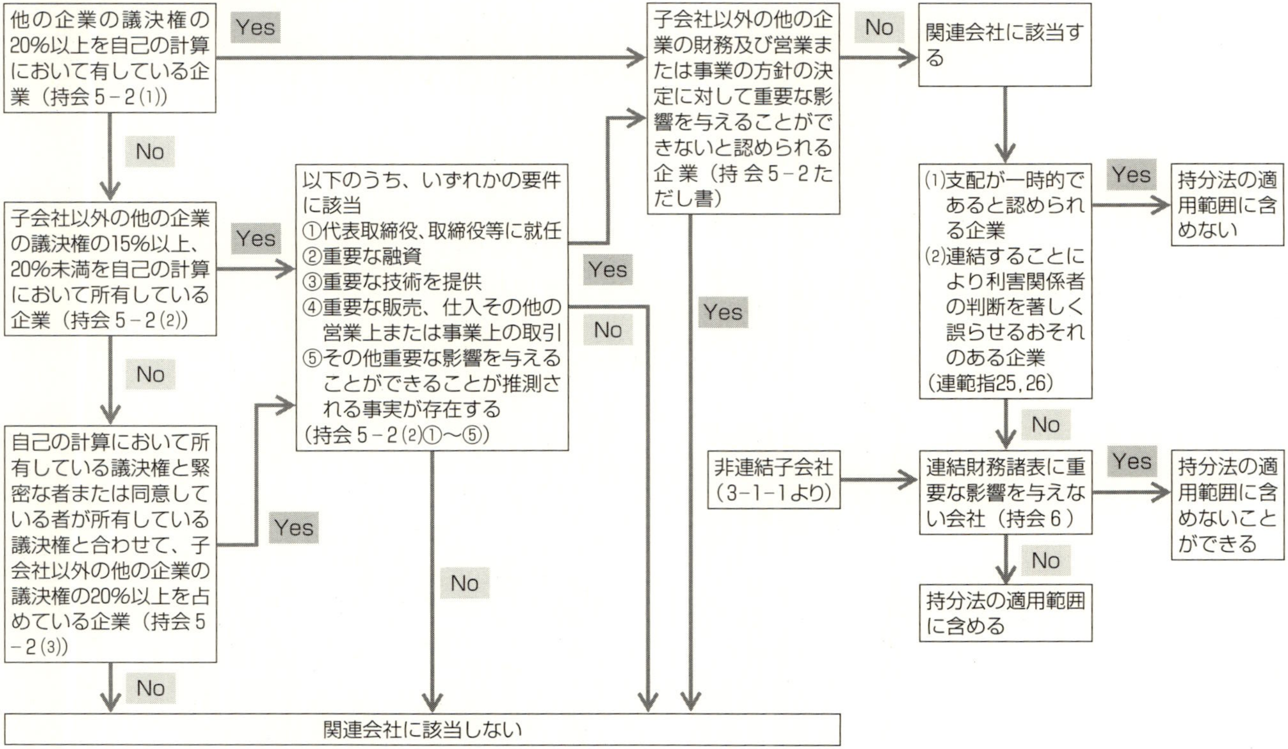
他の企業の議決権の20%以上を自己の計算において有している企業（持会5－2(1)）
Yes
No
子会社以外の他の企業の議決権の15%以上、20%未満を自己の計算において所有している企業（持会5－2(2)）
Yes
No
自己の計算において所有している議決権と緊密な者または同意している者が所有している議決権と合わせて、子会社以外の他の企業の議決権の20%以上を占めている企業（持会5－2(3)）
Yes
No
以下のうち、いずれかの要件に該当
①代表取締役、取締役等に就任
②重要な融資
③重要な技術を提供
④重要な販売、仕入その他の営業上または事業上の取引
⑤その他重要な影響を与えることができることが推測される事実が存在する
(持会5－2(2)①～⑤)
Yes
No
No
子会社以外の他の企業の財務及び営業または事業の方針の決定に対して重要な影響を与えることができないと認められる企業（持会5－2ただし書）
Yes
No
関連会社に該当しない
関連会社に該当する
(1)支配が一時的であると認められる企業
(2)連結することにより利害関係者の判断を著しく誤らせるおそれのある企業
(連範指25, 26)
Yes
持分法の適用範囲に含めない
No
非連結子会社（3-1-1より）
連結財務諸表に重要な影響を与えない会社（持会6）
Yes
持分法の適用範囲に含めないことができる
No
持分法の適用範囲に含める

(1)　持株基準と影響力基準

関連会社の決定にあたっては、持株基準と影響力基準の２つの考え方が存在するが、わが国では影響力基準が採用されている。

持株基準と影響力基準の比較

	持株基準	影響力基準
判定方法	親会社が直接・間接に一定比率以上の議決権を所有しているかどうかで判定	議決権の所有比率のみならず、それ以外の実質的な要素を加味して判定
利点	客観的な数値に基づくので明確	形式的には関連会社の要件を満たしていない会社についても、実質的な関係に基づいて判定される
欠点	議決権比率を引き下げるなどの方法で恣意的な会計操作が行われる可能性がある	客観的な数値以外の要素が入ることで基準が不明確となる

(2)　影響力の判定

関連会社

> 関連会社とは企業（当該企業が子会社を有する場合には、当該子会社を含む。）が、出資、人事、資金、技術、取引等の関係を通じて、子会社以外の他の企業の財務及び営業又は事業の方針の決定に対して重要な影響を与えることができる場合における当該子会社以外の他の企業をいう。
> （持会５）

関連会社の範囲は影響力基準により決定されるため、親会社及び子会社が所有する議決権の所有割合だけではなく、財務、営業等の関係を通じた影響も考慮して判定が行われる。

企業が他の企業に重要な影響を与えることができる場合とは、次頁の場合をいう。

> ⑴ 子会社以外の他の企業の議決権の20%以上を所有している企業
> ただし、更生会社、破産会社等で当該企業の財務及び営業または事業の方針決定に重要な影響を与えることができない場合を除く。
> ⑵ 子会社以外の他の企業の議決権の15%以上、20%未満を所有している企業であって、かつ、次のいずれかの要件に該当する企業
> ① 役員・使用人等が代表取締役・取締役等に就任していること
> ② 重要な融資（債務保証・担保提供を含む）を行っていること
> ③ 重要な技術の提供を行っていること
> ④ 重要な販売・仕入その他の営業上または事業上の取引があること
> ⑤ その他財務・営業・事業の方針に重要な影響を与えることができることが推測される事実が存在すること
> ⑶ 自己の所有している議決権は15%未満であるが、「緊密な者」及び「同意している者」が所有している議決権と合わせて、子会社以外の他の企業の議決権の20%以上を占めているときであって、かつ、上記⑵の①から⑤までのいずれかの要件に該当する場合
> （持会５－２より抜粋）

上記の「緊密な者」及び「同意している者」については、子会社の判定の場合に準じて判断される。（第１章３－１－１④「「緊密な者」と「同意している者」の定義」参照）

また、⑵④の「重要な販売・仕入その他の営業上または事業上の取引」については、子会社等範囲適用指針において、次頁のような例示がなされている。

重要な販売・仕入その他営業上または事業上の取引

> (1)　当該他の企業にとって、商品または製品等の売上、仕入・経費取引について、自己との取引の割合が相当程度を占める関係にあること
> (2)　代理店、専売店若しくは特約店等またはフランチャイズ契約によるチェーン店等であって、契約による取引金額が当該店における売上高または仕入高・経費取引の概ね過半を占め、かつ他の契約店等に比して取引条件が特に優遇されていることまたはそれへの加盟がきわめて限定的であること
> (3)　業種における取引の特性からみて、きわめて重要な原材料・部品・半製品等を供給していること
> (4)　製品等の特性からみて、きわめて重要な設備を継続的に発注していること
> (5)　当該他の企業の重要な事業場用地を貸与していること
> (6)　当該他の企業の主要な営業設備または生産設備等を貸与していること
> (子会社等範囲適用指針21)

(3)　重要な影響を与えることができないと認められる企業

上記の要件にあてはまる場合であっても、財務上または営業上もしくは事業上の関係からみて、子会社以外の他の企業の財務及び営業または事業の方針の決定に対して重要な影響を与えることができないことが明らかである場合には、当該企業は関連会社に含まれない。子会社等範囲適用指針では、以下のような例示がなされている。

他の企業に重要な影響を与えることができないことが明らかであると認められる場合

> ①　売却等により当該他の企業の議決権の大部分を所有しないこととなる合理的な計画があること
> ②　当該他の企業との間で、当該営業取引として行っている投資又は融資以外の取引がほとんどないこと
> ③　当該他の企業は、自己の事業を単に移転したり自己に代わって行うものとはみなせないこと
> ④　当該他の企業との間に、シナジー効果も連携効果も見込めないこと
> (子会社等範囲適用指針24)

3-2-2 持分法の適用範囲の決定

P ポイント

- 非連結子会社及び関連会社は原則として持分法が適用される。
- 影響力が一時的と認められる企業等は持分法の適用範囲に含めない。
- 重要性が低い会社は持分法の適用の範囲から除外することができる。
- 小規模な会社の持分法の適用範囲からの除外の数値基準として、利益基準、利益剰余金基準の２つが例示されている。

(1) 原則的な取扱い

持分法の適用範囲

> 非連結子会社及び関連会社に対する投資については、原則として持分法を適用する。ただし、持分法の適用により、連結財務諸表に重要な影響を与えない場合には、持分法の適用会社としないことができる。
> (持会６)

持分法が適用されるのは、次の２つの会社（以下、合わせて関連会社等とする）である。

・非連結子会社

・関連会社

ただし、実務上の負担を考慮し、連結財務諸表に重要な影響を与えない場合には、持分法の適用を行わないことも可能としている。

(2)　持分法の適用範囲に含めない会社

影響が一時的であるため持分法を適用しない関連会社

> 子会社の決定の場合と同様に、財務及び営業又は事業の方針の決定に対する影響が一時的と認められる関連会社に対する投資については、持分法を適用しないものとする。
> （子会社等範囲適用指針25）

子会社の場合と同様、財務及び営業または事業の方針の決定に対する影響が一時的であると認められる関連会社等に対する投資については、持分法を適用しない。これは、当連結会計年度において重要な影響を与えているものの、直前連結会計年度において重要な影響を与えておらず、かつ翌連結会計年度以降も相当の期間にわたって重要な影響を与えないことが確実に予定されている場合をいう。

その判定にあたっては、連結子会社の判定と同様、会社の事業計画、契約等の内容を検討した上で、実質的に判断する必要がある。

利害関係者の判断を著しく誤らせるおそれがあるため持分法を適用しない関連会社

> 子会社の決定の場合と同様に、持分法を適用することにより利害関係者の判断を著しく誤らせるおそれのある関連会社（非連結子会社を含む。）に対する投資については、持分法を適用しないものとするが、一般に、それは限定的であると考えられる。
> （子会社等範囲適用指針26）

また、持分法を適用することにより利害関係者の判断を著しく誤らせるおそれのある関連会社等に対する投資については、持分法を適用しないものとされているが、一般的にそのようなケースは限定的であるとされる。

(3) 重要な影響を与えない関連会社等の持分法の適用範囲からの除外

連結子会社の場合と同様、重要な影響を与えない関連会社等については、持分法の適用範囲から除外することができるとされている。持分法適用の範囲から除外することが可能な関連会社等に該当するか否かの判断にあたっては、利益及び利益剰余金に与える影響を考慮する必要がある。それぞれの影響の算定にあたっては、連結範囲等重要性取扱いにおいて以下の算式が例示されている。

① 利益基準

$$\frac{\text{持分法非適用の非連結子会社等の当期純損益の額のうち持分に見合う合計額}}{\text{連結財務諸表提出会社の当期純損益の額、連結子会社の当期純損益の額のうち持分に見合う額並びに持分法適用の非連結子会社等の当期純損益の額のうち持分に見合う額の合計額}}$$

② 利益剰余金基準

$$\frac{\text{持分法非適用の非連結子会社の利益剰余金の額のうち持分に見合う額の合計額}}{\text{連結財務諸表提出会社の利益剰余金の額、連結子会社の利益剰余金の額のうち持分に見合う額並びに持分法適用の非連結子会社等の利益剰余金の額のうち持分に見合う額の合計額}}$$

(連結範囲等重要性取扱い５)

このうち①利益基準における当期純利益及び②利益剰余金基準における利益剰余金の金額とも、内部取引の未実現利益の消去後の金額により算定される。金額は連結決算日時点の数値によるが、連結子会社については決算日の差異が３か月を超えないときは、当該事業年度の金額により計算することができる。また、非連結子会社等については連結決算日の最近の事業年度に係る金額で計算することができる。さらに、利益基準における当期純損益の額が著しく変動する会社については、最近５年間の平均を用いる方法などで計算することができる。

なお、算定にあたって、影響が一時的であるため持分法を適用しない関連会社及び利害関係者の判断を著しく誤らせるおそれがあるため持分法を適用しない関連会社については、上記の算式に含めない。

判定にあたっては、利益や利益剰余金の額の小さい会社から機械的に順次選定するのではなく、個々の関連会社等の特性や数値以外の要素も考慮する必要がある。その際、子会社の決定において、原則として連結から除外することができない会社の要件も考慮される（「第１章３－１－２③連結の範囲から除外することができない子会社」参照）。

子会社及び関連会社の範囲に関する論点

COLUMN

(1)　会社及び会社に準ずる事業体

【企業の定義】

「企業」とは会社及び会社に準ずる事業体をいい、会社、組合その他これらに準ずる事業体（外国におけるこれらに相当するものを含む。）を指す。（連会５）

会社に準ずる事業体としては、特定目的会社や投資法人、投資事業体、投資事業組合、海外における同様の事業を営む事業体、パートナーシップその他これらに準ずる事業体で営利を目的とする事業体が該当する。

特定目的会社については、適正な価額で譲り受けた資産から生ずる収益を当該特別目的会社が発行する証券の所有者に享受させることを目的として設立されており、当該特別目的会社の事業がその目的に従って適切に遂行されているときは、当該特別目的会社に対する出資者及び当該特別目的会社に資産を譲渡した会社から独立しているものと認め、出資者等の子会社に該当しないものと推定する（連結範囲等見直し取扱い三）。

ただし、特定目的会社の状況について財務諸表の利用者に情報の提供を行うため、開示対象特別目的会社についてはその概要、取引、取引金額等について注記を行う（TMK 開示適用指針 3 ）。

また、投資事業組合についても支配力基準及び影響力基準に基づき判定が行われているが、投資事業組合の場合、株式会社のように出資者が業務執行者を選任するのではなく、意思決定を行う出資者が業務執行の決定も直接行う。このため、連結及び持分法適用の範囲にあたるか否かの判定についても、基本的には業務執行の権限を通じて他の会社による支配力や影響力の行使が行われているかに基づく。

⑵　合弁会社の取扱

他の会社に対し合同で出資を行っている合弁会社が子会社に該当するか否かについても、その合弁会社の意思決定機関を支配しているかにより決定する。ただし、「企業結合等適用指針」における共同支配企業にあたる場合には、いずれの特定の会社の子会社にも該当しない。

【共同支配企業の形成の判定基準】

①　共同支配投資企業となる企業は、複数の独立した企業から構成されていること

②　共同支配投資企業となる企業が共同支配となる契約等を締結していること

③　企業結合に際して支払われた対価のすべてが、原則として、議決権のある株式であること

④　①から③以外に支配関係を示す一定の事実が存在しないこと

（企業結合等適用指針175）

ただし、以下のような合弁会社である場合には、財務諸表提出会社の子会社に該当するものと考えられる。

【子会社に該当する合弁会社の具体例】

①　合弁会社が所在する国の法制上の制約等により、形式的には50%以下の出資となっているが、合弁会社の経営成績及び最終損益について、財務諸表提出会社が全面的に責任を負い、他の出資者は出資額を限度

とした責任しか負わない場合

② 形式的には対等出資となっているが、合弁相手先である出資企業が合弁会社の議決権行使を財務諸表提出会社に委任している場合

③ 合弁契約書において、財務諸表提出会社が合弁会社の経営責任及び最終損益について全面的に責任を負うことが示されている等、財務諸表提出会社が単独で責任を負うことが明らかな場合

（子会社等範囲 Q&A Q8）

4 連結決算日

4-1 子会社の決算日

ポイント

- 原則として、連結決算日は統一する。
- 子会社の決算日が連結決算日と異なる場合は仮決算を行う。
- 決算日の差異が3か月以内の場合は、差異の期間内の連結会社間の会計記録の重要な不一致について、必要な整理を行った上で連結することができる。

【連結決算日】
連結財務諸表の作成に関する期間は1年とし、親会社の会計期間に基づき、年1回一定の日をもって連結決算日とする。
（連会15）
【子会社の決算日が連結決算日と異なる場合】
子会社の決算日が連結決算日と異なる場合には、子会社は、連結決算日に正規の決算に準ずる合理的な手続により決算を行う。
（連会16）

連結グループが一体として企業活動を行っている以上、決算日についても親子会社間で統一させることが、開示を行う上で望ましい。しかし、実務上もしくは各国の制度上の制約等により、実際には決算日を統一することが困難な場合も考えられる。このため、子会社の決算日が連結決算日と異なる場合は、子会社が連結決算日に正規の決算に準ずる合理的な手続により決算を行い、連結財務諸表を作成することが認められている。

決算期の異なる子会社がある場合の取扱いについて

子会社の決算日と連結決算日の差異が３か月を超えない場合には、子会社の正規の決算を基礎として連結決算を行うことができる。ただし、この場合には、子会社の決算日と連結決算日が異なることから生じる連結会社間の取引に係る会計記録の重要な不一致について、必要な整理を行うものとする。 （連会16（注４））

小規模な子会社等では本決算の他に仮決算を行うことが、実務上、多大な負担となる可能性がある。このため、子会社の決算日と連結決算日との差異が３か月を超えない場合には、子会社の正規の決算を基礎として連結決算を行うことができる。この場合には連結会社間取引に係る会計記録のうち、子会社の決算日と連結決算日が異なることによる重要な不一致があるものについて必要な整理を行うものとしている。これは、債権債務の二重計上や計上漏れが多額となることを防ぐためである。

子会社の決算日の取扱い

原則	統一する
容認	子会社で正規の決算に準ずる仮決算を実施
	３か月以内ならば子会社の正規の決算を基礎として連結することも可（ただし差異の期間内の会計記録の重要な不一致について必要な整理を行う）

4-2 持分法適用会社の決算日

P ポイント

- 持分法適用会社では直近の決算日の財務諸表を用いることができる。
- 差異の期間内に重要な取引または事象が発生している場合には、必要な修正または注記を行う。

被投資会社の財務諸表

> 持分法の適用にあたっては、投資会社は、被投資会社の直近の財務諸表を使用する。投資会社と被投資会社の決算日に差異があり、その差異の期間内に重要な取引又は事象が発生しているときには、必要な修正又は注記を行う。
> （持会10）

持分法においても、本来ならば連結決算日と関連会社等（関連会社及び非連結子会社）の決算日が一致していることが望ましい。しかし、持分法では親会社は関連会社等に重要な影響を与えるにとどまることから、関連会社等に決算日の変更を求めることは困難である場合も想定される。このため、持分法の適用にあたっては、関連会社等の直近の決算日を使用できる。その差異の期間内に重要な取引または事象が発生している場合は、必要な修正または注記を行う。このうち、その差異の期間内に発生した取引または事象のうち、その影響を関連会社等の当期の損益または純資産に反映すべきもので、かつ連結上重要なものについては修正を行う。一方、関連会社等の次期以降の財政状態及び経営成績に影響を及ぼすもので、かつ連結上重要なものについては注記を行う。

5 会計処理の統一

5-1 連結会社間の会計処理の統一

P ポイント

- 連結会社間の会計処理は原則として統一する。
- 重要性の低い会計処理等は統一しないことも認められている。
- 海外子会社の会計処理も原則として日本基準で行う。
- IFRS または USGAPP を適用している海外子会社の財務諸表は、会計基準の重要な不一致が生じている項目を調整すれば、連結することが可能となる。

5-1-1 原則的な取扱い

親会社及び子会社の会計処理の原則及び手続

> 同一環境下で行われた同一の性質の取引等について親会社及び子会社が採用する会計処理の原則及び手続は、原則として統一する。
> （連会17）

連結開示制度は企業集団を単一の組織体とみなして会計報告を行うものである。このため、同一の企業集団内の同一環境下で行われた同一の性質の取引については、原則として会計処理を統一する。

5-1-2 当面の取扱い

上記のように、連結会社の会計処理は原則として統一するとしているが、実務上の負担を考慮し、会計処理の統一に関する当面の取扱い（監査・保証実務委員会報告第56号）が定められている。

⑴ 同一環境下で行われた同一の性質の取引等に該当するか否かの判定

同一環境下で行われた同一の性質の取引等に該当するか否かの判定については、営業目的に直接関連する取引については、事業の種類別セグメント単位または同一セグメント内における製造・販売等の機能単位別その他適当なグループごとに判断を行う。また、営業目的に直接関連しない取引については、それぞれの取引目的ごとに判断を行う。

一方、引当金は「将来の特定の費用または損失であって、その発生が当期以前の事象に起因し、発生の可能性が高く、かつその金額を合理的に見積ることができる場合」に計上される。よって、その見積りについても本来、個別の事情を勘案した上で合理的な見積りが行われるべきであり、引当金の計上基準については、事業の種類別セグメント単位等または取引目的等に必ずしも直接関連を有しないと考えられる。このため、各連結会社の状況を踏まえて、企業集団全体として判断することになる。

⑵ 会計処理の統一時の留意点

親子会社間の会計処理の統一を目的として会計処理の原則及び手続を変更する場合は、正当な理由に基づく会計方針の変更として認められる。会計処理の統一にあたっては、企業集団の財政状態及び経営成績をより適切に表示する観点から会計処理を選択すべきである。このため、子会社が親会社の会計処理に合わせる方法の他に、親会社が子会社の会計処理に合わせる方法もありうる。

なお、会計処理の統一を要しない合理的な理由が認められる場合として、子会社が公開会社であり独自の会計方針を採用していること等が例示されている（会計処理の統一に関する当面の取扱い Q&A Q3①)。この場合も、子会社の会計処理がその経営環境等を反映したものであるかについて検討することが必要である。

(3) 連結決算手続上における会計処理の統一

会計処理の統一にあたっては、個別財務諸表の作成段階で統一を行うことが原則となる。連結財務諸表は個別財務諸表を基に作成が行われるため、両者の会計処理は、一致していることが望ましい。しかし、小規模子会社や在外子会社等では、経理体制や各国の制度上の制約から、連結財務諸表の会計処理と同様の会計処理をそれぞれの子会社の決算の段階において行うことが実務上、困難であるケースもありうる。このため、会計処理の統一を個別財務諸表の作成段階ではなく連結決算手続上で行うことも認められる。

(4) 原則として統一すべき会計処理

会計処理の統一に関する当面の取扱いでは、原則として統一すべき会計処理として、たな卸資産の評価、営業収益の計上基準など、企業の本来の営業活動にかかわる事項が例示されている。例示以外の取引であっても、企業の本来の営業活動にかかわる取引については統一すべきと考えられる。

原則として統一すべき会計処理

> ①　たな卸資産の評価
> 　たな卸資産の評価基準については、事業の種類別セグメント単位等ごとに統一する。なお、親会社が低価基準を採用している場合は、原則として低価基準に統一するものとする。
> ②　営業収益の計上基準
> 　営業収益の計上基準については、原則として事業の種類別セグメント単位等ごとに企業集団の親会社又は子会社が採用している計上基準の中で、企業集団の財政状態及び経営成績をより適切に表示すると判断される計上基準に統一する。ただし、請負金額、工事期間等について、親会社及び子会社がそれぞれ合理的な適用基準を定めて工事進行基準を採用している場合には、その適用基準は当面統一を必要としないものとする。
> (会計処理の統一に関する当面の取扱い4(1)より抜粋)

(5)　必ずしも統一を必要としない会計処理

　上記会計処理の統一に関する当面の取扱いにおいては、必ずしも統一を必要としない会計処理として、たな卸資産及び有価証券の評価方法、固定資産の減価償却の方法が例示されている。これは実務上の負担への考慮によるものであるが、本来、会計処理はあくまでも統一することが原則である。よって、統一した場合と比較して重要な差異が生じる場合には、会計処理の統一に関する当面の取扱いにかかわらず、会計処理は統一すべきであると考えられる。

必ずしも統一を必要としない会計処理

> ① 資産の評価方法
> たな卸資産及び有価証券の評価方法（先入先出法、平均法等）については、原則として事業の種類別セグメント等ごとに統一することが望ましいが、一般に財政状態及び経営成績の表示に重要な影響を及ぼさないと考えられるため、必ずしも統一を必要としないものとする。
> ② 固定資産の減価償却の方法
> 実務上の取扱いとして容認されている事業場単位での償却方法の選択については、連結財務諸表上も認められるものとする。
> （会計処理の統一に関する当面の取扱い4⑵より抜粋）

5-1-3 在外子会社の会計処理

⑴ 原則的な取扱い

在外子会社の会計処理についても、国内子会社と同様に原則として統一することとされている。このため、在外子会社においてもわが国の会計基準を用いて会計処理を行うのが原則である。

⑵ 当面上の取扱い

在外子会社の会計処理をすべてわが国の会計基準（以下、日本基準）に統一することは、実務上、多大な負担が生じる可能性がある。また、会計の国際化に伴うコンバージェンスの進展により、日本基準と国際財務報告基準（IFRS）及び米国会計基準（USGAAP）との間の会計処理の差異が解消されつつある。

これらを踏まえ、IFRSまたはUSGAAPに準拠して作成されている在外子会社の財務諸表については、当面の間、連結上もそのまま利用できるものとしている。ただし、日本基準と取扱いの差が大きい以下の5つの項目については、修正額に重要性が乏しい場合を除き、連結決算手続上、当該在外子会社の会計処理を修正する必要がある。

会計処理を修正する必要がある項目

	日本基準	欧米基準
のれんの償却	20年以内の期間で規則的に償却	減損の必要が生じた場合のみ減損が行われる
退職給付会計における数理計算上の差異の費用処理	一定の期間内に規則的な方法をもって償却を行う	純資産の部に直接計上が行われる
研究開発費の支出時費用処理	支出が行われた期間の費用として処理	資産性が認められるものについて資産計上
投資不動産の時価評価及び固定資産の再評価	取得原価に修正し、減価償却も取得原価を基礎として計算する	時価評価を行う
少数株主損益の会計処理	当期純損益は少数株主損益を除いた金額を表示	当期純損益は少数株主損益を含んだ金額

（在外子会社の会計処理に関する当面の取扱い）

5-2　持分法適用会社の会計処理の統一

被投資会社の財務諸表

> 同一環境下で行われた同一の性質の取引等について、投資会社（その子会社を含む。）及び持分法を適用する被投資会社が採用する会計処理の原則及び手続は、原則として統一する。
> （持会９）

持分法適用会社の会計処理についても、同一環境下で行われた同一の性質の取引等について、会計処理は原則として統一するものとされている。なお、重要性がない場合は統一することを要しないとされるが、この場合も当期純損益への影響を考慮して検討を行う必要がある。

会計処理の統一にあたっては、企業集団の財政状態及び経営成績をより適切に表示する観点から、会計処理を選択すべきである。このため、関連会社が親会社の会計処理に合わせる方法の他に、親会社が関連会社の会計処理に合わせる方法もありうる。

ただし、持分法適用会社については子会社と比較した場合、決算に関して充分な情報が得られない可能性がある。特に持分法適用会社に他に連結支配関係のある他の親会社が存在する場合、会計処理を統一することは困難であると予想される。このため、持分法適用会社についても、各社の個別財務諸表上で修正を行う方法のほか、連結手続上で修正を行う方法も認められると考えられる。

また、修正のための詳細なデータの入手が困難である場合は、会計処理の統一を行わない正当な理由に該当すると考えられる。例としては、在外関連会社で他に支配株主が存在するケースや、上場会社の株式を追加取得することで関連会社としている場合が挙げられる（持分法適用関連会社会計処理当面の取扱い）。

第 2 章

連結財務諸表の作成手順

1 連結決算の流れ

ポイント

- 連結財務諸表を作成するための継続記録の会計帳簿は存在しない。
- 開始仕訳を起票しなければ、連結財務諸表における当期の利益剰余金期首残高と前期の利益剰余金期末残高は一致しない。
- 連結決算手続は、個別財務諸表の修正、単純合算表の作成、連結仕訳、組替仕訳にて構成される。

1-1 連結決算の特徴

連結財務諸表は、確定した連結グループ各社の個別財務諸表を合算し、必要な調整を行うことで作成される。個別財務諸表の作成においては継続して記録される会計帳簿が用いられるが、連結財務諸表の作成においては、連結財務諸表を作成するための会計帳簿は存在しないため、連結財務諸表は会計帳簿外で作成される。そのため、過去に起票したものを含めて、毎期、連結財務諸表を作成するための仕訳を起票する必要がある（次頁の図表参照）。

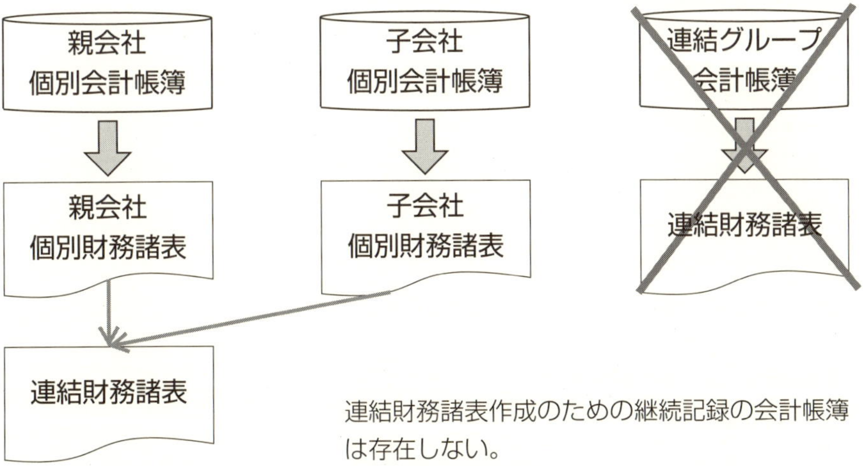

1-2 開始仕訳

「第２章１−１連結決算の特徴」にて述べたように、連結グループ各社の会計帳簿は存在するものの、連結財務諸表を作成するための継続記録の会計帳簿は存在しないため、連結財務諸表を作成するための仕訳を毎期起票する必要がある。この仕訳を連結仕訳といい、おおむね以下の５つに大別される。

① 開始仕訳
② 資本連結（「第２章５資本連結」参照）
③ 成果連結（「第２章６債権と債務の相殺消去」「第２章７取引高の相殺消去」「第２章８未実現損益の消去」参照）
④ 税効果会計の適用（「第２章９税効果会計」参照）
⑤ 持分法の適用（「第２章10持分法」参照）

連結財務諸表の損益に影響する連結仕訳は、過年度の連結仕訳による損益への影響を連結財務諸表作成の対象となった会計期間の開始仕訳として引き継ぐ。

開始仕訳とは、過年度において計上された連結仕訳を、連結財務諸表作成の対象となった会計期間の期首へ引き継ぐために累積させたものであり、過年度における資本連結と、上記①～⑤のうち期首の利益剰余金に影響を与える損益取引の調整から構成される。

仮に開始仕訳を起票しなければ、過年度の連結仕訳による損益への影響額が連結財務諸表に反映されず、当期の利益剰余金期首残高と前期の利益剰余金期末残高が一致しない。そのため、適切な連結財務諸表を作成するためには、開始仕訳は必ず実施しなければならない（下の図表参照）。

開始仕訳を起票しない場合

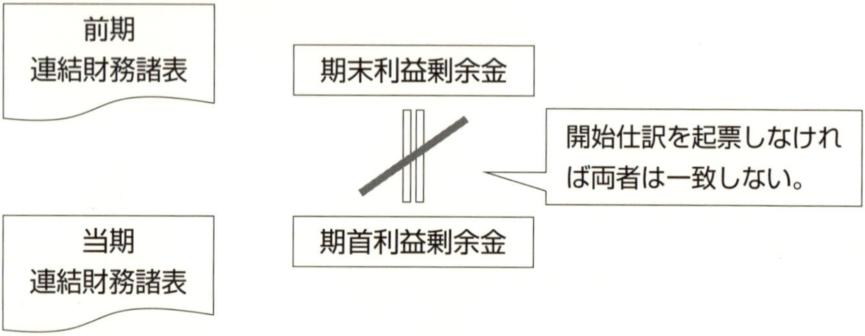

開始仕訳を起票した場合

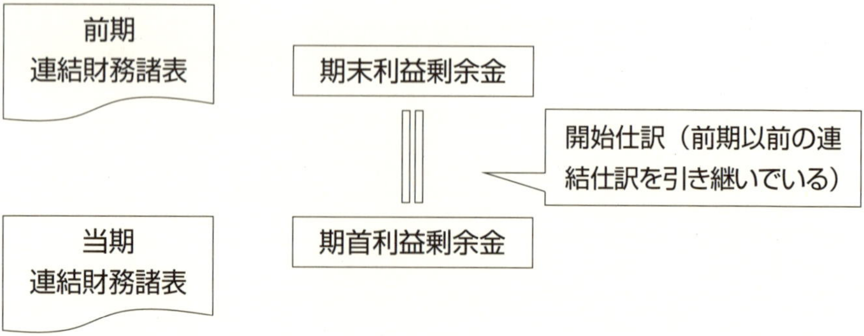

1-3 連結決算一巡

連結財務諸表は、連結グループ各社の個別財務諸表を基礎として、親会社において以下の手続により作成される（次頁の図表参照）。

① 連結グループ各社の個別財務諸表の修正（「第２章４－１個別財務諸表の修正」参照）

② 単純合算表の作成（「第２章４－２単純合算表の作成」参照）

③ 連結仕訳（「第２章１－２開始仕訳」参照）

④ 組替仕訳（「第２章11－２連結財務諸表の表示組替」参照）

上記の事項を円滑に実施するため、実務上は連結グループ各社において連結パッケージと呼ばれる諸資料を作成し、親会社において連結財務諸表作成の基礎となるデータを集約する。ここで連結パッケージとは、連結財務諸表を作成するための基礎資料が集約されたものであり、親会社が連結財務諸表を作成するために必要な情報を連結グループ各社から漏れなく効率的に入手するために作成されるものをいう。

連結決算一巡のイメージ

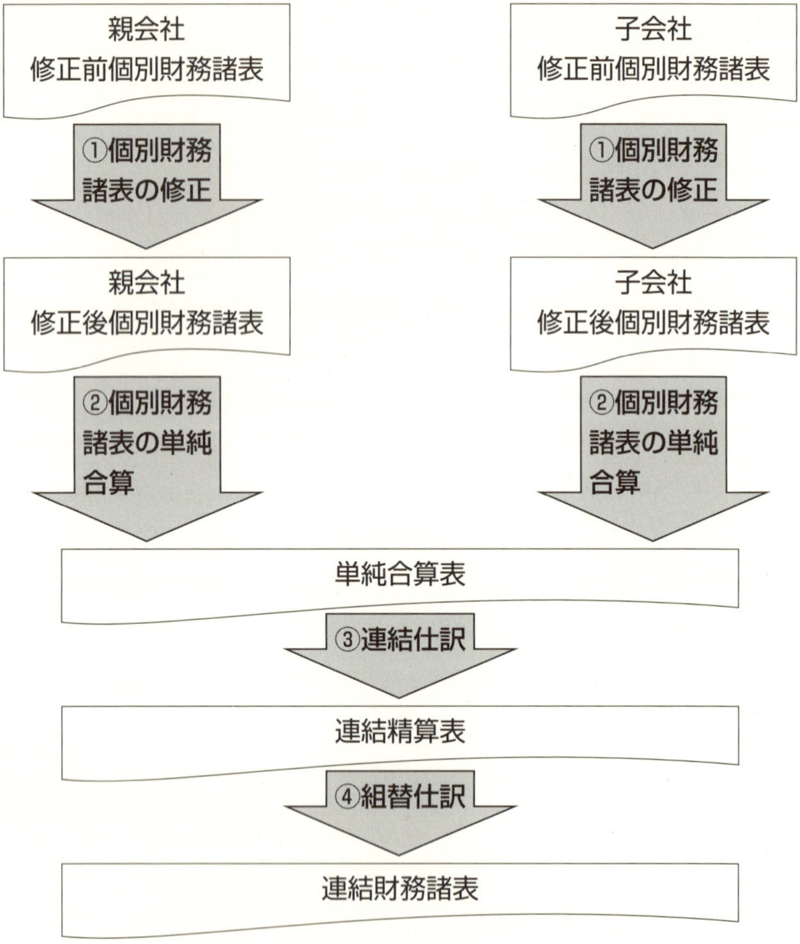
親会社
修正前個別財務諸表
子会社
修正前個別財務諸表
①個別財務諸表の修正
①個別財務諸表の修正
親会社
修正後個別財務諸表
子会社
修正後個別財務諸表
②個別財務諸表の単純合算
②個別財務諸表の単純合算
単純合算表
③連結仕訳
連結精算表
④組替仕訳
連結財務諸表

2 連結決算の準備

ポイント

- 連結財務諸表の作成に先立って、連結グループ各社において留意すべき事項がある。
- 連結グループ会社において連結パッケージを作成する。
- 子会社か否かを判定する際に用いる議決権比率と、資本連結や成果連結にて用いる持分比率は必ずしも同一ではない。

2-1 個別財務諸表

先述したように、「第２章１−３連結決算一巡」に記載された事項を円滑に進めるため、実務上は子会社において連結パッケージを作成するが、その前段階として、連結グループ各社は以下の⑴〜⑶の事項に留意する必要がある。なお、在外子会社については、下記以外にも、外国通貨にて作成されている個別財務諸表を円貨に換算する必要がある（「第３章３在外子会社等の換算」参照）。

⑴ 連結決算日の検討

連結財務諸表の作成に関する期間は通常１年間であり、親会社の会計期間に基づき、年１回一定の日をもって連結決算日とする（連会15、資本連結実務指針６）。決算日が親会社と異なる連結グループ会社がある場合には、仮決算の実施や、連結決算日と当該連結グループ会社の決算日とが異なることから生じる連結グループ内に係る会計記録の重要な不一致についての調査が必要となる（連会16（注4））。この調査を実施して対応を決定するため、子会社の決算日の変更等を含めて、連結決算日に応じた対応を検討する必要がある（下の図表参照）。

ここで、重要な不一致の判断基準として、具体的な数値基準は明示されていない。一般的には連結上の当期純利益が考えられるが、過去の一定期間の平均値に基づくことも考えられる。表示区分について重要性の基準を適用する場合には、売上高や資産総額など、それぞれに適合した数値を使用する。

連結グループ	決算日	決算日の差異	対応例
親会社	3月31日	—	—
子会社1	3月31日	該当なし	—
子会社2	2月28日	3か月以内	・仮決算の実施 ・重要な不一致の調整
子会社3	9月30日	6か月	仮決算の実施

(2)　会計方針の検討

親会社及び連結子会社で、各社の採用する会計処理方法がそれぞれ異なる場合、連結グループの経済的実態を適切に表すためには、同一環境下において行われた同一の性質の取引について、統一しない合理的な理由がある場合または重要性がない場合を除き、親会社及び連結子会社の会計処理を統一する必要がある（連会17）。

あくまで連結グループの財政状態及び経営成績をより適切に表示すると判断される会計方針を選択する必要があることから、親会社にて採用されている会計方針に画一的に統一するのではなく、連結子会社で採用されている会計方針が連結グループ全体の適切な表示に資すると判断される場合には、その会計方針に統一することも考えられる（「第1章5会計処理の統一」参照）。

また、連結グループ各社の個別財務諸表作成段階において適用されていない特定の会計方針を、連結グループの財政状態及び経営成績をより適正に開示するという観点から、連結決算手続において、個別財務諸表の会計処理を修正して適用する場合がある。連結グループ各社の固有の事情により会計方針の統一が為されていない場合には、連結決算手続において修正を行う必要がある。

なお、在外子会社の会計方針については、在外子会社の財務諸表がIFRSまたは米国会計基準に準拠して作成されている場合には、当面の間、これを連結決算手続において利用することができるが（在外子会社の会計処理に関する当面の取扱い）、この場合であっても、一部の項目については当該在外子会社の会計処理を修正しなければならない（「第２章４－１個別財務諸表の修正」参照）。

いずれの対応をとるにせよ、連結グループであらかじめ会計方針を統一し、毎期継続して適用されていることを確認するため、連結グループ内で会計方針の一覧表を作成しておくことが肝要である（次頁の図表参照）。

会計方針の一覧表のイメージ

	連結グループ			
重要な会計方針	親会社	子会社1	子会社2	子会社3
有価証券の評価基準及び評価方法	時価のあるもの：決算日の市場価格等に基づく時価法（評価差額は全部純資産直入法により処理し、売却原価は移動平均法により算定） 時価のないもの：移動平均法による原価法			
たな卸資産の評価基準及び評価方法	主として総平均法による原価法（貸借対照表価額については収益性の低下に基づく簿価切下げの方法により算定）			個別法による原価法
固定資産の減価償却方法	有形固定資産（リース資産を除く）：定率法 無形固定資産：定額法 リース資産：定額法			定額法
繰延資産の処理方法	発生時費用処理			
外貨建資産・負債の本邦通貨への換算基準	決算時の為替相場による換算			
引当金の計上基準	貸倒引当金：一般債権については貸倒実績率により、貸倒懸念債権等特定の債権については個別に回収可能性を勘案し回収不能見込額を計上 賞与引当金：支給見込額のうち当事業年度負担額を計上 退職給付引当金：事業年度末における退職給付債務の見込額に基づき計上			
費用・収益の計上基準	出荷基準			

(3)　勘定科目体系の整備

親会社及び連結子会社の個別財務諸表を単純合算する場合、各社で使用する勘定科目が統一されていない場合には、数値の集計に必要以上の時間を要してしまう。最終的な連結財務諸表の表示を検討する際にも同一内容の勘定科目は集約して表示することから、効率的に作業を進めるためには連結グループ内で使用する勘定科目を統一しておくことが望ましい。

なお、勘定科目の設定に際しては、当該勘定科目が連結財務諸表作成に関するどのような局面において利用されるかを連結グループ各社に周知徹底しておくことが肝要である（下の図表参照）。

連結財務諸表における勘定科目一覧表のイメージ

勘定科目		連結グループ			
コード	名称	親会社	子会社1	子会社2	子会社3
111100	現金及び預金				
111200	受取手形及び売掛金	組	組	組	組
111201	受取手形（連結グループ内）	グ	グ	グ	グ
111202	受取手形（その他）				
111301	売掛金（連結グループ内）	グ	グ	グ	グ
111302	売掛金（その他）				
111400	商品及び製品	組	組	組	組
111410	商品				
111420	製品				
111430	原材料				
111440	仕掛品				
113100	のれん	連	連	連	連
114100	投資有価証券（子会社株式）				
311100	資本金				
411100	少数株主持分	連	連	連	連
511100	商品売上				
512100	商品仕入				
513100	のれん償却額	連	連	連	連
519100	少数株主利益	連	連	連	連

組：連結財務諸表作成のための組替仕訳にのみ用いる
グ：連結グループ内取引に際して用いる
連：連結財務諸表作成のための組替仕訳にのみ用いる

2-2 連結パッケージ

連結財務諸表は、連結グループ各社の個別財務諸表を元に「第２章１−３ 連結決算一巡」に示した手続を経て作成されるが、注記事項等まですべてを含めた正式な個別財務諸表を作成するには相当程度の作業時間を要するものである。また、連結財務諸表の作成においては、必ずしも連結グループ各社の個別財務諸表におけるすべての情報が必要なわけではない。そのため、親会社は連結グループ各社の個別財務諸表をそのまま利用するのではなく、連結パッケージという形で連結財務諸表作成のために必要な情報のみを連結グループ各社から収集し、当該情報を元に連結財務諸表を作成することが一般的である。

親会社においては、連結グループ各社の状況を適切に把握するため、収集した情報について過年度との整合性や増減分析を実施する、または、新しい取引や事業等の発生による新たな注記事項の収集漏れがないかを検討することが重要であり、これを可能とするよう連結パッケージは作成される必要がある。

連結パッケージの設計にあたっては、以下の点に留意する。

(1) 増減内容の収集・分析

連結グループ各社の個別財務諸表の情報は連結財務諸表を構成するため、その決算内容その他の情報は親会社の連結決算においても重要であり、親会社がその内容を把握・分析するための情報を収集することができるように連結パッケージを構成する必要がある（次頁の図表参照）。

増減分析表のイメージ

勘定科目		前期末（①）	当期末（②）	増減額（②−①）	増減理由
コード	名称				
111100	現金及び預金	XXX	XXX	XXX	
111200	受取手形及び売掛金	—	—	—	
111201	受取手形（連結グループ内）	XXX	XXX	XXX	
111202	受取手形（その他）	XXX	XXX	XXX	
111301	売掛金（連結グループ内）	XXX	XXX	XXX	
111302	売掛金（その他）	10,000	25,000	15,000	A社向け売上の増加
111400	商品及び製品	—	—	—	
111410	商品	XXX	XXX	XXX	
111420	製品	XXX	XXX	XXX	
111430	原材料	XXX	XXX	XXX	
111440	仕掛品	XXX	XXX	XXX	
113100	のれん	—	—	—	
114100	投資有価証券（子会社株式）	XXX	XXX	XXX	
311100	資本金	XXX	XXX	XXX	
411100	少数株主持分	—	—	—	
511100	商品売上	XXX	XXX	XXX	
512100	商品仕入	XXX	XXX	XXX	
513100	のれん償却額	—	—	—	
519100	少数株主利益	—	—	—	

(2) 連結グループ内取引に係る情報及び注記情報の把握

連結財務諸表は個別財務諸表の単純合算を元に作成されるが、連結仕訳を起票する必要があることや連結財務諸表に関する注記事項の開示が必要であるため、それらの元となる情報の収集が重要となる。特に注記情報の収集に際しては、親会社が必要としている情報について、連結グループ各社では自社の個別財務諸表の作成において必要としていない場合があるため、親会社は連結グループ各社に対して、連結財務諸表作成のために必要とする情報に関して具体的かつ網羅的に伝達する必要がある（次頁の図表参照）。

連結グループ内取引集計表のイメージ

連結グループ各社			取引内容	勘定科目		取引価格	付加利益	期末残高	注記情報
会計主体	購入側	売却側		コード	名称				
親会社	子会社1	親会社	商品売上	201100	商品売上	1,000	200	1,000	
親会社	子会社1	親会社	商品売上	111301	売掛金（連結グループ内）	1,000	—	200	
子会社1	子会社1	親会社	商品仕入	202100	商品仕入	1,000	—	1,000	
子会社1	子会社1	親会社	商品仕入	112301	買掛金（連結グループ内）	1,000	—	200	
子会社1	子会社1	親会社	商品仕入	111410	商品	1,000	20	100	
XXX	XXX	XXX	XXX	XXX	XXX	XXX	XXX	XXX	XXX

2-3 持分比率

連結の範囲を判定する際には議決権比率を用いて判定するが、資本連結や成果連結では持分比率を用いて連結財務諸表を作成する。

ここで、持分比率とは、議決権を有する株式の発行済株式総数に対する持株数の比率をいい、以下の算式により求められる。

$$\text{親会社持分比率} = \frac{\text{親会社及び他の子会社が所有する株式数}}{\text{議決権を有する株式の発行済株式数}-\text{自己株式数}}$$

なお、議決権比率と持分比率との相違は、「第１章３連結及び持分法の適用範囲の決定」を参照されたい。

連結決算を効率的に行うために、連結グループ各社の持分比率の一覧表を作成する。

持分比率の一覧表のイメージ

属性	会社名	所有会社	持株比率		
			期首	期中	期末
連子	子会社 1	親会社	60%	60%	60%
連子	子会社 2	親会社	85%	85%	100%
連子	子会社 3	親会社	100%	100%	100%
XX	XXX	XXX	XXX	XXX	XXX
持関	関連会社 1	子会社 3	30%	30%	30%
持関	関連会社 2	親会社	20%	20%	20%
XX	XXX	XXX	XXX	XXX	XXX

連子：連結子会社

持関：持株関連会社

3 連結精算表の作成

ポイント

- 連結精算表は、連結財務諸表を作成する一連の過程をまとめたものである。
- 連結グループの実態に応じた連結精算表を作成する必要がある。
- 連結精算表は、企業による各種分析の基礎として利用できる。

3-1 連結精算表の必要性

連結精算表とは、連結財務諸表を作成するために、連結グループ各社の個別財務諸表を基礎として、単純合算及び連結仕訳により連結財務諸表を作成する一連の過程をまとめた表をいう。連結精算表に組替仕訳を起票したものが連結財務諸表となる。

連結精算表には、連結グループ各社の個別財務諸表の数値、連結仕訳・組替仕訳の数値が記載される。連結精算表は、単純合算から組替仕訳まで、詳細な科目を使用した処理の結果となるため、各社の個別の数値や仕訳など、連結財務諸表のそれよりブレークダウンした情報が記載された資料となり、企業による各種分析の基礎として利用可能である。

先述したように、連結財務諸表を作成するための仕訳を起票する会計帳簿は存在しないことから、適切な連結財務諸表作成のためには、連結精算表を作成する必要がある。

3-2 連結精算表の様式

連結精算表には、連結グループ各社の個別財務諸表の数値、連結仕訳・組替仕訳の数値が記載されるが、その様式には以下の２種類がある。

(1) 一欄式連結精算表

一欄式連結精算表とは、連結仕訳の欄を細分化しない連結精算表をいう。一欄式連結精算表は、連結グループ内での取引の種類及び件数が少ない場合には適しているが、連結仕訳を構成要素別に把握することができないため、連結仕訳が多い場合には適切ではない（下の図表参照）。

一欄式連結精算表のイメージ

勘定科目		連結グループ					連結仕訳	組替仕訳	連結財務諸表
コード	名称	親会社	子会社1	子会社2	子会社3	単純合算			
111100	現金及び預金	XXX	XXX	XXX	XXX	XXX			XXX
111200	受取手形及び売掛金	XXX	XXX	XXX	XXX	XXX		XXX	XXX
111201	受取手形（連結グループ内）	XXX	XXX	XXX	XXX	XXX	XXX		—
111202	受取手形（その他）	XXX	XXX	XXX	XXX	XXX		XXX	—
111301	売掛金（連結グループ内）	XXX	XXX	XXX	XXX	XXX	XXX		—
111302	売掛金（その他）	XXX	XXX	XXX	XXX	XXX		XXX	—
111400	商品及び製品	XXX	XXX	XXX	XXX	XXX		XXX	XXX
111410	商品	XXX	XXX	XXX	XXX	XXX	XXX	XXX	—
111420	製品	XXX	XXX	XXX	XXX	XXX		XXX	—
111430	原材料	XXX	XXX	XXX	XXX	XXX			XXX
111440	仕掛品	XXX	XXX	XXX	XXX	XXX			XXX
113100	のれん					—	XXX		XXX
114100	投資有価証券（子会社株式）	XXX				XXX	XXX		—
311100	資本金	XXX	XXX	XXX	XXX	XXX	XXX		XXX
411100	少数株主持分					—	XXX		XXX
511100	商品売上	XXX	XXX	XXX	XXX	XXX	XXX		XXX
512100	商品仕入	XXX	XXX	XXX	XXX	XXX	XXX		XXX
513100	のれん償却額					—	XXX		XXX
519100	少数株主利益					—	XXX		XXX

(2) 多欄式連結精算表

多欄式連結精算表とは、連結精算表における「連結仕訳」の欄を構成要素別に記載する連結精算表をいう。連結仕訳の内容に応じて構成要素を適切に分類することで、作成者の理解がしやすく、確認者にとっても点検が容易な連結精算表の作成が可能となる（下の図表参照）。

多欄式連結精算表のイメージ

勘定科目		連結グループ					連結仕訳				組替仕訳	連結財務諸表
コード	名称	親会社	子会社1	子会社2	子会社3	単純合算	資本連結	債権債務の相殺消去	取引高の相殺消去	未実現損益の消去		
111100	現金及び預金	xxx	xxx	xxx	xxx	xxx						xxx
111200	受取手形及び売掛金	xxx	xxx	xxx	xxx	xxx		xxx			xxx	xxx
111201	受取手形（連結グループ間）	xxx	xxx	xxx	xxx	xxx		xxx				—
111202	受取手形（その他）	xxx	xxx	xxx	xxx	xxx					xxx	—
111301	売掛金（連結グループ間）	xxx	xxx	xxx	xxx	xxx		xxx				—
111302	売掛金（その他）	xxx	xxx	xxx	xxx	xxx					xxx	xxx
111400	商品及び製品	xxx	xxx	xxx	xxx	xxx				xxx	xxx	xxx
111410	商品	xxx	xxx	xxx	xxx	xxx				xxx	xxx	—
111420	製品	xxx	xxx	xxx	xxx	xxx					xxx	—
111430	原材料	xxx	xxx	xxx	xxx	xxx						xxx
111440	仕掛品	xxx	xxx	xxx	xxx	xxx						xxx
113100	のれん					—	xxx					xxx
114100	投資有価証券（子会社株式）	xxx				xxx	xxx					—
311100	資本金	xxx	xxx	xxx	xxx	xxx	xxx					xxx
411100	少数株主持分					—	xxx					xxx
511100	商品売上	xxx	xxx	xxx	xxx	xxx			xxx			xxx
512100	商品仕入	xxx	xxx	xxx	xxx	xxx			xxx			xxx
513100	のれん償却額					—	xxx					xxx
519100	少数株主利益					—	xxx					xxx

なお、連結精算表は、連結財務諸表が適切に作成されていることを検証するためにも用いられる。確認対象となる重要な項目及び確認方法については「第２章11連結精算表の完成と連結財務諸表の表示組替」にて詳述する。

4 個別財務諸表の修正と単純合算表の作成

P ポイント

- 適切な連結財務諸表を作成するためには、その基礎となる個別財務諸表が適切に作成されている必要がある。
- 連結財務諸表の作成に先立って、個別財務諸表を適切に修正する必要がある。
- 単純合算表は連結精算表作成の基礎となる。

4-1 個別財務諸表の修正

連結財務諸表は連結グループ各社の個別財務諸表を基礎として、子会社の資産及び負債の評価、連結グループ各社内の取引の相殺消去などを経て作成される。ここで、基礎となる個別財務諸表は適切に作成されていることが前提である。しかし、実際には減価償却不足や資産及び負債の過大もしくは過少計上により個別財務諸表が適切に作成されていない、もしくは会計方針が統一されていないことも考えられる。

そこで、連結財務諸表の作成においては、個別財務諸表の合算に先だち、上記のような事象を把握して個別財務諸表を適切に修正する場合がある。主な修正内容としては、以下の点が挙げられる。

(1) 会計処理の追加

連結グループ各社において、連結財務諸表の作成に必要とされる会計処理が行われていない場合には、必要な処理を追加して個別財務諸表を作成する必要がある（例：固定資産の減損会計など）。

(2)　会計方針の統一による修正

「第２章２−１個別財務諸表」にて示したように、統一しない合理的な理由がある場合または重要性がない場合を除き、原則として連結グループ内で会計方針は統一する必要がある。仮に連結グループ各社の個別財務諸表の会計方針が統一されていない場合には、この段階で統一後の会計方針にて作成された状態へと個別財務諸表を修正しておくことがより効率的といえる。また、在外子会社の会計方針については、在外子会社の財務諸表がIFRSまたは米国会計基準に準拠して作成されている場合であっても、以下の項目については、当該修正額に重要性が乏しい場合を除き、連結決算手続上で修正を行わなければならない（在外子会社の会計処理に関する当面の取扱い、下の図表参照）。

項目	在外子会社における処理	修正後の処理
のれんの償却	償却しない、もしくは減損処理を実施している	計上後20年以内の効果が及び期間にわたって定額法その他合理的な方法により規則的に償却する、もしくは減損処理後の帳簿価額に応じて規則的に償却する
退職給付会計における数理計算上の差異	純資産の部に直接計上している	平均残存勤務期間以内の一定の年数で規則的に費用処理する
研究開発費	資産計上している	支出時の費用とする
投資不動産の時価評価	投資不動産を時価評価している	取得原価を基礎とし、正規の減価償却によって算定された減価償却費を計上する
固定資産の再評価	固定資産を再評価している	取得原価を基礎とし、正規の減価償却によって算定された減価償却費を計上する
少数株主損益	当期純利益に含まれている	当期純利益が親会社持分相当額となるよう、当期純利益から加減する

(3) 決算日の差異による修正

「第２章２−１個別財務諸表」にて示したように、決算日の異なる子会社がある場合には、子会社の決算日と連結決算日が異なることから生じる連結グループ内に係る会計記録の重要な不一致については、調整が必要となる(例：連結子会社の決算日後に親会社が子会社に商品・固定資産等を売却し、その影響が金額的または質的に重要である場合など)。

ここで、重要な不一致の判断基準として、具体的な数値基準は明示されていない。一般的には連結上の当期純利益が考えられるが、過去の一定期間の平均値に基づくことも考えられる。表示区分について重要性の基準を適用する場合には、売上高や資産総額など、それぞれに適合した数値を使用する。

連結グループ	決算日	決算日の差異	対応
親会社	3月31日	—	—
子会社１	3月31日	該当なし	—
子会社２	2月28日	3か月以内	・仮決算の実施 ・重要な不一致の調整
子会社３	9月30日	6か月	仮決算の実施

また、上記(1)〜(3)以外にも、子会社における誤謬や不適切な会計処理の発覚等により、個別財務諸表の修正が必要になることもある。

4-2 単純合算表の作成

連結財務諸表は、持分法適用会社を除く連結グループ各社の個別財務諸表を単純合算し、連結グループ内取引の消去などを経て作成される。

連結財務諸表の作成においては、個別財務諸表を修正し、換算が必要なものは換算を行い、その後に持分法適用会社を除いた連結グループ各社の個別財務諸表を単純合算した単純合算表が作成される（次頁の図表参照)。

```
親会社                          子会社
修正前個別財務諸表              修正前個別財務諸表
        │                              │
   ①個別財務                      ①個別財務
   諸表の修正                     諸表の修正
        ▼                              ▼
    親会社                          子会社
修正後個別財務諸表              修正後個別財務諸表
        │                              │
   ②個別財務                      ②個別財務
   諸表の単純                     諸表の単純
      合算                            合算
        ▼                              ▼
              単純合算表
```

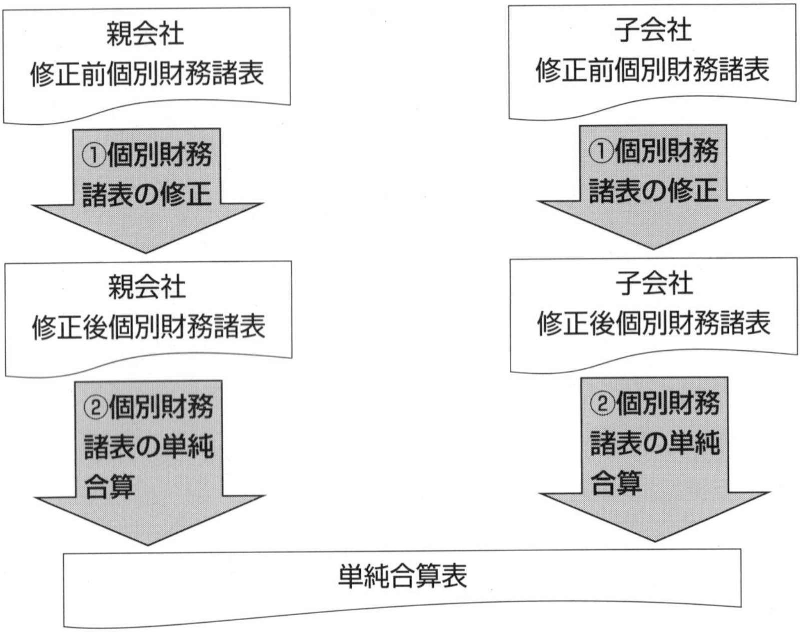

単純合算表のイメージ

勘定科目 || 連結グループ					
コード	名称	親会社	子会社1	子会社2	子会社3	単純合算
111100	現金及び預金	×××	×××	×××	×××	×××
111200	受取手形及び売掛金					—
111201	受取手形(連結グループ内)	×××	×××	×××	×××	×××
111202	受取手形（その他）	×××	×××	×××	×××	×××
111301	売掛金（連結グループ内）	×××	×××	×××	×××	×××
111302	売掛金（その他）	×××	×××	×××	×××	×××
111400	商品及び製品					—
111410	商品	×××	×××	×××	×××	×××
111420	製品	×××	×××	×××	×××	×××
111430	原材料	×××	×××	×××	×××	×××
111440	仕掛品	×××	×××	×××	×××	×××

113100	のれん					—
114100	投資有価証券(子会社株式)	XXX				XXX
311100	資本金	XXX	XXX	XXX	XXX	XXX
411100	少数株主持分					—
511100	商品売上	XXX	XXX	XXX	XXX	XXX
512100	商品仕入	XXX	XXX	XXX	XXX	XXX
513100	のれん償却額					—
519100	少数株主利益					—

5 資本連結

P ポイント

- 子会社の資産及び負債は、支配権獲得日の時価による評価される。
- 親会社の子会社に対する投資と、子会社の資本とは相殺消去する。
- 親会社の子会社に対する投資と、子会社の資本との間に生じた差額は「のれん（負ののれん）」として処理される。
- 子会社の資本のうち、親会社に帰属しない部分は少数株主持分として処理される。

5-1 資本連結とは

資本連結とは、親会社の子会社に対する投資とこれに対応する子会社の資本を相殺消去し、消去差額が生じた場合には当該差額をのれん（または負ののれん）として計上するとともに、子会社の資本のうち親会社に帰属しない部分を少数株主持分に振り替える一連の処理をいい（連会59）、大別して以下の４点から構成されている。

① 子会社の資産及び負債の評価（「第２章５−２−１子会社の資産及び負債の評価」参照）

② 投資と資本の相殺消去（「第２章５−２−２投資と資本の相殺消去」参照）

③ のれんの計上（「第２章５−２−３のれんの計上」参照）

④ 少数株主持分の計上（「第２章５−２−４少数株主持分の計上」参照）

連結グループ各社の個別財務諸表を単純合算した状態では、親会社の子会社に対する投資と子会社の資本とが重複して計上されている。そのため適切な連結グループの財政状態及び経営成績を示すためには、これを相殺消去して重複部分を除外することが必要となる（下の図表参照）。

親会社

資産（子会社株式）	負債
	資本

子会社

資産	負債
	資本

単純合算表

資産（親会社＋子会社）	負債（親会社＋子会社）
	資本（親会社）
（子会社株式）	資本（子会社）

※親会社が有する投資（子会社株式）と子会社の資本が重複して計上されている。

連結財務諸表

資産（親会社＋子会社）	負債（親会社＋子会社）
	資本（親会社）

※相殺消去により重複部分が除外された。

5-2 支配獲得時の資本連結

5-2-1 子会社の資産及び負債の評価

子会社の貸借対照表は取得原価を基礎として作成されているが、連結財務諸表上、時価をもって被取得企業の取得原価とされるため、親会社が子会社の支配を獲得した際には、子会社の資産及び負債を時価評価する必要がある。

子会社の資産及び負債の時価による評価額と当該資産及び負債の個別貸借対照表上の金額との差額を評価差額といい、子会社の資本となる（連会21）。

時価評価の方法は、子会社の資産及び負債のすべてを支配獲得日の時価により評価する全面時価評価法を使用する（連会20）。時価評価は支配権を獲得した日に行うのみで、決算ごとに行う必要はない。また、評価差額に重要性が乏しい場合には時価評価しないことも可能である（連会22）。

親会社に帰属する評価差額については投資と資本の相殺消去により消去され、少数株主に帰属する評価差額については少数株主に振り替えられる。そのため、評価差額は連結貸借対照表上、そのままの残ることはない。

時価評価することにより、一部の資産及び負債に関しては、時価評価前後で個別貸借対照表の金額が異なり、一時差異が生じるため、評価差額には税効果会計が適用される（連結財務諸表における税効果会計に関する実務指針第21項）。このように、資本連結に際し、子会社の資産及び負債の時価評価による評価差額に関して発生した一時差異は、連結財務諸表においてのみ発生するものであるため、連結財務諸表固有の一時差異とされている（連結税効果実務指針21）。

税効果会計を適用した結果、評価差額は対応する税効果を控除した純額で計上される。

連結仕訳

（借）固定資産	XXX	（貸）	繰延税金負債	XXX
			評価差額	XXX

評価差額＝「時価－簿価」×「100％－実効税率」

時価評価を行ったのみでは収益や費用は発生しないため連結損益計算書には影響を与えず、連結貸借対照表に繰延税金資産または繰延税金負債が計上される。

5-2-2 投資と資本の相殺消去

親会社が子会社に対して行っている投資は、基本的には親会社の貸借対照表に取得原価で計上されている。

親会社の投資と子会社の資本は、連結グループ全体から検討すれば、連結グループ内の取引であり、単に資金が連結グループ内で移動しているのみであるため、連結上は取引がなかったものと考え、相殺消去する必要がある（下の図表参照）。

連結仕訳

（借）	資本金	XXX	（貸）子会社株式	XXX
	資本剰余金	XXX		

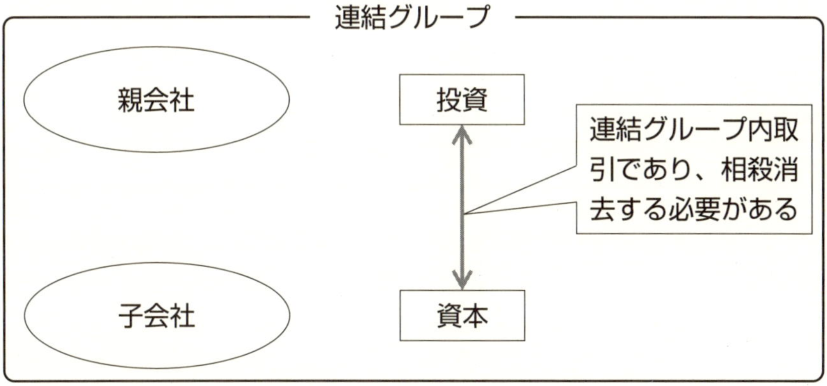

5-2-3 のれんの計上

のれんとは、親会社の子会社に対する投資とこれに対応する子会社の資本との相殺消去にあたり、差額が生じている場合の当該差額をいう（連会24、79頁の図表参照）。

親会社が子会社株式を取得した際に、子会社に将来の超過収益力があると見込む場合には、子会社の資本の金額以上の投資を行うことがある。この場合に「のれん」が発生する。

のれんが生じると見込まれる場合には、まずすべての識別可能な資産及び負債が把握されているか、及び、それらに対する取得原価の配分が適切に行われているかどうか見直す必要がある。

のれんは、連結貸借対照表の無形固定資産に「のれん」として計上され、その償却額は、販売費及び一般管理費のうち「のれん償却額」として費用処理される。ただし、のれんを減損した場合には、特別損失として費用処理される。

連結仕訳

（借）	資本金	XXX	（貸）子会社株式	XXX
	資本剰余金	XXX		
	利益剰余金	XXX		
	のれん	XXX		

連結仕訳

（借）	のれん償却額	XXX	（貸）のれん	XXX

一方、子会社の将来の超過収益力をマイナスと見込み、子会社の資本未満の投資を行う場合には「負ののれん」が発生する。負ののれんが発生したということは、時価よりも割安で子会社の持分を取得できたという通常の経済活動では想定されない事象が生じていることを意味している。

負ののれんは、一時の収益であり、「負ののれん発生益」として特別利益に計上される（次頁の図表参照）。

連結仕訳

（借）	資本金	XXX	（貸）子会社株式	XXX
	資本剰余金	XXX	負ののれん発生益	XXX
	利益剰余金	XXX		

表示科目名	表示箇所
のれん	無形固定資産
のれん償却額	販売費及び一般管理費もしくは特別損失
負ののれん発生益	特別利益

支配権獲得後の資本連結

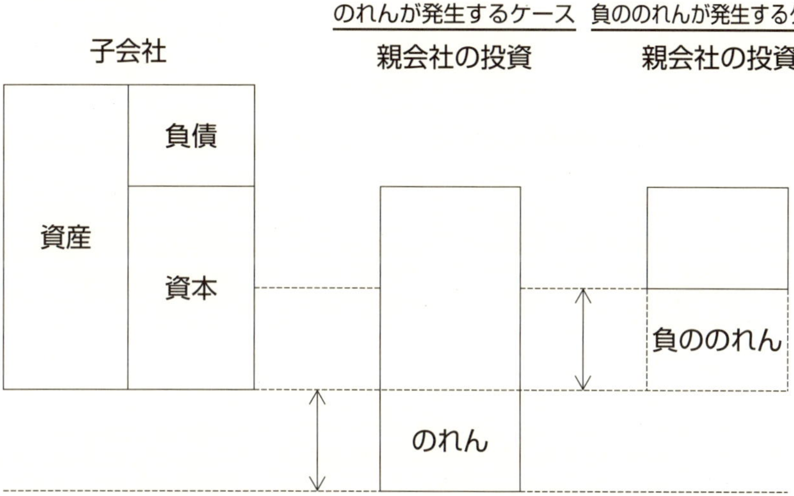

5-2-4 少数株主持分の計上

親会社以外の子会社の株主を少数株主といい、少数株主に帰属する子会社の資本を少数株主持分という。少数株主持分は、子会社の資本のうち少数株主に帰属する部分を持分比率に基づいて計上する（次頁の図表参照）。

また、支配権獲得後に生じた子会社の利益剰余金及び評価差額のうち少数株主に帰属する部分は、少数株主持分として処理する。

上記のような連結固有の項目であることから、少数株主持分は、連結貸借対照表上、負債でも資本でもなく、純資産の部に独立した項目として表示される（図表「支配権獲得後の資本連結」参照）。

連結仕訳

（借）	資本金	XXX	（貸）	子会社株式	XXX
	資本剰余金	XXX		少数株主持分	XXX
	利益剰余金	XXX			
	のれん	XXX			

少数株主持分の計上

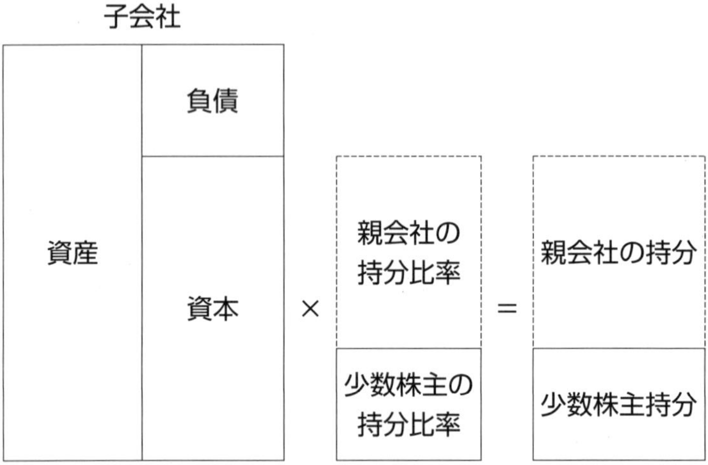

設例2-1　支配獲得時の資本連結

〈前提条件〉

① P社はS社株式の60%を、外部の株主より取得した。

② P社の投資有価証券は全額S社株式で、一括して当期に取得している。

③ 取得時点におけるS社の土地の時価は400,000であり、土地以外に簿価と時価に差が生じているものはない。

④ 実効税率は40%とする。ただし、評価差額以外に税効果会計は適用しない。

P 社及び S 社の、取得時点における貸借対照表は以下のとおりである。

P 社の貸借対照表

現預金	200,000	買掛金	300,000
売掛金	400,000	短期借入金	500,000
土地	500,000	資本金	400,000
投資有価証券	400,000	利益剰余金	300,000
合計	1,500,000	合計	1,500,000

S 社の貸借対照表

現預金	200,000	買掛金	100,000
売掛金	300,000	短期借入金	300,000
土地	300,000	資本金	200,000
		利益剰余金	200,000
合計	800,000	合計	800,000

1）子会社の資産及び負債の評価

S 社の土地を時価評価する。

		取得年度
(1)	持分比率	60%
(2)	資本金	200,000
(3)	利益剰余金	200,000
(4)	評価差額	60,000
(5)	合計	460,000

(4)　評価差額：(土地取得時点の時価400,000－土地 S 社の帳簿価額300,000)×
(1－実効税率40%)

（借）土地	100,000	（貸）	繰延税金負債	40,000
			評価差額	60,000

土地：400,000（取得時点の時価）－300,000（S社の帳簿価額）

時価評価後のS社の貸借対照表は以下のとおりである。

現預金	200,000	買掛金	100,000
売掛金	300,000	短期借入金	300,000
土地	400,000	繰延税金負債	40,000
		資本金	200,000
		利益剰余金	200,000
		評価差額	60,000
合計	900,000	合計	900,000

2）単純合算表の作成

P社とS社の単純合算表は以下のとおりである。貸方残高は括弧書きにて示している。

勘定科目	P社	S社	単純合算
現預金	200,000	200,000	400,000
売掛金	400,000	300,000	700,000
土地	500,000	400,000	900,000
投資有価証券	400,000	0	400,000
買掛金	(300,000)	(100,000)	(400,000)
短期借入金	(500,000)	(300,000)	(800,000)
繰延税金負債	0	(40,000)	(40,000)
資本金	(400,000)	(200,000)	(600,000)
利益剰余金	(300,000)	(200,000)	(500,000)
評価差額	0	(60,000)	(60,000)

3）開始仕訳

取得年度であるため、前期以前から引き継ぐ連結仕訳はなく、開始仕訳は該当がない。

4）資本連結

		取得年度
(1)	持分比率	60.0%
(2)	資本金	200,000
(3)	利益剰余金	200,000
(4)	評価差額	60,000
(5)	合計	460,000
(6)	取得持分価額	276,000
(7)	取得原価	400,000
(8)	のれん	124,000
(9)	少数株主持分	184,000

(4)　評価差額：(土地取得時点の時価400,000－土地Ｓ社の帳簿価額300,000)×(１－実効税率40%)
(6)　取得持分価額：(5)×(1)
(8)　のれん：(7)－(6)負の値であれば「負ののれん」となる
(9)　少数株主持分：(5)×(１－(1))

（借）	資本金	200,000	（貸）	投資有価証券	400,000
	利益剰余金	200,000		少数株主持分	184,000
	評価差額	60,000			
	のれん	124,000			

5）連結精算表の作成

上記事項に基づいて作成した連結精算表は以下のとおりである。貸方残高は括弧書きにて示している。

勘定科目	P社	S社	単純合算	連結仕訳	
				子会社の資産及び負債の評価	資本連結
現預金	200,000	200,000	400,000		
売掛金	400,000	300,000	700,000		
土地	500,000	300,000	800,000	100,000	
投資有価証券	400,000	0	400,000		(400,000)
のれん	0	0	0		124,000
買掛金	(300,000)	(100,000)	(400,000)		
短期借入金	(500,000)	(300,000)	(800,000)		
繰延税金負債	0	0	0	(40,000)	
資本金	(400,000)	(200,000)	(600,000)		200,000
利益剰余金	(300,000)	(200,000)	(500,000)		200,000
評価差額	0	0	0	(60,000)	60,000
少数株主持分	0	0	0		(184,000)

6）組替仕訳

当設例において組替仕訳は該当事項がない。

勘定科目	P社	S社	単純合算	連結仕訳		組替仕訳	連結財務諸表
				子会社の資産及び負債の評価	資本連結		
現預金	200,000	200,000	400,000				400,000
売掛金	400,000	300,000	700,000				700,000
土地	500,000	300,000	800,000	100,000			900,000
投資有価証券	400,000	0	400,000		(400,000)		0
のれん	0	0	0		124,000		124,000
買掛金	(300,000)	(100,000)	(400,000)				(400,000)
短期借入金	(500,000)	(300,000)	(800,000)				(800,000)
繰延税金負債	0	0	0	(40,000)			(40,000)
資本金	(400,000)	(200,000)	(600,000)		200,000		(400,000)
利益剰余金	(300,000)	(200,000)	(500,000)		200,000		(300,000)
評価差額	0	0	0	(60,000)	60,000		0
少数株主持分	0	0	0		(184,000)		(184,000)

7）連結財務諸表の作成

上記の連結精算表に基づいて作成したＰ社及びＳ社の連結グループにおける連結貸借対照表は以下のとおりである。

連結貸借対照表

現預金	400,000	買掛金	400,000
売掛金	700,000	短期借入金	800,000
土地	900,000	繰延税金負債	40,000
のれん	124,000	資本金	400,000
		利益剰余金	300,000
		少数株主持分	184,000
合計	2,124,000	合計	2,124,000

5-3 支配獲得後の資本連結手続

5-3-1 のれんの償却

計上されたのれんは、重要性が乏しく発生時に全額償却する場合を除いて毎期償却するが、子会社の財政状態が悪化する場合も考慮して、通常償却、一時償却、減損の３通りの会計処理を検討する必要がある。

(1) 通常償却

のれんは、子会社の支配権を獲得した時点から、その効果が及ぶ20年以内の合理的な期間で、残存価額をゼロとして定額法その他合理的な方法により規則的に償却する（資本連結実務指針30）。ただし、重要性が乏しい場合には、一括して費用処理する。

連結仕訳

（借）のれん償却額 （販売費及び一般管理費）	XXX	（貸）のれん	XXX

(2) 一時償却

子会社の財政状態の悪化によって、親会社において子会社株式評価損を計上した場合、当該評価損は内部取引として消去されるが、子会社の超過収益力が減少したという事実を連結財務諸表に表現する必要がある。このような場合に、のれんの一時償却が必要となる。この場合の償却額は、「連結上の子会社の資本における親会社持分相当額（ゼロを限度とする）＋のれんの未償却残高－減損処理後の子会社株式の帳簿価額」と「のれんの未償却残高」のいずれか低い金額である（資本連結実務指針32、次頁の図表参照）。

連結仕訳

（借）減損損失	XXX	（貸）のれん	XXX

(3) 減損

のれんは固定資産であるため、「固定資産の減損に係る会計基準」及び「固定資産の減損に係る会計基準の適用指針」に従い、減損の兆候があり、将来キャッシュ・フローの見積りを行った結果、帳簿価額が回収できないと判断した場合には、減損損失を計上する必要がある（資本連結実務指針33）。減損損失の戻入れは認められない。

連結仕訳

（借）減損損失	XXX	（貸）のれん	XXX

のれんの未償却残高が減損額を上回る場合

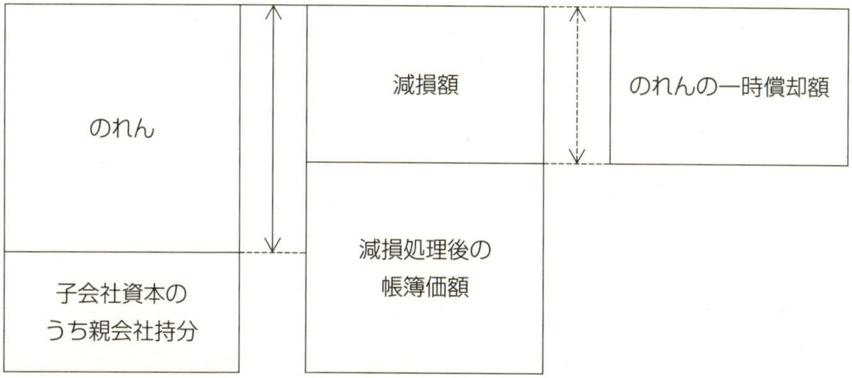

減損額がのれんの未償却残高を上回る場合

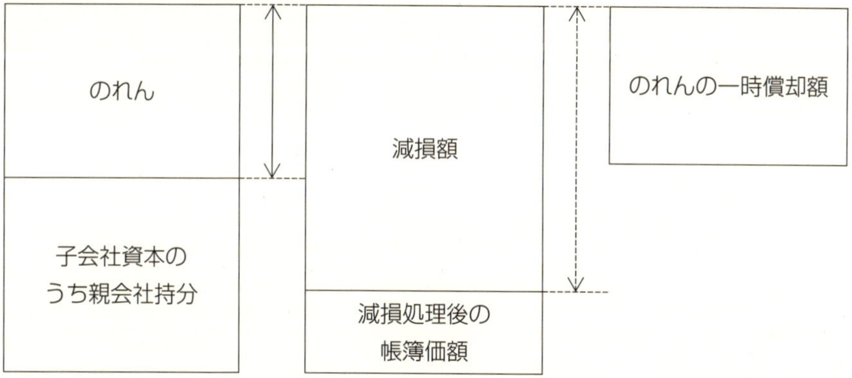

←――――→ 連結上の子会社の資本における親会社持分相当額（ゼロを限度とする）
＋のれんの未償却残高－減損処理後の子会社株式の帳簿価額

←------→ のれんの未償却残高

5-3-2 当期純利益の少数株主損益への振替

子会社の損益計算書を単純合算したのみでは、子会社のすべての損益が連結計算書に計上されてしまうが、子会社の損益のすべてが連結グループに帰属するわけではなく、少数株主に帰属する損益は少数株主損益として少数株主持分に按分し、連結グループの損益から除外する必要がある。

少数株主損益が借方残高となった場合は、少数株主利益として連結損益計算書に計上する。一方、少数株主損益が貸方残高となった場合は、少数株主損失として連結損益計算書に計上される。

なお、少数株主損益とは少数株主にとっての損益であり、連結グループの純損益に与える影響は名称とは逆のものとなる（下の図表参照）。

株主有限責任の原則の下、株式会社における株主は自己の出資額を限度とする責任を負っているが、子会社の欠損の負担について株主間の合意がある場合、欠損を持分比率に応じて少数株主に負担させるのではなく、その合意に基づく額を限度として少数株主に負担させることがある。当該子会社の少数株主に割り当てられる額が少数株主の負担すべき額を超える場合には、当該超過額は親会社の持分に負担させ、その後、当該子会社に利益が計上されたときは、親会社が負担した超過欠損金が利益と相殺させて解消されるまでその後の利益の金額を親会社の持分に加算するものとされている（資本連結実務指針69）。このため、少数株主持分は借方残高となることはなく、原則として限度額がゼロである。

連結仕訳

（借）少数株主損益	XXX	（貸）少数株主持分	XXX

少数株主損益	連結損益計算書の表示	連結グループの純利益に与える影響
借方残高	少数株主利益	マイナス
貸方残高	少数株主損失	プラス

連結損益計算書

税金等調整前当期純利益	XXX
法人税、住民税及び事業税	XXX
法人税等調整額	XXX
法人税等合計額	XXX
少数株主損益調整前当期純利益	XXX
少数株主利益（又は損失）	XXX
当期純利益	XXX

また、少数株主持分は、連結貸借対照表上、負債でも資本でもなく、純資産の部に独立した項目として表示される（下の図表参照）。

連結貸借対照表

純資産の部	
株主資本	XXX
その他の包括利益累計額	XXX
新株予約権	XXX
少数株主持分	XXX
純資産合計	XXX

5-3-3 配当金

子会社が利益剰余金を原資として配当を実施した場合、親会社及び少数株主に対して配当が実施される。親会社では、子会社からの配当金は、親会社の個別財務諸表において「受取配当金」として収益に計上しているが、連結グループから見た場合には、連結グループ内での資金移動であり、相殺消去の対象となる。

少数株主への配当は、連結グループ外への資金移動であり、子会社の資本が減少したと考えられる。したがって、配当分だけ少数株主に帰属する子会社の資本が減少したと考え、少数株主持分を減少させる。

この場合、減少する子会社の資本は、過年度に取り込んでいた損益であるため、対応する勘定科目として利益剰余金を使用する。具体的には、子会社の株主資本等変動計算書上の利益剰余金の配当額を取り消す処理を行う。

連結仕訳

（借）受取配当金	XXX	（貸）利益剰余金	XXX
少数株主持分	XXX	（剰余金の配当）	

また、子会社が資本剰余金を原資として配当を実施した場合、親会社の個別財務諸表においては、投資の払戻と考えられるため、子会社株式を減額す

る。少数株主に対する配当については、子会社の資本が減少したと考えられる。したがって、配当分だけ少数株主に帰属する子会社の資本が減少したと考え、少数株主持分を減少させ、対応する勘定科目として資本剰余金を利用する（下の図表参照）。具体的には、利益剰余金の場合と同様に、子会社の株主資本等変動計算書上の資本剰余金の配当額を取り消す。

連結仕訳

（借）少数株主持分	XXX	（貸）資本剰余金 （剰余金の配当）	XXX

配当原資	親会社の個別財務諸表での処理	連結グループから見た取引内容	少数株主持分の処理
利益剰余金	受取配当金の収益計上	連結グループ内での資金移動	少数株主持分の減少
資本剰余金	子会社株式の減額		

設例2-2　支配獲得後の資本連結

設例２－２は、設例２－１から１会計期間が経過したものである。

各設例の前提条件は以下のとおりである。

〈設例２－１に係る前提条件〉

①　Ｐ社はＳ社株式の60%を、外部の株主より取得した。

②　Ｐ社の投資有価証券は全額Ｓ社株式で、一括して当期に取得している。

③　取得時点におけるＳ社の土地の時価は400,000であり、土地以外に簿価と時価に差が生じているものはない。

④　実効税率は40%とする。ただし、評価差額以外に税効果会計は適用しない。

〈設例2－2に係る前提条件〉

① S社は翌期において、利益剰余金を原資として10,000の配当を実施している。

② のれんの償却期間は5年としている。

③ 組替仕訳は、簡便的に少数株主損益（少数株主利益）および利益剰余金期首残高（利益剰余金）のみとする。

P社及びS社の貸借対照表及び損益計算書は以下のとおりである。

説明上の便宜のため、利益剰余金の内訳を示している。

P社の翌期末の貸借対照表

現預金	400,000	買掛金	300,000
売掛金	400,000	短期借入金	500,000
土地	500,000	資本金	400,000
投資有価証券	400,000	利益剰余金	
		—期首残高	300,000
		—当期純利益	200,000
合計	1,700,000	合計	1,700,000

S社の翌期末の貸借対照表

現預金	290,000	買掛金	100,000
売掛金	300,000	短期借入金	300,000
土地	300,000	資本金	200,000
		利益剰余金	
		—期首残高	200,000
		—当期純利益	100,000
		—配当	(10,000)
合計	890,000	合計	890,000

P社及びS社の翌期の損益計算書

	P社	S社
売上高	1,000,000	600,000
売上原価	800,000	500,000
販売費及び一般管理費	100,000	50,000
営業外収益	150,000	75,000
営業外費用	50,000	25,000
特別利益	30,000	15,000
特別損失	30,000	15,000
当期純利益	200,000	100,000

1）子会社の資産及び負債の評価

S社の土地を時価評価する。

		取得年度
(1)	持分比率	60%
(2)	資本金	200,000
(3)	利益剰余金	200,000
(4)	評価差額	60,000
(5)	合計	460,000

(4)　評価差額：（土地取得時点の時価400,000－土地S社の帳簿価額300,000）×（1－実効税率40%）

（借）土地	100,000	（貸）繰延税金負債	40,000
		評価差額	60,000

土地：400,000（取得時点の時価）－300,000（S社の帳簿価額）

時価評価後のS社の翌期末の貸借対照表

現預金	290,000	買掛金	100,000
売掛金	300,000	短期借入金	300,000
土地	400,000	繰延税金負債	40,000

		資本金	200,000
		利益剰余金	
		—期首残高	200,000
		—当期純利益	100,000
		—配当	(10,000)
		評価差額	60,000
合計	990,000	合計	990,000

2）単純合算表の作成

Ｐ社とＳ社の単純合算表は以下のとおりである。貸方残高は括弧書きにて示している。

1．貸借対照表

勘定科目	Ｐ社	Ｓ社	単純合算
現預金	400,000	290,000	690,000
売掛金	400,000	300,000	700,000
土地	500,000	400,000	900,000
投資有価証券	400,000	0	400,000
買掛金	(300,000)	(100,000)	(400,000)
短期借入金	(500,000)	(300,000)	(800,000)
繰延税金負債	0	(40,000)	(40,000)
資本金	(400,000)	(200,000)	(600,000)
利益剰余金			
－期首残高	(300,000)	(200,000)	(500,000)
－当期純利益	(200,000)	(100,000)	(300,000)
－配当		10,000	10,000
評価差額	0	(60,000)	(60,000)

2．損益計算書

勘定科目	P社	S社	単純合算
売上高	(1,000,000)	(600,000)	(1,600,000)
売上原価	800,000	500,000	1,300,000
販売費及び一般管理費	100,000	50,000	150,000
営業外収益	(150,000)	(75,000)	(225,000)
営業外費用	50,000	25,000	75,000
特別利益	(30,000)	(15,000)	(45,000)
特別損失	30,000	15,000	45,000
当期純利益	(200,000)	(100,000)	(300,000)

3）開始仕訳

	取得年度
(1) 持分比率	60.0%
(2) 資本金	200,000
(3) 利益剰余金	200,000
(4) 評価差額	60,000
(5) 合計	460,000
(6) 取得持分価額	276,000
(7) 取得原価	400,000
(8) のれん	124,000
(9) 少数株主持分	184,000

(4) 評価差額：(土地取得時点の時価400,000－土地S社の帳簿価額300,000)×(1－実効税率40%)

(6) 取得持分価額：(5)×(1)

(8) のれん：(7)－(6)負の値であれば「負ののれん」となる

(9) 少数株主持分：(5)×(1－(1))

(借)	資本金	200,000	(貸) 投資有価証券	400,000
	利益剰余金-期首残高	200,000	少数株主持分	184,000
	(利益剰余金)			
	評価差額	60,000		
	のれん	124,000		

4）資本連結

		取得年度	→	翌年度
(1)	持分比率	60.0%		60.0%
(2)	資本金	200,000		200,000
(3)	利益剰余金	200,000	60,000 → 40,000	300,000
(4)	利益剰余金－配当	0	(6,000) → (4,000)	(10,000)
(5)	評価差額	60,000		60,000
(6)	合計	460,000		550,000
(7)	取得持分価額	276,000		
(8)	取得原価	400,000		
(9)	のれん	124,000	→ (24,800)	99,200
(10)	少数株主持分	184,000		220,000

(5)　評価差額：(土地取得時点の時価400,000－土地Ｓ社の帳簿価額300,000)×(1－実効税率40%)

(7)　取得持分価額：(6)×(1)

(9)　のれん：(8)−(7)負の値であれば「負ののれん」となる

(10)　少数株主持分：(6)×(1－(1))

1．子会社の当期純利益の少数株主への按分

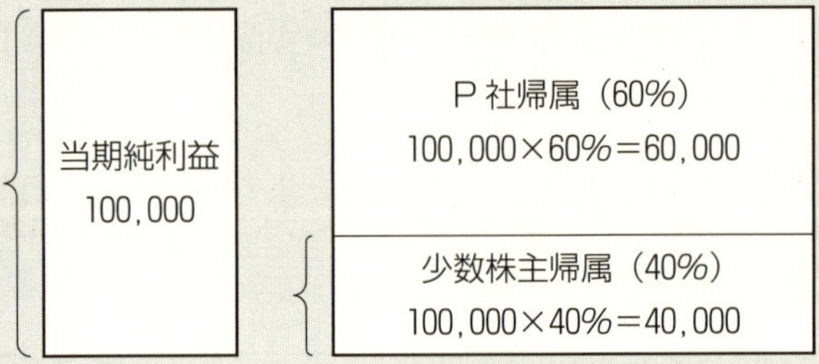

（借）	少数株主損益	40,000	（貸）	少数株主持分	40,000

2．のれんの償却

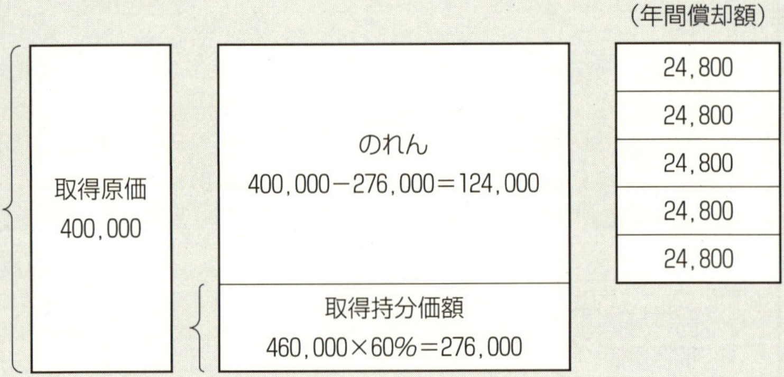

（借）	のれん償却額 （販売費及び一般管理費）	24,800	（貸）	のれん	24,800

3．配当金

当期配当額 10,000	P社帰属（60%） 10,000×60%＝6,000
	少数株主帰属（40%） 10,000×40%＝4,000

（借）	受取配当金 （営業外収益）	6,000	（貸）	利益剰余金−配当 （利益剰余金）	10,000
	少数株主持分	4,000			

利益剰余金に与える影響の純額は4,000

5）連結精算表の作成

連結貸借対照表に係る連結精算表（貸方残高は括弧書きにて示している）

勘定科目	P社	S社	単純合算
現預金	400,000	290,000	690,000
売掛金	400,000	300,000	700,000
土地	500,000	300,000	800,000
投資有価証券	400,000	0	400,000
のれん	0	0	0
買掛金	(300,000)	(100,000)	(400,000)
短期借入金	(500,000)	(300,000)	(800,000)
繰延税金負債	0	0	0
資本金	(400,000)	(200,000)	(600,000)
利益剰余金			
一期首残高	(300,000)	(200,000)	(500,000)
一当期純利益	(200,000)	(100,000)	(300,000)
一配当	0	10,000	10,000
評価差額	0	0	0

勘定科目	連結仕訳			
	開始仕訳（子会社の資産及び負債の評価を含む）	少数株主損益の振替	のれんの償却	配当金
現預金				
売掛金				
土地	100,000			
投資有価証券	(400,000)			
のれん	124,000		(24,800)	
買掛金				
短期借入金				
繰延税金負債	(40,000)			
資本金	200,000			
利益剰余金				
—期首残高	200,000			
—当期純利益		40,000	24,800	6,000
—配当				(10,000)
評価差額	0			
少数株主持分	(184,000)	(40,000)		4,000

連結損益計算書に係る連結精算表（貸方残高は括弧書きにて示している）

勘定科目	P社	S社	単純合算
売上高	(1,000,000)	(600,000)	(1,600,000)
売上原価	800,000	500,000	1,300,000
販売費及び一般管理費	100,000	50,000	150,000
営業外収益	(150,000)	(75,000)	(225,000)
営業外費用	50,000	25,000	75,000
特別利益	(30,000)	(15,000)	(45,000)
特別損失	30,000	15,000	45,000
少数株主損益	0	0	0
少数株主利益	0	0	0
当期純利益	(200,000)	(100,000)	(300,000)

勘定科目	連結仕訳			
	開始仕訳（子会社の資産及び負債の評価を含む）	少数株主損益の振替	のれんの償却	配当金
売上高				
売上原価				
販売費及び一般管理費			24,800	
営業外収益				6,000
営業外費用				
特別利益				
特別損失				
少数株主損益		40,000		
少数株主利益				
当期純利益		40,000	24,800	6,000

6）組替仕訳

1．少数株主損益の少数株主持分への振替

（借）少数株主利益	40,000	（貸）少数株主損益	40,000

連結仕訳にて起票された少数株主損益の合計金額40,000

2．P社の利益剰余金期首残高の利益剰余金への振替

（借）利益剰余金-期首残高 （利益剰余金）	300,000	（貸）利益剰余金	300,000

S社の取得年度における当社の利益剰余金残高300,000

3．組替仕訳を起票した後の連結精算表

連結貸借対照表に係る連結精算表（貸方残高は括弧書きにて示している）

勘定科目	P社	S社	単純合算
現預金	400,000	290,000	690,000
売掛金	400,000	300,000	700,000
土地	500,000	300,000	800,000
投資有価証券	400,000	0	400,000
のれん	0	0	0
買掛金	(300,000)	(100,000)	(400,000)
短期借入金	(500,000)	(300,000)	(800,000)
繰延税金負債	0	0	0
資本金	(400,000)	(200,000)	(600,000)
利益剰余金期首残高	(300,000)	(200,000)	(500,000)
利益剰余金			
―期首残高	(300,000)	(200,000)	(500,000)
―当期純利益	(200,000)	(100,000)	(300,000)
―配当	0	10,000	10,000
評価差額	0	0	0
少数株主持分	0	0	0

勘定科目	連結仕訳			
	開始仕訳（子会社の資産及び負債の評価を含む）	少数株主損益の振替	のれんの償却	配当金
現預金				
売掛金				
土地	100,000			
投資有価証券	(400,000)			
のれん	124,000		(24,800)	
買掛金				
短期借入金				

繰延税金負債	(40,000)			
資本金	200,000			
利益剰余金				
―期首残高	200,000			
―当期純利益		40,000	24,800	6,000
―配当				(10,000)
評価差額	0			
少数株主持分	(184,000)	(40,000)		4,000

勘定科目	組替仕訳	連結貸借対照表
現預金		690,000
売掛金		700,000
土地		900,000
投資有価証券		0
のれん		99,200
買掛金		(400,000)
短期借入金		(800,000)
繰延税金負債		(40,000)
資本金		(400,000)
利益剰余金		
―期首残高	0	(300,000)
―当期純利益		(229,200)
―配当		0
評価差額	0	0
少数株主持分	0	(220,000)

なお、本設例においては、利益剰余金の内訳を示しているため、6）2.にて示した組替仕訳が期首残高に与える影響はなく、連結清算表ではゼロと表現している。

連結損益計算書に係る連結精算表（貸方残高は括弧書きにて示している）

勘定科目	P 社	S 社	単純合算
売上高	(1,000,000)	(600,000)	(1,600,000)
売上原価	800,000	500,000	1,300,000
販売費及び一般管理費	100,000	50,000	150,000
営業外収益	(150,000)	(75,000)	(225,000)
営業外費用	50,000	25,000	75,000
特別利益	(30,000)	(15,000)	(45,000)
特別損失	30,000	15,000	45,000
少数株主損益	0	0	0
少数株主利益	0	0	0
当期純利益	(200,000)	(100,000)	(300,000)

勘定科目	連結仕訳			
	開始仕訳	少数株主損益の振替	のれんの償却	配当金
売上高				
売上原価				
販売費及び一般管理費			24,800	
営業外収益				6,000
営業外費用				
特別利益				
特別損失				
少数株主損益		40,000		
少数株主利益				
当期純利益		40,000	24,800	6,000

勘定科目	組替仕訳	連結損益計算書
売上高		(1,600,000)
売上原価		1,300,000
販売費及び一般管理費		174,800
営業外収益		(219,000)
営業外費用		75,000
特別利益		(45,000)
特別損失		45,000
少数株主損益	(40,000)	0
少数株主利益	40,000	40,000
当期純利益	0	(229,200)

7）連結財務諸表の作成

上記の連結精算表に基づいて作成したＰ社及びＳ社の連結グループにおける連結貸借対照表及び連結損益計算書は以下のとおりである。

連結貸借対照表

現預金	690,000	買掛金	400,000
売掛金	700,000	短期借入金	800,000
土地	900,000	繰延税金負債	40,000
のれん	99,200	資本金	400,000
		利益剰余金	
		—期首残高	300,000
		—当期純利益	229,000
		少数株主持分	220,000
合計	2,389,200	合計	2,389,200

連結損益計算書

売上高	1,600,000
売上原価	1,300,000
販売費及び一般管理費	174,800
営業外収益	219,000
営業外費用	75,000
特別利益	45,000
特別損失	45,000
少数株主利益	40,000
当期純利益	229,200

6 債権と債務の相殺消去

P ポイント

- 連結グループで見た場合、連結グループ内取引は相殺消去する必要がある。
- 相殺消去が必要となる不一致の主な原因としては、未達取引の存在、会計処理の相違、決算日の相違などが挙げられる。
- 相殺消去の対象となるのは、売上債権や仕入債務以外に、経過勘定や融資取引・手形取引、連結グループ内を対象とした貸倒引当金の設定も含まれる。

6-1 相殺消去の必要性

連結貸借対照表には連結グループ外に対する債権及び債務のみが計上されなければなければならない。連結グループで見た場合、連結グループ内取引は相殺消去する必要がある（連会31）。連結グループ各社の個別財務諸表を単純合算した状態では、連結グループ相互間の債権及び債務が重複して計上されている。そのため適切な連結グループの財政状態を示すためには、これを相殺消去して重複部分を除外することが必要となる（次頁の図表参照）。

相殺消去を実施する場合には、連結グループ相互間での債権と債務を照合し、一致させておく必要がある。この際、以下の原因により不一致が生じることがある。

① 未達取引の存在（「第２章７−２営業取引」参照）

② 会計処理の相違

③ 決算日の相違

いずれの原因によって生じたかを問わず、「第２章４－１個別財務諸表の修正」にて述べたように、当該不一致を解消するよう、会計記録の重要な不一致については必要な整理を実施し、連結グループ内で差異内容の調査を実施する必要がある。

親会社

資産(対外部)	負債
資産(対外部)	資本
債権(対子会社)	資本

子会社

資産	負債(対外部)
資産	債務(対親会社)
資産	資本

※投資と資本の相殺消去については省略している。

単純合算表

資産（親会社＋子会社、対外部）	負債（親会社＋子会社、対外部）
債権（対子会社）	債務（対親会社）

※連結グループ間の債権と債務が重複して計上されている。

連結財務諸表

資産（親会社＋子会社、対外部）	負債（親会社＋子会社、対外部）

※相殺消去により重複部分が除外された。

資産（親会社＋子会社、対外部）	負債（親会社＋子会社、対外部）

※相殺消去により重複部分が除外された。

6-2 営業取引

相殺消去の対象となる債権と債務には、売上債権と仕入債務以外に、未収収益等の経過勘定も含まれる。また、連結グループ内での融資取引や手形取引、連結グループ内を対象とした貸倒引当金の設定も含まれる。

ここで、連結グループ内で勘定科目体系が整備されていないと、不一致内容の分析や調査に時間を要し、連結決算手続が煩雑となってしまう。そのため、「第２章２−１個別財務諸表」にて示したように、事前に連結グループ内で勘定科目体系を整備することで、相殺消去の網羅性と正確性を確保できる体制を整えておくことが肝要である。

なお、連結グループ内取引が連結グループ外の第三者を経由して行われている場合であっても、その取引が実質的に連結グループ内取引であることが明らかであるならば、連結グループ内取引として相殺消去の対象となる。詳細は「第２章７取引高の相殺消去」にて解説する。

連結仕訳

（借）買掛金	XXX	（貸）売掛金	XXX
（借）支払手形	XXX	（貸）受取手形	XXX

6-3 手形取引

6-3-1 手形の割引

連結グループ各社が振り出した手形を他の連結グループ各社が割り引いた場合には、連結グループで見れば、連結グループと銀行との融資取引に該当する。そのため、連結上は支払手形を借入金へ振り替えるとともに、借入金調達コストである割引金相当額を支払利息へと振り替える必要がある。また、注記情報としての手形の割引金額を減額する。

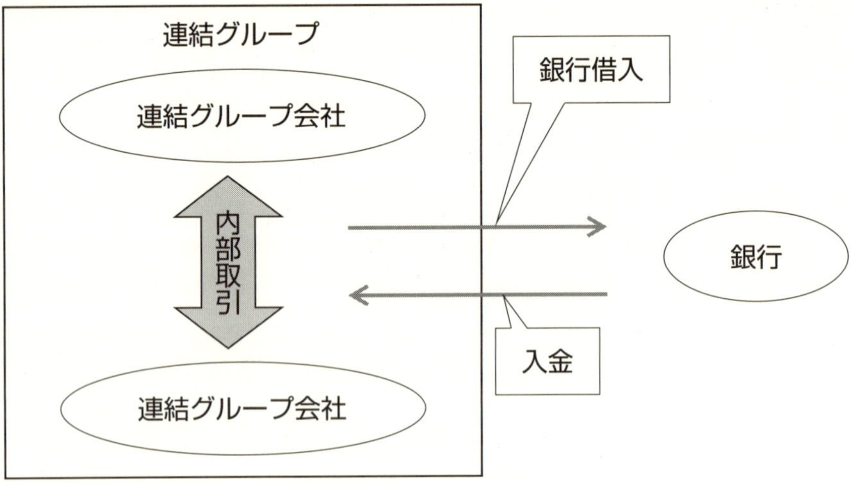

連結グループ

連結グループ各社の処理（手形の振出）

（借）	買掛金	XXX	（貸）支払手形	XXX

連結グループ各社の処理（手形の割引）

（借）	現預金	XXX	（貸）受取手形	XXX
	手形売却損	XXX		

割引手形の注記が必要

連結上の処理

（借）支払手形	XXX	（貸）借入金	XXX
（借）支払利息	XXX	（貸）手形売却損	XXX

※割引手形の注記は減額する

6-3-2 手形の裏書

連結グループ各社が他の連結グループ各社へ手形を裏書きした場合、連結グループ内の内部取引であるため、連結グループ内での手形の振出自体が無いものとみなされる。この結果、連結仕訳による調整は不要であるが、連結貸借対照表上での注記金額に調整が必要となり、以下の３点に分類される（下の図表参照）。

	1	2	3
分類	連結グループ各社から他の連結グループ各社へ振り出した手形を、当該他の連結グループが裏書譲渡した場合	連結グループ各社が外部から取得した手形を、他の連結グループへ裏書譲渡した場合	連結グループ各社が外部から取得した手形を他の連結グループへ裏書譲渡し、当該他の連結グループ各社が割り引いた場合
連結グループから判断した実態	連結グループから外部へ手形を振り出した	連結グループ外部から手形を受け取った	連結グループ外部から手形を受け取り、手形割引を実施した
連結貸借対照表における注記情報の調整	裏書譲渡高を消去する	裏書譲渡高を消去する	裏書譲渡高を消去する

6-4 貸倒引当金の修正

連結グループ各社の個別財務諸表上では、連結グループ各社内取引で発生した債権についても貸倒引当金の設定対象となっている。しかしながら、連結財務諸表上にて貸倒引当金の設定対象とすべき債権は、連結グループ内の債権と債務を相殺消去した後の金額であるため、他の連結グループ各社に対する債権を対象として設定された貸倒引当金については、連結決算手続上は調整が必要となる（次頁の図表参照）。

連結仕訳

（借）貸倒引当金	XXX	（貸）貸倒引当金繰入額	XXX
（借）貸倒引当金戻入益	XXX	（貸）貸倒引当金	XXX

※対象金額に応じて繰入額となるか戻入益となるか判断する。

個別上の貸倒引当金設定対象

連結グループ各社に対する債権	外部に対する債権
要調整	連結上の貸倒引当金設定対象

設例2-3　債権と債務の相殺消去

設例２－３は、設例２－１から１会計期間が経過したものである。

各設例の前提条件は以下のとおりである。

〈設例２－１に係る前提条件〉

①　Ｐ社はＳ社株式の60％を、外部の株主より取得した。

②　Ｐ社の投資有価証券は全額Ｓ社株式で、一括して当期に取得している。

③　取得時点におけるＳ社の土地の時価は400,000であり、土地以外に簿価と時価に差が生じているものはない。

④　実効税率は40％とする。ただし、評価差額以外に税効果会計は適用しない。

〈設例２－３に係る前提条件〉

①　翌期末において、Ｐ社はＳ社に対して売掛金80,000を有している。また、Ｓ社はＰ社に対して買掛金80,000を有している。

②　Ｐ社は買掛金10,000の支払のため、Ｓ社に手形を裏書譲渡した。Ｓ社では当該手形を金融機関にて割引、割引金相当額を差し引いた9,500を

受け取った。

③ Ｐ社の個別財務諸表上の手形の裏書譲渡高は40,000である。このうち5,000についてはＳ社へ裏書譲渡し、Ｓ社では当該手形をさらに連結グループ外へと裏書譲渡している。

④ Ｐ社は受取手形及び売掛金に対して、貸倒実績率5.0%を乗じた金額を貸倒引当金として設定している。

⑤ Ｓ社は翌期において配当を実施していない。

⑥ のれんの償却期間は５年としている。

⑦ その他の事項は設例２−１と変更ない。

⑧ 組替仕訳は、簡便的に少数株主損益（少数株主利益）および利益剰余金期首残高（利益剰余金）のみとする。

Ｐ社及びＳ社の貸借対照表及び損益計算書は以下のとおりである。

Ｐ社の翌期末の貸借対照表

現預金	400,000	買掛金	200,000
受取手形	100,000	支払手形	100,000
売掛金	300,000	貸倒引当金	50,000
土地	500,000	短期借入金	450,000
投資有価証券	400,000	資本金	400,000
		利益剰余金	500,000
合計	1,700,000	合計	1,700,000

その他、手形の裏書譲渡高40,000が注記対象となっている。

S社の翌期末の貸借対照表

現預金	300,000	買掛金	100,000
受取手形	50,000	貸倒引当金	50,000
売掛金	250,000	短期借入金	250,000
土地	300,000	資本金	200,000
		利益剰余金	300,000
合計	900,000	合計	900,000

P社及びS社の翌期の損益計算書

	P社	S社
売上高	1,000,000	600,000
売上原価	800,000	500,000
販売費及び一般管理費	100,000	50,000
営業外収益	150,000	75,000
営業外費用	50,000	25,000
特別利益	30,000	15,000
特別損失	30,000	15,000
当期純利益	200,000	100,000

1）子会社の資産及び負債の評価

S社の土地を時価評価する。

	取得年度
(1) 持分比率	60%
(2) 資本金	200,000
(3) 利益剰余金	200,000
(4) 評価差額	60,000
(5) 合計	460,000

(4) 評価差額：(土地取得時点の時価400,000－土地S社の帳簿価額300,000)×（1－実効税率40%）

（借）土地	100,000	（貸）繰延税金負債	40,000
		評価差額	60,000

時価評価後のＳ社の翌期末の貸借対照表

現預金 受取手形 売掛金 土地	300,000 50,000 250,000 400,000	買掛金 貸倒引当金 短期借入金 繰延税金負債 資本金 利益剰余金 評価差額	100,000 50,000 250,000 40,000 200,000 300,000 60,000
合計	1,000,000	合計	1,000,000

2）単純合算表の作成

Ｐ社とＳ社の単純合算表は以下のとおりである。貸方残高は括弧書きにて示している。

1．貸借対照表

勘定科目	Ｐ社	Ｓ社	単純合算
現預金	400,000	300,000	700,000
受取手形	100,000	50,000	150,000
売掛金	300,000	250,000	550,000
土地	500,000	400,000	900,000
投資有価証券	400,000	0	400,000
買掛金	(200,000)	(100,000)	(300,000)
支払手形	(100,000)		(100,000)
貸倒引当金	(50,000)	(50,000)	(100,000)
短期借入金	(450,000)	(250,000)	(700,000)
繰延税金負債	0	(40,000)	(40,000)
資本金	(400,000)	(200,000)	(600,000)
利益剰余金	(500,000)	(300,000)	(800,000)
評価差額	0	(60,000)	(60,000)

2．損益計算書

勘定科目	P社	S社	単純合算
売上高	(1,000,000)	(600,000)	(1,600,000)
売上原価	800,000	500,000	1,300,000
販売費及び一般管理費	100,000	50,000	150,000
営業外収益	(150,000)	(75,000)	(225,000)
営業外費用	50,000	25,000	75,000
特別利益	(30,000)	(15,000)	(45,000)
特別損失	30,000	15,000	45,000
当期純利益	(200,000)	(100,000)	(300,000)

3）開始仕訳

	取得年度
(1)　持分比率	60.0%
(2)　資本金	200,000
(3)　利益剰余金	200,000
(4)　評価差額	60,000
(5)　合計	460,000
(6)　取得持分価額	276,000
(7)　取得原価	400,000
(8)　のれん	124,000
(9)　少数株主持分	184,000

(4)　評価差額：(土地取得時点の時価400,000－土地S社の帳簿価額300,000)×（1－実効税率40%)

(6)　取得持分価額：(5)×(1)

(8)　のれん：(7)－(6)負の値であれば「負ののれん」となる

(9)　少数株主持分：(5)×(1－(1))

（借）	資本金	200,000	（貸）投資有価証券	400,000
	利益剰余金期首残高 （利益剰余金）	200,000	少数株主持分	184,000
	評価差額	60,000		
	のれん	124,000		

4）資本連結

		取得年度	→	翌年度
(1)	持分比率	60.0%		60.0%
(2)	資本金	200,000		200,000
(3)	利益剰余金	200,000	60,000 → 40,000	300,000
(4)	評価差額	60,000		60,000
(5)	合計	460,000		560,000
(6)	取得持分価額	276,000		
(7)	取得原価	400,000		
(8)	のれん	124,000	→ (24,800)	99,200
(9)	少数株主持分	184,000		224,000

(4)　評価差額：（土地取得時点の時価400,000－土地Ｓ社の帳簿価額300,000）×（１－実効税率40%）
(6)　取得持分価額：(5)×(1)
(8)　のれん：(7)－(6)負の値であれば「負ののれん」となる
(9)　少数株主持分：(5)×（１－(1)）

1．子会社の当期純利益の少数株主への按分

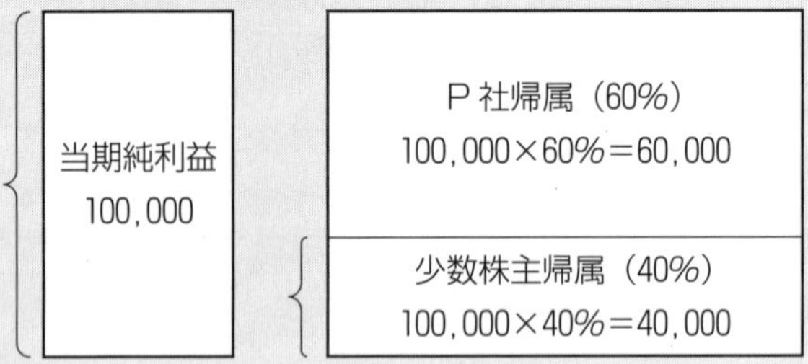

（借）少数株主損益	40,000	（貸）少数株主持分	40,000

2．のれんの償却

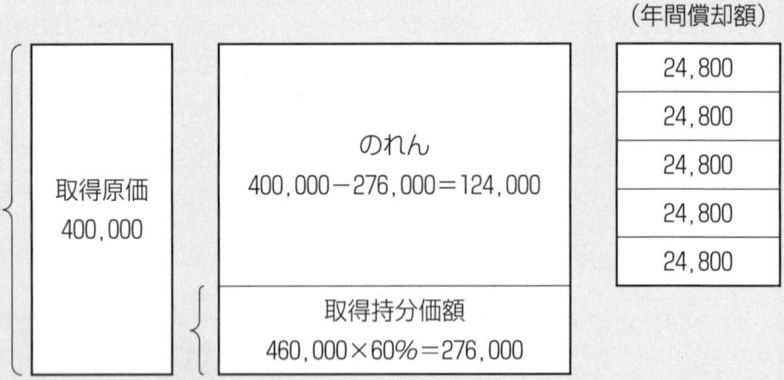

（借）のれん償却額 （販売費及び一般管理費）	24,800	（貸）のれん	24,800

5）債権と債務の相殺消去

1．営業取引

（借）買掛金	80,000	（貸）売掛金	80,000

2―1．手形取引（手形の割引）

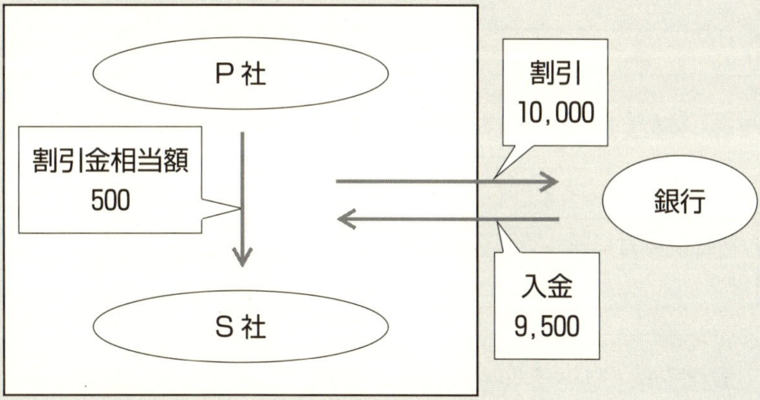

（借）支払手形	10,000	（貸）短期借入金	10,000
支払利息	500	手形売却損	500
（営業外費用）		（営業外費用）	

利益剰余金に与える影響の純額は0

2―2．手形取引（手形の裏書き）

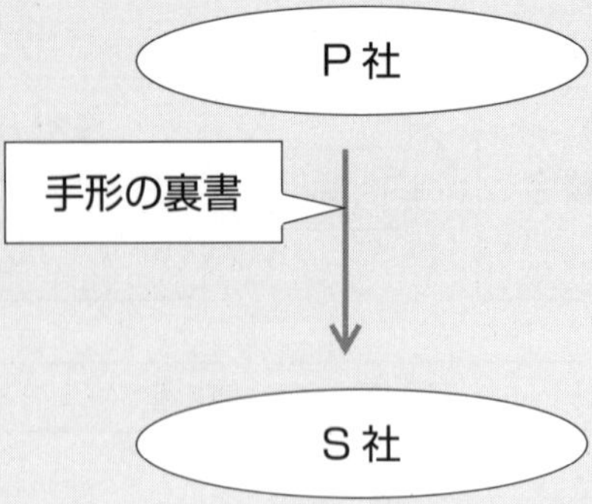

（仕訳なし）

手形の裏書譲渡高に係る注記金額5,000減少

3．貸倒引当金の修正

P社がS社に対して有する債権 80,000	外部に対する債権
要調整80,000×5％＝4,000	連結上の貸倒引当金設定対象

（借）貸倒引当金	4,000	（貸）貸倒引当金繰入額 （販売費及び一般管理費）	4,000

6）連結精算表の作成

連結貸借対照表に係る連結精算表（貸方残高は括弧書きにて示している）

勘定科目	P社	S社	単純合算
現預金	400,000	300,000	700,000
受取手形	100,000	50,000	150,000

売掛金	300,000	250,000	550,000
土地	500,000	300,000	800,000
投資有価証券	400,000	0	400,000
のれん	0	0	0
買掛金	(200,000)	(100,000)	(300,000)
支払手形	(100,000)	0	(100,000)
貸倒引当金	(50,000)	(50,000)	(100,000)
短期借入金	(450,000)	(250,000)	(700,000)
繰延税金負債	0	0	0
資本金	(400,000)	(200,000)	(600,000)
利益剰余金期首残高	(300,000)	(200,000)	(500,000)
利益剰余金	(200,000)	(100,000)	(300,000)
評価差額	0	0	0
少数株主持分	0	0	0

勘定科目	連結仕訳					
	開始仕訳(子会社の資産及び負債の評価を含む)	少数株主損益の振替	のれんの償却	債権と債務の相殺消去	手形取引	貸倒引当金の減額修正
現預金						
受取手形						
売掛金				(80,000)		
土地	100,000					
投資有価証券	(400,000)					
のれん	124,000		(24,800)			
買掛金				80,000		
支払手形					10,000	
貸倒引当金						4,000
短期借入金					(10,000)	
繰延税金負債	(40,000)					
資本金	200,000					
利益剰余金期首残高	200,000					

利益剰余金		40,000	24,800		0	(4,000)
評価差額						
少数株主持分	(184,000)	(40,000)				

連結損益計算書に係る連結精算表（貸方残高は括弧書きにて示している）

勘定科目	P社	S社	単純合算
売上高	(1,000,000)	(600,000)	(1,600,000)
売上原価	800,000	500,000	1,300,000
販売費及び一般管理費	100,000	50,000	150,000
営業外収益	(150,000)	(75,000)	(225,000)
営業外費用	50,000	25,000	75,000
特別利益	(30,000)	(15,000)	(45,000)
特別損失	30,000	15,000	45,000
少数株主損益	0	0	0
少数株主利益	0	0	0
当期純利益	(200,000)	(100,000)	(300,000)

勘定科目	連結仕訳					
	開始仕訳（子会社の資産及び負債の評価を含む）	少数株主損益の振替	のれんの償却	債権と債務の相殺消去	手形取引	貸倒引当金の減額修正
売上高						
売上原価						
販売費及び一般管理費			24,800			(4,000)
営業外収益						
営業外費用					0	
特別利益						
特別損失						
少数株主損益		40,000				
少数株主利益						
当期純利益		40,000	24,800		0	(4,000)

7）組替仕訳

1．少数株主損益の少数株主持分への振替

（借）少数株主利益	40,000	（貸）少数株主損益	40,000

連結仕訳にて起票された少数株主損益の合計金額40,000

2．P社の利益剰余金期首残高の利益剰余金への振替

（借）利益剰余金期首残高 （利益剰余金）	300,000	（貸）利益剰余金	300,000

S社の取得年度におけるP社の利益剰余金残高300,000

3．組替仕訳を起票した後の連結精算表

連結貸借対照表に係る連結精算表（貸方残高は括弧書きにて示している）

勘定科目	P社	S社	単純合算
現預金	400,000	300,000	700,000
受取手形	100,000	50,000	150,000
売掛金	300,000	250,000	550,000
土地	500,000	300,000	800,000
投資有価証券	400,000	0	400,000
のれん	0	0	0
買掛金	(200,000)	(100,000)	(300,000)
支払手形	(100,000)	0	(100,000)
貸倒引当金	(50,000)	(50,000)	(100,000)
短期借入金	(450,000)	(250,000)	(700,000)
繰延税金負債	0	0	0
資本金	(400,000)	(200,000)	(600,000)
利益剰余金期首残高	(300,000)	(200,000)	(500,000)
利益剰余金	(200,000)	(100,000)	(300,000)
評価差額	0	0	0
少数株主持分	0	0	0

勘定科目	連結仕訳					
	開始仕訳（子会社の資産及び負債の評価を含む）	少数株主損益の振替	のれんの償却	債権と債務の相殺消去	手形取引	貸倒引当金の減額修正
現預金						
受取手形						
売掛金				(80,000)		
土地	100,000					
投資有価証券	(400,000)					
のれん	124,000		(24,800)			
買掛金				80,000		
支払手形					10,000	
貸倒引当金						4,000
短期借入金					(10,000)	
繰延税金負債	(40,000)					
資本金	200,000					
利益剰余金期首残高	200,000					
利益剰余金		40,000	24,800		0	(4,000)
評価差額	0					
少数株主持分	(184,000)	(40,000)				

勘定科目	組替仕訳	連結貸借対照表
現預金		700,000
受取手形		150,000
売掛金		470,000
土地		900,000
投資有価証券		0
のれん		99,200
買掛金		(220,000)
支払手形		(90,000)
貸倒引当金		(96,000)
短期借入金		(710,000)

繰延税金負債		(40,000)
資本金		(400,000)
利益剰余金期首残高	300,000	0
利益剰余金	(300,000)	(539,200)
評価差額		0
少数株主持分		(224,000)

連結損益計算書に係る連結精算表（貸方残高は括弧書きにて示している）

勘定科目	P 社	S 社	単純合算
売上高	(1,000,000)	(600,000)	(1,600,000)
売上原価	800,000	500,000	1,300,000
販売費及び一般管理費	100,000	50,000	150,000
営業外収益	(150,000)	(75,000)	(225,000)
営業外費用	50,000	25,000	75,000
特別利益	(30,000)	(15,000)	(45,000)
特別損失	30,000	15,000	45,000
少数株主損益	0	0	0
少数株主利益	0	0	0
当期純利益	(200,000)	(100,000)	(300,000)

勘定科目	連結仕訳					
	開始仕訳（子会社の資産及び負債の評価を含む）	少数株主損益の振替	のれんの償却	債権と債務の相殺消去	手形取引	貸倒引当金の減額修正
売上高						
売上原価						
販売費及び一般管理費			24,800			(4,000)
営業外収益						
営業外費用					0	
特別利益						
特別損失						

少数株主損益		40,000				
少数株主利益						
当期純利益		40,000	24,800		0	(4,000)

勘定科目	組替仕訳	連結損益計算書
売上高		(1,600,000)
売上原価		1,300,000
販売費及び一般管理費		170,800
営業外収益		(225,000)
営業外費用		75,000
特別利益		(45,000)
特別損失		45,000
少数株主損益	(40,000)	0
少数株主利益	40,000	40,000
当期純利益	0	(239,200)

8）連結財務諸表の作成

上記の連結精算表に基づいて作成したＰ社及びＳ社の連結グループにおける連結貸借対照表及び連結損益計算書は以下のとおりである。

連結貸借対照表

現預金	700,000	買掛金	220,000
受取手形	150,000	支払手形	90,000
売掛金	470,000	貸倒引当金	96,000
土地	900,000	短期借入金	710,000
のれん	99,200	繰延税金負債	40,000
		資本金	400,000
		利益剰余金	539,200
		少数株主持分	224,000
合計	2,319,200		2,319,200

注記事項：手形の裏書譲渡高35,000

連結損益計算書

売上高	1,600,000
売上原価	1,300,000
販売費及び一般管理費	170,800
営業外収益	225,000
営業外費用	75,000
特別利益	45,000
特別損失	45,000
少数株主利益	40,000
当期純利益	239,200

7 取引高の相殺消去

ポイント

- 連結グループで見た場合、連結グループ内取引は相殺消去する必要がある。
- 連結グループ外の第三者を経由して行われている場合であっても、その取引が実質的に連結グループ内取引であることが明らかであるならば連結グループ内取引として相殺消去の対象となる。

7-1 相殺消去の必要性

連結損益計算書には連結グループ外に対する収益及び費用のみが計上されなければならない（連会35）。連結グループで見た場合、連結グループ内取引は相殺消去する必要がある。連結グループ各社の個別財務諸表を単純合算した状態では、連結グループ相互間の収益及び費用が重複して計上されている。そのため適切な連結グループの経営成績を示すためには、これを相殺消去して重複部分を除外することが必要となる（次頁の図表参照）。

親会社

売上高①（対外部）
売上高②（対子会社）
仕入高①（対外部）

子会社

売上高③（対外部）
仕入高②（対外部）
仕入高③（対親会社）

単純合算表

売上高（①＋③）
売上高（②）
仕入高（①＋②）
仕入高（③）

※連結グループ内の取引高が重複して計上されている。

連結財務諸表

売上高（①＋③）
仕入高（①＋②）

※相殺消去により重複部分が除外された。

連結グループ内の取引すべてが相殺消去の対象となるが、その中には営業取引以外に、例えば融資取引から生じる損益も含まれる。事前調整、差異の発生原因及び差異調査の必要性については「第２章６債権と債務の相殺消去」にて解説したとおりである。

なお、連結グループ内取引が連結グループ外の第三者を経由して行われている場合であっても、その取引が実質的に連結グループ内取引であることが明らかであるならば、連結グループ内取引として相殺消去の対象となる（連会35、次頁の図表参照）。

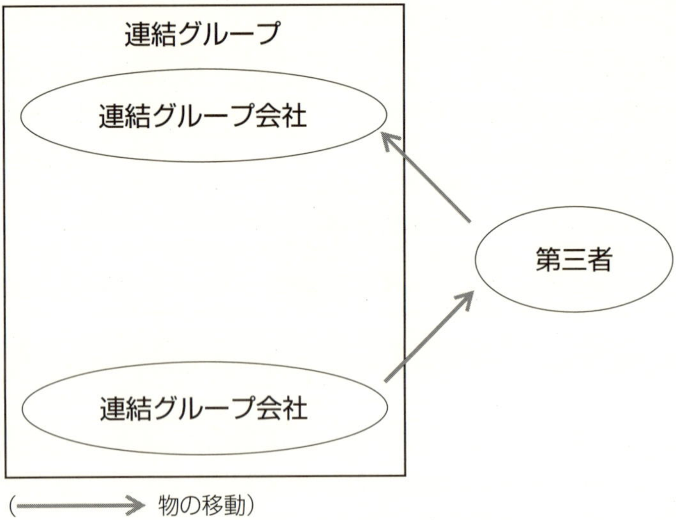

この場合、実質的には連結グループ内取引であるため、取引高の相殺消去のみならず、第三者が付加した利益を費用処理し、連結グループが付加した利益を相殺消去する必要がある。

7-2　営業取引

連結グループ内で実施された営業取引は、個別上では外部取引ではあるが、連結グループでは内部取引となるため、連結グループ各社内での売上高と仕入高は、相殺消去する必要がある（次頁の図表参照）。

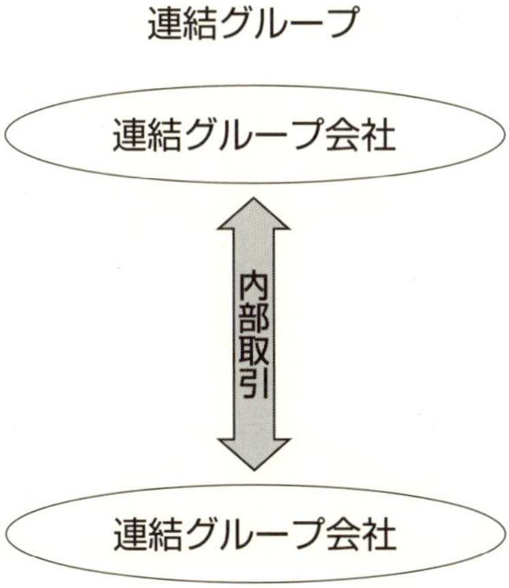

連結仕訳

（借）売上高	XXX	（貸）売上原価	XXX

なお、連結グループ各社が他の連結グループ各社へ営業取引に係る業務の一部（例：商品の運送など）を委託している場合、相殺消去すべきは売上高と委託費用（売上原価もしくは販売費及び一般管理費）となる。また、受託会社である連結グループ各社にて受託業務に係る売上原価は、連結グループで見た場合には売上原価ではなく販売費及び一般管理費であるため、売上原価から販売費及び一般管理費へと振り替える必要がある。

連結仕訳

（借）売上高	XXX	（貸）販売費及び一般管理費	XXX

連結グループ各社内で実施された取引の相殺消去

（借）販売費及び一般管理費	XXX	（貸）売上原価	XXX

上記で消去した売上に係る受託会社たる連結グループ各社が計上した売上原価の振替

また、連結グループ各社が他の連結グループ各社へ期末日直前に商品を出荷し、当該他の連結グループ各社において検収が未了であった場合には、売上計上と仕入計上の時期にズレが生じ、連結グループ内の取引高が一致しない恐れがある。このような取引を未達取引といい、未達取引が生じている場合には、連結グループ内の取引金額に相違が生じていることになる。

そこで、連結グループ内の取引高を一致させるために、仕入側の連結グループ各社にて未達取引に係る商品仕入と対応する仕入債務を認識する必要がある（下の図表参照）。

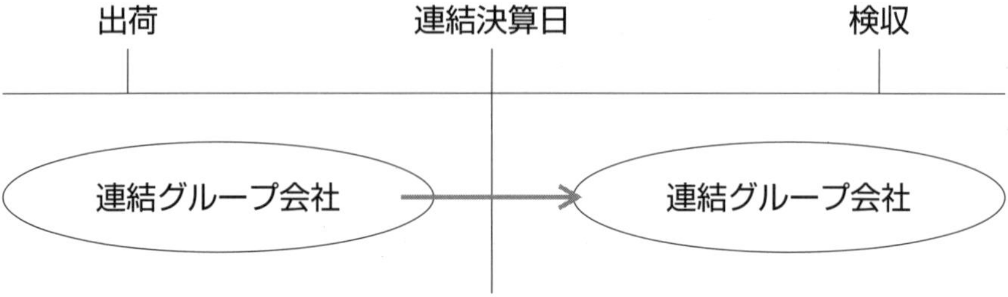

決算日時点では、検収側の連結グループ会社では取引を認識していない。

連結仕訳

（借）商品	XXX	（貸）買掛金	XXX

未達取引の認識

（借）売上高	XXX	（貸）売上原価	XXX

未達取引に係る売上高と売上原価の相殺消去

7-3　融資取引

連結グループ内で実施された融資取引は、個別上では外部取引ではあるが、連結グループでは内部取引となるため、連結グループ各社内での受取利息と支払利息は、相殺消去する必要がある。

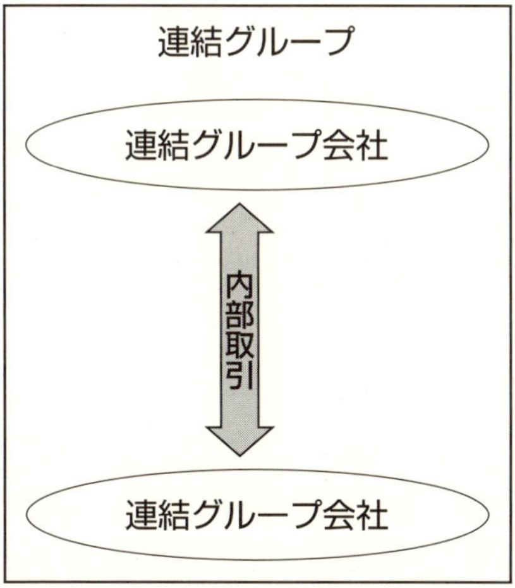

連結仕訳

（借）	受取利息	XXX	（貸）	支払利息	XXX
（借）	借入金	XXX	（貸）	貸付金	XXX
	未払利息	XXX		未収利息	XXX
	貸倒引当金繰入額	XXX		貸倒引当金	XXX

連結グループ各社内で実施された融資取引に係る債権債務及び利息の相殺消去

また、連結グループ各社が発行した社債を、他の連結グループ各社が取得した場合にも、同様に連結上は相殺消去する必要がある。なお、他の連結グループ各社が社債を取得した時点が、連結グループ各社が社債を発行した時点と異なる場合、連結グループで見ると社債の償還と経済的実態が同じとなるため、発行価額と取得価額との差異は社債償還益として取り扱う。

連結仕訳

（借）	受取利息	XXX	（貸）	社債利息	XXX
（借）	社債	XXX	（貸）	投資有価証券	XXX
	社債償還益	XXX			
	未払利息	XXX		未収利息	XXX

連結グループ各社内で実施された融資取引に係る債権債務及び利息の相殺消去

設例2-4 取引高の相殺消去

設例２－４は、設例２－１から１会計期間が経過したものである。

各設例の前提条件は以下のとおりである。

〈設例２－１に係る前提条件〉

① Ｐ社はＳ社株式の60％を、外部の株主より取得した。

② Ｐ社の投資有価証券は全額Ｓ社株式で、一括して当期に取得している。

③ 取得時点におけるＳ社の土地の時価は400,000であり、土地以外に簿価と時価に差が生じているものはない。

④ 実効税率は40％とする。ただし、評価差額以外に税効果会計は適用しない。

〈設例２－４に係る前提条件〉

① 翌期において、Ｐ社はＳ社に対して200,000を売り上げている。また、Ｓ社はＰ社から200,000を仕入れている。Ｓ社は期末時点で在庫は有していない。

② 翌期末において、Ｐ社はＳ社に対して営業債権は有していない、また、Ｓ社はＰ社に対して仕入債務を有していない。

③ 翌期首より、Ｐ社はＳ社に対して貸付金10,000を有している。また、Ｓ社はＰ社に対して短期借入金10,000を有している。翌期末まで返済されていない。

④　P社がS社に対する貸付金に付した利率は年3%である。決算日と利息支払日に相違はない。

⑤　P社は貸付金に対して、貸倒実績率5.0%を乗じた金額を貸倒引当金として設定している。

⑥　P社がS社に対して出荷した商品のうち、1,000は翌期末時点でS社において検収未了であった。

⑦　S社は翌期において配当を実施していない。

⑧　組替仕訳は利益剰余金期首残高及び少数株主損益のみとしている。

P社及びS社の貸借対照表及び損益計算書は以下のとおりである。

P社の翌期末の貸借対照表

現預金	400,000	買掛金	200,000
商品	50,000	支払手形	100,000
貸付金	100,000	貸倒引当金	50,000
売掛金	250,000	短期借入金	450,000
土地	500,000	資本金	400,000
投資有価証券	400,000	利益剰余金	500,000
合計	1,700,000	合計	1,700,000

S社の翌期末の貸借対照表

現預金	300,000	買掛金	100,000
商品	50,000	貸倒引当金	50,000
貸付金	50,000	短期借入金	250,000
売掛金	200,000	資本金	200,000
土地	300,000	利益剰余金	300,000
合計	900,000	合計	900,000

P社及びS社の翌期の損益計算書

	P社	S社
売上高	1,000,000	600,000
売上原価	800,000	500,000
販売費及び一般管理費	100,000	50,000
営業外収益	150,000	75,000
営業外費用	50,000	25,000
特別利益	30,000	15,000
特別損失	30,000	15,000
当期純利益	200,000	100,000

1）子会社の資産及び負債の評価

S社の土地を時価評価する。

	取得年度
(1) 持分比率	60%
(2) 資本金	200,000
(3) 利益剰余金	200,000
(4) 評価差額	60,000
(5) 合計	460,000

(4) 評価差額：（土地取得時点の時価400,000－土地S社の帳簿価額300,000）×（1－実効税率40%）

（借）土地	100,000	（貸）	繰延税金負債	40,000
			評価差額	60,000

時価評価後のＳ社の翌期末の貸借対照表

現預金	300,000	買掛金	100,000
商品	50,000	貸倒引当金	50,000
貸付金	50,000	短期借入金	250,000
売掛金	200,000	繰延税金負債	40,000
土地	400,000	資本金	200,000
		利益剰余金	300,000
		評価差額	60,000
合計	1,000,000	合計	1,000,000

2）単純合算表の作成

Ｐ社とＳ社の単純合算表は以下のとおりである。貸方残高は括弧書きにて示している。

1．貸借対照表

勘定科目	Ｐ社	Ｓ社	単純合算
現預金	400,000	300,000	700,000
商品	50,000	50,000	100,000
貸付金	100,000	50,000	150,000
売掛金	250,000	200,000	450,000
土地	500,000	400,000	900,000
投資有価証券	400,000	0	400,000
買掛金	(200,000)	(100,000)	(300,000)
支払手形	(100,000)	0	(100,000)
貸倒引当金	(50,000)	(50,000)	(100,000)
短期借入金	(450,000)	(250,000)	(700,000)
繰延税金負債	0	(40,000)	(40,000)
資本金	(400,000)	(200,000)	(600,000)
利益剰余金	(500,000)	(300,000)	(800,000)
評価差額	0	(60,000)	(60,000)

2．損益計算書

勘定科目	P社	S社	単純合算
売上高	(1,000,000)	(600,000)	(1,600,000)
売上原価	800,000	500,000	1,300,000
販売費及び一般管理費	100,000	50,000	150,000
営業外収益	(150,000)	(75,000)	(225,000)
営業外費用	50,000	25,000	75,000
特別利益	(30,000)	(15,000)	(45,000)
特別損失	30,000	15,000	45,000
当期純利益	(200,000)	(100,000)	(300,000)

3）開始仕訳

	取得年度
(1)　持分比率	60.0%
(2)　資本金	200,000
(3)　利益剰余金	200,000
(4)　評価差額	60,000
(5)　合計	460,000
(6)　取得持分価額	276,000
(7)　取得原価	400,000
(8)　のれん	124,000
(9)　少数株主持分	184,000

(4)　評価差額：(土地取得時点の時価400,000－土地S社の帳簿価額300,000) ×（1－実効税率40%）

(6)　取得持分価額：(5)×(1)

(8)　のれん：(7)−(6)負の値であれば「負ののれん」となる

(9)　少数株主持分：(5)×（1－(1))

（借）	資本金	200,000	（貸）投資有価証券	400,000
	利益剰余金期首残高 （利益剰余金）	200,000	少数株主持分	184,000
	評価差額	60,000		
	のれん	124,000		

4）資本連結

		取得年度	──────→	翌年度
⑴	持分比率	60.0%		60.0%
⑵	資本金	200,000		200,000
⑶	利益剰余金	200,000	60,000 ──────→ 40,000	300,000
⑷	評価差額	60,000		60,000
⑸	合計	460,000		560,000
⑹	取得持分価額	276,000		
⑺	取得原価	400,000		
⑻	のれん	124,000	──────→ (24,800)	99,200
⑼	少数株主持分	184,000		224,000

⑷　評価差額：（土地取得時点の時価400,000－土地Ｓ社の帳簿価額300,000）×（1－実効税率40%）

⑹　取得持分価額：⑸×⑴

⑻　のれん：⑺－⑹負の値であれば「負ののれん」となる

⑼　少数株主持分：⑸×（1－⑴）

1．子会社の当期純利益の少数株主への按分

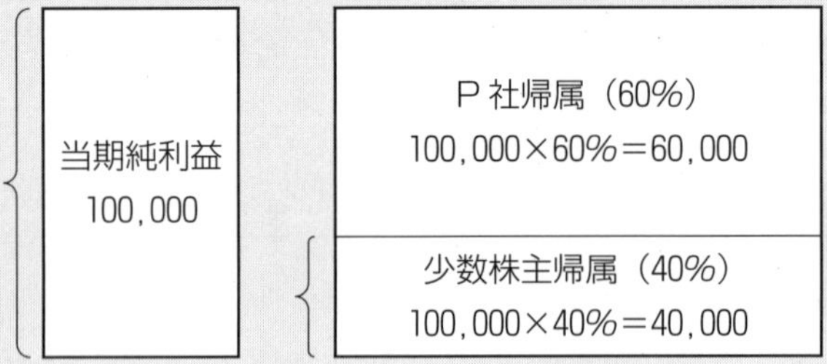

当期純利益 100,000	P社帰属（60%） 100,000×60%＝60,000
	少数株主帰属（40%） 100,000×40%＝40,000

（借）少数株主損益	40,000	（貸）少数株主持分	40,000

2．のれんの償却

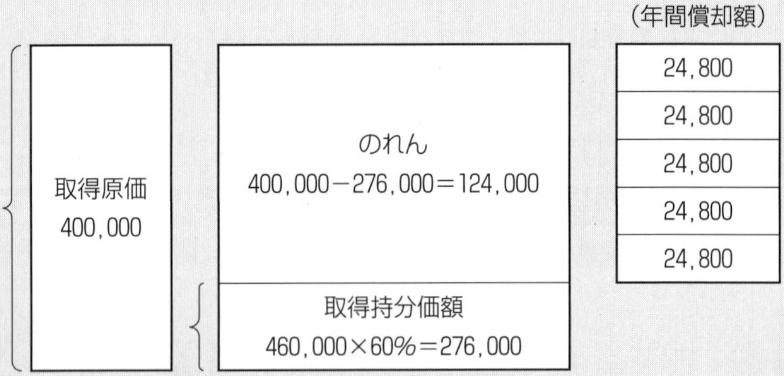

取得原価	内訳	（年間償却額）
取得原価 400,000	のれん 400,000−276,000＝124,000	24,800
		24,800
		24,800
		24,800
		24,800
	取得持分価額 460,000×60%＝276,000	

（借）のれん償却額 （販売費及び一般管理費）	24,800	（貸）のれん	24,800

5）取引高の相殺消去

1．営業取引の相殺消去

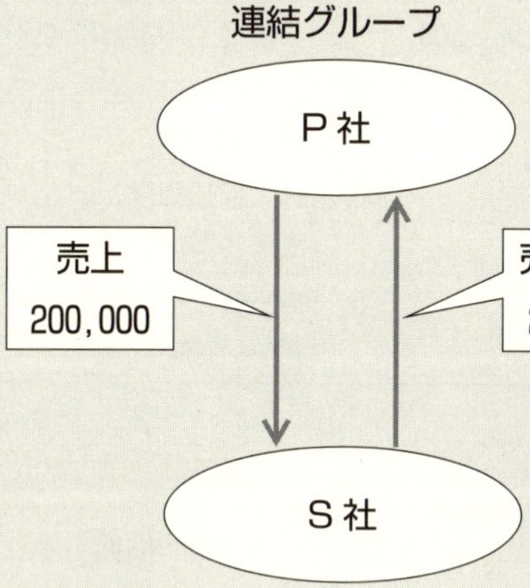

（借）売上高	200,000	（貸）売上原価	200,000

2．融資取引の相殺消去

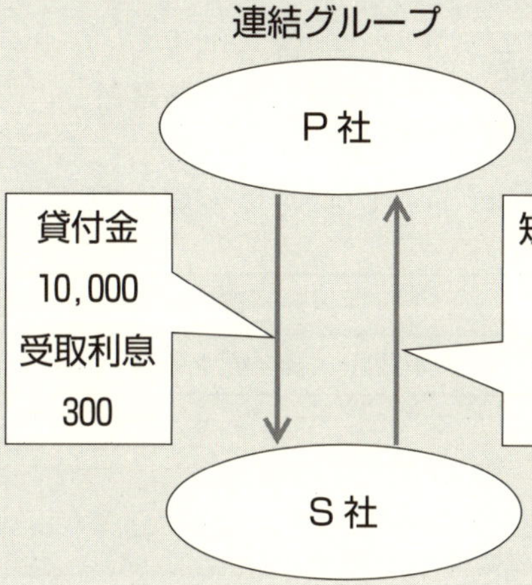

P社がS社に対して有する債権 10,000	外部に対する債権
要調整10,000×5％＝500	連結上の貸倒引当金設定対象

(借) 短期借入金	10,000	(貸) 貸付金	10,000
(借) 受取利息 (営業外収益)	300	(貸) 支払利息 (営業外費用)	300
(借) 貸倒引当金	500	(貸) 貸倒引当金繰入額 (営業外費用)	500

3．未達取引

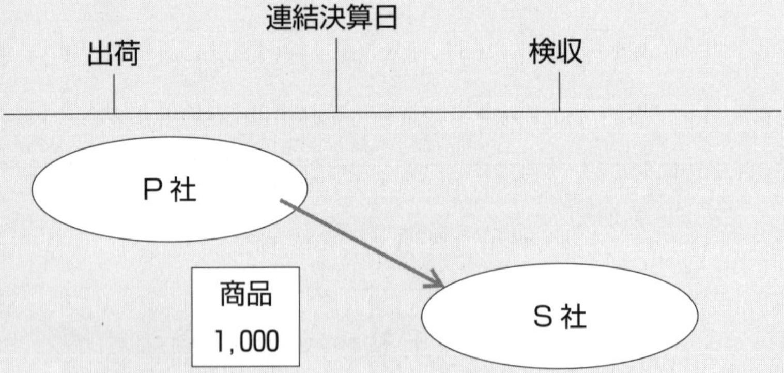

決算日時点では、S社では取引を認識していない。

(借) 商品	1,000	(貸) 買掛金	1,000
(借) 売上高	1,000	(貸) 売上原価	1,000

6）連結精算表の作成

連結貸借対照表に係る連結精算表（貸方残高は括弧書きにて示している）

勘定科目	P社	S社	単純合算
現預金	400,000	300,000	700,000
商品	50,000	50,000	100,000
貸付金	100,000	50,000	150,000
売掛金	250,000	200,000	450,000
土地	500,000	300,000	800,000
投資有価証券	400,000	0	400,000
のれん	0	0	0
買掛金	(200,000)	(100,000)	(300,000)
支払手形	(100,000)	0	(100,000)
貸倒引当金	(50,000)	(50,000)	(100,000)
短期借入金	(450,000)	(250,000)	(700,000)
繰延税金負債	0	0	0
資本金	(400,000)	(200,000)	(600,000)
利益剰余金期首残高	(300,000)	(200,000)	(500,000)
利益剰余金	(200,000)	(100,000)	(300,000)
評価差額	0	0	0
少数株主持分	0	0	0

勘定科目	連結仕訳					
	開始仕訳（子会社の資産及び負債の評価を含む）	少数株主損益の振替	のれんの償却	営業取引の相殺消去	融資取引の相殺消去	未達取引
現預金						
商品						1,000
貸付金					(10,000)	
売掛金						
土地	100,000					
投資有価証券	(400,000)					
のれん	124,000		(24,800)			
買掛金						(1,000)

支払手形						
貸倒引当金					500	
短期借入金					10,000	
繰延税金負債	(40,000)					
資本金	200,000					
利益剰余金期首残高	200,000					
利益剰余金		40,000	24,800		(500)	
評価差額	0					
少数株主持分	(184,000)	(40,000)				

連結損益計算書に係る連結精算表（貸方残高は括弧書きにて示している）

勘定科目	P社	S社	単純合算
売上高	(1,000,000)	(600,000)	(1,600,000)
売上原価	800,000	500,000	1,300,000
販売費及び一般管理費	100,000	50,000	150,000
営業外収益	(150,000)	(75,000)	(225,000)
営業外費用	50,000	25,000	75,000
特別利益	(30,000)	(15,000)	(45,000)
特別損失	30,000	15,000	45,000
少数株主損益	0	0	0
少数株主利益	0	0	0
当期純利益	(200,000)	(100,000)	(300,000)

勘定科目	連結仕訳					
	開始仕訳（子会社の資産及び負債の評価を含む）	少数株主損益の振替	のれんの償却	営業取引の相殺消去	融資取引の相殺消去	未達取引
売上高				200,000		1,000
売上原価				(200,000)		(1,000)
販売費及び一般管理費			24,800			
営業外収益					300	
営業外費用					(800)	
特別利益						
特別損失						
少数株主損益		40,000				
少数株主利益						
当期純利益		40,000	24,800	0	(500)	0

7）組替仕訳

1．少数株主損益の少数株主持分への振替

（借）	少数株主利益	40,000	（貸）少数株主損益	40,000

連結仕訳にて起票された少数株主損益の合計金額40,000

2．当社の利益剰余金期首残高の利益剰余金への振替

（借）	利益剰余金期首残高 （利益剰余金）	300,000	（貸）利益剰余金	300,000

S社の取得年度におけるP社の利益剰余金残高300,000

3．組替仕訳を起票した後の連結精算表

連結貸借対照表に係る連結精算表（貸方残高は括弧書きにて示している）

勘定科目	P社	S社	単純合算
現預金	400,000	300,000	700,000
商品	50,000	50,000	100,000
貸付金	100,000	50,000	150,000
売掛金	250,000	200,000	450,000
土地	500,000	300,000	800,000
投資有価証券	400,000	0	400,000
のれん	0	0	0
買掛金	(200,000)	(100,000)	(300,000)
支払手形	(100,000)	0	(100,000)
貸倒引当金	(50,000)	(50,000)	(100,000)
短期借入金	(450,000)	(250,000)	(700,000)
繰延税金負債	0	0	0
資本金	(400,000)	(200,000)	(600,000)
利益剰余金期首残高	(300,000)	(200,000)	(500,000)
利益剰余金	(200,000)	(100,000)	(300,000)
評価差額	0	0	0
少数株主持分	0	0	0

勘定科目	連結仕訳					
	開始仕訳（子会社の資産及び負債の評価を含む）	少数株主損益の振替	のれんの償却	営業取引の相殺消去	融資取引の相殺消去	未達取引
現預金						
商品						1,000
貸付金					(10,000)	
売掛金						
土地	100,000					
投資有価証券	(400,000)					
のれん	124,000		(24,800)			
買掛金						(1,000)
支払手形						
貸倒引当金					500	
短期借入金					10,000	
繰延税金負債	(40,000)					
資本金	200,000					
利益剰余金期首残高	200,000					
利益剰余金		40,000	24,800		(500)	
評価差額	0					
少数株主持分	(184,000)	(40,000)				

勘定科目	組替仕訳	連結貸借対照表
現預金		700,000
商品		101,000
貸付金		140,000
売掛金		450,000
土地		900,000
投資有価証券		0
のれん		99,200
買掛金		(301,000)
支払手形		(100,000)
貸倒引当金		(99,500)
短期借入金		(690,000)
繰延税金負債		(40,000)

資本金		(400,000)
利益剰余金期首残高	300,000	0
利益剰余金	(300,000)	(535,700)
評価差額		0
少数株主持分		(224,000)

連結損益計算書に係る連結精算表（貸方残高は括弧書きにて示している）

勘定科目	P社	S社	単純合算
売上高	(1,000,000)	(600,000)	(1,600,000)
売上原価	800,000	500,000	1,300,000
販売費及び一般管理費	100,000	50,000	150,000
営業外収益	(150,000)	(75,000)	(225,000)
営業外費用	50,000	25,000	75,000
特別利益	(30,000)	(15,000)	(45,000)
特別損失	30,000	15,000	45,000
少数株主損益	0	0	0
少数株主利益	0	0	0
当期純利益	(200,000)	(100,000)	(300,000)

勘定科目	連結仕訳					
	開始仕訳（子会社の資産及び負債の評価を含む）	少数株主損益の振替	のれんの償却	営業取引の相殺消去	融資取引の相殺消去	未達取引
売上高				200,000		1,000
売上原価				(200,000)		(1,000)
販売費及び一般管理費			24,800			
営業外収益					300	
営業外費用					(800)	
特別利益						
特別損失						
少数株主損益		40,000				
少数株主利益						
当期純利益		40,000	24,800	0	(500)	0

勘定科目	組替仕訳	連結損益計算書
売上高		(1,399,000)
売上原価		1,099,000
販売費及び一般管理費		174,800
営業外収益		(224,700)
営業外費用		74,200
特別利益		(45,000)
特別損失		45,000
少数株主損益	(40,000)	0
少数株主利益	40,000	40,000
当期純利益	0	(235,700)

8）連結財務諸表の作成

上記の連結精算表に基づいて作成したＰ社及びＳ社の連結グループにおける連結貸借対照表及び連結損益計算書は以下のとおりである。

連結貸借対照表

現預金	700,000	買掛金	301,000
商品	101,000	支払手形	100,000
貸付金	140,000	貸倒引当金	99,500
売掛金	450,000	短期借入金	690,000
土地	900,000	繰延税金負債	40,000
のれん	99,200	資本金	400,000
		利益剰余金	535,700
		少数株主持分	224,000
合計	2,390,200		2,390,200

連結損益計算書

売上高	1,399,000
売上原価	1,099,000
販売費及び一般管理費	174,800
営業外収益	224,700
営業外費用	74,200
特別利益	45,000
特別損失	45,000
少数株主利益	40,000
当期純利益	235,700

8 未実現損益の消去

P ポイント

- 連結グループ内の取引による取得した資産を連結グループ内で保有している場合には、当該資産に含まれている損益は未だ実現していないため、消去する必要がある。
- 子会社に少数株主が存在する場合、消去される未実現損益については持分比率に応じて少数株主にも按分する必要がある。償却性資産については、減価償却費を調整する必要がある。
- 評価差額は実現した場合に調整の必要がある。

8-1 未実現損益消去の必要性

連結グループ内の取引により発生した損益は、連結グループで見た場合には内部取引であり、取引の対象となった棚卸資産や固定資産の連結グループ外への販売、もしくは当該資産の評価損の計上により連結財務諸表へ反映される。連結グループ内の取引により取得した資産を連結グループ内で保有している場合には、当該資産に含まれる損益は連結上未だ実現していない未実現損益であるため、連結グループの財政状態及び経営成績を適切に反映させるためには、消去する必要がある（連会36、次頁の図表参照）。

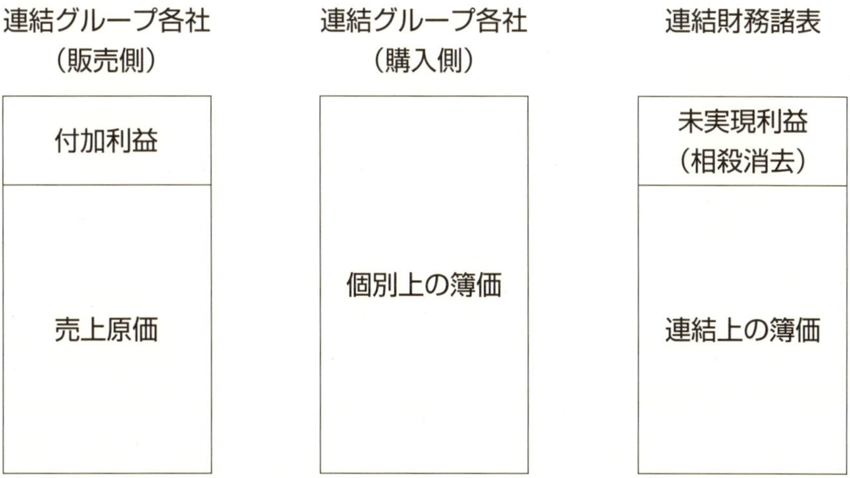

企業は多種の商品を販売していることが通常であり、個々の商品ごとに付加利益を把握することは煩雑であるため、消去額は、「連結グループ各社から購入した商品のうち期末保有高」×「販売側連結グループ各社が設定した利益率」にて算出することが実務的といえる。この場合に用いる利益率は、棚卸資産区分をグルーピングして考える、一定期間の平均値を用いる、販売に直接要する費用を考慮するなど、より合理化することが望ましい。

（借）売上原価	XXX	（貸）商品	XXX

※「連結グループ各社から購入した商品のうち期末保有高」×「販売側連結グループ各社が設定した利益率」

この消去によって、連結貸借対照表上の資産額が連結会社の個別財務諸表上の資産額を下回り、連結財務諸表固有の将来減算一時差異が生じるため税効果会計が適用される。消去額に応じて、消去額に法定実効税率を乗じた金額が連結仕訳として計上され、連結財務諸表に繰延税金資産が計上される。

（借）繰延税金資産	XXX	（貸）法人税等調整額	XXX

※消去額×法定実効税率

仮に販売側の連結グループ各社が子会社であり、かつ、少数株主が存在する場合、子会社に帰属する損益は親会社のみならず少数株主にも帰属するものであるため、消去による損益の影響額について持分比率に応じて少数株主に按分する必要がある（「第２章８−２−２アップストリーム」参照）。

（借）少数株主持分	XXX	（貸）少数株主損益	XXX

※消去による影響額（上記「売上原価」−「法人税等調整額」）×少数株主持分比率

仮に連結財務諸表固有の将来加算一時差異が生じている場合には、繰延税金負債が計上される。

8-2　棚卸資産に含まれる未実現利益の消去

8-2-1　ダウンストリーム

連結グループ内での内部取引のうち、親会社から子会社への資産の売却取引をダウンストリームという。棚卸資産に係るダウンストリームに関して必要となる連結仕訳は以下のとおりである（下の図表参照）。

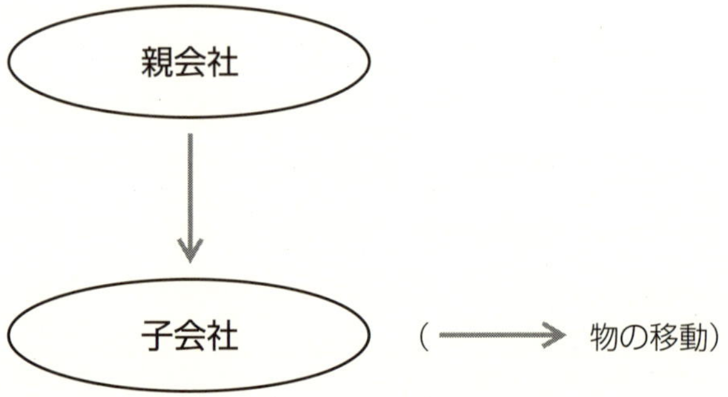

連結グループ内取引であるため、親会社が付加した利益を消去する。

連結仕訳

（借）	売上原価	XXX	（貸）	商品	XXX
（借）	繰延税金資産	XXX	（貸）	法人税等調整額	XXX

翌期においては、前年度に計上した連結仕訳のうち損益に影響する科目を「利益剰余金期首残高」に置き換える。

（借）	利益剰余金期首残高	XXX	（貸）	商品	XXX
（借）	繰延税金資産	XXX	（貸）	利益剰余金期首残高	XXX

また、翌年度において商品が連結グループ外部へ販売され、連結上の利益として実現した場合には、これを連結財務諸表に反映させるために、前期に計上した消去仕訳の反対仕訳を起票する。

（借）	商品	XXX	（貸）	売上原価	XXX
（借）	法人税等調整額	XXX	（貸）	繰延税金資産	XXX

上記2点を集約すると以下のとおりである。

翌期における連結仕訳

（借）	利益剰余金期首残高	XXX	（貸）	売上原価	XXX
（借）	法人税等調整額	XXX	（貸）	利益剰余金期首残高	XXX

8-2-2 アップストリーム

連結グループ内での内部取引のうち、先に解説したダウンストリームとは逆に子会社から親会社への資産の売却取引をアップストリームという。

子会社に少数株主が存在する場合、子会社に帰属する損益は親会社株主のみならず少数株主にも帰属するものであるため、消去される未実現損益についても持分比率に応じて少数株主に按分する必要がある（次頁の図表参照）。

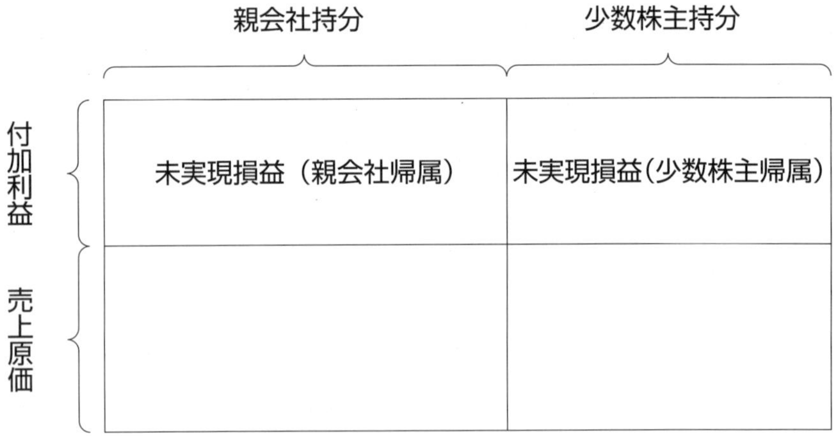

棚卸資産に係るアップストリームに関して必要となる連結仕訳は以下のとおりである。

連結仕訳

（借）売上原価	XXX	（貸）商品	XXX
（借）繰延税金資産	XXX	（貸）法人税等調整額	XXX
（借）少数株主持分	XXX	（貸）少数株主損益	XXX

翌期においては、前年度に計上した連結仕訳のうち損益に影響する科目を「利益剰余金期首残高」に置き換える。

（借）利益剰余金期首残高	XXX	（貸）商品	XXX
（借）繰延税金資産	XXX	（貸）利益剰余金期首残高	XXX
（借）少数株主持分	XXX	（貸）利益剰余金期首残高	XXX

また、翌年度において商品が連結グループ外部へ販売され、連結上の利益として実現した場合には、これを連結財務諸表に反映させるために、前期に計上した消去仕訳の反対仕訳を起票する。

（借）商品	XXX	（貸）売上原価	XXX
（借）法人税等調整額	XXX	（貸）繰延税金資産	XXX
（借）少数株主損益	XXX	（貸）少数株主持分	XXX

上記2点を集約すると以下のとおりである。

翌期における連結仕訳

（借）利益剰余金期首残高	XXX	（貸）売上原価	XXX
（借）法人税等調整額	XXX	（貸）利益剰余金期首残高	XXX
（借）少数株主損益	XXX	（貸）利益剰余金期首残高	XXX

8-3 固定資産に含まれる未実現利益の消去

8-3-1 非償却性資産

連結グループ内で固定資産の売買が実施された場合、棚卸資産と同様に未実現損益を消去する必要がある。土地や建設仮勘定などの非償却性資産に含まれる未実現利益に関して必要となる連結仕訳は以下のとおりである。下記の仕訳は、ダウンストリームによる売却益の発生として設定しているが、アップストリームの場合は、少数株主への按分が必要な点は棚卸資産と同様である（次頁の図表参照）。

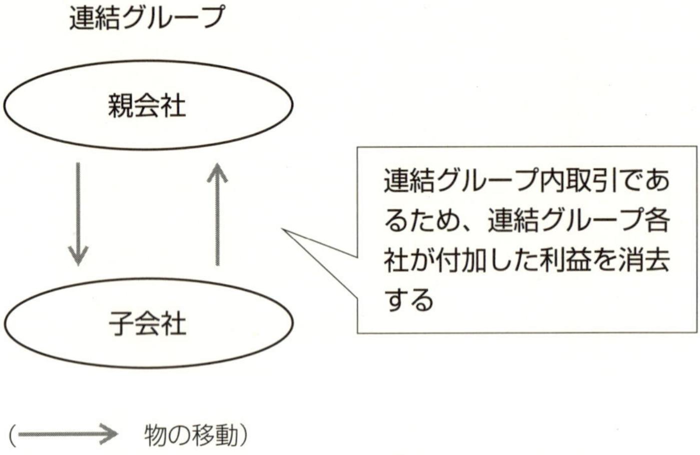

連結仕訳

（借）	固定資産売却益	XXX	（貸）	固定資産	XXX
（借）	繰延税金資産	XXX	（貸）	法人税等調整額	XXX

固定資産売却益：売却金額－売却対象固定資産の帳簿価額
法人税等調整額：固定資産売却益×法定実効税率

翌期においては、前年度に計上した連結仕訳のうち損益に影響する科目を「利益剰余金期首残高」に置き換える。

（借）	利益剰余金期首残高	XXX	（貸）	固定資産	XXX
（借）	繰延税金資産	XXX	（貸）	利益剰余金期首残高	XXX

また、翌年度において固定資産が連結グループ外部へ販売されたため、もしくは廃棄処分や減損損失を計上した場合には、これを連結財務諸表に反映させるために、前期に計上した消去仕訳の反対仕訳を起票する。

（借）	固定資産	XXX	（貸）	固定資産売却益	XXX
（借）	法人税等調整額	XXX	（貸）	繰延税金資産	XXX

上記２点を集約すると以下のとおりである。

翌期における連結仕訳

（借）利益剰余金期首残高 XXX	（貸）固定資産売却益 XXX
（借）法人税等調整額 XXX	（貸）利益剰余金期首残高 XXX

なお、売却対象となった固定資産が、親会社による子会社の支配権獲得時に時価評価され評価差額が計上されている場合（「第２章５－２－１子会社の資産及び負債の評価」参照）には、固定資産が連結グループ外部へ販売された、もしくは廃棄処分や減損損失を計上した際には、評価差額が実現することとなる（下の図表参照）。

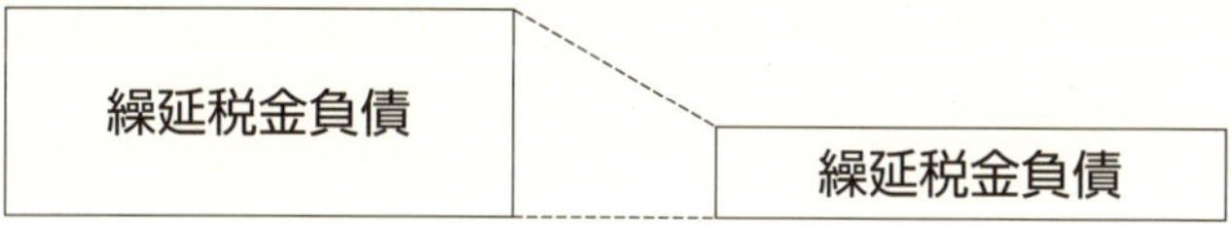

連結仕訳

・評価差額の実現

（借）繰延税金負債	XXX	（貸）固定資産	XXX
評価差額	XXX		

時価評価時と逆仕訳を起票する。

・固定資産の売却

（借）固定資産売却益	XXX	（貸）固定資産	XXX
（借）繰延税金負債	XXX	（貸）法人税等調整額	XXX

時価評価時点で計上した繰延税金負債が取り崩される。

翌期においては、前年度に計上した連結仕訳のうち損益に影響する科目を「利益剰余金期首残高」に置き換える。

・時価評価

（借）	固定資産	XXX	（貸）	繰延税金負債	XXX
				評価差額	XXX

・固定資産の売却

（借）	利益剰余金期首残高	XXX	（貸）	固定資産	XXX
（借）	繰延税金負債	XXX	（貸）	利益剰余金期首残高	XXX

上記２点を集約すると以下のとおりである。

翌期における連結仕訳

（借）	固定資産	XXX	（貸）	繰延税金負債	XXX
	利益剰余金期首残高	XXX		評価差額	XXX

連結グループ外へ売却されたことで固定資産及び繰延税金負債が減少する。

8-3-2 償却性資産

連結グループ内で固定資産の売買が行われた場合、棚卸資産と同様に未実現損益を消去する必要がある。

ここで、固定資産を購入した連結グループ各社においては、未実現利益を含む取得価額に基づいて計算された減価償却費が計上されるが、連結上は未実現利益を消去した取得価額に基づいて計算した減価償却費が計上されるように、減価償却費を調整する必要がある。

償却性資産に含まれる未実現利益に関して必要となる連結仕訳は以下のとおりである。下記の仕訳は、売却益が生じたダウンストリームと設定しているが、アップストリームに関して少数株主への按分が必要な点は棚卸資産と同様である。

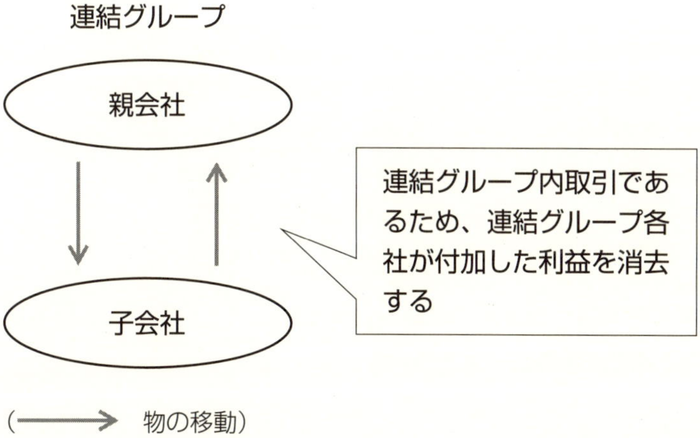

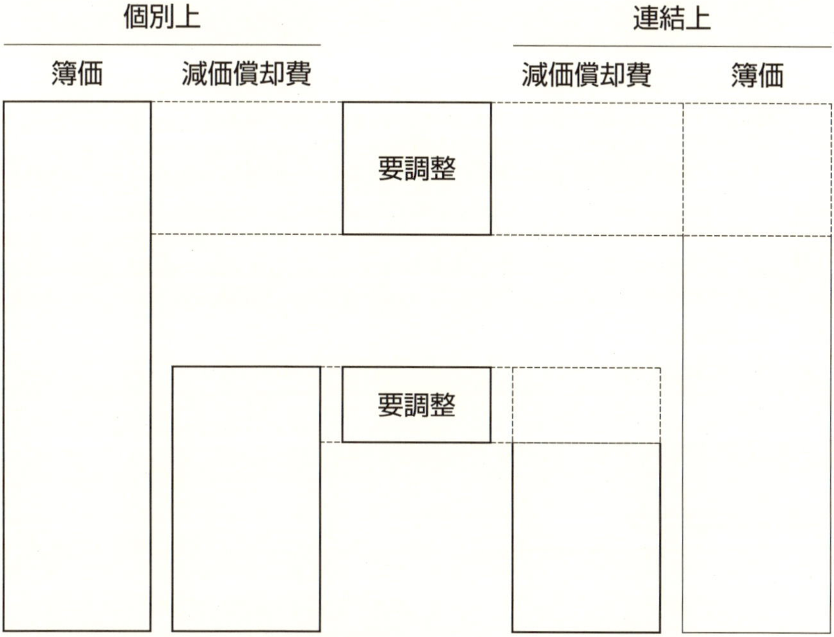

※資産の簿価に含まれる未実現利益を消却するとともに減価償却費を調整する。

連結仕訳

（借）	固定資産売却益	XXX	（貸）	固定資産	XXX
（借）	減価償却累計額	XXX	（貸）	減価償却費	XXX
（借）	繰延税金資産	XXX	（貸）	法人税等調整額	XXX

※固定資産売却益：売却金額－売却対象固定資産の帳簿価額
※減価償却費：個別上の減価償却費－連結上の減価償却費
※法人税等調整額：固定資産売却益×法定実効税率

翌期においては、前年度に計上した連結仕訳のうち損益に影響する科目を「利益剰余金期首残高」に置き換える。

（借）	利益剰余金期首残高	XXX	（貸）	固定資産	XXX
（借）	減価償却累計額	XXX	（貸）	利益剰余金期首残高	XXX
（借）	繰延税金資産	XXX	（貸）	利益剰余金期首残高	XXX

また、翌年度において固定資産が連結グループ外部へ販売されたため、もしくは廃棄処分や減損損失を計上したため連結上の利益として実現した場合には、これを連結財務諸表に反映させるために、前期に計上した消去仕訳の反対仕訳を起票する。

（借）	固定資産	XXX	（貸）	固定資産売却益	XXX
（借）	減価償却費	XXX	（貸）	減価償却累計額	XXX
（借）	法人税等調整額	XXX	（貸）	繰延税金資産	XXX

上記２点を集約すると以下のとおりである。

翌期における連結仕訳

（借）	利益剰余金期首残高	XXX	（貸）	固定資産売却益	XXX
（借）	減価償却費	XXX	（貸）	利益剰余金期首残高	XXX
（借）	法人税等調整額	XXX	（貸）	利益剰余金期首残高	XXX

売却対象となった固定資産が、親会社による子会社の支配権獲得時に時価

評価され評価差額が計上されている場合（「第２章５−２−１子会社の資産及び負債の評価」参照）には、固定資産が連結グループ外部へ販売された、もしくは廃棄処分や減損損失を計上したときに評価差額が全部または一部実現することになる。ここで、償却性資産については減価償却によって個別上の簿価と連結上の簿価が修正されることから、減価償却によっても評価差額が実現するものといえる。なお、固定資産を連結グループ外へ売却した場合の連結仕訳については非償却性資産と同様であるため、ここでは、減価償却による評価差額の実現について解説する。

連結仕訳

・評価差額の実現

（借）	繰延税金負債	XXX	（貸）	固定資産	XXX
	評価差額	XXX			

時価評価時と逆仕訳を起票する。

・固定資産の減価償却費の調整

（借）	減価償却費	XXX	（貸）	減価償却累計額	XXX
（借）	繰延税金負債	XXX	（貸）	法人税等調整額	XXX

時価評価時点で計上した繰延税金負債が取り崩される。

翌期においては、前年度に計上した連結仕訳のうち損益に影響する科目を「利益剰余金期首残高」に置き換える。

・時価評価

（借）	固定資産	XXX	（貸）	繰延税金負債	XXX
				評価差額	XXX

・固定資産の減価償却費の調整

（借）	利益剰余金期首残高	XXX	（貸）	減価償却累計額	XXX
（借）	繰延税金負債	XXX	（貸）	利益剰余金期首残高	XXX

上記2点を集約すると以下のとおりである。

翌期における連結仕訳

（借）	固定資産	XXX	（貸）	繰延税金負債	XXX
	利益剰余金期首残高	XXX		評価差額	XXX
				減価償却累計額	XXX

減価償却によって固定資産及び繰延税金負債が減少する。

8-4 未実現損失の消去

連結グループ各社が保有する商品を、他の連結グループ各社に対して原価より安く販売した場合には、販売損失が発生するが、これは連結グループでは内部取引であるため、連結上は消去する必要がある。

ところが、既に収益性が低下し、連結グループ外へ商品を販売する際には販売損失が見込まれる場合にまで販売損失を消去することは、含み損失が顕在化されないことと同義といえる。

そこで、連結グループ内で発生した未実現損失については、回収不能と認められる部分は販売損失として認識して相殺消去せず、回収可能と認められる部分についてのみ未実現損失を戻し入れる必要がある。

未実現損失に関して必要となる連結仕訳は以下のとおりである。

連結仕訳

（借）	商品	XXX	（貸）	売上原価	XXX

販売損失のうち回収不能部分（未実現損失－回収不能額）

設例2-5　未実現利益の消去

設例２－５は、設例２－１から１会計期間が経過したものである。

各設例の前提条件は以下のとおりである。

〈設例２－１に係る前提条件〉

① Ｐ社はＳ社株式の60％を、外部の株主より取得した。

② Ｐ社の投資有価証券は全額Ｓ社株式で、一括して当期に取得している。

③ 取得時点におけるＳ社の土地の時価は400,000であり、土地以外に簿価と時価に差が生じているものはない。

④ 実効税率は40％とする。ただし、評価差額以外に税効果会計は適用しない。

〈設例２－５に係る前提条件〉

① Ｐ社とＳ社に係る取引高の相殺消去は省略する。

② Ｓ社は翌期末において、Ｐ社から仕入れた商品5,000を有している。Ｐ社の付加利益率は30.0％である。

③ Ｐ社は翌期末において、Ｓ社から仕入れた商品3,000を有している。Ｓ社の付加利益率は20.0％である。

④ Ｓ社は翌期において土地300,000のうち半分の150,000を当社に対して170,000で売却した。当社は翌期中に当該土地のすべてを連結グループ外へ売却した。

⑤ Ｐ社は翌期首において、機械装置50,000をＳ社に対して55,000で売却している。

⑥ Ｓ社では、当該機械装置を残存価額500（10.0％）、耐用年数10年にて減価償却を実施し、期末時点において保有している。

⑦ 税効果会計を適用し、実効税率は40.0％とする。

⑧　組替仕訳は税効果会計、利益剰余金期首残高及び少数株主損益のみとしている。

⑨　S 社は翌期において配当を実施していない。

P 社及び S 社の貸借対照表及び損益計算書は以下のとおりである。

P 社の翌期末の貸借対照表

現預金	250,000	買掛金	200,000
商品	100,000	支払手形	100,000
売掛金	300,000	貸倒引当金	50,000
土地	500,000	短期借入金	450,000
機械装置	150,000	資本金	400,000
投資有価証券	400,000	利益剰余金	500,000
合計	1,700,000	合計	1,700,000

S 社の翌期末の貸借対照表

現預金	360,000	買掛金	100,000
商品	50,000	貸倒引当金	50,000
売掛金	250,000	短期借入金	250,000
土地	150,000	資本金	200,000
機械装置	100,000	利益剰余金	310,000
合計	910,000	合計	910,000

P 社及び S 社の翌期の損益計算書

	P 社	S 社
売上高	1,000,000	600,000
売上原価	800,000	500,000
販売費及び一般管理費	100,000	50,000
営業外収益	150,000	75,000
営業外費用	50,000	25,000
特別利益	30,000	25,000

特別損失	30,000	15,000
当期純利益	200,000	110,000

1）子会社の資産及び負債の評価

Ｓ社の土地を時価評価する。

		取得年度
(1)	持分比率	60%
(2)	資本金	200,000
(3)	利益剰余金	200,000
(4)	評価差額	60,000
(5)	合計	460,000

(4)　評価差額：(土地取得時点の時価400,000－土地Ｓ社の帳簿価額300,000)×

（１－実効税率40%）

(借)	土地	100,000	(貸) 繰延税金負債	40,000
			評価差額	60,000

時価評価後のＳ社の翌期末の貸借対照表

現預金	360,000	買掛金	100,000
商品	50,000	貸倒引当金	50,000
売掛金	250,000	短期借入金	250,000
土地	250,000	繰延税金負債	40,000
機械装置	100,000	資本金	200,000
		利益剰余金	310,000
		評価差額	60,000
	1,010,000		1,010,000

2）単純合算表の作成

Ｐ社とＳ社の単純合算表は以下のとおりである。貸方残高は括弧書きにて示している。

1．貸借対照表

勘定科目	当社	Ｓ社	単純合算
現預金	250,000	360,000	610,000
商品	100,000	50,000	150,000
売掛金	300,000	250,000	550,000
土地	500,000	250,000	750,000
機械装置	150,000	100,000	250,000
投資有価証券	400,000	0	400,000
買掛金	(200,000)	(100,000)	(300,000)
支払手形	(100,000)	0	(100,000)
貸倒引当金	(50,000)	(50,000)	(100,000)
短期借入金	(450,000)	(250,000)	(700,000)
繰延税金負債	0	(40,000)	(40,000)
資本金	(400,000)	(200,000)	(600,000)
利益剰余金	(500,000)	(310,000)	(810,000)
評価差額	0	(60,000)	(60,000)

2．損益計算書

勘定科目	当社	Ｓ社	単純合算
売上高	(1,000,000)	(600,000)	(1,600,000)
売上原価	800,000	500,000	1,300,000
販売費及び一般管理費	100,000	50,000	150,000
営業外収益	(150,000)	(75,000)	(225,000)
営業外費用	50,000	25,000	75,000
特別利益	(30,000)	(25,000)	(55,000)
特別損失	30,000	15,000	45,000
当期純利益	(200,000)	(110,000)	(310,000)

3）開始仕訳

		取得年度
⑴	持分比率	60.0%
⑵	資本金	200,000
⑶	利益剰余金	200,000
⑷	評価差額	60,000
⑸	合計	460,000
⑹	取得持分価額	276,000
⑺	取得原価	400,000
⑻	のれん	124,000
⑼	少数株主持分	184,000

⑷　評価差額：（土地取得時点の時価400,000－土地Ｓ社の帳簿価額300,000）×（１－実効税率40%）

⑹　取得持分価額：⑸×⑴

⑻　のれん：⑺－⑹負の値であれば「負ののれん」となる

⑼　少数株主持分：⑸×（１－⑴）

（借）	資本金	200,000	（貸）	投資有価証券	400,000
	利益剰余金期首残高 （利益剰余金）	200,000		少数株主持分	184,000
	評価差額	60,000			
	のれん	124,000			

4）資本連結

	取得年度		翌年度
(1) 持分比率	60.0%		60.0%
(2) 資本金	200,000		200,000
		66,000	
(3) 利益剰余金	200,000	──────────▶	310,000
		44,000	
(4) 評価差額	60,000		30,000
(5) 合計	460,000		540,000
(6) 取得持分価額	276,000		
(7) 取得原価	400,000		
(8) のれん	124,000	──────────▶	99,200
		(24,800)	
(9) 少数株主持分	184,000		216,000

(4)　評価差額：(土地取得時点の時価400,000－土地Ｓ社の帳簿価額300,000)×

(１－実効税率40%)。翌年度は土地の売却により減少。

(6)　取得持分価額：(5)×(1)

(8)　のれん：(7)－(6)負の値であれば「負ののれん」となる

(9)　少数株主持分：(5)×(１－(1))

１．子会社の当期純利益の少数株主への按分

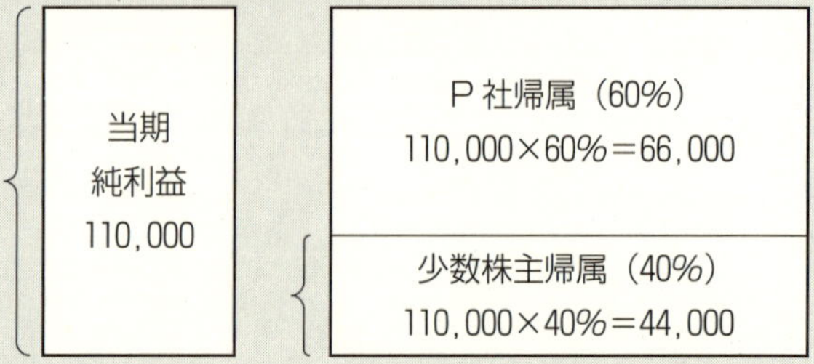

（借）少数株主損益	44,000	（貸）少数株主持分	44,000

2．のれんの償却

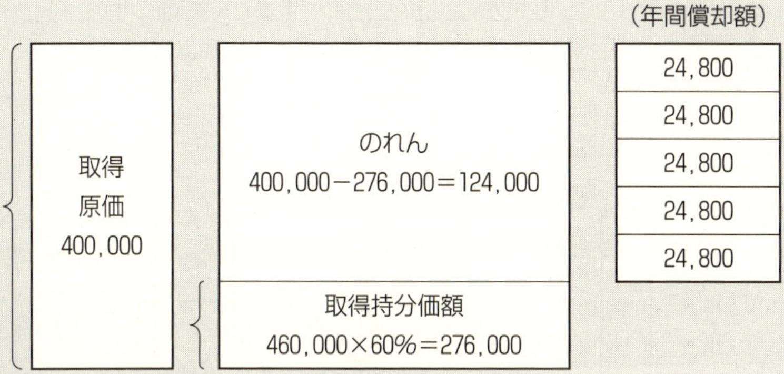

（借）のれん償却額 （販売費及び一般管理費）	24,800	（貸）のれん	24,800

5）未実現損益の消去

1－1．棚卸資産に含まれる未実現利益の消去（ダウンストリーム）

S社期末保有商品 5,000 × 30%（P社付加利益率） ＝ 付加利益 1,500 × 40%（実効税率） ＝ 税効果 600

（借）売上原価	1,500	（貸）商品	1,500
（借）繰延税金資産 （流動資産：親会社）	600	（貸）法人税等調整額	600

利益剰余金に与える影響の純額900

1－2．棚卸資産に含まれる未実現利益の消去（アップストリーム）

P社期末保有商品 3,000	×	20%（S社付加利益率）	＝	付加利益 600	×	40%（実効税率）	＝	税効果 240

付加利益 600	税効果 240 / 360	×	40%（少数株主持分）	＝	144	少数株主に帰属する損益

（借）	売上原価	600	（貸）	商品	600
（借）	繰延税金資産 （流動資産：子会社）	240	（貸）	法人税等調整額	240
（借）	少数株主持分	144	（貸）	少数株主損益	144

利益剰余金に与える影響の純額216

2－1．固定資産に含まれる未実現利益の消去（非償却性資産）

売却価額 170,000	付加利益 20,000 / 個別上の簿価 150,000	×	40%（実効税率）	＝	税効果 8,000

付加利益
20,000

税効果
8,000

12,000 × 40%（少数株主持分） ＝ 4,800 少数株主に帰属する損益

（借）	土地売却益 （特別利益）	20,000	（貸）	土地	20,000
（借）	繰延税金資産 （固定資産：子会社）	8,000	（貸）	法人税等調整額	8,000
（借）	少数株主持分	4,800	（貸）	少数株主損益	4,800

2－2．固定資産に含まれる未実現利益の消去（償却性資産）

売却価額
55,000

付加利益
5,000

個別上の
簿価
50,000

付加利益 5,000 × （1－0.9）÷10（耐用年数10年に応じた減価償却） ＝ 減価償却 450

付加利益
5,000

減価償却
450

4,550 × 40%（少数株主持分） ＝ 1,820 少数株主に帰属する損益

（借）	機械装置売却益 （特別利益）	5,000	（貸）	機械装置	5,000
（借）	減価償却累計額 （機械装置）	450	（貸）	減価償却費	450
（借）	繰延税金資産 （固定資産：親会社）	1,820	（貸）	法人税等調整額	1,820

機械装置に与える影響の純額4,550

利益剰余金に与える影響の純額2,730

2－3．評価差額の実現

土地300,000に対応する繰延税金負債 40,000	土地150,000に対応する繰延税金負債 20,000

（借）	繰延税金負債 （固定負債：子会社）	20,000	（貸）	法人税等調整額	20,000

なお、当設例の翌々期における「子会社の資産及び負債の評価」「開始仕訳」において以下の仕訳は必要となる。

（借）	土地	50,000	（貸）	繰延税金負債	20,000
				評価差額	30,000

時価評価すべき土地が半分（150,000／300,000）となる。

（借）	資本金	XXX	（貸）	投資有価証券	XXX
	利益剰余金期首残高	XXX		少数株主持分	XXX
	（利益剰余金）				
	評価差額	30,000			
	のれん	XXX			

消去すべき評価差額も半分となる。

6）連結精算表の作成

連結貸借対照表に係る連結精算表（貸方残高は括弧書きにて示している）

勘定科目	P社	S社	単純合算
現預金	250,000	360,000	610,000
商品	100,000	50,000	150,000
売掛金	300,000	250,000	550,000
繰延税金資産（流動）	0	0	0
土地	500,000	150,000	650,000
機械装置	150,000	100,000	250,000
投資有価証券	400,000	0	400,000
のれん	0	0	0
繰延税金資産（固定）	0	0	0
買掛金	(200,000)	(100,000)	(300,000)
支払手形	(100,000)	0	(100,000)
繰延税金負債（流動）	0	0	0
貸倒引当金	(50,000)	(50,000)	(100,000)
短期借入金	(450,000)	(250,000)	(700,000)
繰延税金負債（固定）	0	0	0
資本金	(400,000)	(200,000)	(600,000)
利益剰余金期首残高	(300,000)	(200,000)	(500,000)
利益剰余金	(200,000)	(110,000)	(310,000)
評価差額	0	0	0

勘定科目	連結仕訳							
	開始仕訳（子会社の資産及び負債の評価を含む）	少数株主損益の振替	のれんの償却	棚卸資産に含まれる未実現利益の消去		固定資産に含まれる未実現利益の消去		
				ダウンストリーム）	アップストリーム	非償却性資産)	償却性資産	評価差額の実現
現預金								
商品				(1,500)	(600)			
売掛金								
繰延税金資産(流動)				600	240			
土地	100,000					(20,000)		
機械装置							(4,550)	
投資有価証券	(400,000)							
のれん	124,000		(24,800)					
繰延税金資産(固定)						8,000	1,820	
買掛金								
支払手形								
繰延税金負債(流動)								
貸倒引当金								
短期借入金								
繰延税金負債(固定)	(40,000)							20,000
資本金	200,000							
利益剰余金期首残高	200,000							
利益剰余金		(44,000)	24,800	900	216	7,200	2,730	(20,000)
評価差額								
少数株主持分	(184,000)	(44,000)			144	4,800		

連結損益計算書に係る連結精算表（貸方残高は括弧書きにて示している）

勘定科目	P社	S社	単純合算
売上高	(1,000,000)	(600,000)	(1,600,000)
売上原価	800,000	500,000	1,300,000
販売費及び一般管理費	100,000	50,000	150,000
営業外収益	(150,000)	(75,000)	(225,000)
営業外費用	50,000	25,000	75,000
特別利益	(30,000)	(15,000)	(45,000)
特別損失	30,000	15,000	45,000
法人税等調整額	0	0	0
少数株主損益	0	0	0
少数株主利益	0	0	0
当期純利益	(200,000)	(100,000)	(300,000)

勘定科目	連結仕訳							
	開始仕訳（子会社の資産及び負債の評価を含む）	少数株主損益の振替	のれんの償却	棚卸資産に含まれる未実現利益の消去		固定資産に含まれる未実現利益の消去		
				ダウンストリーム）	アップストリーム	非償却性資産）	償却性資産	評価差額の実現
売上高								
売上原価				1,500	600			
販売費及び一般管理費			24,800				(450)	
営業外収益								
営業外費用								
特別利益						20,000	5,000	
特別損失								
法人税等調整額				(600)	(240)	(8,000)	(1,820)	(20,000)
少数株主損益		44,000			(144)	(4,800)		
少数株主利益								
当期純利益	0	44,000	24,800	900	216	7,200	2,730	(20,000)

7）組替仕訳

1．少数株主損益の少数株主持分への振替

（借）少数株主利益	39,056	（貸）少数株主損益	39,056

連結仕訳にて起票された少数株主損益の合計金額39,056

2．当社の利益剰余金期首残高の利益剰余金への振替

（借）利益剰余金期首残高 （利益剰余金）	300,000	（貸）利益剰余金	300,000

S社の取得年度におけるP社の利益剰余金残高300,000

3．繰延税金資産及び繰延税金負債の相殺消去

（借）繰延税金負債 （固定負債：子会社）	8,000	（貸）繰延税金資産 （固定資産：子会社）	8,000

繰延税金資産及び繰延税金負債の純額表示

4．組替仕訳を起票した後の連結精算表

連結貸借対照表に係る連結精算表（貸方残高は括弧書きにて示している）

勘定科目	P社	S社	単純合算
現預金	250,000	360,000	610,000
商品	100,000	50,000	150,000
売掛金	300,000	250,000	550,000
繰延税金資産（流動）	0	0	0
土地	500,000	150,000	650,000
機械装置	150,000	100,000	250,000
投資有価証券	400,000	0	400,000
のれん	0	0	0
繰延税金資産（固定）	0	0	0
買掛金	(200,000)	(100,000)	(300,000)
支払手形	(100,000)	0	(100,000)
繰延税金負債（流動）	0	0	0
貸倒引当金	(50,000)	(50,000)	(100,000)
短期借入金	(450,000)	(250,000)	(700,000)
繰延税金負債（固定）	0	0	0
資本金	(400,000)	(200,000)	(600,000)
利益剰余金期首残高	(300,000)	(200,000)	(500,000)
利益剰余金	(200,000)	(110,000)	(310,000)
評価差額	0	0	0

勘定科目	連結仕訳							
	開始仕訳（子会社の資産及び負債の評価を含む）	少数株主損益の振替	のれんの償却	棚卸資産に含まれる未実現利益の消去		固定資産に含まれる未実現利益の消去		
				ダウンストリーム	アップストリーム	非償却性資産）	償却性資産	評価差額の実現
現預金								
商品				(1,500)	(600)			
売掛金								
繰延税金資産（流動）				600	240			
土地	100,000					(20,000)		

機械装置							(4,550)	
投資有価証券	(400,000)							
のれん	124,000		(24,800)					
繰延税金資産（固定）						8,000	1,820	
買掛金								
支払手形								
繰延税金負債（流動）								
貸倒引当金								
短期借入金								
繰延税金負債（固定）	(40,000)							20,000
資本金	200,000							
利益剰余金期首残高	200,000							
利益剰余金		(44,000)	24,800	900	216	7,200	2,730	(20,000)
評価差額								
少数株主持分	(184,000)	(44,000)			144	4,800		

勘定科目	組替仕訳	連結貸借対照表
現預金		610,000
商品		147,900
売掛金		550,000
繰延税金資産（流動）		840
土地		730,000
機械装置		245,450
投資有価証券		0
のれん		99,200
繰延税金資産（固定）	(8,000)	1,820
買掛金		(300,000)
支払手形		(100,000)
繰延税金負債（流動）		0
貸倒引当金		(100,000)
短期借入金		(700,000)
繰延税金負債（固定）	8,000	(12,000)
資本金		(400,000)
利益剰余金期首残高	300,000	0
利益剰余金	(300,000)	(554,154)
評価差額		0
少数株主持分		(219,056)

連結損益計算書に係る連結精算表（貸方残高は括弧書きにて示している）

勘定科目	P社	S社	単純合算
売上高	(1,000,000)	(600,000)	(1,600,000)
売上原価	800,000	500,000	1,300,000
販売費及び一般管理費	100,000	50,000	150,000
営業外収益	(150,000)	(75,000)	(225,000)
営業外費用	50,000	25,000	75,000
特別利益	(30,000)	(15,000)	(45,000)
特別損失	30,000	15,000	45,000
法人税等調整額	0	0	0
少数株主損益	0	0	0
少数株主利益	0	0	0
当期純利益	(200,000)	(100,000)	(300,000)

勘定科目	連結仕訳							
	開始仕訳（子会社の資産及び負債の評価を含む）	少数株主損益の振替	のれんの償却	棚卸資産に含まれる未実現利益の消去		固定資産に含まれる未実現利益の消去		
				ダウンストリーム	アップストリーム	非償却性資産)	償却性資産	評価差額の実現
売上高								
売上原価				1,500	600			
販売費及び一般管理費			24,800				(450)	
営業外収益								
営業外費用								
特別利益						20,000	5,000	
特別損失								
法人税等調整額				(600)	(240)	(8,000)	(1,820)	(20,000)
少数株主損益		44,000			(144)	(4,800)		
少数株主利益								
当期純利益	0	44,000	24,800	900	216	7,200	2,730	(20,000)

勘定科目	組替仕訳	連結損益計算書
売上高		(1,600,000)
売上原価		1,302,100
販売費及び一般管理費		174,350
営業外収益		(225,000)
営業外費用		75,000
特別利益		(20,000)
特別損失		45,000
法人税等調整額		(30,660)
少数株主損益	(39,056)	0
少数株主利益	39,056	39,056
当期純利益	0	(240,154)

8）連結財務諸表の作成

上記の連結精算表に基づいて作成したＰ社及びＳ社の連結グループにおける連結貸借対照表及び連結損益計算書は以下のとおりである。

連結貸借対照表

現預金	610,000	買掛金	300,000
商品	147,900	支払手形	100,000
売掛金	550,000	貸倒引当金	100,000
繰延税金資産	840	短期借入金	700,000
土地	730,000	繰延税金負債	12,000
機械装置	245,450	資本金	400,000
のれん	99,200	利益剰余金	550,154
繰延税金資産	1,820	少数株主持分	219,056
	2,385,210		2,385,210

連結損益計算書

売上高	1,600,000
売上原価	1,302,100
販売費及び一般管理費	174,350
営業外収益	225,000
営業外費用	75,000
特別利益	20,000
特別損失	45,000
法人税等調整額	30,660
少数株主利益	39,056
当期純利益	240,154

9 税効果会計

9-1 連結財務諸表における税務果会計とは

ポイント

- 税効果とは、会計上の収益（費用）と税務上の益金（損金）の認識時点の相違を調整するものである。
- 一時差異と永久差異のうち、税効果の対象となるのは一時差異である。
- 一時差異には、将来減算一時差異と将来加算一時差異がある。
- 連結財務諸表作成の際には、連結固有の一時差異について調整を行う必要がある。

税効果会計とは、企業会計上の資産または負債の額と課税所得計算上の資産または負債の額に相違がある場合において、法人税等の額を適切に期間配分することにより、法人税等を控除する前の当期純利益と法人税等を合理的に対応させることを目的とする手続である（税効果会計基準第一）。会計上の収益（または費用）と税務上の益金（または損金）の認識時点の相違等により、資産及び負債の貸借対照表価額が会計上と税務上で異なる場合に、税効果を認識する。

ここで、会計上の資産・負債の金額と税務上の資産・負債の金額との差額のうち、当該差異が将来解消されるものを一時差異、永久に解消されないものを永久差異という。また、一時差異のうち、将来当該一時差異が解消するときにその期の課税所得を減額する効果を持つものを将来減算一時差異といい、当該一時差異が解消するときにその期の課税所得を増額する効果を持つものを将来加算一時差異という。

一時差異・永久差異があると、会計上の税引前利益と法人税等の額は直接対応しないが、税効果会計の適用により、一時差異分については会計上の税引前利益と税効果を考慮した法人税等の額が対応するように調整が図られることになる。

税効果会計には、個別財務諸表上の税効果と連結財務諸表上の税効果がある。個別財務諸表上の税効果については、単純合算する各社の財務諸表において通常認識済みである。よって、ここでは連結財務諸表上の税効果について解説する。

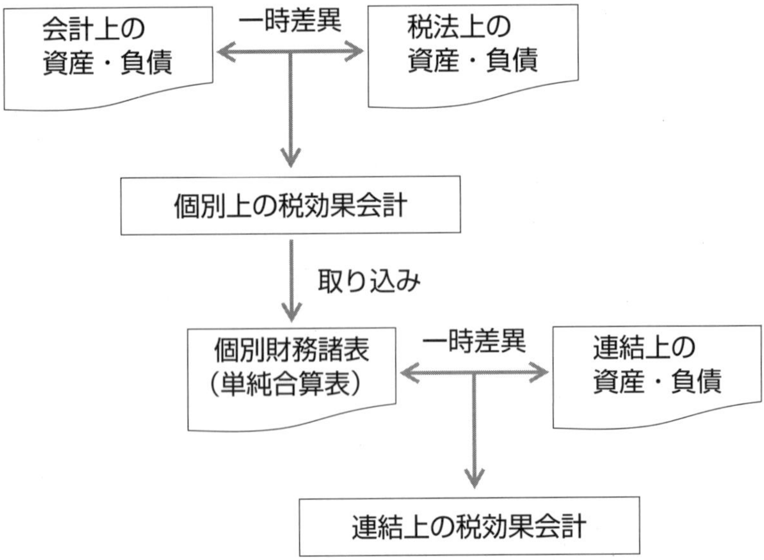

連結財務諸表における税効果会計とは、個別財務諸表において財務諸表上の一時差異等に係る税効果会計を適用した後、連結財務諸表作成手続において連結財務諸表固有の一時差異に係る税金の額を期間配分する手続である（連結税効果実務指針２）。

連結仕訳により連結財務諸表上の税金等調整前利益と税金費用が合理的に対応しない場合、連結固有の一時差異について税効果会計を適用することにより、当該対応関係について調整を図る。

〈単純合算〉

税金等調整前当期純利益	XXX
法人税、住民税及び事業税	XXX
法人税等調整額	XXX
法人税等合計額	XXX
当期純利益	XXX

連結仕訳より変動 →

対応を図る ↓ 連結税効果の適用 →

〈連結財務諸表〉

税金等調整前当期純利益	XXX
法人税、住民税及び事業税	XXX
法人税等調整額	XXX
法人税等合計額	XXX
少数株主損益調整前当期純利益	XXX
少数株主利益	XXX
当期純利益	XXX

連結税効果実務指針では、連結固有の一時差異について、5つの例を示している。

連結固有の一時差異の例

- ①資本連結に際し、子会社の資産及び負債の時価評価による評価差額
- ②連結会社相互間の取引から生ずる未実現損益の消去
- ③連結会社相互間の債権と債務の相殺消去による貸倒引当金の減額修正
- ④連結上の会計方針の統一を連結手続上で行った場合に、連結貸借対照表上の資産額（負債額）が個別貸借対照表上の当該資産額（負債額）と相違するときの当該差額
- ⑤連結財務諸表作成手続により、子会社の資産及び負債が連結財務諸表に合算されるために生じる子会社資本の親会社持分額及びのれんの未償却残高の合計額と親会社の個別貸借対照表上の投資簿価との差額

9-2 連結財務諸表固有の一時差異

P ポイント

- 資産及び負債の時価評価に係わる税効果は、連結貸借対照表のみに影響がある。
- 未実現損益の消去に係る税効果では、アップストリームの際に少数株主持分を考慮する必要がある。
- 貸倒引当金の減額修正に係わる税効果では、個別の会社において貸倒引当金が損金と認められているか否かで処理が異なる。

9-2-1 子会社の資産及び負債の時価評価に係る税効果

(1) 資産及び負債の時価評価に係る税効果の認識

連結財務諸表の作成にあたり、親会社が子会社の支配権を獲得した際に、子会社の資産及び負債を時価評価する（「第２章５－２－１」参照）。時価評価することにより、個別財務諸表上の資産及び負債の額と連結財務諸表上の資産及び負債の額に相違が生じる。当該評価差額は、将来資産または負債の売却・支払時に解消されるので一時差異に該当する。

<table>
<tr><th>時価評価</th><th>評価益</th><th>評価損</th></tr>
<tr><td rowspan="5">資産金額
将来の売却時</td><td>個別上の資産＜連結上の資産
個別上の売却益＞連結上の売却益
↓</td><td>個別上の資産＞連結上の資産
個別上の売却益＜連結上の売却益
↓</td></tr>
<tr><td colspan="2">法人税等は個別上の損益に課されるため、税効果を適用しないと、将来の売却時において、税金等調整前利益と法人税等の額が合理的に対応しない</td></tr>
<tr><td>↓
時価評価時に繰延税金負債を計上</td><td>↓
時価評価時に繰延税金資産を計上</td></tr>
<tr><td>↓</td><td>↓</td></tr>
<tr><td>将来、繰延税金負債を取崩す時、
会計上の税金費用を増やす効果</td><td>将来、繰延税金負債を取崩す時、
会計上の税金費用を減らす効果</td></tr>
</table>

「第２章５−２−１」でも述べたように、当該時価評価では収益や費用は発生しないため、連結損益計算書には影響を与えず、繰延税金資産または繰延税金負債の計上により連結貸借対照表にのみ影響させる（「設例２−１」参照）。この際使用する実効税率は、時価評価を行った子会社の実効税率を使用する。

連結仕訳

（土地の評価益の場合）

（借）	土地	XXX	（貸） 繰延税金負債	XXX
			評価差額	XXX

（土地の評価損の場合）

（借）	繰延税金資産	XXX	（貸） 土地	XXX
	評価差額	XXX		

時価評価した資産または負債の売却・支払により、評価差額が実現した場合には、資産または負債の評価損益を実現させるとともに、繰延税金資産または負債を取崩し、法人税等調整額を計上する。

（土地の評価益の実現）

（借）土地売却益	XXX	（貸）土地	XXX
（借）繰延税金負債	XXX	（貸）法人税等調整額	XXX

（土地の評価損の実現）

（借）土地	XXX	（貸）土地売却損	XXX
（借）法人税等調整額	XXX	（貸）繰延税金資産	XXX

なお、資本連結の際に発生するのれんには税効果会計を適用しない。のれんも本来は一時差異に該当するが、のれんに対して税効果を認識し繰延税金資産・負債を計上すると、当該計上により追加ののれんの額が発生し、さらなる一時差異が発生することになる。のれんと一時差異の発生が循環することになるので、のれんについては税効果を認識しない。

(2) 税率変更の処理

税効果会計では、税率の変更などにより実効税率が変動した場合には、既に計上している繰延税金資産・負債の金額を見直す。通常、この見直しは、繰延税金資産・負債を増減させるとともに、法人税等調整額を計上する。この処理は、子会社の資産及び負債の時価評価に係る税効果においても同様であり、子会社の実効税率を変更した際には、繰延税金資産・負債を増減させるとともに法人税等調整額を計上する。

（実効税率の上昇による繰延税金資産の増加）

（借）繰延税金資産	XXX	（貸）法人税等調整額	XXX

（実効税率の上昇による繰延税金負債の増加）

（借）法人税等調整額	XXX	（貸）繰延税金負債	XXX

9-2-2 未実現利益の消去に係る税効果

(1) 未実現損益の消去に係る税効果の認識

連結会社間の取引から生じた未実現損益は、連結仕訳により消去する（「第2章8」参照）。これにより、個別財務諸表上の資産の額と連結財務諸表上の資産の額に差異が生じ、当該差異は一時差異として連結税効果会計の対象となる。

また、「第2章8−2−2」でも述べたとおり、アップストリームにおいて未実現損益を消去する際に少数株主が存在する場合は、少数株主持分への配分を行わなければならない。少数株主持分への配分は、未実現損益の消去額に対してだけではなく、未実現損益の消去に係る税効果に対しても行う。

（ダウンストリーム：未実現利益の消去）

（借）売上原価	XXX	（貸）商品	XXX
（借）繰延税金資産	XXX	（貸）法人税等調整額	XXX

（アップストリーム：未実現利益の消去）

（借）売上原価	XXX	（貸）商品	XXX
（借）少数株主持分	XXX	（借）少数株主利益	XXX
（借）繰延税金資産	XXX	（貸）法人税等調整額	XXX
（借）少数株主利益	XXX	（借）少数株主持分	XXX

翌期以降に未実現損益が実現した場合には、一時差異も解消され、未実現損益の実現仕訳とともに、繰延税金資産・負債を取崩す。

（ダウンストリーム：未実現利益の実現）

前期の未実現利益の消去（開始仕訳）

（借）利益剰余金期首残高	XXX	（貸）商品	XXX
（借）繰延税金資産	XXX	（貸）利益剰余金期首残高	XXX

未実現利益の実現

（借）商品	XXX	（貸）売上原価	XXX
（借）法人税等調整額	XXX	（貸）繰延税金資産	XXX

（アップストリーム：未実現利益の消去）

前期の未実現利益の消去（開始仕訳）

（借）利益剰余金期首残高	xxx	（貸）商品	xxx
（借）少数株主持分	xxx	（借）利益剰余金期首残高	xxx
（借）繰延税金資産	xxx	（貸）利益剰余金期首残高	xxx
（借）利益剰余金期首残高	xxx	（借）少数株主持分	xxx

未実現利益の実現

（借）商品	xxx	（貸）売上原価	xxx
（借）少数株主利益	xxx	（借）少数株主持分	xxx
（借）法人税等調整額	xxx	（貸）繰延税金資産	xxx
（借）少数株主持分	xxx	（借）少数株主利益	xxx

⑵　未実現損益の消去に係る税効果に適用される実効税率

未実現損益の消去は、未実現損益が発生した会社（売却元）と一時差異の対象となった資産を保有する会社（売却先）が異なるという特殊な処理であるが、実効税率については、売却元で売却年度の課税所得に適用された実効税率を使用し、その後税率が改定されても処理は行わない。売却元では法人税等を計上済みであり、それを繰り延べるという考え方である。

⑶　グループ法人税制の影響

平成22年度の税制改正において、平成22年10月１日以後に行われる資産の譲渡取引について、完全支配関係にある国内会社間の資産の移転に係る譲渡損益のうち一定の要件を満たすものは、課税が繰り延べられることになった。当該取引に係る未実現損益は、法人税法上でも会計上でも消去されることから、一時差異とはならず、連結財務諸表上、繰延税金資産・負債を計上する必要はない。

9-2-3 貸倒引当金の減額修正に係る税効果

連結決算手続上、連結会社間の債権債務の相殺に伴い、他の連結会社に対する債権を対象として設定された貸倒引当金については、調整する必要がある（「第２章６－４」参照）。

連結仕訳

(借) 貸倒引当金	xxx	(貸) 貸倒引当金繰入額	xxx

この調整により、個別財務諸表上の貸倒引当金の額と連結財務諸表上の貸倒引当金の額に差異が生じるため、一時差異として連結税効果会計の対象となる。当該一時差異は、個別の税務上損金として認められるか否かにより、税効果の処理が異なる。なお、適用される実効税率は、債権者側の実効税率を使用する。

(1) 貸倒引当金が税務上損金として認められたものである場合

減額修正される貸倒引当金が、個別の税務上、損金として認められたものである場合、個別貸借対照表上の貸倒引当金と税務上の貸倒引当金との間に差異はないが、連結貸借対照表上の貸倒引当金は税務上の貸倒引当金より小さくなり、将来加算一時差異が生ずる（連結税効果実務指針18）ため、繰延税金負債を計上する必要がある。

連結仕訳

(借) 貸倒引当金	xxx	(貸) 貸倒引当金繰入額	xxx
(借) 法人税等調整額	Xxx	(貸) 繰延税金負債	xxx

(2) 貸倒引当金が税務上損金として認められたものでない場合

減額修正される貸倒引当金が、個別の税務上、損金として認められず所得に加算されている場合には、個別貸借対照表上の貸倒引当金は税務上の貸倒引当金より大きくなるため、個別財務諸表上、将来減算一時差異が発生し、繰延税金資産を計上することとなる。

しかし、連結手続上、貸倒引当金の減額修正が行われると、連結貸借対照表上の貸倒引当金は当該修正額だけ小さくなり、結果として税務上の貸倒引当金に一致し、個別財務諸表上で発生した将来減算一時差異は消滅することになる（連結税効果実務指針18）ため、連結手続においては、繰延税金資産の取崩す必要がある。

連結仕訳

（借）貸倒引当金	xxx	（貸）貸倒引当金繰入額	xxx
（借）法人税等調整額	xxx	（貸）繰延税金資産	xxx

（まとめ）

	個別上	連結上の貸倒引当金の減額修正の影響	連結手続
税務上の損金算入限度内で計上された貸倒引当金	一時差異の発生なし	将来加算一時差異の発生	繰延税金負債の計上
税務上の損金算入限度を超えて計上された貸倒引当金	将来減算一時差異の発生（繰延税金資産の計上）	個別上の将来減算一時差異の消滅	繰延税金資産の取崩し

設例2-6　貸倒引当金の減額修正に係る税効果

設例２－３の貸倒引当金の減額修正の例に税効果を加味すると以下のような仕訳になる。

＜前提条件＞

① Ｐ社はＳ社に対して売掛金80,000を有している。また、Ｓ社はＰ社に対して買掛金80,000を有している。

② Ｐ社は受取手形及び売掛金に対して、貸倒実績率5.0％を乗じた金額

を貸倒引当金として設定している。

③　P社における実効税率は40%である。

1）個別上、貸倒引当金が税務上損金として認められたものである場合

1．貸倒引当金の減額修正

（借）貸倒引当金	4,000	（貸）貸倒引当金繰入額	4,000

80,000（S社に対する売掛金）×5.0%（貸倒実績率）＝4,000

2．税効果の認識

（借）法人税等調整額	1,600	（貸）繰延税金負債	1,600

4,000×40%（実効税率）＝1,600

2）個別上、貸倒引当金が税務上損金として認められたものでない場合

1．貸倒引当金の減額修正

（借）貸倒引当金	4,000	（貸）貸倒引当金繰入額	4,000

80,000（S社に対する売掛金）×5.0%（貸倒実績率）＝4,000

2．税効果の認識

（借）法人税等調整額	1,600	（貸）繰延税金資産	1,600

4,000×40%（実効税率）＝1,600

9-2-4　個別財務諸表の修正に係る税効果

連結手続上、個別財務諸表の合算に先立ち、会計方針の統一による修正処理などにより、個別財務諸表の修正を行う場合がある（「第２章４－１」参照）。

この処理により、個別財務諸表上の資産及び負債の額と連結財務諸表上の資産及び負債の額が異なり、将来において、当該差異が解消される時に個別財務諸表上と連結財務諸表上の損益に差額が生じる場合は、一時差異に該当し、連結税効果の対象となる。この際に使用する実効税率は、修正により損益が発生する連結会社の実効税率となる。

9-2-5 子会社の投資に係る税効果

子会社への投資は、連結上、子会社における損益の計上・為替換算調整勘定の認識・のれんの償却によって、個別財務諸表上の投資原価と連結上の投資原価が乖離する。そのため売却などにより当該乖離が解消される際に、個別財務諸表上と連結財務諸表上で損益に差異が生じるため、一時差異に該当し、連結税効果の対象となる。

<子会社取得時>

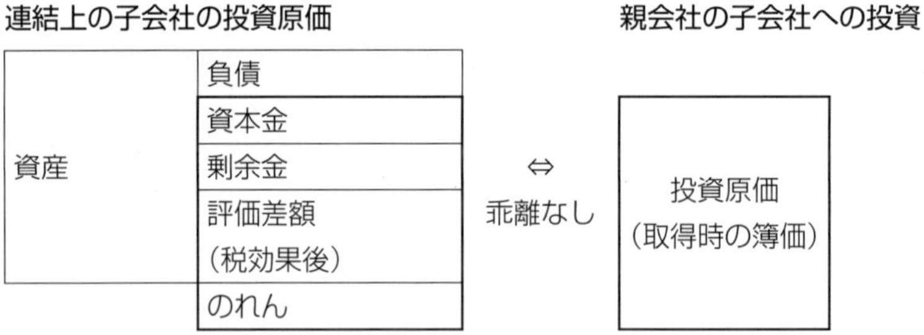
連結上の子会社の投資原価
親会社の子会社への投資
資産
負債
資本金
剰余金
評価差額
（税効果後）
のれん
⇔
乖離なし
投資原価
（取得時の簿価）

<連結仕訳計上後>

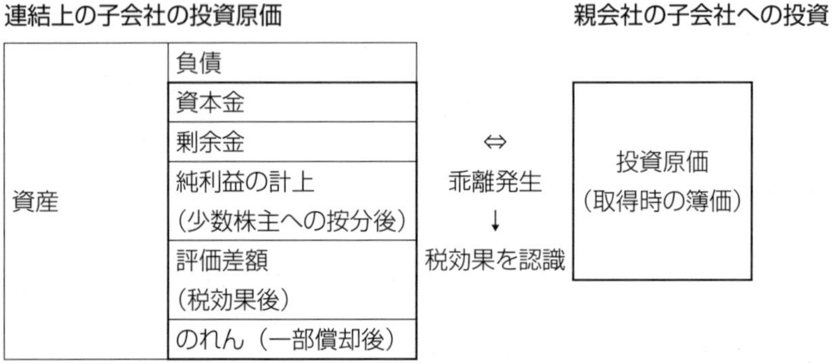
連結上の子会社の投資原価
親会社の子会社への投資
資産
負債
資本金
剰余金
純利益の計上
（少数株主への按分後）
評価差額
（税効果後）
のれん（一部償却後）
⇔
乖離発生
↓
税効果を認識
投資原価
（取得時の簿価）

※連結税効果実務指針53の図を一部引用。

当該一時差異は、子会社が親会社へ配当を実施した場合、親会社が子会社株式を第三者に売却した場合、親会社が子会社株式について個別財務諸表上の評価減を実施した場合に解消することになるので、子会社株式の売却等の意思決定がなされ、一時差異が解消する可能性が高い場合にのみ、税効果を認識する。

	連結上の認識	例
将来減算一時差異	投資原価がマイナス （個別上の純資産＞連結上の純資産）	・子会社が損失を計上した場合 ・のれんの償却 ・借方の為替換算調整勘定の発生
将来加算一時差異	投資原価がプラス （個別上の純資産＜連結上の純資産）	・子会社が利益を計上した場合 ・負ののれんの発生益 ・貸方の為替換算調整勘定の発生

なお、為替換算調整勘定の計上では収益や費用は発生しないため、連結損益計算書には影響を与えず、繰延税金資産または繰延税金負債の計上により連結貸借対照表にのみ影響させる。

連結仕訳

（為替換算調整勘定（借方残）が増加した場合）

（借）繰延税金資産	XXX	（貸）為替換算調整勘定	XXX

設例2-7　子会社の投資に係る税効果

子会社Ｓ社が利益を計上した場合

〈設例２－２において、子会社の投資に係る税効果を認識したケース〉

① Ｐ社のＳ社株式の保有割合は70％である。

② Ｓ社は個別上、100,000の当期純利益を計上している。

③ のれん計上額は124,000であり、５年間で均等償却している。

④ 親会社は保有するＳ社株式全部の売却を予定している。

⑤ 親会社の実効税率は40%である。

1．子会社の当期純利益の少数株主への按分

（借）少数株主損益	30,000	（貸）少数株主持分	30,000
（借）法人税等調整額	2,800	（貸）繰延税金負債	2,800

当期純利益の少数株主への按分

100,000（S社当期純利益）×30%（少数株主持分割合）＝30,000

税効果の認識

（100,000－30,000）×40%（実効税率）＝2,800

2．のれんの償却

（借方）のれん償却額	24,800	（貸方）のれん	24,800
（借方）繰延税金資産	9,920	（貸方）法人税等調整額	9,920

のれんの償却

124,000÷5＝24,800

税効果の認識

24,800×40%（実効税率）＝9,920

9-3 繰延税金資産の回収可能性

P ポイント

- 繰延税金資産については、毎期回収見込みの見直しを行う必要がある。
- 繰延税金資産の回収可能性の判断については、①課税所得の十分性、②タックスプランニングの存在、③将来加算一時差異の十分性を考慮する必要がある。

9-3-1 繰延税金資産の回収可能性の判断

繰延税金資産及び繰延税金負債は、将来の会計期間において回収または支払いが見込まれるもののみを計上し、特に、繰延税金資産については、将来の回収見込みについて毎期見直しを行わなければならない（税効果会計基準第二．二．1）。ただし、繰延税金負債の支払が見込まれない場合は限定的である。

繰延税金負債の支払いが見込まれない場合

事業休止等により、会社が清算するまでに明らかに将来加算一時差異を上回る損失が発生し、課税所得が発生しないことが合理的に見込まれる場合に限られる
（個別税効果実務指針24）

これは、繰延税金資産は将来の課税所得を減額する効果を持つ一時差異について、繰延税金負債は将来の課税所得を増額する効果を持つ一時差異について、法人税等の額を適切に期間配分することにより、法人税等を控除する前の当期純利益と法人税等を合理的に対応させるという考えに基づいて計上するためである。

繰延税金資産及び繰延税金負債の回収可能性・支払可能性の判断は、連結会社毎に行わなければならず、特に連結上の一時差異についてはどの会社から発生したものか注意が必要である。

繰延税金資産の回収可能性の判断には３つの要件があり、いずれかの要件を満たしているかどうかにより判断する（個別税効果実務指針21）。

① 収益力に基づく課税所得の十分性

将来減算一時差異が解消される期に、将来減算一時差異を解消してもなお課税所得が発生する可能性が高いと見込まれること。

② タックスプランニングの存在

将来減算一時差異が解消される期に含み益のある固定資産又は有価証券を売却する等、将来減算一時差異を解消してもなお課税所得を発生させるようなタックスプランニングが存在すること。

③ 将来加算一時差異の十分性

将来減算一時差異が解消される期に、将来減算一時差異を解消してもなお課税所得を発生させるような将来加算一時差異の解消が見込まれること。

9-3-2 未実現利益の消去に係る繰延税金資産

9-2-2で述べたとおり、未実現損益の消去は、未実現損益が発生した会社（売却元）と一時差異の対象となった資産を保有する会社（売却先）が異なるという特殊な処理であるため、未実現利益の消去に係る繰延税金資産の回収可能性の判断についても、取り扱いが異なる。

売却元では売却資産に係る利益は計上済みであり、対応する税金も納付済みまたは納付を予定している。そのため、未実現利益の消去に係る繰延税金資産については、回収可能性を検討する必要がない。

ただし、未実現利益の消去に係る税効果は、すでに発生している税金を繰り延べる性格を持つため、売却元において税金の支払いが生じている必要がある。未実現利益の消去に係る将来減算一時差異の額は、売却元の売却年度における課税所得額を超えてはならず、未実現損失の消去に係る将来加算一時差異の額は、売却元の当該未実現損失に係る損金を計上する前の課税所得額を超えてはならない（連結税効果実務指針15）。

	繰延税金資産	繰延税金負債
個別財務諸表における税効果	・回収可能性のあるもののみ計上 ・将来の回収見込みについて毎期見直しが必要	・支払可能性があるもののみ計上
未実現損益の消去に係る税効果	・回収可能性の検討は必要ない →ただし、将来減算一時差異の額は、売却元の売却年度における課税所得額を超えてはならない	・支払可能性の検討は必要ない →ただし、将来加算一時差異の額は、売却元の当該未実現損失に係る損金を計上する前の課税所得額を超えてはならない
連結財務諸表におけるその他の税効果	・回収可能性のあるもののみ計上 ・将来の回収見込みについて毎期見直しが必要	・支払可能性があるもののみ計上

9-4 繰延税金資産及び負債の表示

連結財務諸表における税効果おいても、個別財務諸表と同様に、繰延税金資産・負債はこれらに関連した資産・負債の分類に基づいて、繰延税金資産については流動資産または固定資産（投資その他の資産）とし、繰延税金負債については流動負債または固定負債としなければならない。流動資産に属する繰延税金資産と流動負債に属する繰延税金負債がある場合及び固定資産に属する繰延税金資産と固定負債に属する繰延税金負債がある場合には、それぞれ相殺して表示することとなる。ただし、異なる納税主体の繰延税金資産と繰延税金負債は相殺してはならない（連結財規45）。

納税主体とは納税申告書の作成主体をいい、通常は法人単位で考える。連結財務諸表においては連結グループ内の各社が納税主体となる。

COLUMN

連結納税制度

本章では、連結納税適用していない会社を対象に解説しているが、連結納税適用会社については、連結納税制度を適用する各会社の会社群を全体で１つの納税主体として取り扱い、税効果会計を適用することとなる。ここで、連結納税制度を適用する各会社を連結納税会社、会社群を連結納税主体という。

連結納税制度では、連結納税会社各社で課税所得を計算した後に、連結法人間取引の調整を行い、連結納税主体としての課税所得を算定する。

そのため、連結納税会社各社の個別財務諸表及び連結財務諸表において、連結納税を適用していない会社とは取扱の異なる税効果の適用が必要となる。

連結納税主体の一時差異等

＝

個別財務諸表上の一時差異

＋

連結納税適用会社の個別財務諸表固有の一時差異

＋

連結納税主体に係る連結財務諸表固有の一時差異

↓

連結納税主体としての、繰延税金資産及び繰延税金負債を算定

10 持分法

10-1 持分法とは

P ポイント

- 関連会社の純資産の変動は、「投資有価証券」に反映させる。
- 関連会社の損益は、「持分法による投資損益」に反映させる。

持分法とは、投資会社が被投資会社の資本及び損益のうち投資会社に帰属する部分の変動に応じて、その投資の額を連結決算日ごとに修正する方法をいう（持会4）。

持分法仕訳

当社が30%保有する関連会社が当期純利益を100,000を計上

（借）投資有価証券	3,000	（貸）持分法による投資利益	3,000

↓ 親会社の投資勘定の増加

↓ 親会社において評価益を認識

連結では、親会社の財務諸表と子会社の財務諸表を合算した上で、投資と資本の相殺消去等の連結仕訳により企業集団の財政状態及び経営成績を総合的に報告するのに対して、持分法では、財務諸表の合算は行わず非連結子会社及び関連会社の純資産及び損益のうち、親会社に帰属する部分を、原則として、連結貸借対照表上は「投資有価証券」の修正、連結損益計算書上は「持分法による投資損益」に反映することにより、連結したものと同様の効果を表現することとなる。

〈連結〉

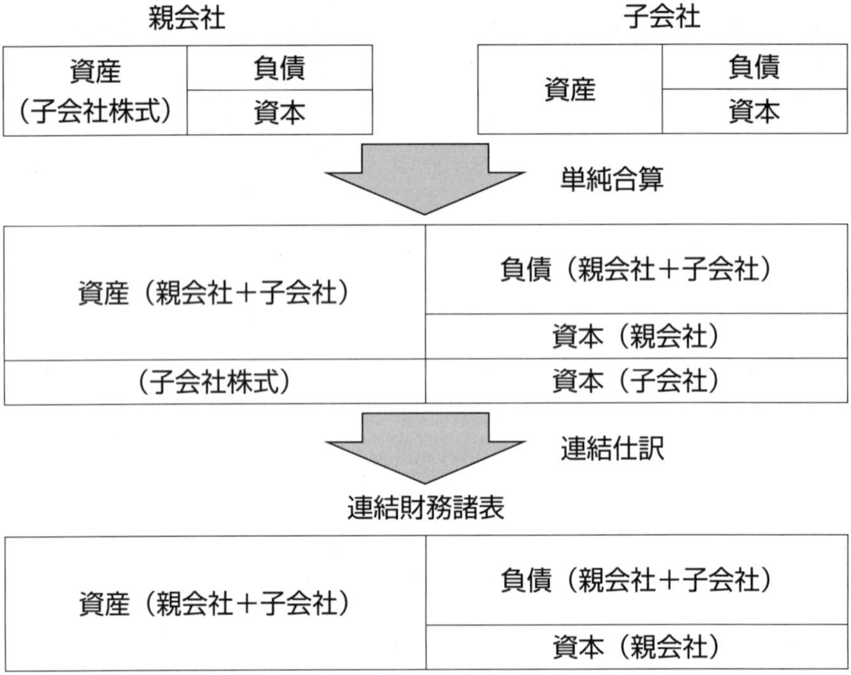

※相殺消去により重複部分を除外。

〈持分法〉

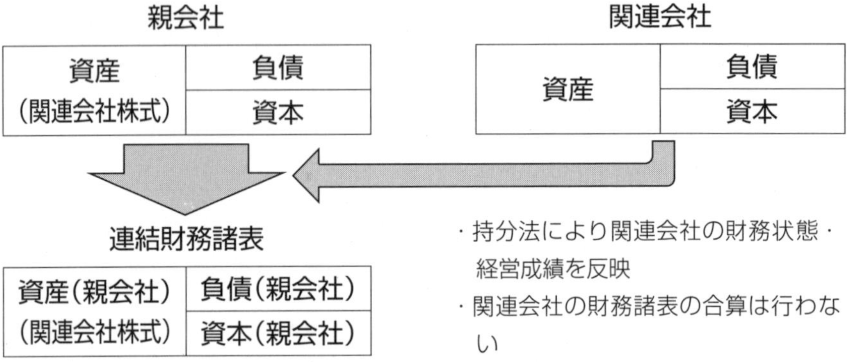

非連結子会社及び関連会社に対する投資勘定に対しては、原則として持分法を適用する（持会６）、(持分法の適用範囲については「第１章３−２」参照)。

持分法は連結財務諸表でのみ認められており、連結子会社が存在しない会社においてはそもそも連結財務諸表を作成しないため、関連会社は有していても持分法は適用しない。なお、財務諸表等規則においては、連結財務諸表を作成しない会社であっても、関連会社を有している場合は持分法を適用した場合の情報を注記することを求めている。

10-2 持分法適用会社の資産及び負債の評価

P ポイント

- 関連会社の資産・負債の時価評価は、部分時価評価法で行う。
- 持分法適用する非連結子会社の資産・負債の時価評価は、全面時価評価法で行う。

「第２章５－１」で解説したように、連結財務諸表の作成においては、親会社が子会社の支配を獲得した際に子会社の資産及び負債を時価評価する。持分法においても同様に、持分法の適用開始日において持分法適用会社の資産及び負債を時価評価する必要がある。ただし、連結と違い投資と資本の相殺仕訳は行わないため、持分法適用の事前処理として金額を把握するという位置づけとなる。

連結では資産及び負債の時価評価の方法は一通りしかなかったが、持分法では全面時価評価法と部分時価評価法という考え方がある。

全面時価評価法とは、子会社の資産及び負債について、少数株主持分に相当する部分も含めて、すべてを支配獲得日に一括して時価評価する方法である。

部分時価評価法とは、関連会社の資産及び負債について、投資会社の持分に相当する部分に限定して株式の取得日ごとに時価評価する方法である。

持分法を適用する非連結子会社の資産及び負債については、全面時価評価法により評価を行うが、関連会社については支配という事実が存在しないため部分時価評価法により評価を行う。株式を段階的に取得している場合において、部分時価評価法は株式の取得日ごと時価評価する方法であるが、結果が当該処理と著しく相違しないときは簡便法によることができる。簡便法では持分法適用開始日において一括して時価評価することができる。

被投資会社の種類	被投資会社の資産及び負債の評価方法		
関連会社	部分時価評価法	原則的方法	株式の取得日ごとに、投資会社の持分相当部分を時価評価する
		間便法	支配獲得日に一括して、投資会社の持分相当部分を時価評価する
被連結子会社	全面時価評価法		支配獲得日に一括して、被連結子会社の資産・負債を時価評価する

10-3 のれん

P ポイント

- 持分法適用により発生したのれんは、連結貸借対照表に計上されない。
- 持分法適用により発生したのれんは、費用・収益として認識する際に、「持分法による投資損益」に含めて、連結損益計算書に計上される。

親会社の持分法適用会社に対する投資と持分法適用会社の資本のうちの親会社持分との間に差額が生じている場合、連結同様にのれんまたは負ののれんが生じることになる（「第２章５−２−３」参照）。

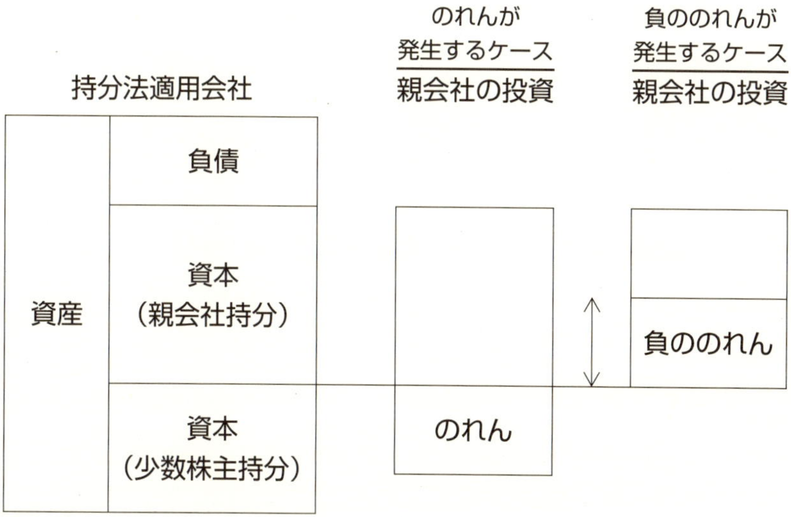

のれんは、その効果が及ぶ20年以内の合理的な期間で、定額法その他の合理的な方法により規則的に償却する。負ののれんが生じると見込まれる場合には、まずすべての識別可能な資産及び負債が把握されているか、及び、それらに対する取得原価の配分が適切に行われているかどうか見直す必要がある。この見直しを行ってもなお、負ののれんが発生する場合に負ののれんを認識する。認識された負ののれんは、当該負ののれんが生じた事業年度の利益として処理する（企業結合会計基準32、33）。

連結では投資と資本の相殺消去を行うので、のれんは貸借対照表項目として、負ののれん発生益は損益計算書項目として計上される。しかし、持分法では投資と資本の相殺消去は行わないため、のれんまたは負ののれんが発生しただけでは、連結仕訳の必要はなくその金額を認識するにとどめる。それらは、費用または利益として処理する場合に、親会社の持分法適用会社に対する投資を変動させることになる。

持分法仕訳

1．のれん相当額の償却

（借）持分法による投資利益(のれん償却)	xxx	（貸）投資有価証券（のれん）	xxx

2．負ののれん相当額の計上

（借）投資有価証券（負ののれん）	xxx	（貸）持分法による投資利益 （負ののれん発生益）	xxx

10-4 当期純利益の持分法投資損益への振替

ポイント

- 持分法適用会社の当期純損益のうち、投資会社の持分を投資金額に反映させる。

持分法適用開始日以降、持分法適用会社が当期純利益を計上する場合には、投資会社の持分法適用会社に対する持分が増加するため、当期純利益のうち投資会社の持分に相当する金額だけ持分法適用会社に対する投資を増額させることとなる。反対に、持分法適用会社が当期純損失を計上する場合は、持分法適用会社に対する投資を減額させることとなる。

なお、関連会社に対する投資の減額は、投資額ゼロを限度とする。すなわち、関連会社が債務超過となったような場合でも、投資額をゼロまで減額を行っている場合には、それ以上の処理は行わない。ただし、他の株主との間で損失分担契約がある場合等、関連会社の欠損が投資額に限定されない場合には、投資会社が実質的に負担することになると考えられる額を、連結財務諸表に反映させる必要がある場合も生じる。

持分法仕訳

1．持分法適用会社が当期純利益を計上

（借）投資有価証券	xxx	（貸）持分法による投資利益	xxx

2．持分法適用会社が当期純損失を計上

（借）持分法による投資利益	xxx	（貸）投資有価証券	xxx

10-5 配当金

P ポイント

- 持分法適用会社からの受取配当金は取り消し、同額を投資金額から減額する。

投資会社が持分法適用会社から配当金を受け取った場合には、投資会社の個別財務諸表では受取配当金を計上すると同時に、持分法適用会社では純資産が減少する。この取引は、投資会社の持分法適用会社に対する投資の戻入れの性格を有するため、計上した受取配当金を取り消すとともに、同額を投資の額から減額する（持分法実務指針14）。

連結仕訳

（借）受取配当金	XXX	（貸）投資有価証券	XXX

設例2-8 持分法

当社はX1年3月31日にS社株式の30%を20,000で、外部の株主より取得して関連会社とし、同日より持分法適用会社とした。

当社及びS社のX1年3月期における貸借対照表は以下のとおりである。

（注） この設例では、連結子会社は存在しないものの、説明の便宜上、連結財務諸表を作成することとしている。

当社のX1年3月期の貸借対照表

現預金	200,000	買掛金	300,000
売掛金	400,000	短期借入金	300,000
土地	500,000	資本金	400,000

投資有価証券	200,000	利益剰余金	300,000
合計	1,300,000	合計	1,300,000

S社のX1年3月期の貸借対照表

現預金	200,000	買掛金	100,000
売掛金	300,000	短期借入金	300,000
土地	300,000	資本金	200,000
		利益剰余金	200,000
合計	800,000	合計	800,000

・当社の投資有価証券は全額S社株式で、一括して当期に取得している。
・取得時点におけるS社の土地の時価は400,000であり、土地以外に簿価と時価に差が生じているものはない。
・実効税率は40%とする。ただし、評価差額以外に税効果会計は適用しない。
・持分法適用時の時価評価の方法は、部分時価評価法（原則法）である。

1）X1年3月期

のれん相当額の算定

	資本金	利益剰余金	土地評価差額	合計	当社持分	投資額	のれん相当額
X1年3月期	200,000	200,000	60,000	460,000	138,000	200,000	62,000

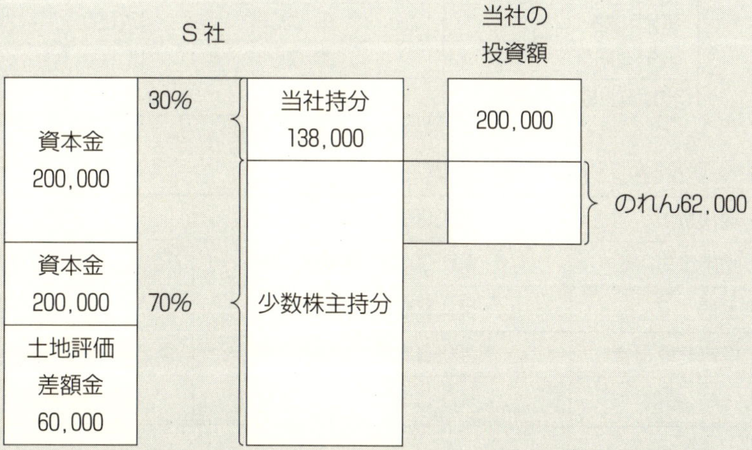

① 評価差額：(400,000－300,000)×(1－40%（実効税率))＝60,000

② 当社持分：(200,000＋200,000)×30%（当社持分比率)＋60,000×30%（当社持分比率)＝138,000

③ のれん相当額：200,000（投資額)－138,000（当社持分)＝62,000

〈X1年3月期の処理〉

当社持分に変動はないため、処理なし。

2）X2年3月期

当社及びS社のX2年3期における貸借対照表は以下のとおりである。

当社X2年3月期の損益計算書

	当社	S社
売上高	1,000,000	600,000
売上原価	800,000	500,000
販売費及び一般管理費	100,000	50,000
営業外収益	150,000	75,000
営業外費用	50,000	25,000

特別利益	30,000	15,000
特別費用	30,000	15,000
当期純利益	200,000	100,000

当社のＸ２年３月期の貸借対照表

現預金	400,000	買掛金	300,000
売掛金	400,000	短期借入金	300,000
土地	500,000	資本金	400,000
投資有価証券	200,000	利益剰余金	500,000
合計	1,500,000	合計	1,500,000

Ｓ社のＸ２年３月期の貸借対照表

現預金	280,000	買掛金	100,000
売掛金	310,000	短期借入金	300,000
土地	300,000	資本金	200,000
		利益剰余金	290,000
合計	890,000	合計	890,000

・当社はＳ社より3,000の配当を受け取り、受取配当金を営業外収益に計上している。
・のれんの償却期間は５年としている。

〈Ｘ２年３月期の処理〉
関連会社の当期純利益の振替

（借）投資有価証券	30,000	（貸）持分法による投資利益 （営業外収益）	30,000

100,000（Ｓ社当期純利益）×30％（当社持分比率）＝30,000

関連会社から受け取った配当金の振替

（借）	受取配当金 （営業外収益）	3,000	（貸）	投資有価証券	3,000

3,000（S社からの受取配当金額）

のれんの償却

（借）	持分法による投資利益 （営業外収益）	12,400	（貸）	投資有価証券	12,400

62,000（のれん相当額）÷5年＝12,400

〈連結財務諸表の作成〉

連結損益計算書に係る連結精算表（貸方残高は括弧書きにて示している）

勘定科目	当社	当期純利益の振替	配当金の振替	のれん償却相当額の計上	連結損益計算書
売上高	(1,000,000)				(1,000,000)
売上原価	800,000				800,000
販売費及び一般管理費	100,000				100,000
営業外収益	(150,000)	(30,000)	3,000	12,400	(164,600)
営業外費用	50,000				50,000
特別利益	(30,000)				(30,000)
特別費用	30,000				30,000
当期純利益	(200,000)	(30,000)	3,000	12,400	(214,600)

連結貸借対照表に係る連結精算表（貸方残高は括弧書きにて示している）。

勘定科目	当社	当期純利益の振替	配当金の振替	のれん償却相当額の計上	連結損益計算書
現預金	400,000				400,000
売掛金	400,000				400,000
土地	500,000				500,000
投資有価証券	200,000	30,000	(3,000)	(12,400)	214,600
買掛金	(300,000)				(300,000)
短期借入金	(300,000)				(300,000)
資本金	(400,000)				(400,000)
利益剰余金期首残高	(300,000)				(300,000)
利益剰余金	(200,000)	(30,000)	3,000	12,400	(214,600)

〈連結財務諸表の作成〉

上記の連結精算表に基づいて作成した当社及びＳ社の連結グループにおける連結損益計算書及び連結貸借対照表は以下のとおりである。

連結損益計算書

売上高	400,000
売上原価	400,000
販売費及び一般管理費	500,000
営業外収益	414,600
営業外費用	(300,000)
特別利益	(500,000)
特別費用	(400,000)
当期純利益	(300,000)

連結貸借対照表

現預金	400,000	買掛金	300,000
売掛金	400,000	短期借入金	300,000
土地	500,000	資本金	400,000
投資有価証券	214,600	利益剰余金	514,600
合計	1,514,600	合計	1,514,600

設例2-9　持分法（段階取得により持分法適用関連会社となった場合）

当社はX1年3月31日にS社株式の10％を60,000で、X2年3月31日にS社株式の20％を110,000で外部の株主より取得して関連会社とし、同日より持分法適用会社とした。

S社のX1年3月期及びX2年3月期における貸借対照表は以下のとおりである。

（注）この設例では、連結子会社は存在しないものの説明の便宜上、連結財務諸表を作成することとしている。

S社のX1年3月期の貸借対照表

現預金	200,000	買掛金	100,000
売掛金	300,000	短期借入金	300,000
土地	300,000	資本金	200,000
		利益剰余金	200,000
合計	800,000	合計	800,000

S社のX2年3月期の貸借対照表

現預金	290,000	買掛金	100,000
売掛金	300,000	短期借入金	300,000
土地	300,000	資本金	200,000
		利益剰余金	290,000
合計	890,000	合計	890,000

・X1年3月31日におけるS社の土地の時価は400,000、X2年3月31日におけるS社の土地の時価は350,000であり、土地以外に簿価と時価に差が生じているものはない。

・S社はX2年3月期には90,000の当期純利益を、X3年3月期には100,000の当期純利益を計上している。

・実効税率は40%とする。ただし、評価差額以外に税効果会計は適用しない。

・のれんの償却期間は5年とする。

1）のれん相当額の算定（部分時価評価法の原則法の場合）

	資本金	利益剰余金	土地評価差額	合計	当社持分	投資額	のれん相当額
X1年3月期	200,000	200,000	60,000	460,000	46,000	60,000	14,000
X2年3月期	200,000	290,000	30,000	520,000	104,000	110,000	6,000

①　評価差額

X1年3月期：(400,000－300,000)×(1－40%（実効税率))＝60,000

X2年3月期：(350,000－300,000)×(1－40%（実効税率))＝30,000

②　当社持分

X1年3月期：(200,000＋200,000)×10%＋60,000×10%＝46,000

X2年3月期：(200,000＋290,000)×20%＋30,000×20%＝104,000

③　のれん相当額

X１年３月期：60,000（投資額）－46,000（当社持分）＝14,000

X２年３月期：110,000（投資額）－104,000（当社持分）＝6,000

のれん相当額の合計：14,000＋6,000＝20,000

〈X１年３月期の処理〉

持分法適用前のため、処理なし。

〈X２年３月期の処理〉

当社持分に変動はないため、処理なし。

〈X３年３月期の処理〉

関連会社の当期純利益の振替

（借）投資有価証券	30,000	（貸）持分法による投資利益 （営業外収益）	30,000

100,000×30%＝30,000

のれんの償却

（借）持分法による投資利益 （営業外収益）	4,000	（貸）投資有価証券	4,000

20,000÷５年＝4,000

２）のれん相当額の算定（部分時価評価法の簡便法の場合）

	資本金	利益剰余金	土地評価差額	合計	当社持分	投資額	のれん相当額
X２年３月期	200,000	290,000	30,000	520,000	156,000	170,000	14,000

①　評価差額：(350,000－300,000)×(１－40%（実効税率))＝30,000

②　当社持分：(200,000＋290,000)×30%＋30,000×30%＝156,000

③　のれん相当額：170,000（投資額）－156,000（当社持分）＝14,000

〈X１年３月期の処理〉

持分法適用前のため、処理なし。

〈X２年３月期の処理〉

当社持分に変動はないため、処理なし。

〈X３年３月期の処理〉

関連会社の当期純利益の振替

（借）	投資有価証券	30,000	（貸）持分法による投資利益 （営業外収益）	30,000

100,000×30%＝30,000

のれんの償却

（借）	持分法による投資利益 （営業外収益）	2,800	（貸）投資有価証券	2,800

14,000÷５年＝2,800

参考として、同様の条件における全面時価評価法の場合ののれん相当額の算定方法を以下に記載する。

３）のれん相当額の算定（全面時価評価法の場合）

	資本金	利益剰余金	土地評価差額	合計	当社持分	投資額	のれん相当額
X２年３月期	200,000	290,000	30,000	520,000	156,000	170,000	14,000

①　評価差額：(350,000−300,000)×(１−40%（実効税率))＝30,000

②　当社持分：(200,000＋290,000＋30,000)×30%＝156,000

③　のれん相当額：170,000（投資額）−156,000（当社持分）＝14,000

以下、２）と同様。

このように、部分時価評価法と全面時価評価法では当社持分の計算方法が相違する。

10-6 未実現損益の消去

P ポイント

- 未実現利益の消去は、取引形態によって、処理が異なる。

10-6-1 持分法における未実現損益の消去

持分法の適用にあたっては、投資会社またはその連結子会社と持分法適用会社との間の取引に係る未実現損益を消去するために修正を行う。ただし、未実現損失のうち回収不能と認められる部分は消去しない(持分法実務指針11)。

消去金額は、取引がアップストリームであるかダウンストリームであるか、売却先が非連結子会社であるか関連会社であるかによって、異なる。それをまとめたのが下記の表である。

	売却元	売却先	消去金額
ダウンストリーム	投資会社	非連結子会社	全額を消去
		関連会社	持分相当額を消去
アップストリーム	非連結子会社、関連会社	投資会社	持分相当額を消去

ダウンストリームにおいて、関連会社に対する未実現損益を親会社の持分相当額について消去する理由は、売却先が子会社の場合と異なり、関連会社には他の支配株主また主要株主が存在するか、あるいは共同支配を行ってい

るため、未実現損益のうち第三者の持分相当額については実現したものと考えられるためである（持分法実務指針37）。

10-6-2 ダウンストリーム

投資会社が持分法適用会社に売却したことにより生じた未実現損益は、売却元である投資会社の売上高等の損益項目と売却先である持分法適用会社に対する投資の額に加減する。ただし、前者について利害関係者の判断を著しく誤らせない場合には、当該金額を「持分法による投資損益」に加減することができる（持分法実務指針12）。

持分法仕訳

1．未実現利益の消去（ダウンストリーム）

（借）売上高	xxx	（貸）投資有価証券	xxx

（利害関係者の判断を著しく誤らせない場合）

（借）持分法による投資利益	xxx	（貸）投資有価証券	xxx

2．未実現損失の消去（ダウンストリーム）

（借）投資有価証券	xxx	（貸）売上高	xxx

（利害関係者の判断を著しく誤らせない場合）

（借）投資有価証券	xxx	（貸）持分法による投資利益	xxx

10-6-3 アップストリーム

持分法適用会社が投資会社に売却したことにより生じた未実現損益の投資会社持分相当額は、「持分法による投資損益」と売却先である投資会社の未実現損益が含まれている資産の額に加減する。ただし、後者について利害関係者の判断を著しく誤らせない場合には、当該金額を持分法適用会社に対する投資の額に加減することができる（持分法実務指針13）。

持分法仕訳

1．未実現利益の消去（アップトリーム）

（借）持分法による投資利益	xxx	（貸）商品	xxx

（利害関係者の判断を著しく誤らせない場合）

（借）持分法による投資利益	xxx	（貸）投資有価証券	xxx

2．未実現損失の消去（アップストリーム）

（借）商品	xxx	（貸）持分法による投資利益	xxx

（利害関係者の判断を著しく誤らせない場合）

（借）投資有価証券	xxx	（貸）持分法による投資利益	xxx

10-7 税効果会計

ポイント

- 未実現利益の消去による税効果では、アップストリームとダウンストリームで取扱いが異なる。

10-7-1 持分法適用会社の資産及び負債の時価評価に係る税効果

持分法適用会社の資産及び負債の評価差額については、連結同様税効果を認識するが、「第２章10−２」で解説したように、持分法では連結と違い投資と資本の相殺仕訳は行わないため、持分法適用会社の資産及び負債の評価差額同様、これに係る税効果についても持分法適用の事前処理として把握することになる。

10-7-2 未実現損益の消去に係る税効果

(1) ダウンストリーム

投資会社が売却元となって発生した未実現損益は投資会社に帰属し、投資会社の利益の調整となるため、その一時差異は親会社における税効果会計の適用となるため、投資会社が作成する連結財務諸表の繰延税金資産・負債に直接的に反映させる。

持分法仕訳

1．未実現利益の消去（ダウンストリーム）

（借）売上高	xxx	（貸）投資有価証券	xxx
（借）繰延税金資産	xxx	（貸）法人税等調整額	xxx

⑵ アップストリーム

持分法適用会社が売却元となって発生した未実現損益は投資会社に帰属するが、持分法適用会社における利益の調整となるため、その一時差異は持分法適用会社における税効果会計の適用となり、連結上の税効果として繰延税金資産・負債の計上は行わないものの、「投資勘定」と「持分法による投資損益」によって、投資会社の作成する連結財務諸表に間接的に税効果を反映させる。

持分法仕訳

1．未実現利益の消去（アップトリーム）

（借）持分法による投資利益	xxx	（貸）商品	xxx
（借）投資有価証券	xxx	（貸）持分法による投資利益	xxx

設例2-10　持分法（未実現損益の消去と税効果会計）

＜前提条件＞

・S 社は当社から仕入れた商品5,000を有している。当社の付加利益率は30.0%である。

・当社はS 社から仕入れた商品3,000を有している。S 社の付加利益率は20.0%である。

・税効果会計を適用し、実効税率は40.0%とする。

1）S 社が、当社が60%の持分を保有する非連結子会社の場合

1．棚卸資産に含まれる未実現利益の消去（ダウンストリーム）

（借）売上高	1,500	（貸）投資有価証券	1,500
（借）繰延税金資産	600	（貸）法人税等調整額	600

※売上原価：期末保有商品5,000×販売側連結グループ会社付加利益率30.0%＝1500

※税効果：売上原価1500×法定実効税率40.0％＝600

2．棚卸資産に含まれる未実現利益の消去（アップストリーム）

（借）持分法による投資損益	360	（貸）商品	360
（借）投資有価証券	144	（貸）持分法による投資損益	144

※売上原価：期末保有商品3,000×販売側連結グループ会社付加利益率
20.0％×60％（親会社持分）＝360

※税効果：持分法による投資損益360×法定実効税率40.0％＝144

2）S社が、当社が20％の持分を保有する関連会社の場合

1．棚卸資産に含まれる未実現利益の消去（ダウンストリーム）

（借）売上高	300	（貸）投資有価証券	300
（借）繰延税金資産	120	（貸）法人税等調整額	120

※売上原価：期末保有商品5,000×販売側連結グループ会社付加利益率
30.0％×20％（親会社持分）＝300

※税効果：売上高300×法定実効税率40.0％＝120

2．棚卸資産に含まれる未実現利益の消去（アップストリーム）

（借）持分法による投資損益	360	（貸）商品	360
（借）投資有価証券	144	（貸）持分法による投資損益	144

※売上原価：期末保有商品3,000×販売側連結グループ会社付加利益率
20.0％×60％（親会社持分）＝360

※税効果：持分法による投資損益360×法定実効税率40.0％＝144

11 連結精算表の完成と連結財務諸表の表示組替

11-1 連結精算表の完成

ポイント

- 連結精算表では、連結仕訳の検証とともに重要なポイントをチェックすることも有用である。

単純合算表に連結仕訳を計上することで連結精算表が作成されるが、連結精算表の完成のためには、連結仕訳が適切に計上されてかチェックする必要がある。

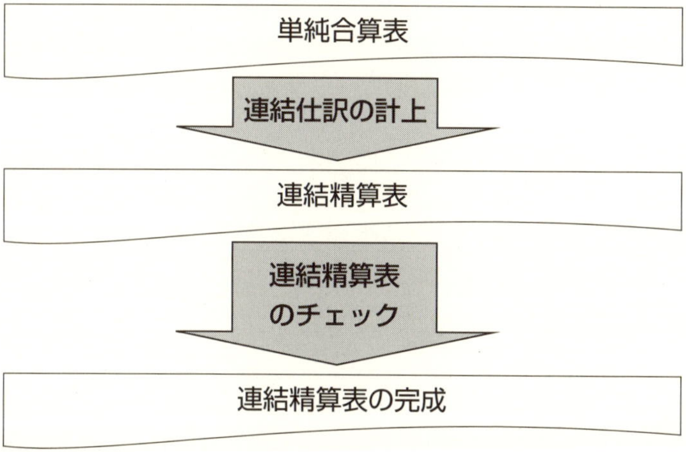

連結精算表をチェックする際、連結仕訳を1つずつ確かめていくこともで

きるが、連結精算表のチェックにはポイントがあり、ここでは、いくつかの例を挙げ解説していく。

連結精算表のチェックポイント

チェック項目	チェックポイント
子会社株式	ゼロになっているか？（例外あり） ✓
資産合計・負債純資産合計	一致しているか？ ✓
資本金	親会社の資本金と一致しているか？ ✓
資本剰余金	親会社の資本剰余金と一致しているか？ ✓
少数株主持分	"連結子会社純資産×少数株主持分比率" と一致しているか？（例外あり） ✓
少数株主損益	"連結子会社当期純損益×少数株主持分比率" と一致しているか？（例外あり） ✓
持分法投資損益	"持分法適用会社当期純損益×持分比率" と一致しているか？（例外あり） ✓
持分法適用会社に対する投資	"持分法適用会社純資産×持分比率" と一致しているか？（例外あり） ✓

① 子会社株式

連結子会社に係る子会社株式は、投資と資本の相殺消去仕訳によって相殺されるため、残高はゼロとなる（ただし、非連結子会社がある場合は当該子会社株式の金額が残る。）。

② 資産合計と負債純資産合計

簿記における貸借一致の原則により、資産合計と負債純資産合計は一致する。これは、連結仕訳を計上しても必ず守られる。

③ 資本金

単純合算により合計された各連結会社の資本金合計額のうち、連結子会社の資本金は投資と資本の相殺消去仕訳によって相殺される。そのため、連結仕訳後に残る資本金金額は親会社の資本金のみとなる。

④　資本剰余金

資本金と同様、投資と資本の相殺消去仕訳によって連結仕訳後に残る資本金金額は親会社の資本金のみとなる。ただし、連結子会社が所有している親会社株式を売却した場合などの特別なケースでは、一致せずその分だけ差額が出ることになる。

⑤　少数株主持分

少数株主持分は、連結子会社の純資産のうち少数株主の持分割合を振替えたものであり、連結子会社の純資産と連動して変動する。

		連結子会社Ａ	連結子会社Ｂ	
①	純資産	XXX	XXX	
②	少数株主持分比率	XX%	XX%	合計
①×②	少数株主持分	XXX	XXX	XXX

↑
精算表の「少数株主持分」と一致

ただし、以下のような事項については差額が出るので、別途検証が必要となる。

・連結子会社の資産負債の時価評価差額のうち、少数株主持相当額分（「第２章５－２－１」参照）

・アップストリームの未実現損益の消去金額の少数株主負担分（「第２章８－２－２」参照）

⑥　少数株主損益

少数株主損益は、連結子会社で計上した当期純損益のうち少数株主持分を振り替えたものであり、連結子会社の純損益と連動して変動する（「第２章５－３－２」参照）。

		連結子会社A	連結子会社B	
①	純利益	XXX	XXX	
②	少数株主持分比率	XX%	XX%	合計
①×②	少数株主損益	XXX	XXX	XXX

↑
精算表の「少数株主損益」と一致

ただし、以下のような事項については差額が出るので、別途検証が必要となる。

・アップストリームの未実現損益の消去金額の少数株主負担分（「第２章８－２－２」参照）

⑦　持分法による投資損益

持分法による投資損益は、持分法適用会社で計上した当期純損益のうち親会社持分を振替えたものであり、持分法適用会社の純損益と連動して変動する（「第２章10－４」参照）。

		持分法適用会社A	持分法適用会社B	
①	純利益	XXX	XXX	
②	持分比率	XX%	XX%	合計
①×②	持分法による投資損益	XXX	XXX	XXX

↑
精算表の「持分法による投資損益」と一致

ただし、以下のような事項については差額が出るので、別途検証が必要となる。

・のれん相当額の償却額（「第２章10－３」参照）

・アップストリームの未実現損益の消去金額の親会社負担分（「第２章10－７」参照）

⑧　持分法適用会社に対する投資

持分法適用会社に対する投資（非連結子会社株式及び関連会社株式）は、持分法適用会社の純資産のうち親会社持分を振り替えたものであり、持分法適用会社の純資産と連動して変動する（「第２章10-４」参照）。

		持分法適用会社 A	持分法適用会社 B	
①	純資産	XXX	XXX	
②	持分比率	XX%	XX%	合計
①×②	持分法適用会社に対する投資	XXX	XXX	XXX

↑
精算表の持分法適用会社に対する投資有価証券と一致

ただし、以下のような事項については差額が出るので、別途検証が必要となる。

・のれん相当額の未償却残高（「第２章10-３」参照）

・ダウンストリームの未実現損益の消去金額（非連結子会社の場合）、またはその親会社負担分（関連会社の場合、「第２章10-７」参照）

11-2　連結財務諸表の表示組替

P ポイント

- 開示用連結財務諸表作成のために、連結精算表から組替仕訳が必要となる。

単純合算に連結仕訳を計上した連結精算表を連結財務諸表として完成させるためには、その作成目的応じた勘定科目の組替仕訳が必要となる。

ここでは、両建て表示されている科目の相殺表示及び科目の集約・別掲表示のための組替を解説する。

11-2-1 相殺表示

連結財務諸表において相殺するまたは相殺できる事項には、以下のようなものがある。なお、連結仕訳においてすでに相殺している場合においては、処理する必要はない。

相殺表示する科目
・繰延税金資産と繰延税金負債 ・為替換算調整勘定の借方残高及び貸方残高 ・少数株主利益と少数株主損失 ・為替差益と為替差損
相殺表示できる科目
・持分法による投資利益と持分法による投資損失

上記のうち繰延税金資産・負債については、「第２章９−３」で述べたとおり、異なる納税主体の繰延税金資産と繰延税金負債は相殺してはならないこととなっている。

11-2-2 科目の集約及び区分掲記

連結精算表における勘定科目は通常、会社の実情に合わせ細分化された勘定科目であることが多いため、連結財務諸表の目的により、科目を集約して表示するか、「その他」に含めずに別掲表示するかを判断する必要がある。ここでは、連結財務諸表規則に従った表示方法について解説する。

次の表は連結財務諸表規則において示されている勘定科目である。

連結貸借対照表

（流動資産）	（流動負債）
(1)現金及び預金	(1)支払手形及び買掛金
(2)受取手形及び売掛金	(2)短期借入金
(3)リース債権及びリース投資資産	(3)リース債務
(4)有価証券	(4)未払法人税等
(5)商品及び製品	(5)繰延税金負債
(6)仕掛品	(6)引当金
(7)原材料及び貯蔵品	(7)資産除去債務
(8)繰延税金資産	(8)その他
(9)その他	（固定負債）
（有形固定資産）	(1)社債
(1)建物及び構築物	(2)長期借入金
(2)機械装置及び運搬具	(3)リース債務
(3)土地	(4)繰延税金負債
(4)リース資産	(5)引当金
(5)建設仮勘定	(6)資産除去債務
(6)その他	(7)負ののれん（平成22年3月31日以前に
（無形固定資産）	計上されたもののみ）
(1)のれん	(8)その他
(2)リース資産	（純資産）
(3)その他	（株主資本）
（投資その他の資産）	(1)資本金
(1)投資有価証券	(2)資本剰余金
(2)長期貸付金	(3)利益剰余金
(3)繰延税金資産	(4)繰延税金負債
(4)その他	(5)自己株式
（繰延資産）	（その他包括利益）
(1)創立費	(1)その他有価証券評価差額金
(2)開業費	(2)繰延ヘッジ損益
(3)株式交付費	(3)土地再評価差額金
(4)社債発行費	(4)為替換算調整勘定
(5)開発費	（その他の純資産項目）
	(1)新株予約権
	(2)少数株主持分

〈連結損益計算書〉

売上高 売上原価
売上総利益
販売費及び一般管理費
営業利益
（営業外収益） (1)受取利息（有価証券利息を含む） (2)受取配当金 (3)有価証券売却益 (4)負ののれんの償却額（平成22年３月31日以前に計上された負ののれんに関するもののみ） (5)持分法による投資利益 (6)その他 （営業外費用） (1)支払利息（社債利息を含む） (2)有価証券売却損 (3)持分法による投資損失 (4)その他
経常利益
（特別利益） (1)前期損益修正益 (2)固定資産売却益 (3)負ののれん発生益 (4)その他 （特別損失） (1)前期損益修正損 (2)固定資産売却損 (3)減損損失 (4)災害による損失 (5)その他
税金等調整前当期純利益
（法人税等合計） (1)当該連結会計年度に係る法人税、住民税及び事業税 (2)法人税等調整額
少数株主損益調整前当期純利益金額
少数株主利益
当期純利益

また、連結財務諸表規則では、以下の点が示されている。

連結貸借対照表項目

・（引当金以外の項目で）資産総額（負債及び純資産の合計額）の100分の１以下のもので、他の項目に属する資産と一括して表示することが適当であると認められるものについては、適当な名称を付した科目をもって一括して記載することができる。
・別掲表示が適当と認められるものは、当該資産を示す名称を付した科目をもって別掲表示ができる。
・「その他」の資産のうち、その金額が資産総額（負債及び純資産の合計額）の100分の５を超えるものについては、当該資産を示す名称を付した科目をもって別掲しなければならない。
・流動資産⑸〜⑺については、たな卸資産の科目をもって一括掲記し、当該項目に属する資産の科目及びその金額を注記する方法によることができる。
・リース資産については、有形固定資産または無形固定資産の科目に含めることができる。

連結損益計算書項目

（販売費及び一般管理費）

・販売費及び一般管理費は、いずれかで表示する。
⑴適当と認められる費目に分類し、当該費用を示す名称を付した科目で掲記する方法
⑵販売費の科目もしくは一般管理費の科目または販売費及び一般管理費の科目に一括して掲記し、その主要な費目及び金額を注記する方法
・主要な費目とは、引当金繰入額（その金額が少額であるものを除く）及びこれ以外の費目でその金額が販売費及び一般管理費の合計額の100分の10を超える費目をいうものとする。

（その他）

・当該金額が営業外収益（営業外費用、特別利益、特別損失）の総額の100分の10以下のもので一括表示することが適当であると認められるものについては、当該収益を一括して示す科目をもって掲記できる。
・固定資産売却損益の記載については当該固定資産の種類または内容を、その他の項目の記載については当該項目の発生原因または性格を示す名称を付した科目によって掲記しなければならない。

組替表には様々な様式が考えられるが、次に一例を示す。

(貸方は（）で表示)　　(単位：円)

組替前		比率	相殺仕訳	組替仕訳	組替後		比率	※1
	A		B	C		A+B+C		
＜連結貸借対照表＞								
(流動資産)					(流動資産)			
				80,200,000	現金及び預金	80,200,000	5.764%	
現金	200,000	0.014%		(200,000)		—	0.000%	※2
当座預金	20,000,000	1.437%		(20,000,000)		—	0.000%	※2
普通預金	60,000,000	4.311%		(60,000,000)		—	0.000%	※2
受取手形	20,000,000	1.437%		(20,000,000)		—	0.000%	※2
売掛金	100,000,000	7.186%		(100,000,000)		—	0.000%	※2
		0.000%		120,000,000	受取手形及び売掛金	120,000,000	8.624%	
				61,000,000	商品及び製品	61,000,000	4.384%	
商品	1,000,000	0.072%		(1,000,000)		—	0.000%	※2
製品	60,000,000	4.311%		(60,000,000)		—	0.000%	※2
仕掛品	20,000,000	1.437%			仕掛品	20,000,000	1.437%	
				30,000,000	原材料及び貯蔵品	30,000,000	2.156%	
原材料	20,000,000			(20,000,000)		—	0.000%	※2
貯蔵品	10,000,000	0.719%		(10,000,000)		—	0.000%	※2
仮払金	2,000,000	0.144%		(2,000,000)		—	0.000%	※3
立替金	300,000	0.022%		(300,000)		—	0.000%	※3
未収入金	3,000,000	0.216%		(3,000,000)		—	0.000%	※3
未収収益	150,000	0.011%		(150,000)		—	0.000%	※3
短期貸付金	2,000,000	0.144%		(2,000,000)		—	0.000%	※3
前払費用	10,000,000	0.719%		(10,000,000)		—	0.000%	※3
繰延税金資産	3,000,000	0.216%	(200,000)		繰延税金資産	2,800,000	0.201%	※4
その他	30,000	0.002%		17,450,000		17,480,000	1.256%	
貸倒引当金	(2,000,000)	−0.144%			貸倒引当金	(2,000,000)	−0.144%	
流動資産合計	329,680,000		(200,000)	—	流動資産合計	329,480,000		
(固定資産)					(固定資産)			
(有形固定資産)					(有形固定資産)			
				180,000,000	建物及び構築物	180,000,000	12.936%	
建物	200,000,000	14.371%		(200,000,000)		—	0.000%	※2
減価償却累計額	(55,000,000)	−3.952%		55,000,000		—	0.000%	※2
建物附属設備	50,000,000	3.593%		(50,000,000)		—	0.000%	※2
減価償却累計額	(15,000,000)	−1.078%		15,000,000		—	0.000%	※2
				56,000,000	機械装置及び運搬具	56,000,000	4.024%	
機械装置	100,000,000	7.186%		(100,000,000)		—	0.000%	※2
減価償却累計額	(50,000,000)	−3.593%		50,000,000		—	0.000%	※2
車両運搬具	7,000,000	0.503%		(7,000,000)		—	0.000%	※2
減価償却累計額	(1,000,000)	−0.072%		1,000,000		—	0.000%	※2

工具器具備品	30,000,000	2.156%		(30,000,000)		—	0.000%	※3
減価償却累計額	(16,000,000)	-1.150%		16,000,000		—	0.000%	※3
土地	450,000,000	32.335%			土地	450,000,000	32.340%	
建設仮勘定	190,000,000	13.653%			建設仮勘定	190,000,000	13.655%	
		0.000%		14,000,000	その他	14,000,000	1.006%	
有形固定資産合計	890,000,000		—	—	有形固定資産合計	890,000,000		
(無形固定資産)					(無形固定資産)			
のれん	3,000,000	0.216%			のれん	3,000,000	0.216%	
ソフトウェア	50,000,000	3.593%		(50,000,000)	ソフトウェア	—	0.000%	※3
				50,000,000	その他	50,000,000	3.593%	
無形固定資産合計	53,000,000		—	—	無形固定資産合計	53,000,000		
(投資その他の資産)					(投資その他の資産)			
投資有価証券	6,000,000	0.431%			投資有価証券	6,000,000	0.431%	
敷金保証金	100,000,000	7.186%			敷金保証金	100,000,000	7.187%	※5
長期前払費用	3,000,000	0.216%		(3,000,000)		—	0.000%	※3
繰延税金資産	10,000,000	0.719%			繰延税金資産	10,000,000	0.719%	
				3,000,000	その他	3,000,000	0.216%	
投資その他の資産	119,000,000		—	—	投資その他の資産	119,000,000		
固定資産合計	1,062,000,000		—	—	固定資産合計	1,062,000,000		
資産合計	1,391,680,000		—	—	資産合計	1,391,480,000		
(流動負債)					(流動負債)			
				87,000,000	支払手形及び買掛金	87,000,000		
支払手形	7,000,000	0.503%		(7,000,000)		—	0.000%	※2
買掛金	80,000,000	5.748%		(80,000,000)		—	0.000%	※2
短期借入金	20,000,000	1.437%			短期借入金	20,000,000	1.437%	
1年内返済予定の長期借入金	15,000,000	1.078%			1年内返済予定の長期借入金	15,000,000	1.078%	※2
未払金	40,000,000	2.874%			未払金	40,000,000	2.875%	※6
未払消費税	5,000,000	0.359%			未払消費税	5,000,000	0.359%	※6
未払法人税等	5,000,000	0.359%			未払法人税等	5,000,000	0.359%	
未払費用	5,000,000	0.359%		(5,000,000)		—	0.000%	※3
短期繰延税金負債	200,000	0.014%	(200,000)			—	0.000%	※4
前受金	2,000,000	0.144%		(2,000,000)		—	0.000%	※3
預り金	1,000,000	0.072%		(1,000,000)		—	0.000%	※3
賞与引当金	10,000,000	0.719%			賞与引当金	10,000,000	0.719%	
その他	10,000	0.001%		8,000,000	その他	8,010,000	0.576%	
流動負債	190,210,000		(200,000)	—	流動負債	190,010,000		
(固定負債)					(固定負債)			
長期借入金	60,000,000	4.311%			長期借入金	60,000,000	4.312%	
退職給付引当金	40,000,000	2.874%			退職給付引当金	40,000,000	2.875%	
固定負債	100,000,000		—	—	固定負債	100,000,000		

負債合計	290,210,000		(200,000)	—	負債合計	290,010,000	
資本金	400,000,000	28.742%			資本金	400,000,000	
資本準備金	400,000,000	28.742%			資本準備金	400,000,000	
利益剰余金	281,470,000	20.225%			利益剰余金	281,470,000	
株主資本合計	1,081,470,000		—	—	株主資本合計	1,081,470,000	
少数株主持分	20,000,000	1.437%			少数株主持分	20,000,000	
純資産合計	1,101,470,000		—	—	純資産合計	1,101,470,000	
負債純資産合計	1,391,680,000		(200,000)	—	負債純資産合計	1,391,480,000	

※1　比率は、資産項目については資産合計に占める割合、負債項目については負債純資産合計に占める割合

※2　科目の集約のために振替え

※3　資産合計（負債純資産合計）の100分の5以下のため、その他へ振替え

※4　繰延税金資産と繰延税金負債を相殺

※5　資産合計の100分の5を超えるため別掲

※6　資産合計（負債純資産合計）の100分の5以下だが、会社の判断により別掲

（貸方は（）で表示）　　　　　　　　　　　　　　　　　　　　　　　　　（単位：円）

組替前		比率	相殺仕訳	組替仕訳	組替後		比率	※7
	A		B	C		A+B+C		
＜連結損益計算書＞								
売上高	(2,400,000,000				売上高	(2,400,000,000)		
売上原価	1,800,000,000				売上原価	1,800,000,000		
売上総利益	(600,000,000)		—	—	売上総利益	(600,000,000)		
（販売費及び一般管理費）					（販売費及び一般管理費）			
運賃	15,000,000	2.641%				15,000,000	2.641%	※8
広告宣伝費	10,000,000	1.761%		(10,000,000)		—	0.000%	※9
貸倒引当金繰入額	300,000	0.053%			貸倒引当金繰入額	300,000	0.053%	※10
給料手当	120,000,000	21.127%				120,000,000	21.127%	
法定福利費	19,000,000	3.345%		(19,000,000)		—	0.000%	※9
福利厚生費	10,000,000	1.761%		(10,000,000)		—	0.000%	※9
賞与引当金繰入額	100,000,000	17.606%			賞与引当金繰入額	100,000,000	17.606%	
退職給付費用	3,500,000	0.616%				3,500,000	0.616%	※8
交際費	7,500,000	1.320%		(7,500,000)		—	0.000%	※9
消耗品費	6,500,000	1.144%		(6,500,000)		—	0.000%	※9
地代家賃	130,000,000	22.887%			地代家賃	130,000,000	22.887%	
賃借料	35,000,000	6.162%			賃借料	35,000,000	6.162%	※8
租税公課	9,000,000	1.585%		(9,000,000)		—	0.000%	※9
旅費交通費	9,000,000	1.585%		(9,000,000)		—	0.000%	※9
水道光熱費	6,000,000	1.056%		(6,000,000)		—	0.000%	※9

減価償却費	87,000,000	15.317%			減価償却費	87,000,000	15.317%	
その他	200,000	0.035%		77,000,000	その他	77,200,000	13.592%	
販売費及び一般管理費	568,000,000		—	—	販売費及び一般管理費	568,000,000		
営業利益	(32,000,000)		—	—	営業利益	(32,000,000)		
(営業外収益)					(営業外収益)			
受取利息	(3,800,000)	67.556%			受取利息	(3,800,000)	70.046%	
受取配当金	(1,500,000)	26.667%			受取配当金	(1,500,000)	27.650%	
持分法による投資利益	(300,000)	5.333%	200,000		持分法による投資利益	(100,000)	1.843%	※11
為替差益	(25,000)	0.444%		25,000		—	0.000%	※9
				(25,000)	その他	(25,000)	0.461%	
営業外収益合計	(5,625,000)		225,000	—	営業外収益合計	(5,425,000)		
(営業外費用)					(営業外費用)			
支払利息	4,500,000	95.602%			支払利息	4,500,000	99.845%	
持分法による投資損失	200,000	4.249%	(200,000)			—	0.000%	※11
その他	7,000	0.149%			その他	7,000	0.155%	
営業外費用合計	4,707,000		(200,000)	—	営業外費用合計	4,507,000		
経常利益	(32,918,000)		—	—	経常利益	(32,918,000)		
(特別利益)					(特別利益)			
有形固定資産売却益	(100,000)	4.167%			有形固定資産売却益	(100,000)	4.167%	
償却債権取立益	(2,300,000)	95.833%			償却債権取立益	(2,300,000)	95.833%	
特別利益合計	(2,400,000)		—	—	特別利益合計	(2,400,000)		
(特別損失)								
有形固定資産除却損	4,150,000	54.248%			有形固定資産除却損	4,150,000	54.248%	
投資有価証券売却損	300,000	3.922%			投資有価証券売却損	300,000	3.922%	
商品廃棄損	3,200,000	41.830%			商品廃棄損	3,200,000	41.830%	
特別損失合計	7,650,000		—	—	特別損失合計	7,650,000		
税金等調整前当期純利益	(27,668,000)		—	—	税金等調整前当期純利益	(27,668,000)		
(法人税等)					(法人税等)	—		
法人税、住民税及び事業税	20,000,000				法人税、住民税及び事業税	20,000,000		
法人税等調整額	(670,000)				法人税等調整額	(670,000)		
法人税等合計	19,330,000		—	—	法人税等合計	19,330,000		
少数株主損益調整前当期純利益	(8,338,000)		—	—	少数株主損益調整前当期純利益	(8,338,000)		
少数株主利益	6,500,000				少数株主利益	6,500,000		
当期純利益	(1,838,000)		—	—	当期純利益	(1,838,000)		

※7　比率は、各段階損益に占める割合

※8　販売費及び一般管理費の100分の10以下だが、会社の判断により別掲

※9　販売費及び一般管理費の100分の10以下のため、その他へ振替え

※10　販売費及び一般管理費の100分の10以下だが、引当金繰入額のため別掲

※11　持分法による投資利益と持分法による投資損失を相殺

　このように、連結財務諸表の完成のためには目的に合わせた組替仕訳が必要となる。

第 3 章

連結特有の会計処理

1 追加取得及び売却

P ポイント

- 追加取得の各パターンにおける資本連結手続の違いは、時価評価とのれんの計算にある。
- 一部売却における資本連結手続のポイントは、株式売却損益の調整にある。

ここでは、連結子会社または持分法適用会社の株式の追加取得及び一部売却により、持分比率が増減した場合の資本連結手続について解説する。

追加取得の代表的なパターンとしては、以下の例が挙げられる。各パターンにおける資本連結手続の違いは、時価評価とのれんの計算にある。すなわち、追加取得時に連結子会社（持分法適用会社）の資産及び負債の時価評価を行う必要があるのか、また、のれんの計算を追加取得分についてのみ行うのか、それとも全体について再計算を行うのかが、各パターンにより異なるので、注意が必要である。

パターン		被投資会社		時価評価		のれん	参照
		取得前	取得後	実施	評価方法		
(1)	子会社株式を追加取得した場合	連子	連子	×	－ （支配獲得時に実施済み）	追加取得した投資金額と増加した持分金額の差額を計上	1-2-1
(2)	株式の段階取得により関連会社が連結子会社となった場合	持分	連子	○	全面時価評価法（支配獲得により時価評価をやり直す）	時価評価した投資金額と持分金額の差額を計上（のれんの再計算を行う）	1-2-2
(3)	関連会社株式を追加取得し、関連会社にとどまっている場合	持分	持分	○	部分時価評価法（追加取得分について時価評価を行う）	追加取得した投資金額と増加した持分金額の差額を計上	1-2-3

連子：連結子会社　持分：持分法適用関連会社

一部売却の代表的なパターンとしては、以下の例が挙げられる。一部売却の資本連結のポイントは、株式売却損益の調整である。すなわち、個別財務諸表上の投資の売却簿価と連結財務諸表上の売却簿価は、取得後利益剰余金やのれんの既償却額の影響等により異なるため、資本連結手続上、株式売却損益の調整が必要となる。

また、株式の一部売却により、関連会社にも該当しなくなる場合には（パターン(3)・(5)）、連結財務諸表上、当該会社に対する投資金額を個別貸借対照表上の帳簿価額で評価しなければならないため、投資の修正額の取り崩しを行うことが必要となる点にも注意が必要である。

パターン		被投資会社		投資の評価	連結上の調整	参照
		売却前	売却後			
(1)	子会社株式を一部売却し、連結子会社にとどまっている場合	連子	連子	連結	・売却簿価の調整	1-3-1
(2)	子会社株式を一部売却し、関連会社になった場合	連子	持分	持分法	・売却簿価の調整 ・連結から持分法への調整	1-3-2
(3)	子会社株式を一部売却し、関連会社にも該当しなくなった場合	連子	－	個別貸借対照表上の帳簿価額	・売却簿価の調整 ・当該株式を個別貸借対照表上の帳簿価額で評価	1-3-3
(4)	関連会社株式を一部売却し、関連会社にとどまっている場合	持分	持分	持分法	・売却簿価の調整	1-3-4
(5)	関連会社株式を一部売却し、関連会社に該当しなくなった場合	持分	－	個別貸借対照表上の帳簿価額	・売却簿価の調整 ・当該株式を個別貸借対照表上の帳簿価額で評価	1-3-5

連子：連結子会社　持分：持分法適用関連会社

1-1 みなし取得日・売却日

P ポイント

- 連結子会社等の決算日以外の日に、追加取得や一部売却を行った場合には、その前後いずれかの決算日（四半期決算日等を含む。）に追加取得等を行ったとみなして資本連結手続を行うことができる。

連結子会社の決算日以外に子会社株式の取得や売却を行った場合には、原則として、取得等を行った日に連結子会社において仮決算を行い、当該決算数値に基づいて、追加取得等の資本連結手続を行う必要がある。

しかし、実務的には仮決算を行うことは煩雑であることから、取得等を行った日の前後いずれかの決算日に取得等が行われたとみなして、処理することができる（連会注解5）。なお、この場合の決算日には、四半期決算日や中間決算日が含まれる（資本連結実務指針7）。

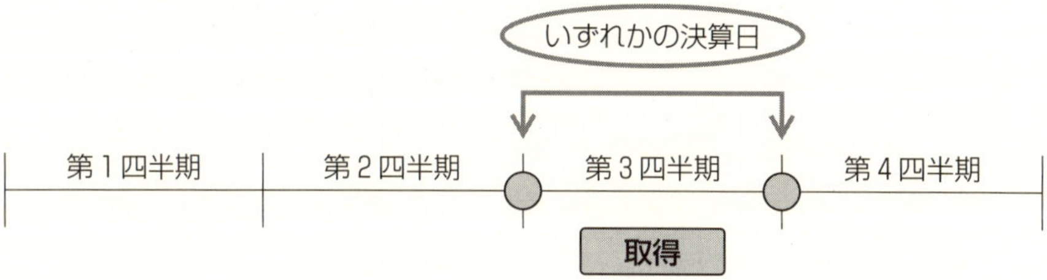

みなし取得日を期首、期末のいずれかにするかで、たとえば連結子会社の場合、以下の差異が生じる。

追加取得

みなし取得日	追加取得持分の計算	少数株主損益	追加取得時に発生したのれんの償却
期首	期首の純資産をもとに計算する	取得後の少数株主持分割合で振替	行う
期末	期末の純資産をもとに計算する	取得前の少数株主持分割合で振替	行わない

一部売却

みなし売却日	一部売却持分の計算	少数株主損益	のれん償却
期首	期首の純資産をもとに計算する	売却後の少数株主持分割合で振替	一部売却後ののれん残高を償却
期末	期末の純資産をもとに計算する	売却前の少数株主持分割合で振替	一部売却前ののれん残高を償却

1-2 追加取得

1-2-1 子会社株式を追加取得した場合

ポイント

- 追加取得により増加する親会社持分額と減少する少数株主持分額とは一致する。
- 追加取得により増加する親会社持分額と追加投資額との差額は「のれん」もしくは「負ののれん」となる。
- 追加取得により発生したのれんは、発生時点から償却期間にわたって償却するため、追加取得前に発生していたのれんとは別個に償却する必要がある。

子会社株式を追加取得した場合には、追加取得した株式に対応する持分を少数株主持分から減額し、追加取得により増加した親会社の持分を追加投資額と相殺消去する。追加取得持分と追加投資額との間に生じた差額は、のれん（または負ののれん）として処理する（連会28）。

具体的には、次の手順により行う。

<ステップ１>　追加取得により増加する親会社持分額の計算

議決権のある子会社株式を追加取得した場合、親会社の持分比率が増加し、少数株主の持分比率が減少する。追加取得により増加する親会社持分額（子会社の資本のうち親会社に帰属する部分）と減少する少数株主持分額（少数株主に帰属する部分）とは必ず一致する（資本連結実務指針10）。

追加取得に伴う増加持分の具体的な計算方法は、以下のとおりである。

追加取得により増加する親会社持分額 ＝ 追加取得時点の子会社の純資産（時価評価後） × 増加持分比率

増加持分比率 ＝ 追加取得後の持分比率－追加取得前の持分比率

子会社の貸借対照表

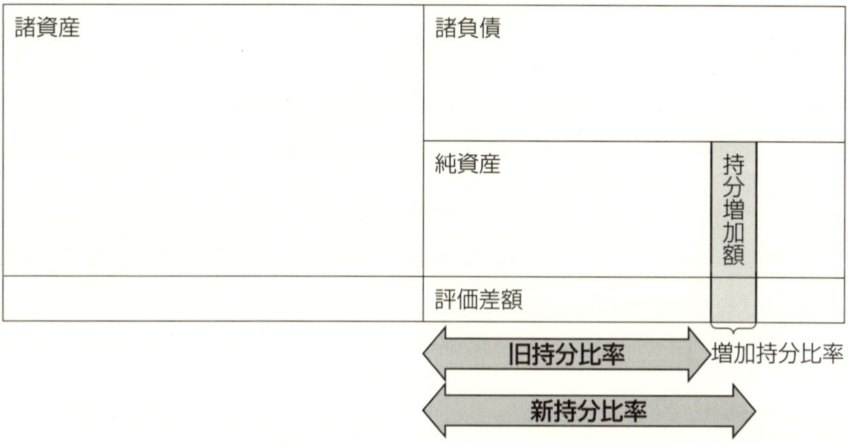

なお、議決権のない子会社株式（議決権なし配当優先株式など）を取得した場合は、議決権比率が増加せず、議決権比率に基づいて算定される持分比率は増加しない。そのため、親会社持分額や少数株主持分額は増減しない。

＜ステップ2＞　追加取得による親会社持分増加額と追加投資額を相殺する

＜ステップ１＞で計算した追加取得よる親会社持分増加額と追加投資額を相殺する。相殺により差額が生じた場合には、のれんもしくは負ののれんとして処理する。

持分増加額＜追加投資金額の場合

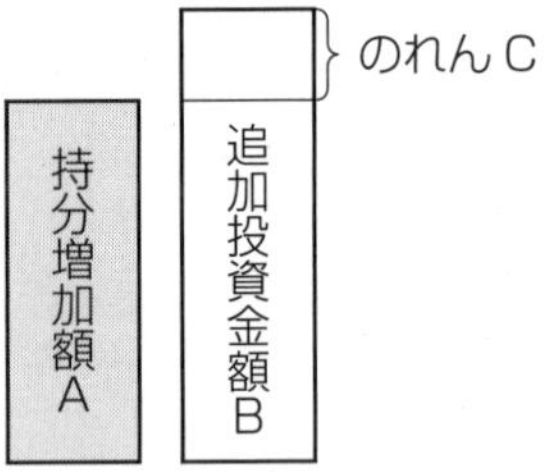

＜仕訳＞
（少数株主持分）A　（子会社株式）B
（のれん）C

持分増加額＞追加投資金額の場合

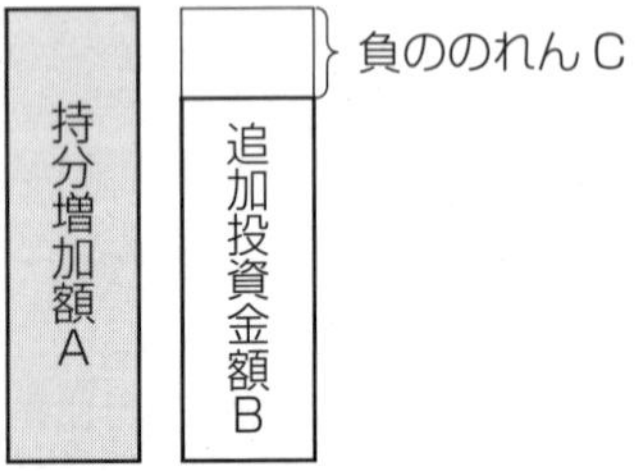

＜仕訳＞
（少数株主持分）A　（子会社株式）B
（負ののれん発生益）C

設例3-1　子会社株式を追加取得した場合

1）支配獲得年度

P社は、×1期にS社株式の60%（600株、発行済株式総数は1,000株）を400,000円で取得し、S社を連結子会社とした。みなし取得日は、×1期首とする。なお、のれんの償却期間は5年とし、法定実効税率は40%とする。

×1期首におけるS社の貸借対照表は、以下のとおりである。

×1期首のS社の貸借対照表　（単位：円）

現金預金	200,000	買掛金	100,000
売掛金	300,000	短期借入金	300,000
土地（※1）	300,000	資本金	200,000
		利益剰余金	200,000
	800,000		800,000

※1　土地の時価は、400,000円である。

また、×1期末のP社及びS社の財務諸表は、以下のとおりである。

×1期末のP社の貸借対照表　（単位：円）

現金預金	400,000	買掛金	300,000
売掛金	400,000	短期借入金	500,000
土地	500,000	未払法人税等	80,000
子会社株式　（※2）	400,000	資本金	400,000
		利益剰余金	420,000
	1,700,000		1,700,000

※2　全額S社株式である。

×1期末のS社の貸借対照表　（単位：円）

現金預金	300,000	買掛金	100,000
売掛金	300,000	短期借入金	300,000
土地　（※1）	300,000	未払法人税等	40,000
		資本金	200,000
		利益剰余金	260,000
	900,000		900,000

×1期のP社の損益計算書　（単位：円）

売上高	1,000,000
売上原価	800,000
税引前利益	200,000
法人税等（※3）	80,000
当期純利益	120,000

×1期のS社の損益計算書　（単位：円）

売上高	600,000
売上原価	500,000
税引前利益	100,000
法人税等（※3）	40,000
当期純利益	60,000

※3　税率は40%である。

1．投資と資本の相殺消去

⑴ 土地の時価評価

全面時価評価法により、土地の時価評価を行う。

連結仕訳 （単位：円）

（借）	土地（※4）	100,000	（貸）	繰延税金負債（※5）	40,000
				評価差額（※6）	60,000

※4　土地の時価400,000－土地の簿価300,000

※5　土地の時価評価差額100,000×法定実効税率40%

※6　土地の時価評価差額100,000－繰延税金負債40,000

⑵ 投資と資本の相殺消去

時価評価後のＳ社の貸借対照表をもとに、投資と資本の相殺消去を行う。

×1期首のＳ社の貸借対照表（時価評価後） （単位：円）

現金預金	200,000	買掛金	100,000
売掛金	300,000	短期借入金	300,000
土地	400,000	繰延税金負債	40,000
		資本金	200,000
		利益剰余金	200,000
		評価差額	60,000
	900,000		900,000

連結仕訳 （単位：円）

（借）	資本金	200,000	（貸）	子会社株式	400,000
	利益剰余金（期首残高）	200,000		少数株主持分（※8）	184,000
	評価差額	60,000			
	のれん（※7）	124,000			

※7　子会社株式400,000－Ｓ社の純資産460,000（＝資本金200,000＋利益剰余金200,000＋評価差額60,000）×親会社持分比率60%

※８　Ｓ社の純資産×（１－親会社持分比率60％）

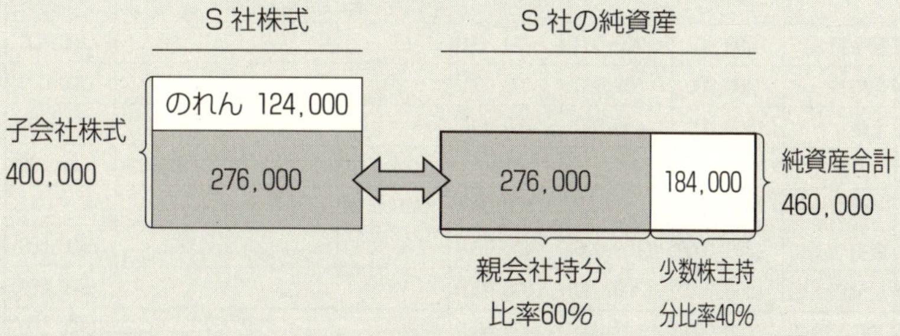

２．少数株主損益への振替

連結仕訳　（単位：円）

（借）少数株主利益（※９）	24,000	（貸）少数株主持分	24,000

※９　Ｓ社の当期純利益60,000×少数株主持分比率40％

３．のれんの償却

連結仕訳　（単位：円）

（借）のれん償却額（※10）	24,800	（貸）のれん	24,800

※10　のれんの償却スケジュール

（単位：円）

	償却額	残高
発生	―	124,000
×１期	24,800	99,200
×２期	24,800	74,400
×３期	24,800	49,600
×４期	24,800	24,800
×５期	24,800	―

×1期末の連結貸借対照表　　（単位：円）

	P社	S社	単純合算	投資と資本の相殺消去	少数株主損益への振替	のれん償却	連結BS
現金預金	400,000	300,000	700,000				700,000
売掛金	400,000	300,000	700,000				700,000
土地	500,000	400,000	900,000				900,000
のれん	—	—	—	124,000		(24,800)	99,200
子会社株式	400,000	—	400,000	(400,000)			—
買掛金	(300,000)	(100,000)	(400,000)				(400,000)
短期借入金	(500,000)	(300,000)	(800,000)				(800,000)
未払法人税等	(80,000)	(40,000)	(120,000)				(120,000)
繰延税金負債	—	(40,000)	(40,000)				(40,000)
資本金	(400,000)	(200,000)	(600,000)	200,000			(400,000)
利益剰余金（期首残高）	(300,000)	(200,000)	(500,000)	200,000			(300,000)
利益剰余金（当期純利益）	(120,000)	(60,000)	(180,000)		24,000	24,800	(131,200)
評価差額	—	(60,000)	(60,000)	60,000			—
少数株主持分	—	—	—	(184,000)	(24,000)		(208,000)

2）追加取得年度

P社は、翌期（×2期）にS社株式の20%（200株、発行済株式総数は1,000株）を少数株主より150,000円で追加取得し、持分比率を60%から80%に増加させた。みなし追加取得日は×2期末日とする。

×2期末のP社及びS社の財務諸表は、以下のとおりである。

×2期末のP社の貸借対照表　　（単位：円）

現金預金	370,000	買掛金	300,000
売掛金	400,000	短期借入金	500,000
土地	500,000	未払法人税等	80,000
子会社株式　（※11）	550,000	資本金	400,000
		利益剰余金	540,000
	1,820,000		1,820,000

※11　全額S社株式である。

×２期末のＳ社の貸借対照表（時価評価後）　（単位：円）

現金預金	360,000	買掛金	100,000
売掛金	300,000	短期借入金	300,000
土地	400,000	未払法人税等	40,000
		繰延税金負債	40,000
		資本金	200,000
		利益剰余金	320,000
		評価差額	60,000
	1,060,000		1,060,000

×２期のＰ社の損益計算書　（単位：円）

売上高	1,000,000
売上原価	800,000
税引前利益	200,000
法人税等	80,000
当期純利益	120,000

×２期のＳ社の損益計算書　（単位：円）

売上高	600,000
売上原価	500,000
税引前利益	100,000
法人税等	40,000
当期純利益	60,000

１．開始仕訳

×１期の連結仕訳に基づき、開始仕訳を行う。

連結仕訳　（単位：円）

（借）	資本金	200,000	（貸）	子会社株式	400,000
	利益剰余金(期首残高)(※12)	248,800		少数株主持分	208,000
	評価差額	60,000			
	のれん	99,200			

※12　Ｓ社の×１期首の利益剰余金200,000＋少数株主損益24,000＋のれん償却額24,800

×1期のS社純資産及び連結仕訳の要約

	×1期首	×1期中	×1期末
持株比率	60%	60%	60%
子会社株式	400,000		400,000
資本金	200,000		200,000
利益剰余金	200,000	60,000	260,000
評価差額	60,000		60,000
純資産	460,000	60,000	520,000
少数株主持分	184,000	24,000	208,000
のれん	124,000	(24,800)	99,200

2．少数株主損益への振替

連結仕訳 （単位：円）

（借）少数株主利益（※13）	24,000	（貸）少数株主持分	24,000

※13　S社の当期純利益60,000×少数株主持分比率40%

3．のれんの償却

連結仕訳 （単位：円）

（借）のれん償却額（※14）	24,800	（貸）のれん	24,800

※14　のれんの償却スケジュール

（単位：円）

	償却額	残高
発生	—	124,000
×1期	24,800	99,200
×2期	24,800	74,400
×3期	24,800	49,600
×4期	24,800	24,800
×5期	24,800	—

4．追加投資と資本の相殺消去

＜ステップ1＞　追加取得により増加する親会社持分額の計算

下記の算式により、追加取得により増加する親会社持分額を計算する。

追加取得により増加する親会社持分額	＝	追加取得時点の子会社の純資産（時価評価後）	×	増加持分比率

増加持分比率 ＝ 追加取得後の持分比率－追加取得前の持分比率

追加取得により増加する親会社持分額	＝	（資本金200,000＋利益剰余金320,000＋評価差額60,000）×20%	＝	116,000

＜ステップ2＞　追加取得による親会社持分額と追加投資額を相殺する

連結仕訳　（単位：円）

（借）	少数株主持分	116,000	（貸）	子会社株式	150,000
	のれん（※15）	34,000			

※15　子会社株式150,000－追加取得による親会社持分増加額116,000

×2期末の連結貸借対照表　（単位：円）

	P社	S社	単純合算	開始仕訳	少数株主損益への振替	のれん償却	追加取得	連結BS
現金預金	370,000	360,000	730,000					730,000
売掛金	400,000	300,000	700,000					700,000
土地	500,000	400,000	900,000					900,000
のれん	—	—	—	99,200		(24,800)	34,000	108,400
子会社株式	550,000	—	550,000	(400,000)			(150,000)	—
買掛金	(300,000)	(100,000)	(400,000)					(400,000)
短期借入金	(500,000)	(300,000)	(800,000)					(800,000)
未払法人税等	(80,000)	(40,000)	(120,000)					(120,000)
繰延税金負債	—	(40,000)	(40,000)					(40,000)
資本金	(400,000)	(200,000)	(600,000)	200,000				(400,000)
利益剰余金（期首残高）	(420,000)	(260,000)	(680,000)	248,800				(431,200)

利益剰余金 (当期純利益)	(120,000)	(60,000)	(180,000)		24,000	24,800		(131,200)
評価差額	—	(60,000)	(60,000)	60,000				—
少数株主持分	—		—	(208,000)	(24,000)		116,000	(116,000)

1-2-2 株式の段階取得により関連会社が連結子会社となった場合

ポイント

- 連結子会社となる企業の資産及び負債は、支配獲得時の時価で時価評価をやり直す。
- 子会社に対する投資の金額は、連結財務諸表上、支配獲得日における時価で算定する。持分法による投資評価額と時価との差額は、「段階取得による損益」として当期の損益として処理する。
- 時価評価をやり直した後の純資産と投資金額をもとに、のれんまたは負ののれんの計算を行う。持分法評価額に含まれていたのれんの未償却額は、新たなのれんに包含されることになる。
- 新たに計算されたのれんは、持分法による投資評価額に含まれていたのれんと区別せず、支配獲得時から新たな償却期間により償却する。

関連会社の株式を追加取得することにより支配を獲得し、連結子会社とした場合には、持分法から連結への変更手続のほかに、以下の手続が必要になる。

(1) 資産及び負債の時価評価

関連会社が株式の段階取得により連結子会社となった場合、持分法適用時における評価差額は、部分時価評価法により会計処理するが、支配獲得時に時価評価をやり直す必要がある。すなわち、子会社の資産及び負債については、支配獲得時に全面時価評価法により評価する必要があるため（連会20）、持分法適用時に部分時価評価法により評価されている資産及び負債の評価をやり直す必要があるのである。

したがって、支配獲得日の時価に基づき、改めて評価差額を計上し、それを当該日の持分比率に応じて親会社持分額と少数株主持分額とに按分する（資本連結実務指針35）。

(2) 投資の時価評価

親会社の子会社に対する投資の金額は、支配獲得日の時価による必要がある（連会23(1)）。

したがって、投資金額を支配獲得日における時価で評価し、支配を獲得するに至った個々の取引ごとの原価の合計額との差額は、当期の「段階取得に係る損益」として処理する（連会62）。具体的には、支配獲得日直前の持分法による投資評価額と当該株式に対応する時価評価額との差額を「段階取得に係る損益」として処理する。

(3) のれんの計算

支配獲得日の時価に基づき子会社の資産及び負債の評価替が行われることから、持分法評価額に含まれていたのれんも含めて、のれんまたは負ののれんを新たに計算する。その結果、持分法による投資評価額に含まれていたのれんの未償却額は、のれんの一部として包含されることとなる（資本連結実務指針35）。

上記の結果、新たに算定されたのれんは、支配獲得日から新たな償却期間にわたり償却する。持分法による投資評価額に含まれていたのれんは、持分法適用開始日からすでに償却が行われているが、関連会社が連結子会社になった場合ののれんと持分法による投資評価額に含まれていた未償却部分とは区別せずに償却を行う（資本連結実務指針36）。

それでは、これらを踏まえて、具体的な手順を解説する。

＜ステップ１＞ 資産及び負債の時価評価

先述のとおり、持分法適用時に部分時価評価法により時価評価されている子会社の資産及び負債について、支配獲得時の時価をもって全面時価評価法により再評価する（「第２章５－２－１」参照）。

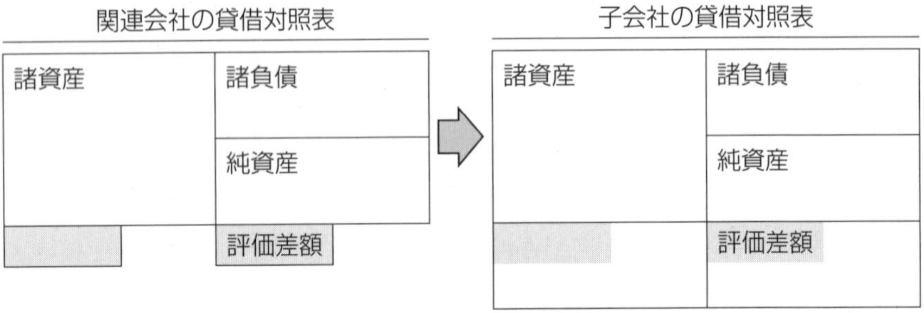

持分法においては、関連会社の資産・負債の時価評価に関する仕訳は、不要であるが、のれんの金額の算定のために上記のような部分時価評価法による評価が行われている。

関連会社が連結子会社になることにより、支配獲得時における全面時価評価法による評価が必要になる。
＜仕訳＞　諸資産を時価評価した場合
（諸資産）×××　（繰延税金負債）×××
　　　　　　　　　（評　価　差　額）×××

＜ステップ２＞ 投資の時価評価

支配獲得前に保有していた投資については、持分法により評価されている。これを支配獲得時の時価で評価し、持分法による投資評価額との差額を「段階取得による差益（差損）」（特別損益）として処理する。なお、追加取得した投資については、通常時価で取得されていると考えられるので考慮する必要はない。

時価　＞　持分法評価額の場合

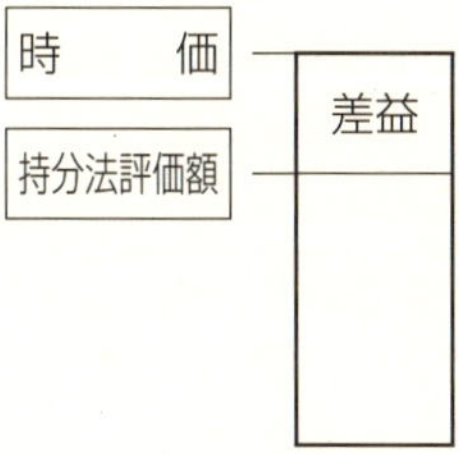

＜仕訳＞
（投資有価証券）　×××／（段階取得による差益）　×××

時価　＜　持分法評価額の場合

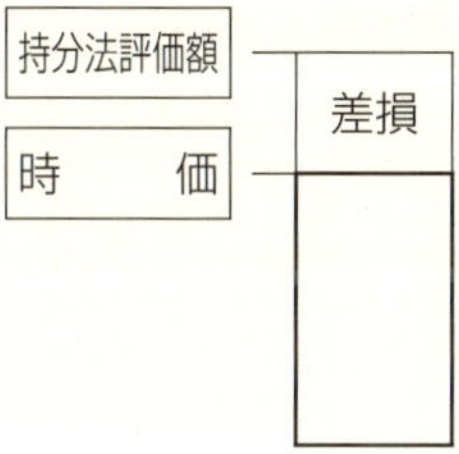

＜仕訳＞
（段階取得による差損）　×××／（投資有価証券）　×××

＜ステップ3＞　資本連結

＜ステップ１＞で時価評価した子会社の貸借対照表と＜ステップ２＞で時価評価した投資額をもとに資本連結手続を行う。親会社持分額と投資額との差額は、のれんまたは負ののれんとして処理する。

子会社の貸借対照表（時価評価後）

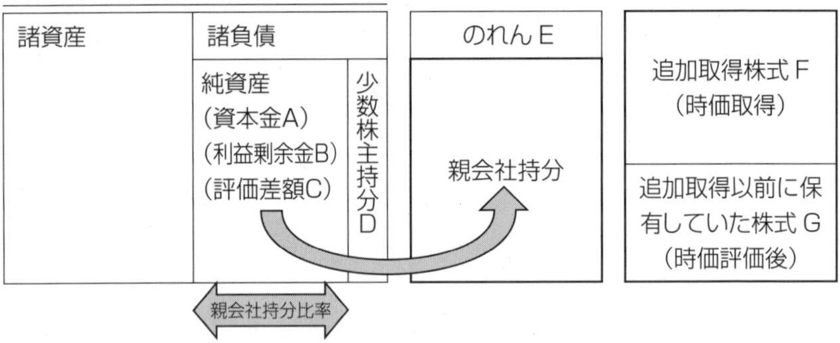

ステップ1、ステップ2の手続後は、通常の支配獲得時の資本連結手続を行えばよい。

<仕訳>

（資　本　金）	A	（少数株主持分）	D
（利益剰余金）	B	（投資有価証券）	F
（評価差額）	C	（投資有価証券）	G
（の　れ　ん）	E		

設例3-2　株式の段階取得により関連会社が連結子会社となった場合

1）新規取得年度

P社は、×1期にS社株式の30%（300株、発行済株式総数は1,000株）を200,000円で取得し、S社を持分法適用関連会社とした。みなし取得日は、×1期首とする。なお、のれんの償却期間は5年とし、法定実効税率は40%とする。

（注）この設例では、×1期に連結子会社は存在しないものの、説明の便宜上、連結財務諸表を作成することとしている。

×1期首におけるS社の貸借対照表は、以下のとおりである。

×1期首のS社の貸借対照表　　（単位：円）

現金預金	200,000	買掛金	100,000

売掛金	300,000	短期借入金	300,000
土地　（※１）	300,000	資本金	200,000
		利益剰余金	200,000
	800,000		800,000

※１　土地の時価は、400,000円である。

また、×１期末のＰ社及びＳ社の財務諸表は、以下のとおりである。

×１期末のＰ社の貸借対照表　　（単位：円）

現金預金	600,000	買掛金	300,000
売掛金	400,000	短期借入金	500,000
土地	500,000	未払法人税等	80,000
投資有価証券　（※２）	200,000	資本金	400,000
		利益剰余金	420,000
	1,700,000		1,700,000

※２　全額Ｓ社株式である。

１．のれんの算定及び償却

⑴　土地の時価評価

Ｓ社は持分法適用会社であるため、部分時価評価法により、土地の時価評価を行う。なお、下記の仕訳は、Ｓ社の貸借対照表を連結する訳ではないので不要であるが、理解を促すためのイメージとして記載している。

＜仕訳イメージ＞　　（単位：円）

（借）土地（※３）	30,000	（貸）繰延税金負債（※４）	12,000
		評価差額（※５）	18,000

※３　（土地の時価400,000－土地の簿価300,000）×持分比率30％

※４　土地の時価評価差額30,000×法定実効税率40％

※５　土地の時価評価差額30,000－繰延税金負債12,000

(2)　のれんの計算

時価評価後のＳ社の貸借対照表をもとに、のれんの計算を行う。

×１期首のＳ社の貸借対照表（時価評価後）　（単位：円）

現金預金	200,000	買掛金	100,000
売掛金	300,000	短期借入金	300,000
土地	330,000	繰延税金負債	12,000
		資本金	200,000
		利益剰余金	200,000
		評価差額	18,000
	830,000		830,000

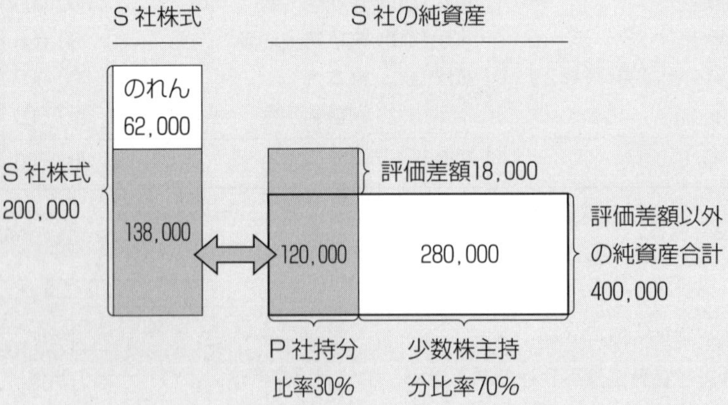

(3)　のれんの償却

連結仕訳　（単位：円）

（借）持分法投資利益（※６）	12,400	（貸）投資有価証券	12,400

※６　のれんの償却スケジュール

（単位：円）

	償却額	残高
発生	―	62,000

×１期	12,400	49,600
×２期	12,400	37,200
×３期	12,400	24,800
×４期	12,400	12,400
×５期	12,400	―

２．持分法投資利益の計上

連結仕訳 （単位：円）

（借）投資有価証券	18,000	（貸）持分法投資利益（※７）	18,000

※７　Ｓ社の当期純利益60,000×Ｐ社持分比率30%

×１期末の連結貸借対照表 （単位：円）

	Ｐ社	持分法投資利益の計上	のれん償却	連結 BS
現金預金	600,000			600,000
売掛金	400,000			400,000
土地	500,000			500,000
のれん	―			―
投資有価証券	200,000	18,000	(12,400)	205,600
買掛金	(300,000)			(300,000)
短期借入金	(500,000)			(500,000)
未払法人税等	(80,000)			(80,000)
繰延税金負債	―			―
資本金	(400,000)			(400,000)
利益剰余金（期首残高）	(300,000)			(300,000)

利益剰余金（当期純利益）	(120,000)	(18,000)	12,400	(125,600)
評価差額	―			―
少数株主持分	―			―

2）追加取得年度

P社は、翌期（×2期）にS社株式の30%（300株、発行済株式総数は1,000株）を、既存株主より300,000円で追加取得し、S社を連結子会社とした（追加取得後のP社の持分比率は30%から60%に増加している。）。取得原価のうち購入対価は270,000円（1株当たり時価900円）、付随費用は30,000円である。みなし追加取得日は×2期末日とする。

×2期末のP社及びS社の財務諸表は、以下のとおりである。

×2期末のP社の貸借対照表　（単位：円）

現金預金	420,000	買掛金	300,000
売掛金	400,000	短期借入金	500,000
土地	500,000	未払法人税等	80,000
子会社株式　（※8）	500,000	資本金	400,000
		利益剰余金	540,000
	1,820,000		1,820,000

※8　全額S社株式である。

×2期末のS社の貸借対照表　（単位：円）

現金預金	360,000	買掛金	100,000
売掛金	300,000	短期借入金	300,000
土地（※9）	300,000	未払法人税等	40,000
		資本金	200,000
		利益剰余金	320,000
	960,000		960,000

※9　土地の時価は400,000円である。

×2期のP社の損益計算書

（単位：円）

売上高	1,000,000
売上原価	800,000
税引前利益	200,000
法人税等	80,000
当期純利益	120,000

×2期のS社の損益計算書

（単位：円）

売上高	600,000
売上原価	500,000
税引前利益	100,000
法人税等	40,000
当期純利益	60,000

1．開始仕訳

×1期の連結仕訳に基づき、開始仕訳を行う。

連結仕訳　（単位：円）

（借）投資有価証券	5,600	（貸）利益剰余金（期首残高）	5,600

×1期のS社純資産及び連結仕訳の要約

	×1期首	×1期中	×1期末
持株比率	30%	30%	30%
投資有価証券	200,000		200,000
資本金 利益剰余金	200,000 200,000	 60,000	200,000 260,000
小計 評価差額	400,000 18,000	60,000	460,000 18,000
純資産	418,000	60,000	478,000
P社持分	138,000	18,000	156,000
のれん	62,000	(12,400)	49,600
持分法評価額	200,000	5,600	205,600

2．持分法投資利益の計上

連結仕訳 （単位：円）

（借）投資有価証券	18,000	（貸）持分法投資利益（※10）	18,000

※10 S社の当期純利益60,000×P社持分比率30%

3．のれんの償却

連結仕訳 （単位：円）

（借）持分法投資利益（※11）	12,400	（貸）投資有価証券	12,400

※11 のれんの償却スケジュール

（単位：円）

	償却額	残高
発生	—	62,000
×1期	12,400	49,600
×2期	12,400	37,200
×3期	12,400	24,800
×4期	12,400	12,400
×5期	12,400	—

4．資本連結

<ステップ1>　資産及び負債の時価評価

支配獲得時の時価で、S社の資産及び負債を全面時価評価法により評価する。

連結仕訳 （単位：円）

（借）土地（※12）	100,000	（貸）繰延税金負債（※13）	40,000
		評価差額（※14）	60,000

※12　土地の時価400,000－土地の簿価300,000
※13　土地の時価評価差額100,000×法定実効税率40%
※14　土地の時価評価差額100,000－繰延税金負債60,000

<ステップ２>　投資の時価評価

当初取得したＳ社株式300株は、持分法により評価されている。当該株式について、時価評価を行い、評価差額は段階取得による差損益として処理する。

連結仕訳 （単位：円）

（借）投資有価証券	58,800	（貸）段階取得に係る差益（※15）	58,800

※15　段階取得による差益

時価　（300株×時価単価900円）	270,000	A
（当初取得）Ｓ社株式取得価額	200,000	
開始仕訳	5,600	
持分法投資利益	18,000	
のれん償却額	（12,400）	
持分法評価額	211,200	B
段階取得による差益	58,800	A−B

<ステップ３>　資本連結

時価評価後のＳ社の貸借対照表に基づいて、資本連結を行う。

連結仕訳　　　　（単位：円）

（借）	資本金	200,000	（貸）	子会社株式	500,000
	利益剰余金	320,000		投資有価証券（※16）	70,000
	評価差額	60,000		少数株主持分	232,000
	のれん	222,000			

※16　開始仕訳5,600＋持分法投資利益18,000－のれん償却12,400＋段階取得による差益58,800

×2期末のS社の貸借対照表（時価評価後）　　　　（単位：円）

現金預金	360,000	買掛金	100,000
売掛金	300,000	短期借入金	300,000
土地	400,000	未払法人税等	40,000
		繰延税金負債	40,000
		資本金	200,000
		利益剰余金	320,000
		評価差額	60,000
	1,060,000		1,060,000

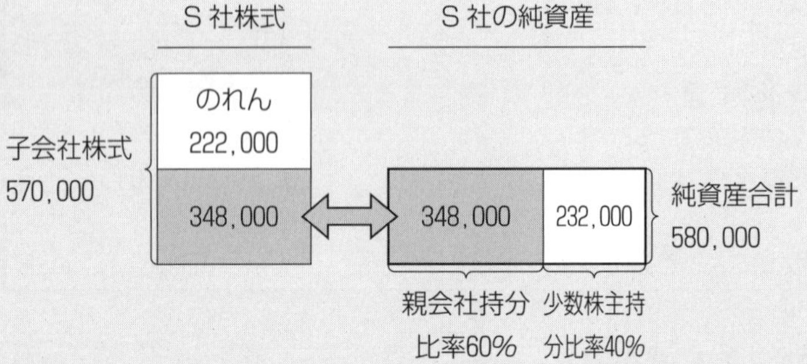

×２期末の連結貸借対照表

（単位：円）

	P社	S社	単純合算	開始仕訳	持分法投資利益の計上	のれん償却	段階取得による差益計上	支配獲得	連結BS
現金預金	420,000	360,000	780,000						780,000
売掛金	400,000	300,000	700,000						700,000
土地	500,000	400,000	900,000						900,000
のれん	—	—	—					222,000	222,000
投資有価証券	—	—	—	5,600	18,000	(12,400)	58,800	(70,000)	—
子会社株式	500,000	—	500,000					(500,000)	—
買掛金	(300,000)	(100,000)	(400,000)						(400,000)
短期借入金	(500,000)	(300,000)	(800,000)						(800,000)
未払法人税等	(80,000)	(40,000)	(120,000)						(120,000)
繰延税金負債	—	(40,000)	(40,000)						(40,000)
資本金	(400,000)	(200,000)	(600,000)					200,000	(400,000)
利益剰余金（期首残高）	(420,000)	(260,000)	(680,000)	(5,600)				260,000	(425,600)
利益剰余金（当期純利益）	(120,000)	(60,000)	(180,000)		(18,000)	12,400	(58,800)	60,000	(184,400)
評価差額	—	(60,000)	(60,000)					60,000	—
少数株主持分	—		—					(232,000)	(232,000)

COLUMN

段階取得による差損益に係る税効果

段階取得による差益を計上したことにより生じる投資有価証券の時価評価差額は連結財務諸表固有の一時差異に該当する。しかし、当期末では当該株式の売却の意思決定は行われていないため、税効果は認識しない。

仮に、当期末において翌期以降に保有株式の半分について売却の意思決定が行われている場合は、以下の仕訳が必要となる。

連結仕訳

（単位：円）

（借）法人税等調整額	11,760	（貸）繰延税金負債（※）	11,760

※　段階取得による差益58,800×実効税率40％×売却割合１／２

1-2-3 関連会社株式を追加取得し関連会社にとどまっている場合

ポイント

- 部分時価評価法により、追加取得時の時価で関連会社の資産及び負債を時価評価する。
- 発生したのれんは、追加取得前に発生したのれんとは別個に償却する。

持分法適用会社の株式を追加取得した場合には、資本のうち追加取得した株式に対応する持分（この資本には評価差額が含まれることに留意する）と追加投資額との間に生じた差額は、のれんまたは負ののれんとして処理する（持分法実務指針16）。

具体的には、次の手順により行う。

＜ステップ１＞　部分時価評価法により被投資会社の資産及び負債を時価評価する。

持分法適用上は、持分法適用会社の評価差額のうち投資会社持分相当額が投資有価証券の投資額を構成するだけなので、貸借対照表項目をすべて連結する場合と異なり、関連会社に持分法を適用する場合の時価評価の方法は、部分時価評価法によることになる。

したがって、追加取得した投資会社持分相当額に対応する評価差額を計算する必要がある。

＜ステップ２＞　のれんの金額の計算

＜ステップ１＞で時価評価した貸借対照表をもとにのれんまたは負ののれんの金額を算定する。

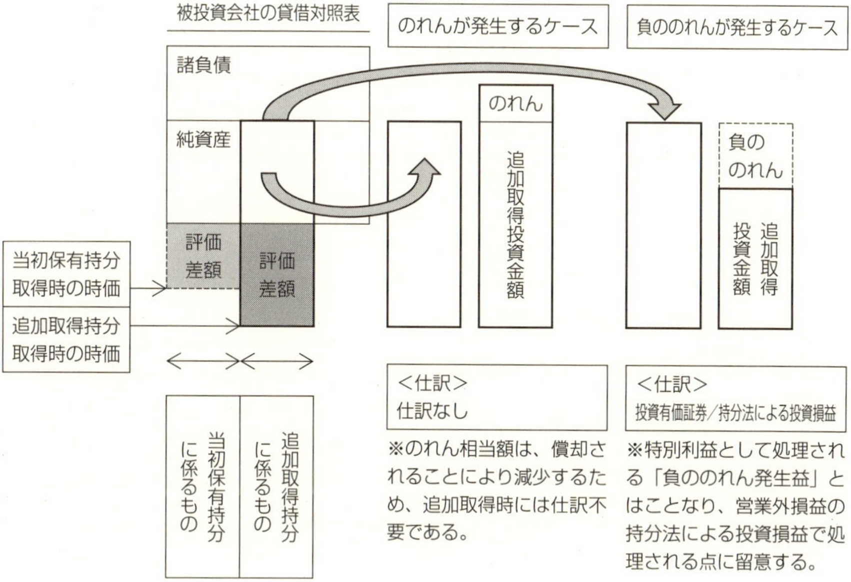

設例3-3　関連会社株式を追加取得し関連会社にとどまっている場合

1）新規取得年度

P社は、×1期にS社株式の30%(300株、発行済株式総数は1,000株)を200,000円で取得し、S社を持分法適用関連会社とした。みなし取得日は、×1期首とする。なお、のれんの償却期間は5年とし、法定実効税率は40%とする。

（注）この設例では、連結子会社は存在しないものの、説明の便宜上、連結財務諸表を作成することとしている。

×1期首におけるS社の貸借対照表は、以下のとおりである。

×1期首のS社の貸借対照表　　（単位：円）

現金預金	200,000	買掛金	100,000
売掛金	300,000	短期借入金	300,000

土地 （※1）	300,000	資本金	200,000
		利益剰余金	200,000
	800,000		800,000

※1　土地の時価は、400,000円である。

また、×1期末のP社及びS社の財務諸表は、以下のとおりである。

×1期末のP社の貸借対照表　（単位：円）

現金預金	600,000	買掛金	300,000
売掛金	400,000	短期借入金	500,000
土地	500,000	未払法人税等	80,000
投資有価証券（※2）	200,000	資本金	400,000
		利益剰余金	420,000
	1,700,000		1,700,000

※2　全額S社株式である。

×1期末のS社の貸借対照表　（単位：円）

現金預金	300,000	買掛金	100,000
売掛金	300,000	短期借入金	300,000
土地	300,000	未払法人税等	40,000
		資本金	200,000
		利益剰余金	260,000
	900,000		900,000

×1期のP社の損益計算書　（単位：円）

売上高	1,000,000
売上原価	800,000
税引前利益	200,000

×1期のS社の損益計算書　（単位：円）

売上高	600,000
売上原価	500,000
税引前利益	100,000

法人税等（※３）	80,000
当期純利益	120,000

法人税等（※３）	40,000
当期純利益	60,000

※３　税率は40％である。

１．のれんの算定

⑴　土地の時価評価

Ｓ社は持分法適用会社であるため、部分時価評価法により、土地の時価評価を行う。なお、下記の仕訳は、Ｓ社の貸借対照表を連結する訳ではないので不要であるが、理解を促すためのイメージとして記載している。

仕訳イメージ　　（単位：円）

（借）土地（※４）	30,000	（貸）	繰延税金負債（※５）	12,000
			評価差額（※６）	18,000

※４　（土地の時価400,000－土地の簿価300,000）×持分比率30％

※５　土地の時価評価差額30,000×法定実効税率40％

※６　土地の時価評価差額30,000－繰延税金負債12,000

⑵　のれんの計算

時価評価後のＳ社の貸借対照表をもとに、のれんの計算を行う。

×１期首のＳ社の貸借対照表（時価評価後）　　（単位：円）

現金預金	200,000	買掛金	100,000
売掛金	300,000	短期借入金	300,000
土地	330,000	繰延税金負債	12,000
		資本金	200,000
		利益剰余金	200,000
		評価差額	18,000
	830,000		830,000

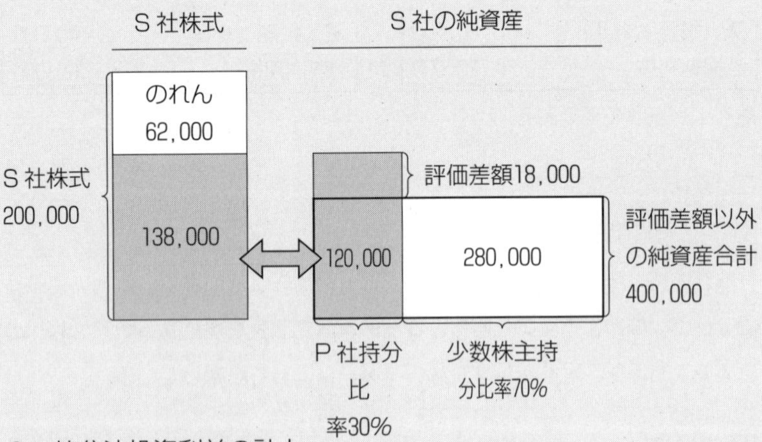

2．持分法投資利益の計上

連結仕訳　(単位：円)

(借) 投資有価証券	18,000	(貸) 持分法投資利益 (※7)	18,000

※7　S 社の当期純利益60,000×P 社持分比率30%

3．のれんの償却

連結仕訳　(単位：円)

(借) 持分法投資利益 (※8)	12,400	(貸) 投資有価証券	12,400

※8　のれんの償却スケジュール

(単位：円)

	償却額	残高
発生	—	62,000
×1期	12,400	49,600
×2期	12,400	37,200
×3期	12,400	24,800
×4期	12,400	12,400
×5期	12,400	—

×１期末の連結貸借対照表　　（単位：円）

	Ｐ社	持分法投資利益の計上	のれん償却	連結 BS
現金預金	600,000			600,000
売掛金	400,000			400,000
土地	500,000			500,000
のれん	―			―
投資有価証券	200,000	18,000	(12,400)	205,600
買掛金	(300,000)			(300,000)
短期借入金	(500,000)			(500,000)
未払法人税等	(80,000)			(80,000)
繰延税金負債	―			―
資本金	(400,000)			(400,000)
利益剰余金（期首残高）	(300,000)			(300,000)
利益剰余金（当期純利益）	(120,000)	(18,000)	12,400	(125,600)

２）追加取得年度

Ｐ社は、翌期（×２期）にＳ社株式の10%（100株、発行済株式総数は1,000株）を、既存株主より100,000円で追加取得し、持分比率を30%から40%に増加させた。みなし追加取得日は×２期末日とする。なお、新たに発生したのれんの償却は、翌期より５年間で行う。

×２期末のＰ社及びＳ社の財務諸表は、以下のとおりである。

×２期末のＰ社の貸借対照表　　（単位：円）

現金預金	620,000	買掛金	300,000

売掛金	400,000	短期借入金	500,000
土地	500,000	未払法人税等	80,000
子会社株式 （※9）	300,000	資本金	400,000
		利益剰余金	540,000
	1,820,000		1,820,000

※9　全額S社株式である。

×2期末のS社の貸借対照表　（単位：円）

現金預金	360,000	買掛金	100,000
売掛金	300,000	短期借入金	300,000
土地（※10）	300,000	未払法人税等	40,000
		資本金	200,000
		利益剰余金	320,000
	960,000		960,000

※10　土地の時価は、500,000円である。

×2期のP社の損益計算書　（単位：円）

売上高	1,000,000
売上原価	800,000
税引前利益	200,000
法人税等	80,000
当期純利益	120,000

×2期のS社の損益計算書　（単位：円）

売上高	600,000
売上原価	500,000
税引前利益	100,000
法人税等	40,000
当期純利益	60,000

1．開始仕訳

×1期の連結仕訳に基づき、開始仕訳を行う。

連結仕訳　（単位：円）

（借）投資有価証券	5,600	（貸）利益剰余金（期首残高）	5,600

×１期のＳ社純資産及び連結仕訳の要約

	×１期首	×１期中	×１期末
持株比率	30%	30%	30%
投資有価証券	200,000		200,000
資本金	200,000		200,000
利益剰余金	200,000	60,000	260,000
小計	400,000	60,000	460,000
評価差額	18,000		18,000
純資産	418,000	60,000	478,000
Ｐ社持分	138,000	18,000	156,000
のれん	62,000	(12,400)	49,600
持分法評価額	200,000	5,600	205,600

２．持分法投資利益の計上

連結仕訳　（単位：円）

（借）投資有価証券	18,000	（貸）持分法投資利益（※11）	18,000

※11　Ｓ社の当期純利益60,000×Ｐ社持分比率30%

３．のれんの償却

連結仕訳　（単位：円）

（借）持分法投資利益（※12）	12,400	（貸）投資有価証券	12,400

※12　のれんの償却スケジュール

（単位：円）

	償却額	残高
発生	—	62,000
×１期	12,400	49,600
×２期	12,400	37,200
×３期	12,400	24,800
×４期	12,400	12,400
×５期	12,400	—

4．追加取得

＜ステップ1＞ 部分時価評価法により被投資会社の資産及び負債を時価評価する。

追加取得時の時価で、S社の資産及び負債を部分時価評価法により評価する。なお、下記の仕訳は、先ほどと同様に、理解を促すためのイメージとして記載している。

仕訳イメージ （単位：円）

（借）土地（※13）	20,000	（貸）繰延税金負債（※14）	8,000
		評価差額（※15）	12,000

※13 （土地の時価500,000－土地の簿価300,000）×追加取得割合10%

※14 土地の時価評価差額20,000×法定実効税率40%

※15 土地の時価評価差額20,000－繰延税金負債8,000

＜ステップ2＞ のれんの金額の計算

時価評価後のS社の貸借対照表をもとに、のれんの計算を行う。

×2期末のS社の貸借対照表（時価評価後）

現金預金	360,000	買掛金	100,000
売掛金	300,000	短期借入金	300,000
土地	350,000	未払法人税等	40,000
		繰延税金負債	20,000
		資本金	200,000
		利益剰余金	320,000
		評価差額	30,000
	1,010,000		1,010,000

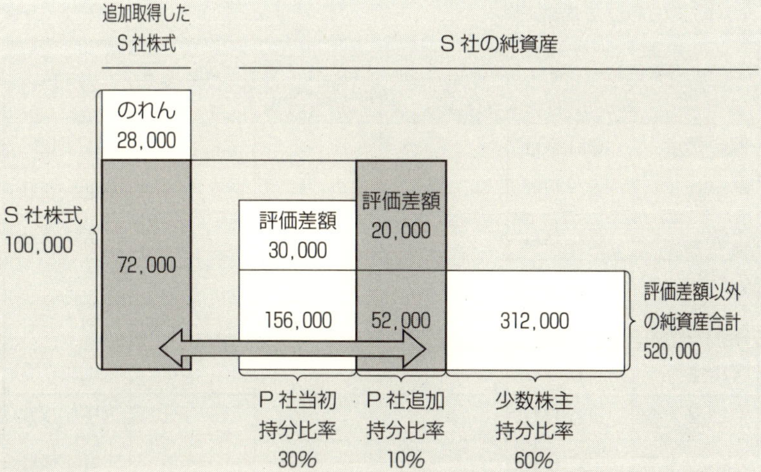

連結仕訳

仕訳なし（※16）

※16　期末に取得したため、新たに発生したのれんの償却は翌期より、5年間で行う。

（参考）　のれんの償却スケジュール

	×１期発生		×２期発生	
	償却額	残高	償却額	残高
×Ⅰ期首	—	62,000		
×１期	12,400	49,600		
×２期	12,400	37,200	—	28,000
×３期	12,400	24,800	5,600	22,400
×４期	12,400	12,400	5,600	16,800
×５期	12,400	—	5,600	11,200
×６期			5,600	5,600
×７期			5,600	—

×2期末の連結貸借対照表　（単位：円）

	P社	開始仕訳	持分法投資利益の計上	のれん償却	結BS
現金預金	620,000				620,000
売掛金	400,000				400,000
土地	500,000				500,000
のれん	―				―
投資有価証券	300,000	5,600	18,000	(12,400)	311,200
買掛金	(300,000)				(300,000)
短期借入金	(500,000)				(500,000)
未払法人税等	(80,000)				(80,000)
繰延税金負債	―				―
資本金	(400,000)				(400,000)
利益剰余金（期首残高）	(420,000)	(5,600)			(425,600)
利益剰余金（当期純利益）	(120,000)		(18,000)	12,400	(125,600)

1-3 売却

1-3-1 子会社株式の一部売却（連結子会社にとどまっている場合）

ポイント

- 売却による親会社持分の減少額（売却持分）と増加する少数株主持分は一致する。
- 投資の売却原価は、個別と連結では異なるため、連結上売却損益の調整が必要となる。

子会社株式の一部を売却したが、当該会社が連結子会社にとどまっている場合、子会社の資本のうち、売却した株式に対応する親会社持分額（以下、「売却持分」という）を親会社持分から減額して少数株主持分を増加させるとともに、売却持分とそれに対応するのれん未償却額の減少額の合計額と個別貸借対照表上の投資減少額との差額を子会社株式売却損益の修正として処理する。

ただし、当該差額のうち、子会社が計上している評価・換算差額等（その他有価証券評価差額金など）に係る部分については、子会社株式の売却により連結上の実現損益となるため、個別財務諸表上の子会社株式売却損益（当該部分が既に含まれている）の修正に含めない（資本連結実務指針42）。

個別と連結上で売却原価が異なる原因

要因	個別	連結	投資簿価への影響
子会社の利益の計上	投資金額に反映されない。	投資金額を親会社持分相当額だけ増加させる。	個別＜連結
子会社の損失の計上	投資金額に反映されないが、実質価額が著しく低下した場合は、減損処理が行われる。	投資金額を親会社持分相当額だけ減少させる。債務超過となった場合は、原則として、債務超過部分は全額親会社負担となる。	個別＞連結
のれんの償却	投資金額に反映されない。	投資金額を償却分だけ減少させる。	個別＞連結
負ののれん発生益	投資金額に反映されない。	投資金額を増加させる。	個別＜連結

具体的な手順は、以下のとおりである。

＜ステップ１＞　売却持分の計算

売却時の子会社の貸借対照表上の純資産をもとに、売却持分を計算する。計算式は、下記のとおりである。

$$\text{売却持分} = \text{純資産} \times \text{売却持分比率}$$

＜ステップ２＞　売却持分に対応するのれんの計算

売却持分に対応するのれんの金額を下記の計算式により計算する。

$$\text{売却持分に対応するのれん金額} = \text{売却前のれん残高} \times \frac{\text{売却持分比率}}{\text{売却前親会社持分比率}}$$

＜ステップ３＞　子会社株式売却損益の修正

＜ステップ１＞、＜ステップ２＞で計算した金額をもとに子会社株式売却損益の修正計算を行う。

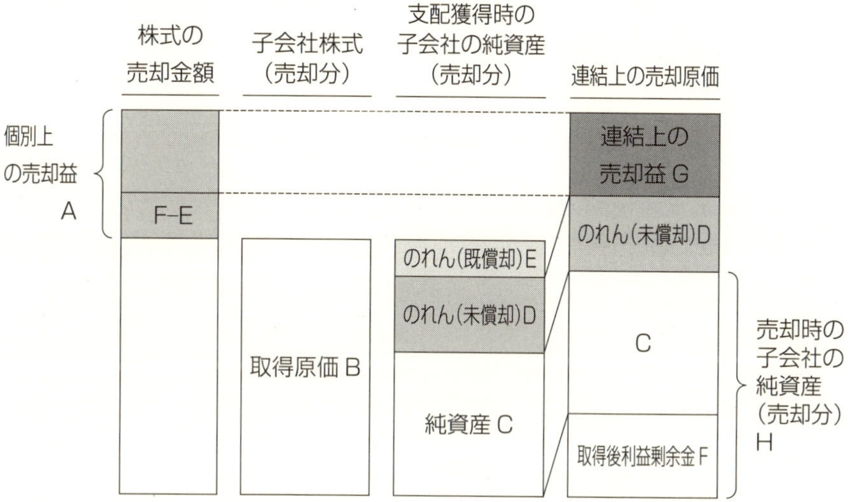

連結上の子会社株式の売却原価は、売却持分（H）とのれんの未償却額（D）の合計額である。
連結上の売却原価は、取得後利益剰余金（F）からのれん既償却額を差し引いた金額だけ、個別上の売却原価よりも大きくなる。
実務的には、売却した子会社株式の取得原価（B）、売却持分（H）及びのれんの未償却額を計算し、子会社株式売却損益の調整は差額で行えばよい。
＜仕訳＞
（子会社株式）B　／（少数株主持分）H
（子会社株式売却益）F–E　／（のれん）D
※子会社株式の売却原価を借方に計上する理由は、開始仕訳で売却前の子会社株式が相殺消去されているためである。

設例3-4 子会社株式の一部売却（連結子会社にとどまっている場合）

1）支配獲得年度

P社は、×1期にS社株式の75%（750株、発行済株式総数は1,000株）を500,000円で取得し、S社を連結子会社とした。みなし取得日は、×1期首とする。なお、のれんの償却期間は5年とし、法定実効税率は40%とする。

×1期首におけるS社の貸借対照表は、以下のとおりである。

×1期首のS社の貸借対照表 （単位：円）

現金預金	200,000	買掛金	100,000
売掛金	300,000	短期借入金	300,000
土地 （※1）	300,000	資本金	200,000
		利益剰余金	200,000
	800,000		800,000

※1 土地の時価は、400,000円である。

また、×1期末のP社及びS社の財務諸表は、以下のとおりである。

×1期末のP社の貸借対照表 （単位：円）

現金預金	300,000	買掛金	300,000
売掛金	400,000	短期借入金	500,000
土地	500,000	未払法人税等	80,000
子会社株式 （※2）	500,000	資本金	400,000
		利益剰余金	420,000
	1,700,000		1,700,000

※2 全額S社株式である。

×1期末のS社の貸借対照表 （単位：円）

現金預金	300,000	買掛金	100,000
売掛金	300,000	短期借入金	300,000

土地	300,000	未払法人税等	40,000
		資本金	200,000
		利益剰余金	260,000
	900,000		900,000

×1期のP社の損益計算書

（単位：円）

売上高	1,000,000
売上原価	800,000
税引前利益	200,000
法人税等（※3）	80,000
当期純利益	120,000

×1期のS社の損益計算書

（単位：円）

売上高	600,000
売上原価	500,000
税引前利益	100,000
法人税等（※3）	40,000
当期純利益	60,000

※3　税率は40%である。

1．投資と資本の相殺消去

(1)　土地の時価評価

全面時価評価法により、土地の時価評価を行う。

連結仕訳　（単位：円）

（借）土地（※4）	100,000	（貸）繰延税金負債（※5）	40,000
		評価差額（※6）	60,000

※4　土地の時価400,000－土地の簿価300,000

※5　土地の時価評価差額100,000×法定実効税率40%

※6　土地の時価評価差額100,000－繰延税金負債40,000

(2)　投資と資本の相殺消去

時価評価後のS社の貸借対照表をもとに、投資と資本の相殺消去を行う。

×1期首のＳ社の貸借対照表（時価評価後） （単位：円）

現金預金	200,000	買掛金	100,000
売掛金	300,000	短期借入金	300,000
土地	400,000	繰延税金負債	40,000
		資本金	200,000
		利益剰余金	200,000
		評価差額	60,000
	900,000		900,000

連結仕訳 （単位：円）

（借）資本金	200,000	（貸）子会社株式	500,000
利益剰余金（期首残高）	200,000	少数株主持分（※８）	115,000
評価差額	60,000		
のれん（※７）	155,000		

※７　子会社株式500,000－Ｓ社の純資産460,000×親会社持分比率75%

※８　Ｓ社の純資産×（１－親会社持分比率75%）

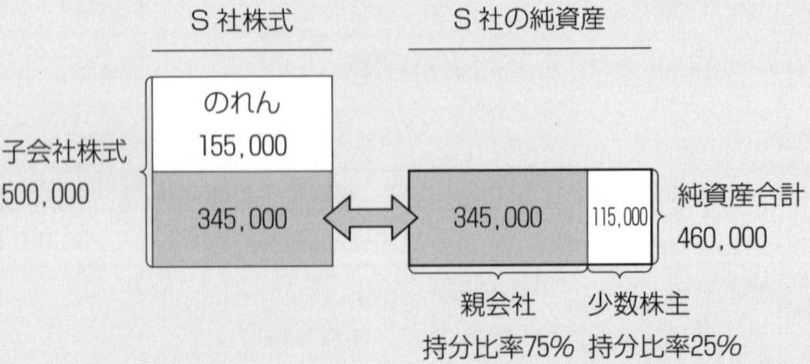

２．少数株主損益への振替

連結仕訳 （単位：円）

（借）少数株主利益（※９）	15,000	（貸）少数株主持分	15,000

※９　Ｓ社の当期純利益60,000×少数株主持分比率25%

3．のれんの償却

連結仕訳

（単位：円）

（借）のれん償却額（※10）	31,000	（貸）のれん	31,000

※10　のれんの償却スケジュール

（単位：円）

	償却額	残高
発生	—	155,000
×１期	31,000	124,000
×２期	31,000	93,000
×３期	31,000	62,000
×４期	31,000	31,000
×５期	31,000	—

×１期末の連結貸借対照表

（単位：円）

	P社	S社	単純合算	投資と資本の相殺消去	少数株主損益への振替	のれん償却	連結BS
現金預金	300,000	300,000	600,000				600,000
売掛金	400,000	300,000	700,000				700,000
土地	500,000	400,000	900,000				900,000
のれん	—	—	—	155,000		(31,000)	124,000
子会社株式	500,000	—	500,000	(500,000)			—
買掛金	(300,000)	(100,000)	(400,000)				(400,000)
短期借入金	(500,000)	(300,000)	(800,000)				(800,000)
未払法人税等	(80,000)	(40,000)	(120,000)				(120,000)
繰延税金負債	—	(40,000)	(40,000)				(40,000)
資本金	(400,000)	(200,000)	(600,000)	200,000			(400,000)
利益剰余金（期首残高）	(300,000)	(200,000)	(500,000)	200,000			(300,000)
利益剰余金（当期純利益）	(120,000)	(60,000)	(180,000)		15,000	31,000	(134,000)
評価差額	—	(60,000)	(60,000)	60,000			—
少数株主持分	—	—	—	(115,000)	(15,000)		(130,000)

2）一部売却年度

P社は、翌期（×2期）にS社株式の15%（150株、発行済株式総数は1,000株）を180,000円で売却し、持分比率を75%から60%に減少させた。みなし売却日は×2期首とする。

×2期末のP社及びS社の財務諸表は、以下のとおりである。

×2期末のP社の貸借対照表　（単位：円）

現金預金	600,000	買掛金	300,000
売掛金	400,000	短期借入金	500,000
土地	500,000	未払法人税等	112,000
子会社株式　（※11）	400,000	資本金	400,000
		利益剰余金	588,000
	1,900,000		1,900,000

※11　全額S社株式である。

×2期末のS社の貸借対照表（時価評価後）　（単位：円）

現金預金	360,000	買掛金	100,000
売掛金	300,000	短期借入金	300,000
土地	400,000	未払法人税等	40,000
		繰延税金負債	40,000
		資本金	200,000
		利益剰余金	320,000
		評価差額	60,000
	1,060,000		1,060,000

×２期のＰ社の損益計算書

（単位：円）

売上高	1,000,000
売上原価	800,000
子会社株式売却益（※12）	80,000
税引前利益	280,000
法人税等	112,000
当期純利益	168,000

×２期のＳ社の損益計算書

（単位：円）

売上高	600,000
売上原価	500,000
税引前利益	100,000
法人税等	40,000
当期純利益	60,000

※12　売却金額180,000－子会社株式取得価額500,000×150株÷750株

1．開始仕訳

×１期の連結仕訳に基づき、開始仕訳を行う。

連結仕訳

（単位：円）

（借）資本金	200,000	（貸）子会社株式	500,000
利益剰余金（期首残高）（※13）	246,000	少数株主持分	130,000
評価差額	60,000		
のれん	124,000		

※13　×１期首の利益剰余金200,000＋少数株主損益15,000＋のれん償却額31,000

×１期のＳ社純資産及び連結仕訳の要約

	×１期首	×１期中	×１期末
持株比率	75%	75%	75%
子会社株式	500,000		500,000
資本金 利益剰余金 評価差額	200,000 200,000 60,000	60,000	200,000 260,000 60,000
純資産	460,000	60,000	520,000
少数株主持分	115,000	15,000	130,000
のれん	155,000	(31,000)	124,000

2．子会社株式売却損益の修正

<ステップ1> 売却持分の計算

みなし売却日が期首なので、前期末の時価評価後のＳ社の貸借対照表に基づき、売却持分を計算する。

×1期末のＳ社の貸借対照表（時価評価後） （単位：円）

現金預金	300,000	買掛金	100,000
売掛金	300,000	短期借入金	300,000
土地	400,000	未払法人税等	40,000
		繰延税金負債	40,000
		資本金	200,000
		利益剰余金	260,000
		評価差額	60,000
	1,000,000		1,000,000

売却持分＝純資産×売却持分比率
＝(資本金200,000＋利益剰余金260,000＋評価差額60,000)×売却持分比率15%
＝78,000

<ステップ2> 売却持分に対応するのれんの計算

$$\text{売却持分に対応するのれん金額} = \text{売却前のれん残高} \times \frac{\text{売却持分比率}}{\text{売却前親会社持分比率}}$$

$$= 124{,}000 \times \frac{15\%}{75\%}$$

$$= 24{,}800$$

＜ステップ３＞　子会社株式売却損益の修正

連結仕訳　（単位：円）

(借)子会社株式（※14）	100,000	(貸)少数株主持分	78,000
子会社株式売却益（※15）	2,800	のれん	24,800

※14　子会社株式取得価額500,000×売却持分比率15%÷売却前持分比率75%

※15　個別上の売却益－連結上の売却益＝個別上の売却益－(売却金額－連結上の売却原価)＝80,000－(180,000－(78,000＋24,800))

３．少数株主損益への振替

連結仕訳　（単位：円）

(借)少数株主利益（※16）	24,000	(貸)少数株主持分	24,000

※16　S社の当期純利益60,000×売却後少数株主持分比率40%
期首に売却したため、少数株主損益への振り替えは、売却後の少数株主持分比率で行う。

４．のれんの償却

連結仕訳　（単位：円）

(借)のれん償却額（※17）	24,800	(貸)のれん	24,800

※17　のれんの償却スケジュール

（単位：円）

	償却額	売却	残高
発生	—		155,000
×１期	31,000		124,000
×２期	24,800	24,800	74,400
×３期	24,800		49,600
×４期	24,800		24,800
×５期	24,800		—

×2期末の連結貸借対照表

(単位：円)

	P社	S社	単純合算	開始仕訳	一部売却	少数株主損益への振替	のれん償却	連結BS
現金預金	600,000	360,000	960,000					960,000
売掛金	400,000	300,000	700,000					700,000
土地	500,000	400,000	900,000					900,000
のれん	—	—	—	124,000	(24,800)		(24,800)	74,400
子会社株式	400,000	—	400,000	(500,000)	100,000			—
買掛金	(300,000)	(100,000)	(400,000)					(400,000)
短期借入金	(500,000)	(300,000)	(800,000)					(800,000)
未払法人税等	(112,000)	(40,000)	(152,000)					(152,000)
繰延税金負債	—	(40,000)	(40,000)					(40,000)
資本金	(400,000)	(200,000)	(600,000)	200,000				(400,000)
利益剰余金(期首残高)	(420,000)	(260,000)	(680,000)	246,000				(434,000)
利益剰余金(当期純利益)	(168,000)	(60,000)	(228,000)		2,800	24,000	24,800	(176,400)
評価差額	—	(60,000)	(60,000)	60,000				—
少数株主持分	—		—	(130,000)	(78,000)	(24,000)		(232,000)

×2期の連結損益計算書

(単位：円)

	P社	S社	単純合算	一部売却	少数株主損益への振替	のれん償却	連結PL
売上高	(1,000,000)	(600,000)	(1,600,000)				(1,600,000)
売上原価	800,000	500,000	1,300,000				1,300,000
のれん償却額	—	—	—			24,800	24,800
子会社株式売却益	(80,000)	—	(80,000)	2,800			(77,200)
法人税等	112,000	40,000	152,000				152,000
少数株主利益	—	—	—		24,000		24,000
当期純利益	(168,000)	(60,000)	(228,000)	2,800	24,000	24,800	(176,400)

1-3-2 子会社株式の一部売却（支配を解消して関連会社になった場合）

P ポイント

- 連結からを除外し、持分法を適用する。
- 売却した持分に対応する投資の修正額を株式売却損益の修正金額とする。

持分法を適用する場合でも、資産及び負債の評価並びにのれんの償却は連結の場合と同様の処理を行うとされている。したがって、子会社株式の一部を売却し連結子会社が関連会社となった場合、当該会社の個別貸借対照表はもはや連結されないため、連結貸借対照表上、親会社の個別貸借対照表上に計上している当該関連会社株式の帳簿価額に、当該会社に対する支配を解消する日まで連結財務諸表に計上した取得後利益剰余金（時価評価による簿価修正額に係る償却及び実現損益累計額を含む）及び評価・換算差額等並びにのれん償却累計額の合計額（以下「投資の修正額」という）のうち売却後持分額を加減し、持分法による投資評価額に修正することが必要となる。

ただし、売却前の連結財務諸表では投資の修正額は売却前の株式に対応する部分を計上しているため、売却前の投資の修正額とこのうち売却後の株式に対応する部分との差額のうち、すでに連結上損益処理されている部分を子会社株式売却損益の修正として処理する。具体的には、以下の算式によりそれぞれの金額を算定する（資本連結実務指針45）。

①売却前の投資の修正額＝売却前の取得後利益剰余金（※１）±のれん償却累計額（※２）

②売却後の投資の修正額＝売却前の投資の修正額×$\dfrac{\text{売却後親会社持分比率}}{\text{売却前親会社持分比率}}$

※１　時価評価による簿価修正額に係る償却及び実現損益累計額を含む。

※２　のれん償却累計額はマイナスし、過去に発生した負ののれん発生益はプラスする。

具体的には、次の手順により行う。

＜ステップ１＞　支配獲得時の投資と資本の相殺消去に係る開始仕訳の振戻し仕訳

株式の一部売却により、連結子会社は、持分法適用関連会社となるため、支配獲得時の投資と資本の相殺消去に係る開始仕訳を振り戻す。なお、支配獲得後の少数株主持分への振替及びのれんの償却については、＜ステップ３＞で調整する。

＜開始仕訳＞

(資本金)	×××	(子会社株式)	×××
(利益剰余金期首残高)	×××	(少数株主持分)	×××
(評価差額)	×××		
(のれん)	×××		

＜振戻し＞

(子会社株式)	×××	(資本金)	×××
(少数株主持分)	×××	(利益剰余金期首残高)	×××
		(評価差額)	×××
		(のれん)	×××

＜ステップ２＞　連結除外仕訳

持分法が適用されることにより、被投資会社の財務諸表は連結除外されることになるため、単純合算表で合算されている被投資会社の財務諸表数値を除外する必要がある。

なお、貸借対照表、損益計算書及び株主資本等変動計算書（利益剰余金）の除外すべき金額とみなし売却日の関係は下記のとおりとなる。実務上、期首に売却した場合には、被投資会社の財務諸表を最初から合算せず、＜ステップ３＞の仕訳で調整を行うため、＜ステップ２＞は省略してかまわない。したがって、連結除外仕訳が必要になるのは、みなし売却日が期末になる場合の貸借対照表のみである。

みなし売却日	貸借対照表	損益計算書	株主資本等変動計算書（利益剰余金）
期首	連結除外	連結除外	連結除外
期末	連結除外	連結	連結

<連結除外仕訳>

（諸負債）	×××	（諸資産）	×××
（資本金）	×××		
（利益剰余金期首残高）	×××		
（利益剰余金－連結除外）	×××		
（評価差額）	×××		

※<ステップ１>で支配獲得時の投資と資本の相殺消去仕訳の振戻し仕訳を行っているため、支配獲得時の利益剰余金残高を利益剰余金期首残高から、マイナスする。また、それ以外の利益剰余金（支配獲得後に計上された利益剰余金）については、利益剰余金－連結除外（株主資本等変動計算書の利益剰余金の減少額）に振り替える。

<ステップ３>　持分法による評価と少数株主持分の振戻し

売却前の投資の修正額の計算を行う。売却前の投資の修正額は、以下の算式により行う。

売却前の投資の修正額 ＝ 売却前の取得後利益剰余金（※１）± のれん償却累計額（※２）

※１　時価評価による簿価修正額に係る償却及び実現損益累計額を含む。

※２　のれん償却累計額はマイナスし、過去に発生した負ののれん発生益はプラスする。

単純に利益剰余金の増減が、被投資会社の利益のみから構成され、少数株主持分を変動させる他の要因がない場合には、次のように整理することができる。

計上時期	利益剰余金	少数株主持分	取得後利益剰余金
過年度	A＝利益剰余金前期末残高－支配獲得時の利益剰余金	D＝A×少数株主持分比率	G＝A－D
当期	当期純利益（B）	少数株主損益（E）	H＝B－E
合計	C＝A＋B	F＝D＋E	I＝G＋H I＝C－F

計上時期	のれん償却累計額
過年度	当期の開始仕訳（J）
当期	のれん償却額　（K）
合計	L＝J＋K

売却前の投資の修正額（M）＝I－L

以上の整理から、以下の処理を行う。

①（投資有価証券）	I	（利益剰余金－連結除外）	C
（少数株主持分）	F		
②（の　れ　ん）	L	（投　資　有　価　証　券）	L

①の仕訳により、開始仕訳及び当期純利益の少数株主持分の振替により生じた少数株主持分が相殺され、投資有価証券が取得後利益剰余金分だけ増額される。また、②の仕訳により、＜ステップ１＞の支配獲得時の投資と資本の相殺消去に係る開始仕訳の振戻し仕訳により、マイナス残高となっていたのれんがゼロになり、同時に、のれん償却累計額が投資有価証券から控除される。①と②の投資有価証券の調整金額は、上記から明らかなとおり、売却前の投資の修正額となる。

また、「利益剰余金－連結除外」勘定は、通過勘定であり、最終的な残高は必ずゼロになる。

なお、みなし取得日が期首の場合で、子会社の財務諸表を合算していない場合には（＜ステップ２＞参照）、追加で次の仕訳が必要となる。

①（利益剰余金－連結除外）	A	/（利益剰余金期首残高）	A

これは、S社の利益剰余金期首残高が合算されていないことから、前期末の利益剰余金期末残高と当期首の利益剰余金期末残高を一致させるために必要である。

＜ステップ4＞　株式売却損益の修正

売却後の投資の修正額の計算を行う。売却後の投資の修正額は、以下の算式により行う。

$$売却後の投資の修正額 = 売却前の投資の修正額 \times \frac{売却後親会社持分比率}{売却前親会社持分比率}$$

売却前の投資の修正額と売却後の投資の修正額の差額を計算し、当該金額を株式売却損益の調整金額として処理する。

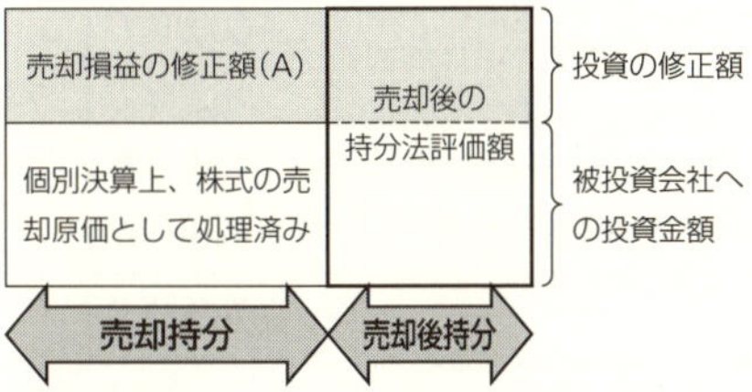

＜仕訳＞

（子会社株式売却益）	A	/（投資有価証券）	A

設例3-5　子会社株式の一部売却（連結子会社から関連会社になった場合）

1）支配獲得年度

P社は、×1期にS社株式の75%（750株、発行済株式総数は1,000株）を500,000円で取得し、S社を連結子会社とした。みなし取得日は、×1期首とする。なお、のれんの償却期間は5年とし、法定実効税率は40%とする。

（注）　この設例では、子会社株式の一部売却により連結子会社が存在しなくなるが、説明の便宜上、連結財務諸表を作成することとしている。

×１期首におけるＳ社の貸借対照表は、以下のとおりである。

×１期首のＳ社の貸借対照表　　（単位：円）

現金預金	200,000	買掛金	100,000
売掛金	300,000	短期借入金	300,000
土地　（※１）	300,000	資本金	200,000
		利益剰余金	200,000
	800,000		800,00

※１　土地の時価は、400,000円である。

また、×１期末のＰ社及びＳ社の財務諸表は、以下のとおりである。

×１期末のＰ社の貸借対照表　　（単位：円）

現金預金	300,000	買掛金	300,000
売掛金	400,000	短期借入金	500,000
土地	500,000	未払法人税等	80,000
子会社株式　（※２）	500,000	資本金	400,000
		利益剰余金	420,000
	1,700,000		1,700,000

※２　全額Ｓ社株式である。

×１期末のＳ社の貸借対照表　　（単位：円）

現金預金	300,000	買掛金	100,000
売掛金	300,000	短期借入金	300,000
土地	300,000	未払法人税等	40,000
		資本金	200,000
		利益剰余金	260,000
	900,000		900,000

×1期のP社の損益計算書

（単位：円）

売上高	1,000,000
売上原価	800,000
税引前利益	200,000
法人税等（※3）	80,000
当期純利益	120,000

×1期のS社の損益計算書

（単位：円）

売上高	600,000
売上原価	500,000
税引前利益	100,000
法人税等（※3）	40,000
当期純利益	60,000

※3　税率は40%である。

1．投資と資本の相殺消去

(1)　土地の時価評価

全面時価評価法により、土地の時価評価を行う。

連結仕訳

（単位：円）

（借）土地（※4）	100,000	（貸）	繰延税金負債（※5）	40,000
			評価差額（※6）	60,000

※4　土地の時価400,000－土地の簿価300,000

※5　土地の時価評価差額100,000×法定実効税率40%

※6　土地の時価評価差額100,000－繰延税金負債40,000

(2)　投資と資本の相殺消去

時価評価後のS社の貸借対照表をもとに、投資と資本の相殺消去を行う。

×1期首のS社の貸借対照表（時価評価後）

（単位：円）

現金預金	200,000	買掛金	100,000
売掛金	300,000	短期借入金	300,000
土地	400,000	繰延税金負債	40,000
		資本金	200,000
		利益剰余金	200,000
		評価差額	60,000
	900,000		900,000

連結仕訳　　　　　　　　　　　　　　　　　　　　　　（単位：円）

（借）	資本金	200,000	（貸）	子会社株式	500,000
	利益剰余金(期首残高)	200,000		少数株主持分（※８）	115,000
	評価差額	60,000			
	のれん（※７）	155,000			

※７　子会社株式500,000－Ｓ社の純資産460,000（＝資本金200,000＋資本剰余金200,000＋利益剰余金60,000）×親会社持分比率75%

※８　Ｓ社の純資産×（１－親会社持分比率75%）

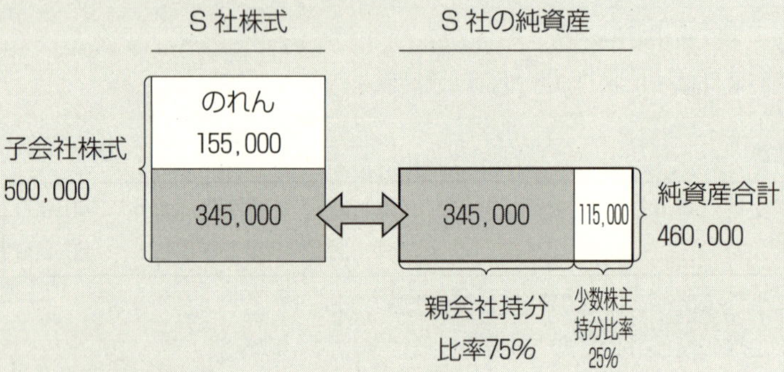

２．少数株主損益への振替

連結仕訳　　　　　　　　　　　　　　　　　　　　　　（単位：円）

（借）	少数株主利益（※９）	15,000	（貸）	少数株主持分	15,000

※９　Ｓ社の当期純利益60,000×少数株主持分比率25%

3．のれんの償却

連結仕訳 (単位：円)

(借) のれん償却額 (※10)	31,000	(貸) のれん	31,000

※10 のれんの償却スケジュール

(単位：円)

	償却額	残高
発生	—	155,000
×1期	31,000	124,000
×2期	31,000	93,000
×3期	31,000	62,000
×4期	31,000	31,000
×5期	31,000	—

×1期末の連結貸借対照表 (単位：円)

	P社	S社	単純合算	投資と資本の相殺消去	少数株主損益への振替	のれん償却	連結BS
現金預金	300,000	300,000	600,000				600,000
売掛金	400,000	300,000	700,000				700,000
土地	500,000	400,000	900,000				900,000
のれん	—	—	—	155,000		(31,000)	124,000
子会社株式	500,000	—	500,000	(500,000)			—
買掛金	(300,000)	(100,000)	(400,000)				(400,000)
短期借入金	(500,000)	(300,000)	(800,000)				(800,000)
未払法人税等	(80,000)	(40,000)	(120,000)				(120,000)
繰延税金負債	—	(40,000)	(40,000)				(40,000)
資本金	(400,000)	(200,000)	(600,000)	200,000			(400,000)
利益剰余金(期首残高)	(300,000)	(200,000)	(500,000)	200,000			(300,000)
利益剰余金(当期純利益)	(120,000)	(60,000)	(180,000)		15,000	31,000	(134,000)
評価差額	—	(60,000)	(60,000)	60,000			—
少数株主持分	—	—	—	(115,000)	(15,000)		(130,000)

2）一部売却年度

Ｐ社は、翌期（×２期）にＳ社株式の45％（450株、発行済株式総数は1,000株）を340,000円で売却し、持分比率を75％から30％に減少させた。みなし売却日は×２期首とする。

×２期末のＰ社及びＳ社の財務諸表は、以下のとおりである。

×２期末のＰ社の貸借対照表　（単位：円）

現金預金	760,000	買掛金	300,000
売掛金	400,000	短期借入金	500,000
土地	500,000	未払法人税等	96,000
投資有価証券　（※11）	200,000	資本金	400,000
		利益剰余金	564,000
	1,860,000		1,860,000

※11　全額Ｓ社株式である。

×２期末のＳ社の貸借対照表　（単位：円）

現金預金	360,000	買掛金	100,000
売掛金	300,000	短期借入金	300,000
土地	300,000	未払法人税等	40,000
		資本金	200,000
		利益剰余金	320,000
	960,000		960,000

×２期のＰ社の損益計算書　（単位：円）

売上高	1,000,000
売上原価	800,000
子会社株式売却益（※12）	40,000
税引前利益	240,000
法人税等	96,000
当期純利益	144,000

×２期のＳ社の損益計算書　（単位：円）

売上高	600,000
売上原価	500,000
税引前利益	100,000
法人税等	40,000
当期純利益	60,000

※12　売却金額340,000－子会社株式取得価額500,000×450株÷750株

1．開始仕訳

×１期の連結仕訳に基づき、開始仕訳を行う。

連結仕訳 （単位：円）

（借）	資本金	200,000	（貸）	子会社株式	500,000
	利益剰余金（期首残高）（※13）	246,000		少数株主持分	130,000
	評価差額	60,000			
	のれん	124,000			

※13　×１期首の利益剰余金200,000＋少数株主損益15,000＋のれん償却額31,000

×１期のＳ社純資産及び連結仕訳の要約

	×１期首	×１期中	×１期末
持株比率	75%	75%	75%
子会社株式	500,000		500,000
資本金	200,000		200,000
利益剰余金	200,000	60,000	260,000
評価差額	60,000		60,000
純資産	460,000	60,000	520,000
少数株主持分	115,000	15,000	130,000
のれん	155,000	(31,000)	124,000

2．持分法による評価と子会社株式売却益の修正

<ステップ1>　支配獲得時の投資と資本の相殺消去に係る開始仕訳の振り戻し仕訳

支配獲得時の投資と資本の相殺消去に係る開始仕訳を振り戻す。

連結仕訳　　（単位：円）

（借）	子会社株式	500,000	（貸）	資本金	200,000
	少数株主持分	115,000		利益剰余金（期首残高）	200,000
				評価差額	60,000
				のれん	155,000

<ステップ2>　連結除外仕訳

期首に売却を行っているため、S社の財務諸表を合算せずに、<ステップ3>で調整を行う。

<ステップ3>　持分法による評価と少数株主持分の振り戻し

売却前の投資の修正額の計算を行う。

売却前の投資の修正額 ＝ 売却前の取得後利益剰余金 ± のれん償却累計額
＝ 45,000 － 31,000
＝ 14,000

計上時期	利益剰余金（A）	少数株主持分（B）	取得後利益剰余金（C＝A－B）
過年度（※14）	60,000（※15）	15,000（※16）	45,000

計上時期	のれん償却累計額（D）	売却前の投資の修正額（E＝C－D）
過年度（※14）	31,000	14,000

※14　期首売却であるため、過年度分のみ集計すればよい。
※15　前期利益剰余金期末残高260,000－支配獲得時利益剰余金200,000
※16　60,000×少数株主持分比率25%

連結仕訳 （単位：円）

（借）	投資有価証券	14,000	（貸）利益剰余金（連結除外）	60,000
	少数株主持分	15,000		
	のれん	31,000		

S 社の財務諸表を合算していないことから、支配獲得後に計上された利益剰余金を利益剰余金期首残高に計上する。

連結仕訳 （単位：円）

（借）	利益剰余金（連結除外）	60,000	（貸）利益剰余金（期首残高）	60,000

＜ステップ 4 ＞　子会社株式売却益の修正

売却後の投資の修正額を計算する。

$$売却後の投資の修正額 = 売却前の投資の修正額 \times \frac{売却後親会社持分比率}{売却前親会社持分比率}$$
$$= 14,000 \times \frac{30\%}{75\%}$$
$$= 5,600$$

連結仕訳 （単位：円）

（借）	子会社株式売却益（※17）	8,400	（貸）投資有価証券	8,400

※17　売却前の投資の修正額14,000－売却後の投資の修正額5,600

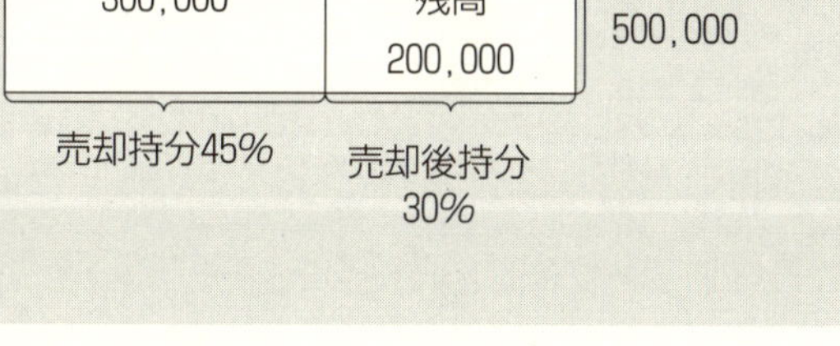

3．持分法投資利益の計上

連結仕訳 （単位：円）

（借）投資有価証券	18,000	（貸）持分法投資利益（※18）	18,000

※18　S社の当期純利益60,000×売却後持分比率30%

4．のれんの償却

連結仕訳 （単位：円）

（借）持分法投資利益（※19）	12,400	（貸）投資有価証券	12,400

※19　のれんの償却スケジュール

（単位：円）

	償却額	売却（※20）	残高
発生	—		155,000
×1期	31,000		124,000
×2期	12,400	74,400	37,200
×3期	12,400		24,800
×4期	12,400		12,400
×5期	12,400		—

※20　売却前のれん残高124,000×売却持分比率45%÷売却前持分比率75%

×2期末の連結貸借対照表

（単位：円）

	P社	開始仕訳	資本連結仕訳振戻し	持分法評価	取得後利益剰余金計上	株式売却益の修正	持分法投資利益の計上	のれん償却	連結BS
現金預金	760,000								760,000
売掛金	400,000								400,000
土地	500,000								500,000
のれん	—	124,000	(155,000)	31,000					—
投資有価証券	200,000			14,000		(8,400)	18,000	(12,400)	211,200
子会社株式	—	(500,000)	500,000						—
買掛金	(300,000)								(300,000)
短期借入金	(500,000)								(500,000)
未払法人税等	(96,000)								(96,000)
繰延税金負債	—								—
資本金	(400,000)	200,000	(200,000)						(400,000)
利益剰余金（期首残高）	(420,000)	246,000	(200,000)		(60,000)				(434,000)
利益剰余金（当期純利益）	(144,000)					8,400	(18,000)	12,400	(141,200)
利益剰余金（連結除外）	—			(60,000)	60,000				—
評価差額	—	60,000	(60,000)						—
少数株主持分	—	(130,000)	115,000	15,000					—

×2期の連結損益計算書

（単位：円）

	P社	開始仕訳	資本連結仕訳振戻し	持分法評価	取得後利益剰余金計上	株式売却益の修正	持分法投資利益の計上	のれん償却	連結PL
売上高	(1,000,000)								(1,000,000)
売上原価	800,000								800,000
持分法投資利益	—						(18,000)	12,400	(5,600)
子会社株式売却益	(40,000)					8,400			(31,600)
法人税等	96,000								96,000
当期純利益	(144,000)								(144,000)

1-3-3 子会社株式の一部売却（連結子会社から関連会社にも該当しなくなった場合）

P ポイント

- 売却後の株式に対応する投資の修正額を「連結除外に伴う利益剰余金減少高（または増加高）」に振り替える。

子会社株式の売却等により被投資会社が子会社及び関連会社に該当しなくなった場合には、連結財務諸表上、残存する当該被投資会社に対する投資は、個別貸借対照表上の帳簿価額をもって評価する（連会29）。

この場合の子会社株式売却損益の修正額は、関連会社になった場合に準じて算定する。

さらに、売却後の投資の修正額を取り崩すことが必要であり、当該取崩額を連結株主資本等変動計算書上の利益剰余金の区分に「連結除外に伴う利益剰余金減少高（または増加高）」等その内容を示す適当な名称をもって計上する（資本連結実務指針46）。

さて、具体的な手順であるが、<ステップ１>から<ステップ４>までは、「支配を解消して関連会社になった場合」（1－3－2参照）とまったく同じである。したがって、<ステップ５>から解説する。

<ステップ5>　被投資会社の株式を帳簿価額に修正

売却後の株式に対応する投資の修正額を「連結除外に伴う利益剰余金減少高（または増加高）」に振り替える。

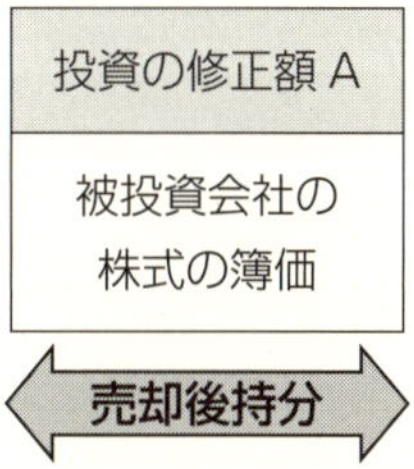

＜仕訳＞

(連結除外に伴う利益剰余金減少高)	A	(投資有価証券)	A

1-3-4 関連会社株式の一部売却（関連会社にとどまっている場合）

ポイント

- 売却した持分に対応する投資の修正額を株式売却損益の修正額とする。

持分法適用会社の株式を売却した場合には、資本のうち売却した株式に対応する持分の減少額と投資の減少額との間に生じた差額は、持分法適用会社株式の売却損益の修正として処理する。ただし、当該差額のうち、持分法適用会社が計上している評価・換算差額等（その他有価証券評価差額金など）に係る部分については、売却損益の修正に含めない。

なお、売却に伴うのれんの未償却額のうち売却した株式に対応する部分についても、上記持分の減少額に含めて計算する（持分法実務指針17）。

具体的な手順であるが、「支配を解消して関連会社になった場合」（「第3章1-3-2」参照）の＜ステップ4＞とまったく同じである。すなわち、売却した持分に対応する投資の修正額を株式売却損益の修正額とすればよい。よりわかりやすくいえば、売却持分に対応する持分法評価額と個別決算上の売却原価の差額を株式売却損益の修正額とすればよいのである。

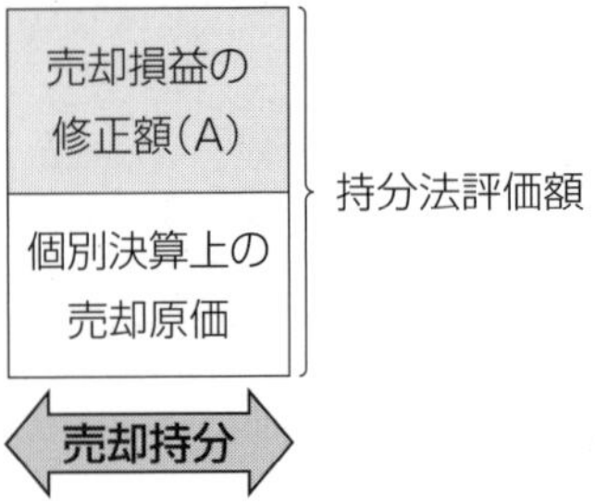

<仕訳>
（投資有価証券売却益） A ／（投資有価証券） A

1-3-5　関連会社株式の一部売却(関連会社に該当しなくなった場合)

ポイント

- 売却後の株式に対応する投資の修正額を「持分法適用の除外に伴う利益剰余金減少高（または増加高)」に振り替える。

関連会社に対する投資の売却等により被投資会社が関連会社に該当しなくなった場合には、連結財務諸表上、残存する当該被投資会社に対する投資は、個別貸借対照表上の帳簿価額をもって評価する（持会15)。

具体的な手順であるが、「連結子会社から関連会社にも該当しなくなった場合」（「第3章1－3－3」参照）の＜ステップ5＞とほぼ同じである。異なるのは、売却後の株式に対応する投資の修正額を「持分法適用の除外に伴う利益剰余金減少高（または増加高)」で処理する点のみである。

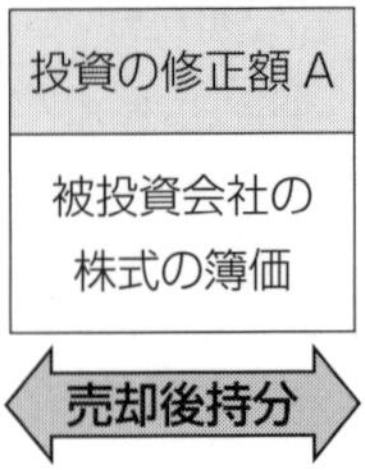

<仕訳>
（持分法適用の除外に伴う利益剰余金減少高） A ／（投資有価証券） A

2 連結子会社の増資及び減資

ポイント

- 連結子会社の増資及び減資による親会社持分比率の変動パターンにより、資本連結手続が異なる。

ここでは、連結子会社の増資又は減資により、親会社の持分額及び持分比率が変動した場合の資本連結手続について解説する。

連結子会社の増資の代表的なパターンとしては、以下の3つが挙げられる。増資による親会社持分比率の変動パターンにより、資本連結手続が異なるので注意が必要である。

パターン		親会社持分比率	資本連結手続		参照
(1)	株主割当増資	不変	増資金額（親会社払込分）	親会社の投資金額と相殺	2-1-1
			増資金額（少数株主払込分）	少数株主持分に振り替える	
(2)	時価発行増資	増加	追加取得に準じた処理		2-1-2
(3)	時価発行増資	減少	一部売却に準じた処理		2-1-3

減資のパターンとしては、資本の払戻しを伴う有償原資と伴わない無償減資の2つのパターンがあり、それぞれ、親会社持分が不変、増加または減少する3つのパターンがあることから、あわせて6つのパターンが存在する。こちらも親会社持分比率の変動パターンにより、資本連結手続が異なる。

パターン		親会社持分比率	資本連結手続	参照
(1)	有償原資	不変	少数株主へ資本の払い戻し	2-2-1
(2)		増加	追加取得に準じた処理	
(3)		減少	一部売却に準じた処理	
(4)	無償原資	不変	（連結への影響なし）	2-2-2
(5)		増加	追加取得に準じた処理	
(6)		減少	一部売却に準じた処理	

2-1　増資

2-1-1　株主割当増資

ポイント

- 子会社が株主割当増資を行った場合には、持分比率に変動が生じないため、追加投資金額と増資金額を相殺消去するだけでよい。

株主割当増資、すなわち、既存の株主に持株比率に応じて新株予約権を発行し、株主全員がそれに応じた場合には、持株比率が変動することなく、株主資本が増加する。

したがって、資本連結手続上は、増資金額のうち親会社払込分を親会社の追加投資金額と相殺消去し、増資金額のうち少数株主払込分を少数株主持分に振り替えればよい。

子会社の純資産

資本金（増資前）	
資本金（増資金額） A	B
利益剰余金	
評価差額	
⟷ 親会社持分比率	⟷ 少数株主持分比率

＜仕訳＞

（資本金）	A＋B	（子会社株式）	A
		（少数株主持分）	B

2-1-2 時価発行増資等に伴い親会社の持分が増加した場合

P ポイント

- 子会社の時価発行増資等に伴い、親会社の引受割合が増資前の持分比率と異なるために、増資後の親会社持分比率が増加する場合、いったん、従来の持分比率で株式を引き受け、その後に追加取得を行ったとみなす。
- みなし取得価額と資本のうち親会社持分増加額との差額は、のれんに計上する。

子会社の時価発行増資等に伴い、親会社の引受割合が増資前の持分比率と異なるために、増資後の親会社持分比率が増加する場合、いったん、従来の持分比率で株式を引き受け、その後に追加取得を行ったものとみなす。したがって、追加取得とみなす場合のみなし取得価額は、増資額のうち、親会社が従来の持分比率により引き受けたとみなした金額を上回る実際引受額である（資本連結実務指針47）。

親会社持分比率の増加により新たに連結子会社に該当することとなれば支配獲得に準じて処理し、従来からの連結子会社の持分比率が増加するのであれば追加取得に準じて処理する。この結果、みなし取得価額と資本のうち親会社持分増加額との差額は、のれんに計上する（資本連結実務指針48）。

具体的な手順は、以下のとおりである。

＜ステップ１＞　従来の持株比率で株式を引き受けたとみなして、増資金額と追加投資額の相殺消去を行う

実際の引受金額により、追加投資金額と増資金額を相殺消去した上で、みなし取得価額を下記の算式により計算し、少数株主持分に振り替える。その結果、従来の持株比率で株式の引き受けを行ったとみなして、増資金額と追加投資金額の相殺消去を行ったことになる。

> みなし取得価額＝増資金額合計×（親会社増資引受比率（※）－親会社増資前持分比率）
> ※増資総額のうち、親会社が増資を引き受けた割合

【例】　親会社が第三者割当増資50を100％引き受けた場合

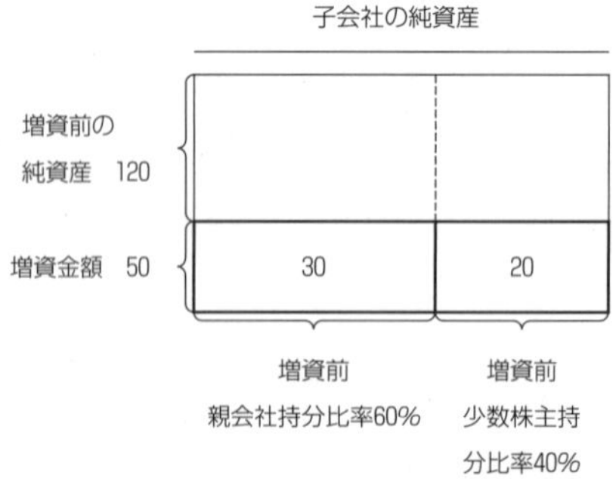

＜仕訳１＞　追加出資金額と増資金額を相殺

（資本金）	50	（子会社株式）	50

＜仕訳２＞　みなし取得価額を少数株主持分に振り替え

（子会社株式）	20	（少数株主持分）	20

ステップ２につづく

＜ステップ２＞　増資後の子会社の貸借対照表をもとに、追加取得に準じた処理を行う

増資後の子会社の貸借対照表をもとに、追加取得したとみなされる親会社持分額を計算し、＜ステップ１＞で計算したみなし取得価額で追加取得したものとして処理を行う。追加取得したとみなされる親会社持分額とみなし取

得価額の差額は、のれんとして処理する。

ステップ1からつづき

【例】 親会社が第三者割当増資50を100%引き受けた場合

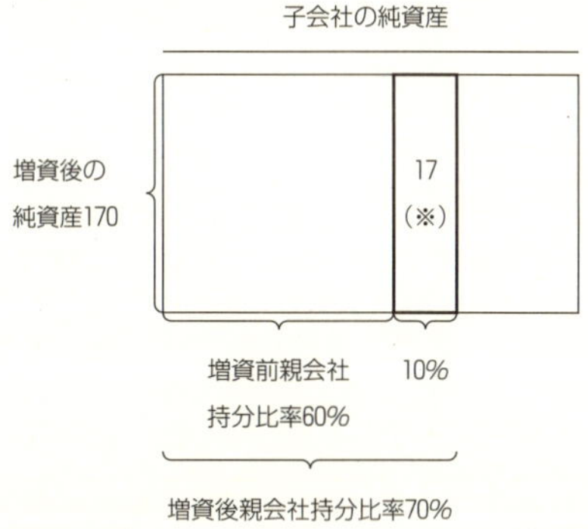

＜仕訳＞

（少数株主持分）	17	（子会社株式）	20
（のれん）	3		

※ 追加取得したとみなされる親会社持分（17）
＝増資後の純資産（170）×親会社持分比率増加（10%）

設例3-6 子会社の時価発行増資に伴い親会社の持分が増加した場合

1）支配獲得年度

P社は、×1期にS社株式の75%（750株、発行済株式総数は1,000株）を500,000円で取得し、S社を連結子会社とした。みなし取得日は、×1期首とする。なお、のれんの償却期間は5年とし、法定実効税率は40%とする。

×1期首におけるS社の貸借対照表は、以下のとおりである。

×1期首のS社の貸借対照表 （単位：円）

現金預金	200,000	買掛金	100,000
売掛金	300,000	短期借入金	300,000
土地 （※1）	300,000	資本金	200,000
		利益剰余金	200,000
	800,000		800,000

※1 土地の時価は、400,000円である。

また、×1期末のP社及びS社の財務諸表は、以下のとおりである。

×１期末のＰ社の貸借対照表　（単位：円）

現金預金	300,000	買掛金	300,000
売掛金	400,000	短期借入金	500,000
土地	500,000	未払法人税等	80,000
子会社株式　（※２）	500,000	資本金	400,000
		利益剰余金	420,000
	1,700,000		1,700,000

※２　全額Ｓ社株式である。

×１期末のＳ社の貸借対照表　（単位：円）

現金預金	300,000	買掛金	100,000
売掛金	300,000	短期借入金	300,000
土地	300,000	未払法人税等	40,000
		資本金	200,000
		利益剰余金	260,000
	900,000		900,000

×１期のＰ社の損益計算書　（単位：円）

売上高	1,000,000
売上原価	800,000
税引前利益	200,000
法人税等（※３）	80,000
当期純利益	120,000

×１期のＳ社の損益計算書　（単位：円）

売上高	600,000
売上原価	500,000
税引前利益	100,000
法人税等（※３）	40,000
当期純利益	60,000

※３　税率は40%である。

１．投資と資本の相殺消去

(1)　土地の時価評価

全面時価評価法により、土地の時価評価を行う。

連結仕訳 （単位：円）

（借）土地（※４）	100,000	（貸）繰延税金負債（※５）	40,000
		評価差額（※６）	60,000

※４　土地の時価400,000－土地の簿価300,000

※５　土地の時価評価差額100,000×法定実効税率40%

※６　土地の時価評価差額100,000－繰延税金負債40,000

(2)　投資と資本の相殺消去

時価評価後のＳ社の貸借対照表をもとに、投資と資本の相殺消去を行う。

×１期首のＳ社の貸借対照表（時価評価後） （単位：円）

現金預金	200,000	買掛金	100,000
売掛金	300,000	短期借入金	300,000
土地	400,000	繰延税金負債	40,000
		資本金	200,000
		利益剰余金	200,000
		評価差額	60,000
	900,000		900,000

連結仕訳 （単位：円）

（借）資本金	200,000	（貸）子会社株式	500,000
利益剰余金（期首残高）	200,000	少数株主持分（※８）	115,000
評価差額	60,000		
のれん（※７）	155,000		

※７　子会社株式500,000－Ｓ社の純資産460,000×親会社持分比率75%

※８　Ｓ社の純資産×（１－親会社持分比率75%）

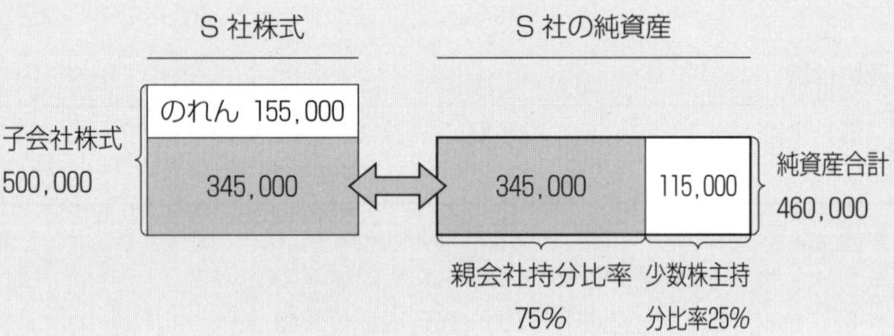

2．少数株主損益への振替

連結仕訳　（単位：円）

（借）	少数株主利益（※9）	15,000	（貸）	少数株主持分	15,000

※9　S 社の当期純利益60,000×少数株主持分比率25%

3．のれんの償却

連結仕訳　（単位：円）

（借）	のれん償却額（※10）	31,000	（貸）	のれん	31,000

※10　のれんの償却スケジュール

（単位：円）

	償却額	残高
発生	—	155,000
×1期	31,000	124,000
×2期	31,000	93,000
×3期	31,000	62,000
×4期	31,000	31,000
×5期	31,000	—

×１期末の連結貸借対照表　　　　（単位：円）

	P社	S社	単純合算	投資と資本の相殺消去	少数株主損益への振替	のれん償却	連結BS
現金預金	300,000	300,000	600,000				600,000
売掛金	400,000	300,000	700,000				700,000
土地	500,000	400,000	900,000				900,000
のれん	—	—	—	155,000		(31,000)	124,000
子会社株式	500,000	—	500,000	(500,000)			—
買掛金	(300,000)	(100,000)	(400,000)				(400,000)
短期借入金	(500,000)	(300,000)	(800,000)				(800,000)
未払法人税等	(80,000)	(40,000)	(120,000)				(120,000)
繰延税金負債	—	(40,000)	(40,000)				(40,000)
資本金	(400,000)	(200,000)	(600,000)	200,000			(400,000)
利益剰余金（期首残高）	(300,000)	(200,000)	(500,000)	200,000			(300,000)
利益剰余金（当期純利益）	(120,000)	(60,000)	(180,000)		15,000	31,000	(134,000)
評価差額	—	(60,000)	(60,000)	60,000			—
少数株主持分	—	—	—	(115,000)	(15,000)		(130,000)

２）増資年度

Ｓ社は、翌期（×２期）にＰ社へ第三者割当増資を実施し、合計250株を発行した。１株当たりの発行価額は600円であり、増資総額は150,000円である。なお、増資は×２期末に行われたものとする。

増資前と増資後の保有株式数及び持株比率は、以下のとおりである。

	P社	少数株主	合計
増資前の保有株式数（株）	750	250	1,000
（持株比率）	(75%)	(25%)	(100%)
増資後の保有株式数（株）	1,000	250	1,250
（持株比率）	(80%)	(20%)	(100%)

×２期末のＰ社及びＳ社の財務諸表は、以下のとおりである。

×２期末のＰ社の貸借対照表 （単位：円）

現金預金	270,000	買掛金	300,000
売掛金	400,000	短期借入金	500,000
土地	500,000	未払法人税等	80,000
子会社株式（※11）	650,000	資本金	400,000
		利益剰余金	540,000
	1,820,000		1,820,000

※11　全額Ｓ社株式である。

×２期末のＳ社の貸借対照表（時価評価後） （単位：円）

現金預金	510,000	買掛金	100,000
売掛金	300,000	短期借入金	300,000
土地	400,000	未払法人税等	40,000
		繰延税金負債	40,000
		資本金	350,000
		利益剰余金	320,000
		評価差額	60,000
	1,210,000		1,210,000

×２期のＰ社の損益計算書 （単位：円）

売上高	1,000,000
売上原価	800,000
税引前利益	200,000
法人税等	80,000
当期純利益	120,000

×２期のＳ社の損益計算書 （単位：円）

売上高	600,000
売上原価	500,000
税引前利益	100,000
法人税等	40,000
当期純利益	60,000

1．開始仕訳

×１期の連結仕訳に基づき、開始仕訳を行う。

連結仕訳 （単位：円）

（借）	資本金	200,000	（貸）	子会社株式	500,000
	利益剰余金（期首残高）（※12）	246,000		少数株主持分	130,000
	評価差額	60,000			
	のれん	124,000			

※12　×１期首の利益剰余金200,000＋少数株主損益15,000＋のれん償却額31,000

×１期のＳ社純資産及び連結仕訳の要約

	×１期首	×１期中	×１期末
持株比率	75%	75%	75%
子会社株式	500,000		500,000
資本金	200,000		200,000
利益剰余金	200,000	60,000	260,000
評価差額	60,000		60,000
純資産	460,000	60,000	520,000
少数株主持分	115,000	15,000	130,000
のれん	155,000	(31,000)	124,000

2．少数株主損益への振替

連結仕訳 （単位：円）

（借）	少数株主利益（※13）	15,000	（貸）	少数株主持分	15,000

※13　Ｓ社の当期純利益60,000×増資前の少数株主持分比率25%

3．のれんの償却

連結仕訳 （単位：円）

（借）のれん償却額（※14）	31,000	（貸）のれん	31,000

※14 のれんの償却スケジュール

（単位：円）

	償却額	残高
発生	—	155,000
×1期	31,000	124,000
×2期	31,000	93,000
×3期	31,000	62,000
×4期	31,000	31,000
×5期	31,000	—

④ 増資に係る資本連結仕訳

<ステップ1> 従来の持株比率で株式を引き受けたとみなして、増資金額と追加投資額の相殺消去を行う。

実際の引受金額により、追加投資金額と増資金額を相殺した上で、みなし取得価額を下記の算式により計算し、少数株主持分に振り替える。

みなし取得価額 ＝ 増資金額合計 ×（親会社増資引受比率 － 親会社増資前持分比率）
＝ 150,000 ×（100% － 75%）
＝ 37,500

連結仕訳 （単位：円）

（借）資本金	150,000	（貸）子会社株式	150,000
子会社株式	37,500	少数株主持分	37,500

<ステップ2>　増資後の子会社の貸借対照表をもとに、追加取得に準じた処理を行う。

連結仕訳　　（単位：円）

（借）	少数株主持分（※15）	36,500	（貸）子会社株式	37,500
	のれん	1,000		

※15

S社の×2期末の純資産（時価評価後）

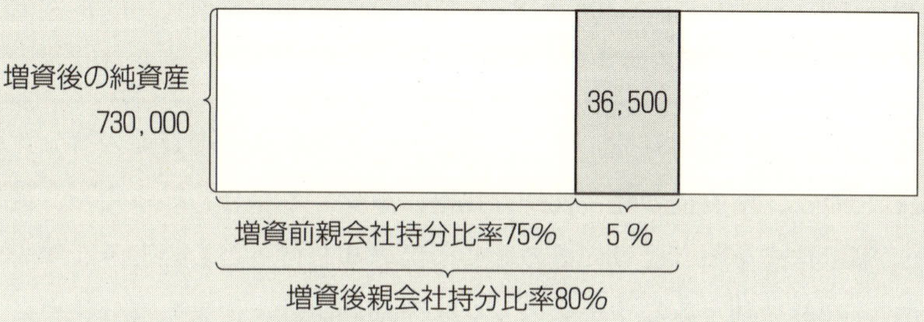

×2期末の連結貸借対照表　　（単位：円）

	P社	S社	単純合算	開始仕訳	少数株主損益への振替	のれん償却	増資の修正	連結BS
現金預金	270,000	510,000	780,000					780,000
売掛金	400,000	300,000	700,000					700,000
土地	500,000	400,000	900,000					900,000
のれん	—	—	—	124,000		(24,800)	1,000	100,200
子会社株式	650,000	—	650,000	(500,000)			(150,000)	—
買掛金	(300,000)	(100,000)	(400,000)					(400,000)
短期借入金	(500,000)	(300,000)	(800,000)					(800,000)
未払法人税等	(80,000)	(40,000)	(120,000)					(120,000)
繰延税金負債	—	(40,000)	(40,000)					(40,000)
資本金	(400,000)	(350,000)	(750,000)	200,000			150,000	(400,000)
利益剰余金（期首残高）	(420,000)	(260,000)	(680,000)	246,000				(434,000)
利益剰余金（当期純利益）	(120,000)	(60,000)	(180,000)		24,000	24,800		(131,200)
評価差額	—	(60,000)	(60,000)	60,000				—
少数株主持分	—		—	(130,000)	(24,000)		(1,000)	(155,000)

2-1-3 時価発行増資等に伴い親会社の持分が減少した場合

ポイント

- 子会社の時価発行増資等に伴い、親会社の引受割合が増資前の持分比率と異なるために、増資後の親会社持分比率が減少する場合、いったん、従来の持分比率で株式を引き受け、その後に一部売却を行ったとみなす。
- 損益として処理した持分変動差額は、特別利益または特別損失の区分に、持分変動損益等その内容を示す適当な名称をもって計上する。

子会社の時価発行増資等に伴い、親会社の引受割合が増資前の持分比率と異なるために、増資後の親会社持分比率に減少する場合、いったん、従来の持分比率で株式を引き受け、その後に一部売却を行ったものとみなす。したがって、一部売却とみなす場合のみなし売却価額は、従来の持分比率により引き受けたとみなした金額を下回る実際引受額である（資本連結実務指針47）。

一部売却に準じて処理した結果、個別貸借対照表上のみなし売却原価と連結貸借対照表上の売却簿価（子会社の資本及びのれん未償却額のそれぞれの持分減少相当額の合計額）との間に持分変動差額（評価・換算差額等に係る部分を除く）が生じた場合、当該差額は、株式を売却した場合に準じて、損益として処理することが原則とされている。損益として処理した持分変動差額は、特別利益または特別損失の区分に、「持分変動損益」等その内容を示す適当な名称をもって計上する。

ただし、持分変動差額を連結損益計算書へ計上することで利害関係者の判断を著しく誤らせるおそれがあると認められる場合には、持分変動差額は連結株主資本等変動計算書上の利益剰余金の区分に、「持分変動差額」等その内容を示す適当な名称をもって計上することができる（資本連結実務指針49）。

具体的な手順は、以下のとおりである。

＜ステップ１＞　従来の持株比率で株式を引き受けたとみなして、増資金額と追加投資額の相殺消去を行う

実際の引受金額により、増資金額を少数株主持分に振り替えた上で、みなし売却価額を下記の算式により計算し、子会社株式にに振り替える。その結果、従来の持株比率で株式の引き受けを行ったとみなして、増資金額と追加投資金額の相殺消去を行ったことになる。

> みなし売却価額 ＝ 増資金額合計 ×（親会社増資前持分比率 － 親会社増資引受比率（※））
> ※増資総額のうち、親会社が増資を引き受けた割合

【例】少数株主が第三者割当増資50を100％引き受けた場合

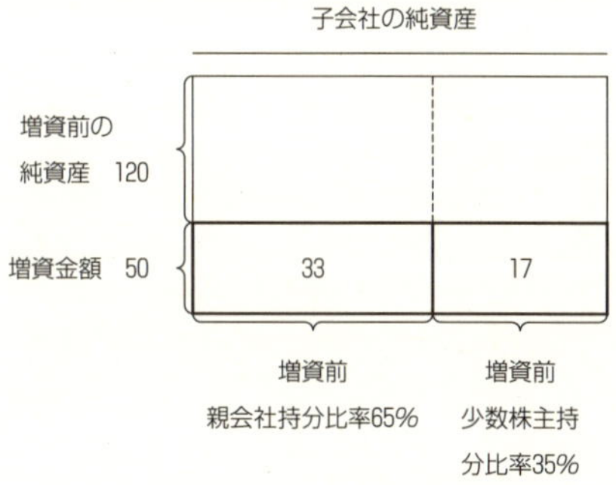

＜仕訳１＞　追加出資金額と増資金額を相殺

（資本金）　50　／　（少数株主持分）　50

＜仕訳２＞　みなし売却価額を少数株主持分に振り替え

（少数株主持分）　17　／　（子会社株式）　17

ステップ２につづく

＜ステップ２＞　増資後の子会社の貸借対照表をもとに、一部売却に準じた処理を行う

増資後の子会社の貸借対照表及びのれんの未償却残高もとに、一部売却したとみなされる連結上の売却原価を計算する。当該金額とみなし売却価額の差額は、原則として、持分変動損益として処理する。

ステップ1からつづき

【例】少数株主が第三者割当増資50を100%引き受けた場合

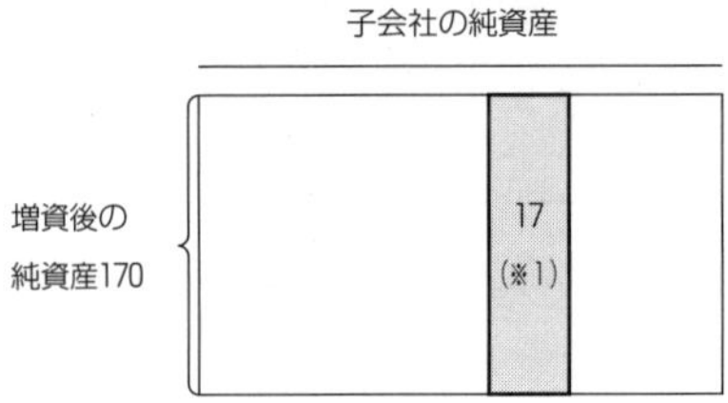

<仕訳>

(子会社株式)	33	(少数株主持分)	17
		(のれん)	2
		(持分変動損益)	14

※1 一部売却したとみなされる親会社持分（17）
　＝増資後の純資産（170）×親会社持分比率減少（10%）

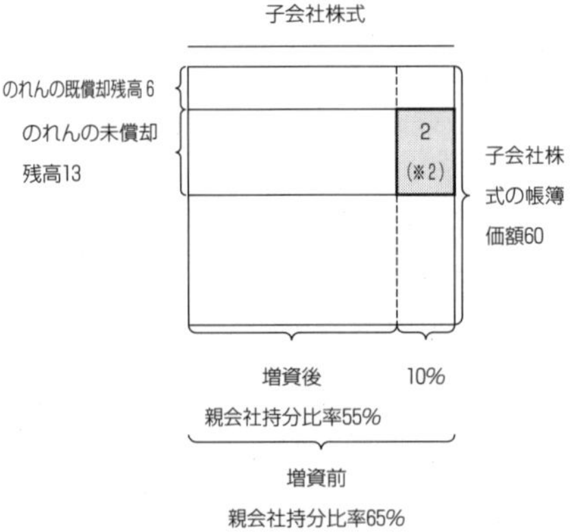

※2 一部売却に対応するのれんの未償却残高（2）
　＝のれんの未償却残高（13）×親会社持分比率減少（10%）
　　÷増資前親会社持分比率（65%）

設例3-7　子会社の時価発行増資に伴い親会社の持分が減少した場合

1）支配獲得年度

P社は、×1期にS社株式の75%(750株、発行済株式総数は1,000株)を500,000円で取得し、S社を連結子会社とした。みなし取得日は、×1期首とする。なお、のれんの償却期間は5年とし、法定実効税率は40%とする。

×1期首におけるS社の貸借対照表は、以下のとおりである。

×１期首のＳ社の貸借対照表　（単位：円）

現金預金	200,000	買掛金	100,000
売掛金	300,000	短期借入金	300,000
土地　（※１）	300,000	資本金	200,000
		利益剰余金	200,000
	800,000		800,000

※１　土地の時価は、400,000円である。

また、×１期末のＰ社及びＳ社の財務諸表は、以下のとおりである。

×１期末のＰ社の貸借対照表　（単位：円）

現金預金	300,000	買掛金	300,000
売掛金	400,000	短期借入金	500,000
土地	500,000	未払法人税等	80,000
子会社株式　（※２）	500,000	資本金	400,000
		利益剰余金	420,000
	1,700,000		1,700,000

※２　全額Ｓ社株式である。

×１期末のＳ社の貸借対照表　（単位：円）

現金預金	300,000	買掛金	100,000
売掛金	300,000	短期借入金	300,000
土地	300,000	未払法人税等	40,000
		資本金	200,000
		利益剰余金	260,000
	900,000		900,000

×1期のP社の損益計算書

（単位：円）

売上高	1,000,000
売上原価	800,000
税引前利益	200,000
法人税等（※3）	80,000
当期純利益	120,000

×1期のS社の損益計算書

（単位：円）

売上高	600,000
売上原価	500,000
税引前利益	100,000
法人税等（※3）	40,000
当期純利益	60,000

※3　税率は40％である。

1．投資と資本の相殺消去

⑴　土地の時価評価

全面時価評価法により、土地の時価評価を行う。

連結仕訳　（単位：円）

（借）	土地（※4）	100,000	（貸）	繰延税金負債（※5）	40,000
				評価差額（※6）	60,000

※4　土地の時価400,000－土地の簿価300,000

※5　土地の時価評価差額100,000×法定実効税率40％

※6　土地の時価評価差額100,000－繰延税金負債40,000

⑵　投資と資本の相殺消去

時価評価後のS社の貸借対照表をもとに、投資と資本の相殺消去を行う。

×1期首のS社の貸借対照表（時価評価後）　（単位：円）

現金預金	200,000	買掛金	100,000
売掛金	300,000	短期借入金	300,000
土地	400,000	繰延税金負債	40,000
		資本金	200,000
		利益剰余金	200,000
		評価差額	60,000
	900,000		900,000

連結仕訳 （単位：円）

（借）	資本金	200,000	（貸）	子会社株式	500,000
	利益剰余金（期首残高）	200,000		少数株主持分（※８）	115,000
	評価差額	60,000			
	のれん（※７）	155,000			

※７　子会社株式500,000－Ｓ社の純資産460,000（＝資本金200,000＋資本剰余金200,000＋利益剰余金60,000）×親会社持分比率75%

※８　Ｓ社の純資産460,000×（１－親会社持分比率75%）

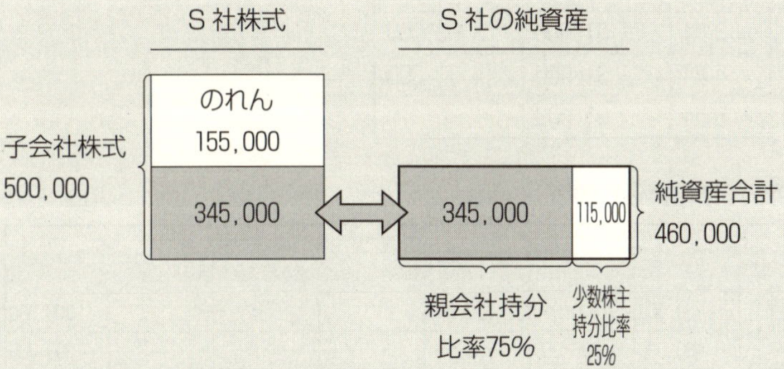

２．少数株主損益への振替

連結仕訳 （単位：円）

（借）	少数株主利益（※９）	15,000	（貸）	少数株主持分	15,000

※９　Ｓ社の当期純利益60,000×少数株主持分比率25%

3．のれんの償却

連結仕訳　　　　　　　　　　　　　　　　　　　　　　（単位：円）

（借）のれん償却額（※10）	31,000	（貸）のれん	31,000

※10　のれんの償却スケジュール

（単位：円）

	償却額	残高
発生	—	155,000
×１期	31,000	124,000
×２期	31,000	93,000
×３期	31,000	62,000
×４期	31,000	31,000
×５期	31,000	—

×１期末の連結貸借対照表　　　　　　　　　　　　　　　（単位：円）

	P社	S社	単純合算	投資と資本の相殺消去	少数株主損益への振替	のれん償却	連結BS
現金預金	300,000	300,000	600,000				600,000
売掛金	400,000	300,000	700,000				700,000
土地	500,000	400,000	900,000				900,000
のれん	—	—	—	155,000		(31,000)	124,000
子会社株式	500,000	—	500,000	(500,000)			—
買掛金	(300,000)	(100,000)	(400,000)				(400,000)
短期借入金	(500,000)	(300,000)	(800,000)				(800,000)
未払法人税等	(80,000)	(40,000)	(120,000)				(120,000)
繰延税金負債	—	(40,000)	(40,000)				(40,000)
資本金	(400,000)	(200,000)	(600,000)	200,000			(400,000)
利益剰余金（期首残高）	(300,000)	(200,000)	(500,000)	200,000			(300,000)
利益剰余金（当期純利益）	(120,000)	(60,000)	(180,000)		15,000	31,000	(134,000)
評価差額	—	(60,000)	(60,000)	60,000			—
少数株主持分	—	—	—	(115,000)	(15,000)		(130,000)

2）増資年度

S 社は、翌期（× 2 期）に少数株主へ第三者割当増資を実施し、合計250株を発行した。1株当たりの発行価額は600円であり、増資総額は150,000円である。なお、増資は× 2 期末に行われたものとする。

増資前と増資後の保有株式数及び持株比率は、以下のとおりである。

	P 社	少数株主	合計
増資前の保有株式数（株）	750	250	1,000
（持株比率）	（75%）	（25%）	（100%）
増資後の保有株式数（株）	750	500	1,250
（持株比率）	（60%）	（40%）	（100%）

× 2 期末の P 社及び S 社の財務諸表は、以下のとおりである。

× 2 期末の P 社の貸借対照表　　（単位：円）

現金預金	420,000	買掛金	300,000
売掛金	400,000	短期借入金	500,000
土地	500,000	未払法人税等	80,000
子会社株式　（※11）	500,000	資本金	400,000
		利益剰余金	540,000
	1,820,000		1,820,000

※11　全額 S 社株式である。

× 2 期末の S 社の貸借対照表（時価評価後）　　（単位：円）

現金預金	510,000	買掛金	100,000
売掛金	300,000	短期借入金	300,000
土地	400,000	未払法人税等	40,000
		繰延税金負債	40,000
		資本金	350,000
		利益剰余金	320,000
		評価差額	60,000
	1,210,000		1,210,000

×2期のP社の損益計算書

（単位：円）

売上高	1,000,000
売上原価	800,000
税引前利益	200,000
法人税等	80,000
当期純利益	120,000

×2期のS社の損益計算書

（単位：円）

売上高	600,000
売上原価	500,000
税引前利益	100,000
法人税等	40,000
当期純利益	60,000

1．開始仕訳

×1期の連結仕訳に基づき、開始仕訳を行う。

連結仕訳

（単位：円）

（借）	資本金	200,000	（貸）	子会社株式	500,000
	利益剰余金（期首残高）（※12）	246,000		少数株主持分	130,000
	評価差額	60,000			
	のれん	124,000			

※12　×1期首の利益剰余金200,000＋少数株主損益15,000＋のれん償却額31,000

×1期のS社純資産及び連結仕訳の要約

	×1期首	×1期中	×1期末
持株比率	75%	75%	75%
子会社株式	500,000		500,000
資本金	200,000		200,000
利益剰余金	200,000	60,000	260,000
評価差額	60,000		60,000
純資産	460,000	60,000	520,000
少数株主持分	115,000	15,000	130,000
のれん	155,000	(31,000)	124,000

2．少数株主損益への振替

連結仕訳 （単位：円）

（借）少数株主利益（※13）	15,000	（貸）少数株主持分	15,000

※13 S社の当期純利益60,000×増資前の少数株主持分比率25%

3．のれんの償却

連結仕訳 （単位：円）

（借）のれん償却額（※14）	31,000	（貸）のれん	31,000

※14 のれんの償却スケジュール

（単位：円）

	償却額	残高
発生	—	155,000
×1期	31,000	124,000
×2期	31,000	93,000
×3期	31,000	62,000
×4期	31,000	31,000
×5期	31,000	—

4．増資に係る資本連結仕訳

<ステップ1> 従来の持株比率で株式を引き受けたとみなして、増資金額と追加投資額の相殺消去を行う。

実際の引受金額により、増資金額を少数持分に振り替えた上で、みなし売却価額を下記の算式により計算し、子会社株式に振り替える。

みなし売却価額 ＝ 増資金額合計 ×（親会社増資前持分比率 － 親会社増資引受比率）
＝ 150,000 ×（75% － 0%）
＝ 112,500

連結仕訳　　（単位：円）

（借）	資本金	150,000	（貸）少数株主持分	150,000
	少数株主持分	112,500	子会社株式	112,500

＜ステップ2＞　増資後の子会社の貸借対照表をもとに、一部売却に準じた処理を行う。

連結仕訳　　（単位：円）

（借）	子会社株式	112,500	（貸）少数株主持分	109,500
	持分変動損益	15,600	のれん	18,600

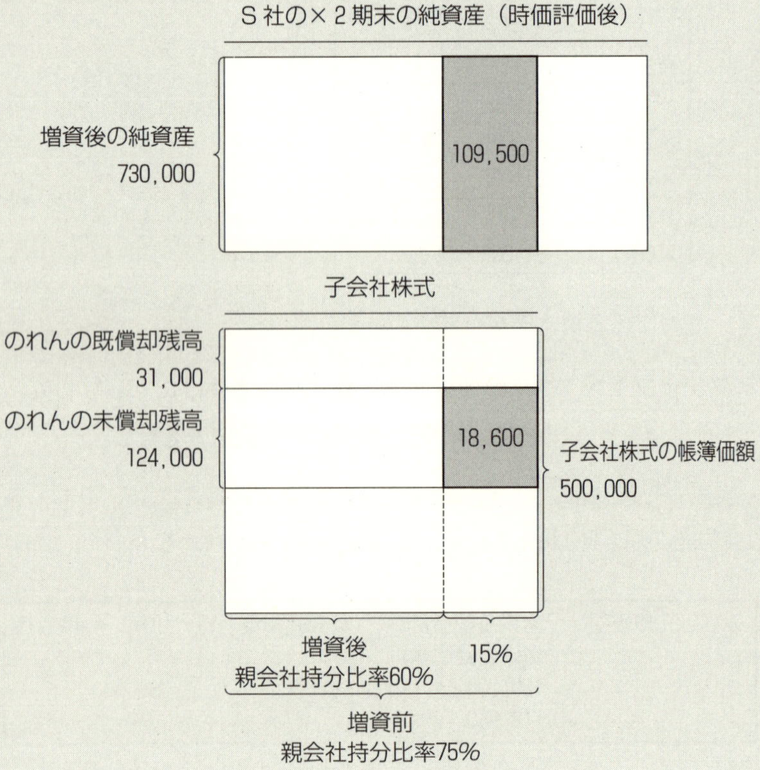

×2期末の連結貸借対照表 （単位：円）

	P社	S社	単純合算	開始仕訳	少数株主損益への振替	のれん償却	増資の修正	連結BS
現金預金	420,000	510,000	930,000					930,000
売掛金	400,000	300,000	700,000					700,000
土地	500,000	400,000	900,000					900,000
のれん	—	—	—	124,000		(24,800)	(18,600)	80,600
子会社株式	500,000	—	500,000	(500,000)				—
買掛金	(300,000)	(100,000)	(400,000)					(400,000)
短期借入金	(500,000)	(300,000)	(800,000)					(800,000)
未払法人税等	(80,000)	(40,000)	(120,000)					(120,000)
繰延税金負債	—	(40,000)	(40,000)					(40,000)
資本金	(400,000)	(350,000)	(750,000)	200,000			150,000	(400,000)
利益剰余金（期首残高）	(420,000)	(260,000)	(680,000)	246,000				(434,000)
利益剰余金（当期純利益）	(120,000)	(60,000)	(180,000)		24,000	24,800	15,600	(115,600)
評価差額	—	(60,000)	(60,000)	60,000				—
少数株主持分	—		—	(130,000)	(24,000)		(147,000)	(301,000)

2-2 減資

減資には、株主に対して資本の払い戻しを行う有償減資と資本の払い戻しを行わない無償減資がある。それぞれのケースにおいて、親会社持分比率が不変、増加または減少するかにより、資本連結上の手続が異なるが、基本的な考え方は、増資の場合と同じである。

すなわち、親会社持分比率が不変の場合には、当該減資の取引を連結上消去すればよく、増加した場合には追加取得、減少した場合には一部売却に準じて処理すればよい。

2-2-1 有償減資

ポイント

- 持株比率に応じて行われる減資が行われる場合、連結上は少数株主への分配額を少数株主持分から減少させる。
- 特定の株主の持分に対して減資が行われる場合で、親会社持分が増加する場合は、追加取得に準じて処理する。
- 特定の株主の持分に対して減資が行われる場合で、親会社持分が減少する場合は、一部売却に準じて処理する。

(1) **持株比率に応じて減資が行われる場合**

このケースでは、資本金の取崩しを行った後に、持株比率に応じて、親会社と少数株主に金銭が分配される。

親会社への分配取引は、連結グループ内取引であるから、相殺消去すればよい。ただし、親会社側では、分配を受けた際に子会社株式の帳簿価額から分配額を控除している点に留意する（その他資本剰余金配当会計処理3）。

また、少数株主への分配額は、分配額を少数株主持分から減少させる。

	子会社の個別上の処理	親会社の個別上の処理	連結上の修正
①減資	（資本金）××× （資本剰余金）×××	—	（資本剰余金）××× （資本金）×××
②分配 （親会社）	（資本剰余金）××× （現金預金）×××	（現金預金）××× （子会社株式）×××	（子会社株式）××× （資本剰余金）×××
③分配 （少数株主）	（資本剰余金）××× （現金預金）×××	—	（少数株主持分）××× （資本剰余金）×××
①～③合計	（資本金）××× （現金預金）×××	（現金預金）××× （子会社株式）×××	（子会社株式）××× （少数株主持分）××× （資本金）×××

(2) 特定の株主の持分に対して減資が行われる場合で、親会社持分が増加する場合

このケースでは、親会社が減資前の持株比率よりも低い割合で減資に応じることにより、減資後の親会社の持株比率が増加する。この場合、時価発行増資等に伴い親会社の持分が増加した場合（「第３章２－１－２」参照）と同様に、減資前の持株比率により、いったん減資の取り消しを行い、その後に追加取得を行ったものとして処理する。

具体的な手順は、以下のとおりである。

<ステップ１>　従来の持株比率で減資を行ったとみなして、減資の取消しを行う

実際の減資金額により、減資の取り消しを行ったうえで、みなし取得価額を下記の算式により計算し、子会社株式に振り替える。その結果、従来の持株比率で減資を行ったとみなして、減資の取り消しを行ったことになる。

> みなし取得価額 ＝ 減資金額合計 ×（親会社減資前持分比率 － 親会社減資引受比率（※））
> ※減資総額のうち、親会社が減資に応じた割合

【例】少数株主のみが有償減資50に応じた場合

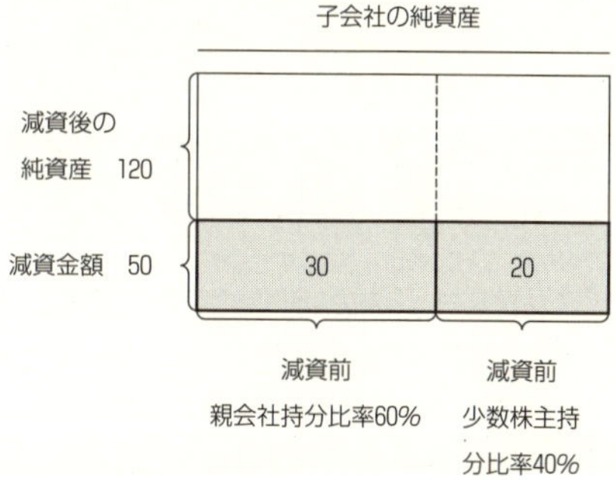

<仕訳１>　減資の取り消し

（少数株主持分）	50	（資本金）	50

<仕訳２>　みなし取得価額を子会社株式に振り替え

（子会社株式）	30	（少数株主持分）	30

ステップ２につづく

＜ステップ２＞　減資後の子会社の貸借対照表をもとに、追加取得に準じた処理を行う

減資後の子会社の貸借対照表をもとに、追加取得したとみなされる親会社持分額を計算し、＜ステップ１＞で計算したみなし取得価額で追加取得したものとして処理を行う。追加取得したとみなされる親会社持分額とみなし取得価額の差額は、のれんとして処理する。

ステップ1からつづき

【例】　少数株主のみが有償減資50に応じた場合

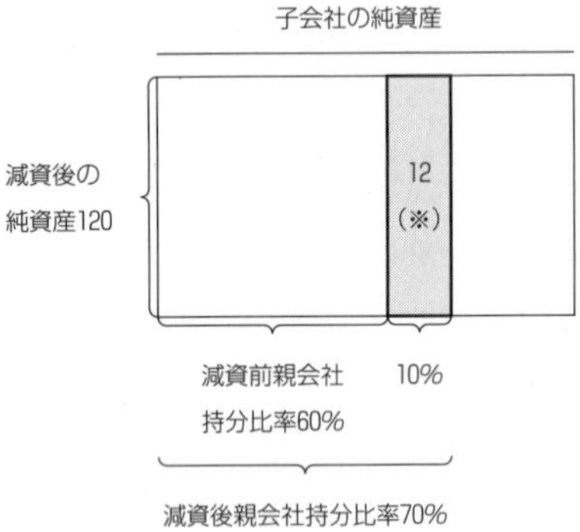

＜仕訳＞

(少数株主持分)	12	(子会社株式)	30
(のれん)	17		

※　追加取得したとみなされる親会社持分（12）
　＝減資後の純資産(120)×親会社持分比率増加(10%)

(3)　特定の株主の持分に対して減資が行われる場合で、親会社持分が減少する場合

このケースでは、親会社が減資前の持株比率よりも高い割合で減資に応じることにより、減資後の親会社の持株比率が減少する。この場合、時価発行増資等に伴い親会社の持分が減少した場合（「第３章２−１−３」参照）と同様に、減資前の持株比率により、いったん減資の取消しを行い、その後に一部売却を行ったものとして処理する。

具体的な手順は、以下のとおりである。

＜ステップ1＞　従来の持株比率で減資を行ったとみなして、減資の取消しを行う

実際の減資金額により、減資の取り消しを行ったうえで、みなし売却価額を下記の算式により計算し、少数株主持分に振り替える。その結果、従来の持株比率で減資を行ったとみなして、減資の取り消しを行ったことになる。

> みなし売却価額 ＝ 減資金額合計 ×（親会社減資引受比率（※）－ 親会社減資前持分比率）
>
> ※減資総額のうち、親会社が減資に応じた割合

【例】　親会社のみが有償減資60に応じた場合

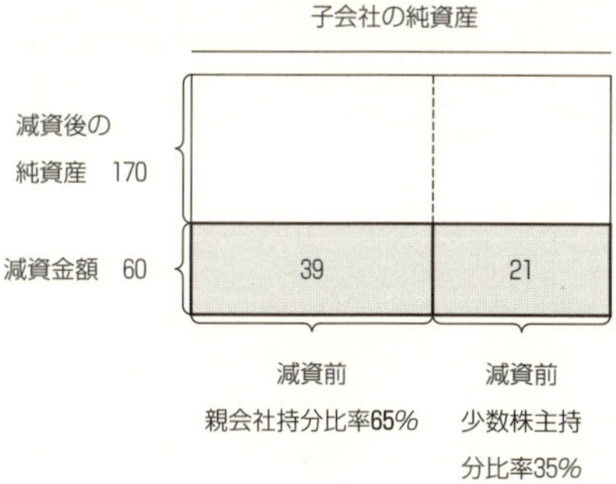

＜仕訳１＞　減資の取り消し

（子会社株式）	60	（資本金）	60

＜仕訳２＞　みなし売却価額を少数株主持分に振り替え

（少数株主持分）	21	（子会社株式）	21

ステップ2につづく

＜ステップ2＞　減資後の子会社の貸借対照表をもとに、一部売却に準じた処理を行う

減資後の子会社の貸借対照表及びのれんの未償却残高もとに、一部売却したしたとみなされる連結上の売却原価を計算する。当該金額とみなし売却価額の差額は、原則として、持分変動損益として処理する。

ステップ1からつづき

【例】　親会社のみが有償減資50に応じた場合

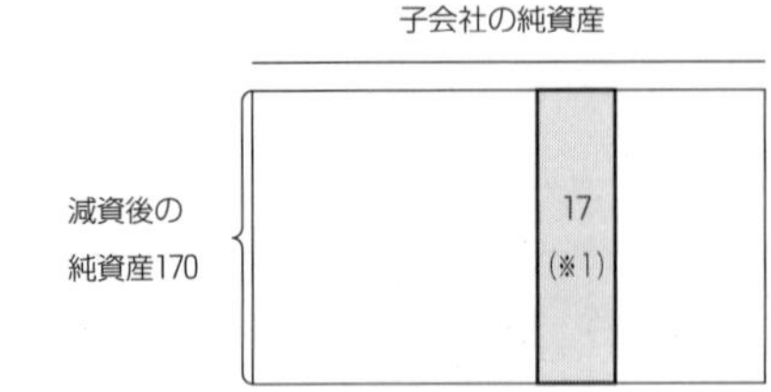

<仕訳>

(子会社株式)	21	(少数株主持分)	17
		(のれん)	2
		(持分変動損益)	2

※1一部売却したとみなされる親会社持分（17）
＝増資後の純資産(170)×親会社持分比率減少(10%)

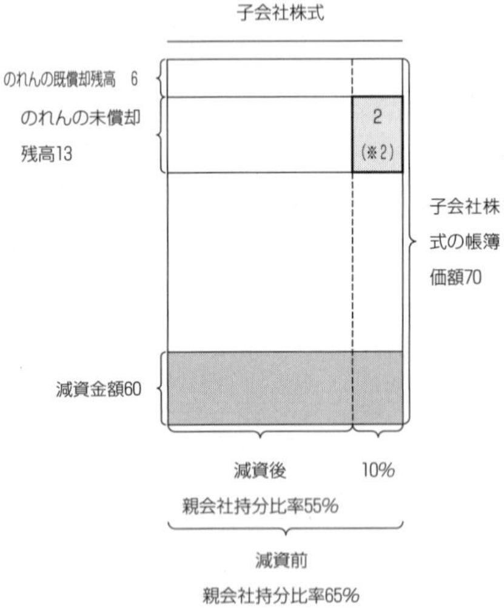

※2一部売却に対応するのれんの未償却残高（2）
＝のれんの未償却残高(13)×親会社持分比率減少(10%)
÷増資前親会社持分比率（65%）

2-2-2　無償減資

ポイント

- 持株比率に応じて行われる減資が行わる場合、子会社の行った減資にかかわる処理を取り消す。
- 特定の株主の持分に対して減資が行われる場合で、親会社持分が増加する場合は、追加取得に準じて処理する。

- 特定の株主の持分に対して減資が行われる場合で、親会社持分が減少する場合は、一部売却に準じて処理する。

① 持株比率に応じて減資が行われる場合

このケースでは、子会社の純資産は減少せず、持分比率の変動も起こらない。したがって、子会社の行った減資に係る仕訳を資本連結手続において取り消してやればよい。

② 特定の株主の持分に対して減資が行われる場合で、親会社持分が増加する場合

このケースは、有償減資の場合（「第3章2-2-1(2)」参照）と同様に考えればよい。ただし、有償減資と異なり、子会社の純資産が減少しないことから、みなし取得価額がゼロとなり、追加取得したとみなされる親会社持分の全額が負ののれんになる点が異なる。

【例】 少数株主のみが無償減資に応じ、親会社の持分比率が60%から70%になった場合

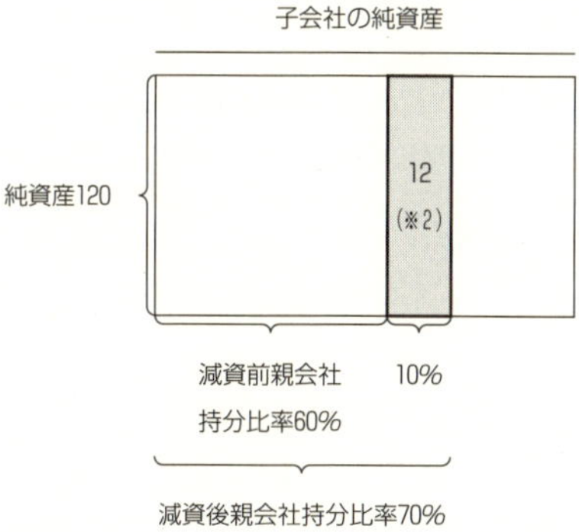

<仕訳>

（少数株主持分） 12 ／ （負ののれん） 12

※1 個別決算上の減資に係る処理の取消処理は省略している

※2 追加取得したとみなされる親会社持分（12）
＝減資後の純資産（120）×親会社持分比率増加（10%）

③ 特定の株主の持分に対して減資が行われる場合で、親会社持分が減少する場合

このケースは、有償減資の場合（「第3章2-2-1(3)」参照）と同様に考えればよい。ただし、有償減資と異なり、子会社の純資産が減少しないことから、みなし売却価額がゼロとなり、一部売却したとみなされる親会社持分と対応するのれんの未償却残高との合計が、持分変動損益となる点が異なる。

【例】　親会社のみが無償減資に応じ、親会社の持分比率が65%から55%になった場合

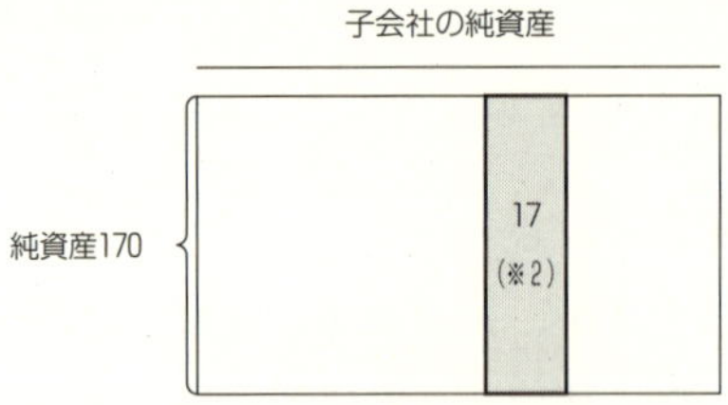

＜仕訳＞

（持分変動損益）	19	（少数株主持分）	17
		（のれん）	2

※1　個別決算上の減資に係る処理の取消処理は、省略している。

※2　一部売却したとみなされる親会社持分（17）
＝増資後の純資産（170）×親会社持分比率減少（10%）

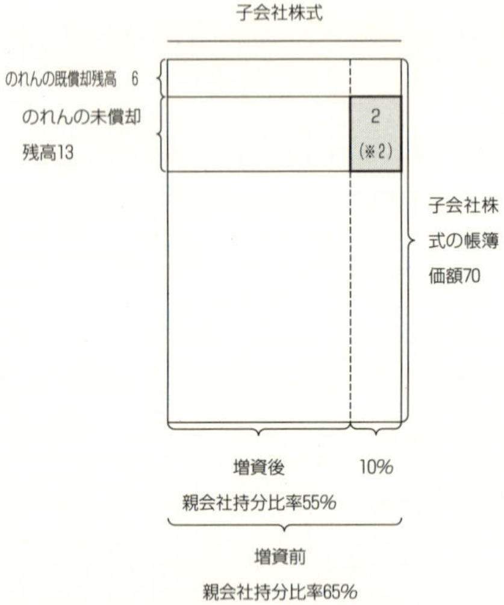

※3　一部売却に対応するのれんの未償却残高（2）
＝のれんの未償却残高（13）×親会社持分比率減少（10%）
÷増資前親会社持分比率（65%）

3 在外子会社等の換算

3-1 考え方

P ポイント

- 在外子会社等の換算に用いられる為替レートには、決算時レート（CR）、取引発生時レート（HR）及び期中平均レート（AR）の3つがある。

最初に、在外子会社等の財務諸表項目を換算するにあたり使用する換算レートの種類を確認し、財務諸表項目ごとの使用する換算レートの概要を解説する。

3-1-1 使用する換算レートの種類

換算レートの種類は以下の3種類に大別される。

(1) 決算時レート（CR）

決算時レートは、①決算日の直物為替相場の他、②決算日の前後一定期間の直物為替相場に基づいて算出された平均相場を用いることができる（外貨基準注8）。

上記①が原則的な方法であるが、決算日前後の為替相場の変動の推移等を考慮して①が異常なものと認められた場合に限り、②の適用が認められる（外貨建実務指針55）。

なお、②における「決算日の前後一定期間」とは、決算日を含むおおむね

1か月以内をいうが、為替相場の変動の推移、外貨建て金銭債権債務残高及びその決済日等を考慮して、各企業が合理的に判断して決定する（外貨建実務指針11、55）。

(2) 取引発生時レート（HR）（取得時レート、発生時レート）

取引発生時レートは、①取引が発生した日における直物為替相場または合理的な基礎に基づいて算定された平均相場のほか、②取引が発生した日の直近の一定の日における直物為替相場によることも妨げない。①及び②の具体例は、以下のとおりである（外貨基準注2）。

①	取引の行われた月または週の前月または前週の直物為替相場を平均したもの等、直近の一定期間の直物為替相場に基づいて算出されたもの。
②	・取引の行われた月の前月の末日、または当月の初日の直物為替相場 ・取引の行われた週の前週の末尾、または当週の初日の直物為替相場

(3) 期中平均レート（AR）

期中平均レートは、①年間平均相場のほか、②当該収益及び費用が帰属する月または半期等を算定期間とする平均相場を用いることができる（外貨基準注12）。

3-1-2 換算方法の概要

在外子会社等の財務諸表の換算基準は決算日レート法の考え方が採用されている。換算に際して使用するレートについては、財務諸表項目ごとに「外貨基準」に規定されており、純資産の部の各項目の換算については「純資産表示適用指針」において規定されている。以下、貸借対照表項目及び損益計算書項目の換算レートの相違、及びレートの相違により生じる換算差額の関係図を示す。

＜貸借対照表項目の換算＞

<table>
<tr><td rowspan="9">資産項目
【決算時レート（CR)】</td><td colspan="2">負債項目
【決算時レート(CR)】</td></tr>
<tr><td rowspan="3">株主資本</td><td>株式取得時（支配権獲得時）の項目
【取得時レート（HR)】</td></tr>
<tr><td>株式取得後（支配権獲得後）に生じた項目
【発生時レート（HR)】</td></tr>
<tr><td>当期純利益
原則：【期中平均レート（AR)】
例外：【決算時レート（CR)】</td></tr>
<tr><td rowspan="2">その他の包括利益累計額</td><td>株式取得時（支配権獲得時）の項目
【取得時レート（HR)】</td></tr>
<tr><td>株式取得後（支配権獲得後）に生じた項目
【決算時レート（CR)】</td></tr>
<tr><td></td><td>為替換算調整勘定
【貸借差額により算出】</td></tr>
<tr><td colspan="2">新株予約権
【発生時レート(HR)＋為替換算調整勘定＝決算時レート(CR)】</td></tr>
<tr><td colspan="2">少数株主持分
【決算時レート（CR)】</td></tr>
</table>

換算差額！（※1）

※1　外貨ベースでは貸借一致しているが、円換算するレートの相違により円換算後ベースでは差額が生じる。当該差額が「為替換算調整勘定」となる。

＜損益計算書項目の換算＞

<table>
<tr><td rowspan="2">収益項目</td><td>親会社との取引以外</td><td>原則：【期中平均レート（AR)】
例外：【決算時レート（CR)】</td></tr>
<tr><td>親会社との取引</td><td>【親会社が換算に用いるレート】</td></tr>
<tr><td rowspan="2">費用項目</td><td>親会社との取引以外</td><td>原則：【期中平均レート（AR)】
例外：【決算時レート（CR)】</td></tr>
<tr><td>親会社との取引</td><td>【親会社が換算に用いるレート】</td></tr>
<tr><td>換算差額</td><td colspan="2">為替差損益
【(収益－費用）と当期純利益との差額】</td></tr>
<tr><td>当期純利益</td><td colspan="2">原則：期中平均レート（AR)
例外：決算時レート（CR)</td></tr>
</table>

換算差額！（※2）

※2　外貨ベースでは収益－費用＝当期純利益となっているが、収益項目および費用項目については親会社との取引部分とそうでない部分とで換算レートが異なる。
当該差額は「為替差損益」として損益計算書に計上する。

3-2　在外子会社の財務諸表項目の換算

ポイント

- 貸借対照表項目の換算は、原則として、資産項目及び負債項目についてはCRで換算し、純資産項目についてはHRで換算する。その結果生じた貸借差額については、為替換算調整勘定として処理する。
- 損益項目の換算は、原則として、ARで換算する。

ここでは、在外子会社等の財務諸表項目ごとの具体的な換算方法について解説する。

3-2-1　資産項目及び負債項目（外貨基準三1）

資産及び負債については、決算時レートにより換算する（CR換算）。

3-2-2　純資産項目

(1)　株主資本、その他の包括利益累計額（純資産表示適用指針7）

①　支配権獲得時

株主資本、その他の包括利益累計額、全面時価評価法により生じた評価差額は、株式の取得時レート（支配権獲得時のレート）により換算する（HR換算）。

なお、全面時価評価法による資産または負債の簿価修正額、及びそれに対応して計上した繰延税金資産及び繰延税金負債については、資産項目及び負債項目であるため、決算時レートで換算することになる。

② 支配権獲得後

株主資本に属する項目については、当該項目の発生時レートにより換算する（HR換算）。また、その他の包括利益累計額に属する項目については、決算時レートにより換算する（CR換算）。

設例3-8　株主資本項目の換算

＜前提条件＞

① Ｐ社は×１年末にＳ社株式100%を取得し、支配権を獲得した。

② ×１年末において、Ｓ社の資産のうち土地の簿価は30ドル、時価は50ドルであった。

③ ×１年末の決算時レートは、100円／ドルであった。

④ ×１年末のＳ社貸借対照表は、以下のとおりである。

（単位：ドル）

資産（土地以外）	200	負債	100
土地	30	資本金	100
		利益剰余金	30
合計	230		230

⑤ ×２年度において、当期純利益を10ドル計上した。

⑥ ×２年末の決算時レートは80円／ドル、期中平均レートは90円／ドルであった。

⑦ ×２年末のＳ社貸借対照表は、以下のとおりである。

（単位：ドル）

資産（土地以外）	210	負債	100
土地	30	資本金	100
		利益剰余金	40
合計	240		240

⑧　法定実効税率は40%とする。

1）×1年末のS社貸借対照表の換算

・時価評価修正　　（単位：ドル）

（借）土地	20	（貸）評価差額 繰延税金負債	12 8

・S社の時価評価修正後貸借対照表の換算

	ドル	レート	円貨		ドル	レート	円貨
資産（土地以外）	200	100	20,000	負債	100	100	10,000
土地	50	100	5,000	繰延税金負債	8	100	800
				資本金	100	100	10,000
				利益剰余金	30	100	3,000
				評価差額	12	100	1,200
				為替換算調整勘定			0
合計	250		25,000	合計	250		25,000

2）×2年末のS社貸借対照表の換算

・時価評価修正　　（単位：ドル）

（借）土地	20	（貸）評価差額 繰延税金負債	12 8

・当期純利益の計上　　（単位：ドル）

（借）資産	10	（貸）利益	10

・S社の時価評価修正後貸借対照表の換算

	ドル	レート	円貨		ドル	レート	円貨	
資産（土地以外）	200	80	16,000	負債	100	80	8,000	
土地	50	80	4,000	繰延税金負債	8	80	640	
				資本金	100	100	10,000	
				利益剰余金	40		3,900	（※1）
				評価差額	12	100	1,200	
				為替換算調整勘定			△3,740	（※2）
合計	250		20,000	合計	260		20,000	

※1　利益剰余金＝30ドル×100円／ドル＋10ドル×90円／ドル

※2　為替換算調整勘定＝貸借差額

(2) 新株予約権（純資産表示適用指針7、29）

新株予約権は発生時レートにより換算する（HR換算）。ただし、新株予約権に係る為替換算調整勘定は、新株予約権に含めて表示する。これにより新株予約権の円貨額は、結果的に決算時レートで換算した額と同額になる。

また、新株予約権が行使された場合には行使時のレートで換算した円貨額で払込資本に振り替え、失効した場合には失効時のレートで換算した円貨額で当期の損益に振り替える。なお、行使時または失効時のレートは、期中平均レートによることを妨げない。

設例3-9 新株予約権の換算

<前提条件>

① S社はP社の100%子会社である。

② S社の×1年末の貸借対照表（新株予約権発行前）は、以下のとおりである。

（単位：ドル）

資産	200	負債	50	
		資本金	100	（※1）
		利益剰余金	50	（※2）
合計	200		200	

※1　円価額は10,000円である。
※2　円価額は4,000円である。

③ S社は×1年末に、現金を対価とする新株予約権を発行した。

・新株予約権の数：10個

・新株予約権の発行時の時価：10ドル／個

・行使価格：50ドル（新株予約権1個の行使により発行する株式1株の発行価額）

・行使期限：×3年末

④　×2年末に新株予約権が5個行使された。

⑤　×3年末に新株予約権が3個行使された。

残りの2個は失効した。

⑥　為替レートは以下のとおり。

×1年末＝100円／ドル

×2年末＝110円／ドル

×3年末＝90円／ドル

⑦　行使時及び失効時の換算については、行使時のレート及び失効時のレートを使用する。

1）×1年度

・新株予約権の発行　（単位：ドル）

（借）現預金	100	（貸）新株予約権	100

発行時の時価10ドル／個×新株予約権10個＝100ドル

・S社の×1年末の貸借対照表と換算

	ドル	レート	円貨		ドル	レート	円貨
資産	200	100	20,000	負債	50	100	5,000
現預金	100	100	10,000	資本金	100		10,000
				利益剰余金	50		4,000
				新株予約権	100	100	10,000
				為替換算調整勘定			1,000
合計	300		30,000	合計	300		30,000

2）×２年度

・新株予約権５個の行使　　（単位：ドル）

（借）	新株予約権（※１）	50	（貸）	資本金	300
	現預金（※２）	250			

※１　発行時の時価10ドル／個×新株予約権５個＝50ドル

※２　行使価格50ドル／個×新株予約権５個＝250ドル

・Ｓ社の×２年末の貸借対照表と換算

	ドル	レート	円貨		ドル	レート	円貨	
資産	200	110	22,000	負債	50	110	5,500	
現預金	350	110	38,500					
				資本金	400		43,000	(※1)
				利益剰余金	50		4,000	
				新株予約権	50		5,500	(※2)
				為替換算調整勘定			2,500	(※3)
合計	550		60,500	合計	550		60,500	

※１　資本金の換算について（HR 換算）

×１年末円貨額　10,000

×２年末行使による払込　33,000　←300ドル×行使時レート110円／ドル

期末円貨額　43,000

※２　新株予約権の換算について（HR 換算＋為替換算調整勘定を新株予約権として表示）

HR 換算額　5,000　←期末残高50ドル×HR100円／ドル

為替換算調整勘定　500　←期末残高50ドル×(CR110円／ドル−HR100円／ドル)

期末円貨額　5,500　←上記合計(＝期末残高50ドル×CR110円／ドル)

⇒　新株予約権の期末円貨額は、決算時レートで換算した結果と同額となる。

※３　為替換算調整勘定＝貸借差額

3）×3年度

・新株予約権3個の行使　（単位：ドル）

（借）新株予約権（※1）	30	（貸）資本金	180
現預金（※2）	150		

※1　発行時の時価10ドル／個×新株予約権3個＝30ドル

※2　行使価格50ドル／個×新株予約権3個＝150ドル

・新株予約権2個の失効　（単位：ドル）

（借）新株予約権（※1）	20	（貸）新株予約権戻入益	20

※1　発行時の時価10ドル／個×新株予約権2個＝20ドル

・S社の×3年末の貸借対照表と換算

	ドル	レート	円貨		ドル	レート	円貨	
資産	200	110	22,000	負債	50	110	5,500	
現預金	500	110	55,000					
				資本金	580		59,200	（※1）
				利益剰余金	70		5,800	（※2）
				新株予約権	0		0	
				為替換算調整勘定			6,500	（※3）
合計	700		77,000	合計	700		77,000	

※1　資本金の換算について（HR換算）

×1年末円貨額	10,000	
×2年末行使による払込	33,000	←300ドル×行使時レート110円／ドル
×3年末行使による払込	16,200	←180ドル×行使時レート90円／ドル
期末円貨額	59,200	

※2　利益剰余金の換算について（HR換算）

×1年末円貨額	4,000	
×3年末失効による戻入	1,800	←20ドル×失効時レート90円／ドル
期末円貨額	5,800	

※3　為替換算調整勘定＝貸借差額

(3) 少数株主持分（純資産表示適用指針７、30）

少数株主持分は決算時レートにより換算する。この方法には、連結修正手続上、在外子会社で計上されている少数株主持分を発生時レートで換算し、当該少数株主持分に係る為替換算調整勘定を、少数株主持分に含めて表示することも含まれる（純資産表示適用指針30）。

3-2-3 損益項目（外貨基準三３）

収益及び費用については、原則として期中平均レートにより換算する（AR換算）。ただし、決算時レートによることも妨げない（CR換算）。なお、親会社との取引による収益及び費用については、親会社が換算に用いるレートを使用する。この場合により生じる差額は、当期の為替差損益として処理する。

設例3-10 損益計算書項目の換算

<前提条件>

① ×１年度の在外子会社Ｓ社の損益計算書は、以下のとおりである。

② 売上高のうち100ドルは、親会社に対するものである。

親会社において、当該売上高に対応する仕入計上時の為替レートは85円／ドルであった。

③ 販売費及び一般管理費のうち30ドルは、親会社に対するものである。

親会社において、当該販売費及び一般管理費に対応する収入計上時の為替レートは90円／ドルであった。

④　×１年度の期中平均レートは、80円／ドルであった。

（単位：ドル）

売上高	2,000
売上原価	−1,500
販売費及び一般管理費	−300
営業外収益	10
営業外費用	−20
法人税等	−30
当期純利益	160

（注）この設例では、説明の便宜上、収益及び利益を正の値、費用及び損失を負の値で表記している。

×１年度のＳ社損益計算書の換算

	ドル	レート	円貨
売上高（親会社以外）	1,900	80	152,000
売上高（親会社との取引）	100	85	8,500
売上高合計	2,000		160,500
売上原価	−1,500	80	−120,000
販売費及び一般管理費（親会社以外）	−270	80	−21,600
販売費及び一般管理費（親会社との取引）	−30	90	−2,700
販売費及び一般管理費合計	−300		−24,300
営業外収益	10	80	800
営業外費用	−20	80	−1,600
為替差損			−200
法人税等	−30	80	−2,400
当期純利益	160	80	12,800

合計＝13,000

差額＝−200

3-2-4 特殊なケース

⑴ 在外子会社等の決算日が連結決算日と異なる場合（外貨建実務指針33、34）

① 貸借対照表項目

在外子会社等の決算日レートにより換算する。ただし、連結決算日との差異期間内において為替相場に重要な変動があった場合には、在外子会社等は連結決算日に正規の決算に準ずる合理的な手続による決算を行い、当該決算に基づく貸借対照表項目を連結決算日のレートで換算する。

② 損益計算書項目

在外子会社等の会計期間に基づく期中平均レートで換算する。連結会計期間に基づく期中平均レートではないため、注意が必要である。

⑵ 現地通貨以外の外国通貨で記録された場合（外貨建実務指針31）

在外子会社等の財務諸表は、一般的に当該在外子会社等が所在する国の現地通貨により記録された会計帳簿により作成される。しかし、現地通貨以外の外貨建債権債務及び当該外貨の保有状況並びに決済方法等から外貨建取引を当該現地通貨以外の外国通貨により記録することが合理的であると認められる場合には、取引発生時の外国通貨により記録する方法を採用することができる。この場合には、当該外貨建取引は、各月末等一定時点における直物為替相場または当該取引が属する一定期間を基礎として計算された平均相場による換算額により在外子会社等が所在する国の現地通貨で換算する。

なお、現地通貨以外の外国通貨による取引が中心で、当該通貨が決裁に恒常的に用いられており、当該現地通貨以外の外国通貨により記録している場合には、在外子会社等の財務諸表を直接円貨に換算することができる。この換算によって生じた換算差額は、為替換算調整勘定とする。

(3) 円貨により会計帳簿を記録している場合（外貨建実務指針32）

タックス・ヘイブン（租税回避地）等に所在する在外子会社等の中には、現地通貨による財務諸表の作成が義務付けられていないため、会社目的に応じ円貨により会計帳簿を記録し財務諸表を作成している会社がある。当該在外子会社等は、本邦に所在する子会社に準じて換算する。

3-3 為替換算調整勘定

P ポイント

- 為替換算調整勘定は持分比率に基づき、親会社持分と少数株主持分とに按分される。

3-3-1 持分への按分と表示（外貨建実務指針41）

為替換算調整勘定は持分比率に基づき、親会社持分と少数株主持分とに按分される。

親会社持分割合は原則として連結貸借対照表の純資産の部に為替換算調整勘定として計上される。ただし、株式の追加取得があった場合には、投資額は追加取得時の為替相場で換算されることから、少数株主持分に含まれていた為替換算調整勘定相当額は親会社の投資と自動的に相殺されるため、連結貸借対照表の為替換算調整勘定には計上されないことになる。

少数株主持分割合は少数株主持分に振り替えられ、連結貸借対照表の少数株主持分に含めて計上される。ただし、為替換算調整勘定はのれんの期末残高の換算およびのれん償却額の換算からも発生する（第3章3−4参照）。のれんは親会社持分に係るものであるため、のれんから生じた為替換算調整勘定については、少数株主持分には振り替えない。

3-3-2 持分変動(減少)に伴う処理(外貨建実務指針42)

連結財務諸表の純資産の部に計上された為替換算調整勘定は、在外子会社等に対する投資持分から発生した未実現の為替差損益としての性格を有すると考えられる。持分変動により親会社の持分比率が減少する場合、連結貸借対照表に計上されている為替換算調整勘定は持分比率の減少割合相当額が部分的に実現したこととなるため、その額を株式売却損益として連結損益計算書に計上する。

具体的な処理としては、個別損益計算書に計上された株式売却損益に含まれる為替差損益相当額を連結損益計算書においても、そのまま計上するように連結貸借対照表に計上されている為替換算調整勘定のうち売却持分相当額の取崩処理を行うことになる。

設例3-11 子会社株式の売却に伴う為替換算調整勘定の調整

<前提条件>

① P社はS社株式を80%を簿価12,000円(96ドル)で保有していたが、×10年末に持分比率20%分を6,000円で売却、3,000円の株式売却益を計上した。

② P社およびS社の×10年末の個別財務諸表は、以下のとおりである。

P社貸借対照表(×10年末)　(単位:円)

資産	100,000	負債	50,000
子会社株式	9,000	資本金	5,000
		利益剰余金	54,000
合計	109,000		109,000

S 社貸借対照表（×10年末）　　　（単位：ドル）

資産	520	負債	200	
		資本金	100	（※1）
		利益剰余金	200	（※2）
		当期純利益	20	
合計	520		520	

※1　取得時円貨額＝12,500円

※2　取得時円貨額＝2,500円、取得後円貨額＝17,500円

③　×5年度において、S社は当期純利益20ドルを計上している。

④　×5年度の為替レートは以下のとおりである。

決算時レート：　80円／ドル

期中平均レート：　90円／ドル

⑤　×5年度の連結修正仕訳における開始仕訳は、以下のとおりであるものとする。

（単位：円）

（借）	資本金	12,500	（貸）	子会社株式	12,000
	利益剰余金	6,000		少数株主持分	6,500

（借）	少数株主持分	800	（貸）	為替換算調整勘定	800

×5年末のS社貸借対照表の換算

	ドル	レート	円貨		ドル	レート	円貨
資産	520	80	41,600	負債	200	80	16,000
				資本金	100	125	12,500
				利益剰余金	200		20,000
				当期純利益	20	90	1,800
				為替換算調整勘定			−8,700
合計	520		41,600	合計	520		41,600

持分減少以外の連結修正仕訳

・当期純利益の按分

（単位：円）

（借）	少数株主損益	360	（貸）	少数株主持分	360

当期純利益20ドル×期中平均レート90ドル／円×20%＝360円

・為替換算調整勘定の少数株主持分への振替（前期末分の洗替と当期末分の按分）

（単位：円）

（借）	為替換算調整勘定	800	（貸）	少数株主持分	800

（単位：円）

（借）	少数株主持分	1,740	（貸）	為替換算調整勘定	1,740

S 社個別貸借対照表の為替換算調整勘定－8,700円×20%＝-1,740円

持分減少に関する連結修正仕訳

（単位：円）

（借）	子会社株式（※１）	3,000	（貸）	少数株主持分（※２）	5,120
	株式売却損（※４）	3,860		為替換算調整勘定（※３）	1,740

※１　売却による減少。

売却前簿価12,000円×（売却比率20%÷売却前持分比率80%）

※２　子会社の資本を売却比率だけ少数株主持分に振替。

資本金	12,500	S 社の換算後貸借対照表より
利益剰余金	20,000	
当期純利益	1,800	
為替換算調整勘定	-8,700	
合計	25,600	
売却比率	20%	
振替額	5,120	

※３　為替換算調整勘定（売却前の親会社持分）のうち、売却比率に該当する部分の為替差損益を実現させる。

売却前の金額

為替換算調整勘定　　-8,700 ←S 社の換算後貸借対照表より

少数株主持分への	1,740	←連結修正仕訳より
売却前親会社持分	−6,960	
売却前持分	80%	
売却比率	20%	
売却比率該当部分	−1,740	←売却前親会社持分−6,960×（売却比率20%÷売却前持分比率80%）

※4　貸借差額

売却損益の集約　（単位：円）

（借）株式売却損	3,000	（貸）株式売却益	3,000

少数株主持分の分析

連結修正仕訳	
開始仕訳	6,500
	−800
当期純利益の按分	360
前期の為替換算調整勘定の洗替	800
当期の為替換算調整勘定の按分	−1,740
持分変動	5,120
少数株主持分連結 B/S 計上額	10,240

子会社純資産のうち少数株主持分	
資本金	12,500
利益剰余金	20,000
当期純利益	1,800
為替換算調整勘定	−8,700
純資産合計	25,600
売却後少数株主割合	40%
	10,240

↑一致↑

為替換算調整勘定の分析

連結修正仕訳	
S 社個別 B/S 換算後為替換算調整勘定	
	−8,700
開始仕訳	800
前期の為替換算調整勘定の洗替	−800
当期の為替換算調整勘定の按分	1,740
持分減少による実現	1,740
為替換算調整勘定連結 B/S 計上額	−5,220

S 社個別 B/S 換算後為替換算調整勘定	
	−8,700
売却後親会社持分比率	60%
	−5,220

一致

3-3-3 税効果の処理（外貨建実務指針43、連結税効果実務指針38‐2）

子会社への投資の連結上の簿価と親会社の個別財務諸表上の簿価との差異は、将来減算一時差異または将来加算一時差異に該当する。為替換算調整勘定は子会社等への投資に係る一時差異を構成するため、税効果会計の対象となる。

為替換算調整勘定に対する税効果は、在外子会社等の株式を売却した時等に限り税金の軽減効果または増額効果が実現するものであるため、当該株式の売却の意思が明確な場合に税効果を認識し、それ以外の場合には認識しない。

なお、税効果を認識する場合には、税効果認識前の為替換算調整勘定から対応する税効果額を加減した純額が、連結貸借対照表の純資産の部に計上される。

3-4 のれんまたは負ののれん（外貨建実務指針40）

ポイント

- のれんまたは負ののれんは、支配権獲得時に外国通貨で把握し、外国通貨での管理が必要である。
- のれんの期末残高はCR換算する。その結果、為替換算調整勘定が発生する。
- のれん償却額はAR換算する。その結果、為替換算調整勘定が発生する。
- 負ののれんはHR換算する。為替換算調整勘定は発生しない。

3-4-1 のれん

親会社が在外子会社（財務諸表項目が外国通貨表示）を連結する場合、のれんを原則として支配権獲得時（みなし取得日を用いる場合には子会社の決算日（みなし取得日））に当該外国通貨で把握する。また、当該外国通貨で把握されたのれんの期末残高については決算時の為替相場により換算し、のれんの当期償却額については、原則として在外子会社の会計期間に基づく期中平均相場により他の費用と同様に換算する。したがって、為替換算調整勘定はのれんの期末残高とのれん償却額の両方の換算から発生することになる。

3-4-2 負ののれん

負ののれんは外国通貨で把握するが、その処理額は取得時または発生時の為替相場で換算し負ののれんが生じた事業年度の利益として処理するために為替換算調整勘定は発生しない。

3-4-3 在外子会社が在外孫会社を連結する場合

在外子会社の在外孫会社投資から発生するのれんまたは負ののれんは在外

子会社の現地通貨で把握し、在外子会社が現地通貨により連結財務諸表を作成する段階で在外孫会社に係るのれんは決算時の為替相場により換算され、のれんの償却額については原則として期中平均相場により換算される。

外貨建のれんの償却・換算表

	①償却（ドル）	②残高（ドル）	③HR(円)	④AR(円)	⑤CR(円)	⑥償却額(円)(①×④)	⑦残高(②×③もしくは⑤)	⑧為替換算調整勘定(⑦−(前期の⑦−⑥))
発生時		1,500	110				165,000	
×1年	300	1,200		105	100	31,500	120,000	(13,500)
×2年	300	900		95	90	28,500	81,000	(10,500)
×3年	300	600		85	80	25,500	48,000	(7,500)
…	…	…	…	…	…	…	…	…

3-5 支払配当金（外貨建実務指針44）

P ポイント

- 支払配当金は配当決議日の為替相場（HR）で換算する。ただし、親会社が未収配当金を計上した場合には親会社の決算日の為替相場（CR）で換算する。
- 在外子会社の支払配当金の円換算額は、親会社の受取配当金の計上額と一致する。
- 親会社が未収配当金を計上した後の為替相場の変動の影響は、親会社において為替差損益として計上する。

在外子会社等において支払配当金が配当決議日に現地通貨により記録されている場合には、財務諸表項目の換算に際し、支払配当金は当該配当決議日の為替相場により円換算する。この結果、その配当財源である利益剰余金の円換算に用いられた発生時の為替相場と配当決議日の為替相場から生ずる差額は、連結財務諸表上、利益剰余金に含まれるとともに同額が為替換算調整勘定として計上され、当該子会社等の株式が売却または清算されるときまで残存する。

具体的な換算方法は、たとえば取締役会で配当決議を行う国に所在する在外子会社等において決算日に配当宣言が行われる場合には、当該決算日の為替相場により円換算する。また、株主総会で配当決議を行う国に所在する在外子会社等については、親会社が未収配当金を計上する場合（金融商品実務指針94）には親会社の決算日の為替相場により円換算し、未収配当金を計上しない場合には剰余金の配当が確定した日の為替相場により円換算する。いずれの場合でも、親会社はその受取配当金を同様の換算方法により計上しているため、円換算額は一致する。

なお、親会社が未収配当金を計上した後の為替相場の変動の影響は、親会社において為替差損益として計上することになる。

設例3-12 支払配当金の換算

<前提条件>

① S社はP社の100%子会社である。

② ×1年末のS社貸借対照表は、以下のとおりである。

（単位：ドル）

資産	230	負債	100
		資本金	100
		利益剰余金	30
合計	230		230

なお、上記資本金の円換算額は10,000円、上記利益剰余金の円換算額は2,700円である。

③　S社は×1年度の株主総会において、10ドルを配当することを決議し、即日、配当金を送金した。

④　×2年末のS社貸借対照表は、以下のとおりである。

（単位：ドル）

資産	220	負債	100
		資本金	100
		利益剰余金	20
合計	220		220

⑤　為替レートの状況は以下のとおりである。

×1年末95円／ドル

配当決議時85円／ドル

×2年末80円／ドル

（親会社が未収配当金を計上していない場合）

1）×1年度

・S社の×1年末の貸借対照表の換算

	ドル	レート	円貨		ドル	レート	円貨
資産	230	95	21,850	負債	100	95	9,500
				資本金	100		10,000
				利益剰余金	30		2,700
				為替換算調整勘定			−350
合計	230		21,850	合計	230		21,850

2）×2年度

・配当決議時

子会社（S社）の仕訳

（単位：ドル）

（借）利益剰余金（支払配当金）	10	（貸）資産（現預金）	10

親会社（P社）の仕訳　（単位：円）

（借）資産（現預金）	850	（貸）受取配当金	850

配当金10ドル×配当決議時レート85円／ドル＝850円

・S社の×2年末の貸借対照表の換算

	ドル	レート	円貨		ドル	レート	円貨	
資産	220	80	17,600	負債	100	80	8,000	
				資本金	100		10,000	
				利益剰余金	20		1,850	（※1）
				為替換算調整勘定			−2,250	
合計	220		17,600	合計	220		17,600	

※1　利益剰余金＝×1年末までの円換算額2,700円－支払配当金10ドル×配当決議時レート85円／ドル

・連結修正仕訳
受取配当金と支払配当金の相殺　（単位：円）

（借）受取配当金	850	（貸）利益剰余金（支払配当金）	850

（親会社が未収配当金を計上している場合）

1）×1年度

・×1年末の決算時における親会社の仕訳　（単位：円）

（借）未収配当金	950	（貸）受取配当金	950

配当金10ドル×決算時レート95円／ドル＝950円

・×1年末の決算時における子会社の個別決算書修正（未達取引）
（単位：ドル）

（借）利益剰余金（支払配当金）	10	（貸）負債（未払配当金）	10

・S社の×1年末の修正後貸借対照表の換算

	ドル	レート	円貨		ドル	レート	円貨
資産	230	95	21,850	負債	110	95	10,450
				資本金	100		10,000
				利益剰余金	20		1,750
				為替換算調整勘定			-350
合計	230		21,850	合計	230		21,850

・連結修正仕訳

受取配当金と支払配当金の相殺　（単位：円）

（借）受取配当金	950	（貸）利益剰余金（支払配当金）	950

未収配当金と未払配当金の相殺　（単位：円）

（借）負債（未払配当金）	950	（貸）未収配当金	950

2）×2年度

・配当決議時

S社個別財務諸表上の仕訳　（単位：ドル）

（借）利益剰余金（支払配当金）	10	（貸）資産（現預金）	10

親会社（P社）の仕訳　（単位：円）

（借）現預金	850	（貸）未収配当金	950
為替差損	100		

現預金＝配当金10ドル×配当決議時レート85円／ドル＝850円

為替差損＝未収配当金950円－現預金850円＝100円

・×2年末の決算時における子会社の個別決算書修正（前期未達取引の戻し）

（単位：ドル）

（借）負債（未払配当金）	10	（貸）利益剰余金（支払配当金）	10

・S社の×2年末の貸借対照表の換算

	ドル	レート	円貨		ドル	レート	円貨
資産	220	80	17,600	負債	100	80	8,000
				資本金	100		10,000
				利益剰余金	20		1,750 (※1)
				為替換算調整勘定			−2,150
合計	220		17,600	合計	220		17,600

※1　利益剰余金＝×1年末までの円換算額1,750円

（ポイント）

親会社が未収配当金を計上していない場合としている場合とで、子会社の支払配当金の換算の際に使用するレートが異なる。

その分、×2年末の為替換算調整勘定の金額に差が生じる。

3-6　未実現損益（外貨建実務指針45）

ポイント

- 未実現損益はHRで換算する。
- 減価償却による未実現利益の実現額は、HR換算額となる。

連結会社間の棚卸資産の売買及びその他の取引に係る未実現損益は、売却日に売却元で発生する。このため消去すべき未実現損益は、取得時または発生時の為替相場で換算する。ただし、取得時または発生時の為替相場に代えて、次のような合理的な為替相場を使用して、未実現損益を計算することができる。

3-6-1 国内会社から在外子会社等に売却した場合

原則として、売却元の売却価額に売却元の利益率を乗じて計算する。ただし、実務上この方法により難い場合には購入先における外貨建て資産残高に売却元の利益率を乗じた外貨額に、決算時の為替相場または購入先での資産保有期間に基づいて計算した平均相場により換算することができる。

なお、国内会社が減価償却資産を在外子会社等に売却したことにより発生する減価償却資産の売却損益は、未実現損益として消去した後、在外子会社等における減価償却により部分的に実現することとなる。在外子会社等で計上した減価償却費の円換算額は為替相場の変動の影響を受けるが、未実現損益の円貨額は売却年度で確定しているため、未実現損益の戻入（実現）額は為替得相場の変動を受けず、在外子会社等における当該減価償却資産の減価償却方法及び耐用年数等に基づき規則的に戻し入れる。

3-6-2 在外子会社等から国内会社に売却した場合

原則として、売却元の売却価額に売却元の利益率を乗じた外貨額を取引時の為替相場により換算する。ただし、実務上この方法により難い場合には、購入先における円貨建ての棚卸資産残高に売却元の利益率を乗じて計算することができる。

3-7 持分法（外貨建実務指針46）

在外非連結子会社・在外関連会社に持分法を適用する場合、外貨表示財務諸表の換算は在外子会社と同様に行うが、国内の非連結子会社・関連会社の場合と比べ、為替換算調整勘定の処理が必要となる。

在外持分法適用会社の財務諸表項目の換算から生じた為替換算調整勘定の親会社持分相当額は、連結貸借対照表の為替換算調整勘定に含める（持分法実務指針31)。

持分法仕訳

為替換算調整勘定の認識

（借）投資有価証券	ｘｘｘ	（貸）為替換算調整勘定	ｘｘｘ

設例3-13 在外関連会社の為替換算

Ｐ社はＸ１年３月31日にＳ社株式の30%を20,000ドルで、外部の株主より取得して関連会社とし、同日より持分法適用会社とした。取得時の為替レートは100円／ドルである。

（注） この設例では、連結子会社は存在しないものの、説明の便宜上、連結財務諸表を作成することとしている。

Ｐ社及びＳ社のＸ１年３月期における貸借対照表は以下のとおりである。

Ｐ社のＸ１年３月期の貸借対照表 （単位：円）

現預金	200,000	買掛金	300,000
売掛金	400,000	短期借入金	300,000
土地	500,000	資本金	400,000
投資有価証券	200,000	利益剰余金	300,000
合計	1,300,000	合計	1,300,000

Ｓ社のＸ１年３月期の貸借対照表 （単位：ドル）

現預金	2,000	買掛金	1,000
売掛金	3,000	短期借入金	3,000
土地	3,000	資本金	2,000
		利益剰余金	2,000
合計	8,000	合計	8,000

・P社の投資有価証券は全額S社株式で、一括して当期に取得している。
・取得時点におけるS社の土地の時価は4,000ドルであり、土地以外に簿価と時価に差が生じているものはない。
・実効税率は40%とする。ただし、評価差額以外に税効果会計は適用しない。
・持分法適用時の時価評価の方法は、部分時価評価法（原則法）である。
・期末日レートは、100円／ドル。
・のれんの償却期間は5年としている。
・S社は配当を実施していない。

1）X1年3月期

・のれん相当額の算定　（単位：ドル）

	資本金	利益剰余金	土地評価差額金	合計	当社持分	投資額	のれん相当額
X1年3月期	2,000	2,000	600	46,000	1,380	2,000	620

評価差額：(4,000−3,000)×(1−40%(実効税率))＝600
当社持分：(2,000＋2,000)×30%＋600×30%＝1,380
のれん相当額：2,000(投資額)−1,380(当社持分)＝620

・のれんの管理　（単位：ドル）

	償却額	残高
発生時	―	620
1年目	124	496
2年目	124	372
3年目	124	248
4年目	124	124
5年目	124	0

・S社の土地の評価（連結財務諸表には反映させない）　（単位：ドル）

（借）土地	1,000	（貸）繰延税金負債	400
		評価差額	600

・土地評価後のS社のX1年3月期の貸借対照表　（単位：ドル）

現預金	2,000	買掛金	1,000
売掛金	3,000	短期借入金	3,000
土地	4,000	繰延税金負債	400
		資本金	2,000
		利益剰余金	2,000
		評価差額	600
合計	9,000	合計	9,000

・円換算後のS社のX1年3月期の貸借対照表　（単位：円）

現預金	200,000	買掛金	100,000
売掛金	300,000	短期借入金	300,000
土地	400,000	繰延税金負債	40,000
		資本金	200,000
		利益剰余金	200,000
		評価差額	60,000
合計	900,000	合計	900,000

資産・負債：100円／ドル（決算日レート）で換算
資本金：2,000ドル×100円／ドル（取得日レート）＝200,000円
利益剰余金：2,000ドル×100円／ドル（取得日レート）＝200,000円
評価差額金：600ドル×100円／ドル（取得日レート）＝60,000円
為替換算調整勘定：ゼロ（貸借差額）

〈X 1 年 3 月期の処理〉

当社持分に変動はないため、処理なし

2）X 2 年 3 月期

当社及び S 社の X 2 年 3 月期における損益計算書及び貸借対照表は以下のとおりである。

P 社及び S 社の X 2 年 3 月期の損益計算書

	P 社（円）	S 社（ドル）
売上高	1,000,000	6,000
売上原価	800,000	5,000
販売費及び一般管理費	100,000	500
営業外収益	150,000	750
営業外費用	50,000	250
特別利益	30,000	150
特別費用	30,000	150
当期純利益	200,000	1,000

P 社の X 2 年 3 月期の貸借対照表　　（単位：円）

現預金	400,000	買掛金	300,000
売掛金	400,000	短期借入金	300,000
土地	500,000	資本金	400,000
投資有価証券	200,000	利益剰余金	500,000
合計	1,500,000	合計	1,500,000

S社のX2年3月期の貸借対照表　（単位：ドル）

現預金	2,900	買掛金	1,000
売掛金	3,100	短期借入金	3,000
土地	3,000	資本金	2,000
		利益剰余金	3,000
合計	9,000	合計	9,000

・期末日レートは、110円／ドル。

・期中平均レートは、105円／ドル。

〈X2年3月期の処理〉

S社の当期純利益の振替

（借）投資有価証券	31,500	（貸）持分法による投資利益	31,500

1,000ドル(当期純利益)×105円／ドル(期中平均レート)×30%＝31,500円

のれんの償却

（借）持分法による投資利益	13,020	（貸）投資有価証券	13,020

124ドル×105円／ドル（期中平均レート）＝13,020円

・円換算後のS社のX2年3月期の貸借対照表　（単位：円）

現預金	319,000	買掛金	110,000
売掛金	341,000	短期借入金	330,000
土地	330,000	資本金	200,000
		利益剰余金	305,000
		為替換算調整勘定	45,000
合計	990,000	合計	990,000

資産・負債：110円／ドル（決算日レート）で換算

資本金：2,000ドル×100円／ドル（取得日レート）＝200,000円

利益剰余金：2,000ドル×100円／ドル（取得日レート）＝200,000円

利益剰余金（当期取得）：1,000ドル×105円／ドル（取得日レート）＝105,000円
利益剰余金合計：200,000円＋105,000円＝305,000円
為替換算調整勘定：45,000円（貸借差額）

為替換算調整勘定の認識　（単位：円）

（借）投資有価証券	13,500	（貸）為替換算調整勘定	13,500

45,000×30%（当社持分）＝13,500

連結財務諸表の作成

連結損益計算書に係る連結精算表（貸方残高は括弧書きにて示している）。

勘定科目	P社	当期純利益の振替	のれん償却相当額の計上	為替換算調整勘定の計上	連結損益計算書
売上高	(1,000,000)				(1,000,000)
売上原価	800,000				800,000
販売費及び一般管理費	100,000				100,000
営業外収益	(150,000)	(31,500)			(181,500)
営業外費用	50,000		13,020		63,020
特別利益	(30,000)				(30,000)
特別費用	30,000				30,000
当期純利益	(200,000)	(31,500)	13,020		(218,480)

連結貸借対照表に係る連結精算表（貸方残高は括弧書きにて示している）。

勘定科目	P社	当期純利益の振替	のれん償却相当額の計上	為替換算調整勘定の計上	連結貸借対照表
現預金	400,000				400,000
売掛金	400,000				400,000
土地	500,000				500,000
投資有価証券	200,000	31,500	(13,020)	13,500	231,980
買掛金	(300,000)				(300,000)
短期借入金	(300,000)				(300,000)

資本金	(400,000)				(400,000)
利益剰余金（期首残高）	(300,000)				(300,000)
利益剰余金（当期純利益）	(200,000)	(31,500)	13,020		(218,480)
為替換算調整勘定	0			(13,500)	(13,500)

連結財務諸表の作成

上記の連結精算表に基づいて作成したＰ社及びＳ社の連結グループにおける連結損益計算書及び連結貸借対照表は以下のとおりである。

連結損益計算書

売上高	(1,000,000)
売上原価	800,000
販売費及び一般管理費	100,000
営業外収益	(181,500)
営業外費用	63,020
特別利益	(30,000)
特別費用	30,000
当期純利益	(218,480)

連結貸借対照表

現預金	400,000	買掛金	300,000
売掛金	400,000	短期借入金	300,000
土地	500,000	資本金	400,000
投資有価証券	231,980	利益剰余金	518,480
		為替換算調整勘定	13,500
合計	1,531,980	合計	1,531,980

第 4 章

包括利益計算書

1 包括利益を表示する会計基準の目的（包会1、21）

「包括利益の表示に関する会計基準」は、財務諸表における包括利益及びその他の包括利益の表示について定めることを目的としている。また、包括利益を表示する目的は、期中に認識された取引及び経済的事象（資本取引を除く）により生じた純資産の変動を報告することである。包括利益を表示することにより、以下のようなメリットが得られるものと考えられる。

① 投資家有用性

包括利益の表示によって提供される情報は、投資家等の財務諸表利用者が企業全体の事業活動について検討するのに役立つ。

② 理解比較可能性

貸借対照表との連携（純資産と包括利益とのクリーン・サープラス関係（※））を明示することを通じて、財務諸表の理解可能性と比較可能性を高める。

※ クリーン・サープラス関係とは、ある期間における資本の増減（資本取引による増減を除く）が当該期間の利益と等しくなる関係をいう。

③ コンバージェンス

国際的な会計基準とのコンバージェンスに資する。

2 会計基準の用語の定義

2-1 包括利益

ポイント

- 包括利益とは、ある企業の特定期間の財務諸表において認識された純資産の変動額のうち、当該企業の純資産に対する持分保有者との直接的な取引によらない部分をいう。

2-1-1 「包括利益」(包会４)

包括利益＝純資産の変動額－当該企業の純資産に対する持分保有者との直接的な取引による部分

「包括利益」とは、ある企業の特定期間の財務諸表において認識された純資産の変動額のうち、当該企業の純資産に対する持分保有者との直接的な取引によらない部分をいう。

なお、「当該企業の純資産に対する持分保有者」には以下の者が含まれる。

・当該企業の株主

・当該企業の発行する新株予約権の所有者

・当該企業の子会社の少数株主

2-1-2 「企業の純資産に対する持分所有者との直接的な取引によらない部分」(包会25)

「企業の純資産に対する持分所有者との直接的な取引によらない部分」とは、資本取引に該当しない部分を意味する。資本取引と損益取引のいずれにも解釈し得る取引については、具体的な会計処理を定めた会計基準に基づいて判断することになる。現行の会計基準を斟酌すれば、持分所有者との直接的な取引によらない部分とされているものとして、以下のものが例示されている。

・新株予約権の失効による戻入益（ストック・オプション基準9及び金融商品会計基準38(2)）
・支配が継続している場合の子会社に対する親会社持分の変動によって生じた差額（連会28～30）

なお、今後の基準設定において会計処理の見直しが行われた場合には、それに基づいて判断することとなる。

2-1-3 包括利益に含まれないもの(包会26)

包括利益に含まれないものとして、以下が例示されている。

・「会計上の変更及び誤謬の訂正に関する会計基準」に基づく会計方針の変更及び誤謬の訂正に関する累積的影響額に係る期首の利益剰余金の修正額
・子会社が連結子会社及び関連会社のいずれにも該当しなくなった場合における利益剰余金減少高（または増加高）

2-2 「その他の包括利益」（包会5）

その他の包括利益＝包括利益－少数株主損益調整前当期純利益

「その他の包括利益」とは、包括利益のうち当期純利益及び少数株主損益に含まれない部分をいう。連結財務諸表においては包括利益と少数株主損益調整前当期純利益との差額であり、親会社株主に係る部分と少数株主に係る部分が含まれる。

2-3 連結包括利益計算書とそれ以外の連結財務諸表との関係

連結包括利益計算書とそれ以外の連結財務諸表（連結貸借対照表、連結損益計算書、連結株主資本等変動計算書）との関係を図示すると、次頁のようになる。

連結貸借対照表（抜粋）

	×1年	少数株主損益調整前当期純利益の増減	その他の包括利益の増減	×2年
（純資産の部）				
利益剰余金	1,000	300		1,300
その他の包括利益累計額	200		120	320
少数株主持分	400	150	30	580
	1,600	450	150	2,200

連結株主資本等変動計算書（抜粋）

利益剰余金期首	1,000
当期増減	300
利益剰余金期末	1,300
その他の包括利益累計額期首	200
当期増減	120
その他の包括利益累計額期末	320
少数株主持分期首	400
当期増減	180
少数株主持分期末	580

連結損益計算書（抜粋）

少数株主損益調整前当期純利益	450
少数株主利益	150
当期純利益	300

連結包括利益計算書

少数株主損益調整前当期純利益	450
その他の包括利益	150
包括利益	600
（内訳）	
親会社株主に係る包括利益	420
少数株主に係る包括利益	180

以下は連結株主資本変動計算書と連結包括利益計算書の各項目の金額を比較した表である。少数株主に係る金額の表示の仕方は異なるが、どちらの計算書も純資産の増減額を表示した計算書であることがわかる。

連結株主資本変動計算書		連結包括利益計算書	
利益剰余金増減	300	少数株主損益調整前当期純利益	450
その他の包括利益累計額増減	120	その他の包括利益	150
少数株主持分増減	180		
合計	600	合計	600

3 包括利益を表示する計算書と注記

3-1 包括利益を表示する計算書

ポイント

- 包括利益を表示する計算書の形式には、当期純利益の表示と包括利益の表示を１つの計算書で行う形式（１計算書方式）とそれぞれの表示を別個の計算書で行う形式（２計算書方式）の２つがある。
- その他の包括利益の内訳項目は、その内容に基づいて、その他有価証券評価差額金、繰延ヘッジ損益、為替換算調整勘定等に区分して表示する。
- 包括利益を表示する計算書において、包括利益の内訳として親会社株主に係る金額及び少数株主に係る金額を付記する。

3-1-1 １計算書方式と２計算書方式（包会11）

包括利益を表示する計算書の表示方法として、１計算書方式及び２計算書方式の２つの方法が考えられる。

＜１計算書方式＞
当期純利益の表示と包括利益の表示を１つの計算書（「損益及び包括利益計算書」）で行う形式。
＜２計算書方式＞
当期純利益を表示する「損益計算書」と、包括利益を表示する「包括利益計算書」からなる形式。

1計算書方式には一覧性、明瞭性、理解可能性等の点で利点が認められ、2計算書方式には当期純利益と包括利益とが明確に区分される点で利点が認められることから、両方式の選択適用が認められている。

【1計算書方式】		【2計算書方式】	
＜連結損益及び包括利益計算書＞		＜連結損益計算書＞	
売上高	10,000	売上高	10,000
：		：	
税金等調整前当期純利益	2,200	税金等調整前当期純利益	2,200
法人税等	900	法人税等	900
少数株主損益調整前当期純利益	1,300	少数株主損益調整前当期純利益	1,300
少数株主利益	300	少数株主利益	300
当期純利益	1,000	当期純利益	1,000
少数株主利益	300	＜連結包括利益計算書＞	
少数株主損益調整前当期純利益	1,300	少数株主損益調整前当期純利益	1,300
その他の包括利益：		その他の包括利益：	
その他有価証券評価差額金	530	その他有価証券評価差額金	530
繰延ヘッジ損益	300	繰延ヘッジ損益	300
為替換算調整勘定	△180	為替換算調整勘定	△180
持分法適用会社に対する持分相当額	50	持分法適用会社に対する持分相当額	50
その他の包括利益合計	700	その他の包括利益合計	700
包括利益	2,000	包括利益	2,000
(内訳)		(内訳)	
親会社株主に係る包括利益	1,600	親会社株主に係る包括利益	1,600
少数株主に係る包括利益	400	少数株主に係る包括利益	400

3-1-2　その他の包括利益の内訳項目の表示(包会7、8)

包括利益を表示する計算書において、その他の包括利益を表示する際の留意点は、以下のとおりである。

① その他の包括利益の内訳項目は、その内容に基づいて、その他有価証券評価差額金、繰延ヘッジ損益、為替換算調整勘定等に区分して表示する。

② 包括利益を表示する計算書においては、持分法を適用する被投資会社のその他の包括利益に対する投資会社の持分相当額は一括して「持分法適用会社に対する持分相当額」として表示する。一方で貸借対照表においては、持分法を適用する被投資会社のその他の包括利益累計額について、持分相当額を一括して表示するのではなく、その他有価証券評価差額金、繰延ヘッジ損益、為替換算調整勘定等の各区分に含めて表示する。

③ その他の包括利益の内訳項目は、税効果控除後の金額で表示する。ただし、各内訳項目を税効果控除前の金額で表示して、それらに関連する税効果の金額を一括して加減する方法で記載することができる。

3-1-3 親会社株主に係る金額及び少数株主に係る金額の付記（包会11）

包括利益を表示する計算書において、包括利益の内訳として親会社株主に係る金額及び少数株主に係る金額を付記する必要がある。付記の金額を算定するにあたっては、子会社で生じた包括利益のうち親会社株主に係る金額と少数株主に係る金額とを把握する必要がある。

3-1-4 作成例

＜前提条件＞

(1) 少数株主損益調整前当期純損益及びその他の包括利益の発生状況は、以下のとおりである。

	親会社	子会社		連結グループ企業集団合計
	親会社株主	親会社株主	少数株主	
少数株主損益調整前当期純利益	1,000	600	200	1,800
その他の包括利益	400	30	10	440
包括利益合計	1,400	630	210	2,240

(2) 親会社におけるその他の包括利益の発生原因は、すべてその他有価証

券評価差額金の変動によるものである。また、上記表における親会社のその他包括利益400は税効果控除後の金額であり、税効果控除前の金額は600、税効果額は200である。

(3) 子会社におけるその他の包括利益の発生原因は、すべて為替換算調整勘定の変動によるものである。なお、為替換算調整勘定に対する税効果は認識していない。

＜包括利益計算書の作成＞

2計算書方式を前提としている。

左側の表は、その他の包括利益の内訳項目を税効果控除後の金額で表示した場合、右側の表は、税効果控除前の金額で表示し税効果額を一括して加減する方法で表示した場合の作成例である。

少数株主損益調整前当期純利益	1,800	少数株主損益調整前当期純利益	1,800
その他の包括利益：		その他の包括利益：	
その他有価証券評価差額金	400	その他有価証券評価差額金	600
為替換算調整勘定	40	為替換算調整勘定	40
その他の包括利益合計	440	その他の包括利益に係る税効果額	△200
		その他の包括利益合計	440
包括利益	2,240	包括利益	2,240
（内訳）		（内訳）	
親会社株主に係る包括利益	2,030	親会社株主に係る包括利益	2,030
少数株主に係る包括利益	210	少数株主に係る包括利益	210

3-2 その他の包括利益に関する注記

ポイント

- その他の包括利益の各内訳項目別の税効果の金額を注記する。
- 当期純利益を構成する項目のうち、当期または過去の期間にその他の包括利益に含まれていた部分は、組替調整額として、その他の包括利益の内訳項目ごとに注記する。

3-2-1 税効果の金額の注記（包会８、32）

その他の包括利益の税効果の金額について、各内訳項目（その他有価証券評価差額金、繰延ヘッジ損益、為替換算調整勘定等）ごとに注記する。包括利益を表示する計算書において、「その他の包括利益の内訳項目を税効果控除前の金額で表示し、それらに関連する税効果の金額を一括して加減する方法」（「第４章３－１－２③」参照）で表示した場合においても、税効果の金額の注記は必要である。

なお、持分法の適用における被投資会社のその他の包括利益に対する投資会社の持分相当額は、被投資会社において税効果を控除した後の金額である。被投資会社の税金は連結財務諸表には表示されないことから、税効果の金額の注記の対象には含まれない。

3-2-2 組替調整額の注記（包会９、31）

(1) 組替調整額

組替調整額とは、当期純利益を構成する項目のうち、当期または過去の期間にその他の包括利益に含まれていた部分について調整した金額である。組替調整額の金額の算定は、具体的には次のようになると考えられる。

① その他有価証券評価差額金

当期に計上された売却損益及び減損損失等、当期純利益に含まれた金額が、組替調整額となる。

② 繰延ヘッジ損益

ヘッジ対象に係る損益が認識されたこと等に伴って繰り延べていたヘッジ手段に係る損益が当期純利益に計上された金額が、組替調整額となる。ヘッジ手段に係る損益が当期純利益に計上されるのは、以下のような場合が考えられる（金融商品会計基準33、34）。

- ヘッジ対象が消滅した場合
- ヘッジの要件が満たされなくなった場合においてヘッジ終了時点において重要な損失が生じる恐れがある場合
- ヘッジ対象である予定取引が実行されないことが明らかになった場合

なお、ヘッジ対象とされた予定取引が資産の購入である場合には、繰延ヘッジ損益は資産の取得価額に加減されるが（金融商品実務指針170）、当該加減された金額は、組替調整額に準じて開示する。

③ 為替換算調整勘定

連結貸借対照表の純資産の部に計上された為替換算調整勘定は、在外子会社等に対する投資持分から発生した未実現の為替差損益としての性格を有すると考えられる。持分変動により親会社の持分が減少する場合、連結貸借対照表に計上されている為替換算調整勘定は持分比率の減少割合相当額が部分的に実現したことになるため、その額が株式売却益損益として連結損益計算書に計上される（外貨建実務指針42）。このように、子会社に対する持分の減少（全部売却及び清算を含む）に伴って取り崩されて連結損益計算書の当期純利益に含められた金額が、組替調整額となる。

④ 土地再評価差額金

土地再評価差額金は、再評価後の金額が土地の取得価額とされることから、売却損益及び減損損失等に相当する金額が当期純損益に計上されず、直接利益剰余金に振り替えられる（土地再評価 Q&A Q3）。そのため、土地再評価差額金の取崩額は組替調整額には該当しない。

(2) 注記

その他の包括利益の内訳項目ごとに組替調整額を注記する。また、組替調整額の注記は、税効果の金額の注記と併せて記載することができる。なお、四半期財務諸表においては注記を省略することができる。

3-2-3 注記例

<前提条件>

(1) 包括利益計算書（付記は省略）は以下のとおりである。その他の包括利益の内訳項目は、税効果控除後の金額で表示している。

少数株主損益調整前当期純利益	2,000
その他の包括利益：	
その他有価証券評価差額金	△400
繰延ヘッジ損益	300
持分法適用会社に対する持分相当額	△200
その他の包括利益合計	△300
包括利益	1,700

(2) その他の包括利益の各内訳項目について算出された、①税効果控除前の変動額、②組替調整額、③当期発生額、④税効果の変動額は、以下のとおりである。

項目	①税効果控除前の変動額	②組替調整額	③当期発生額	④税効果の変動額
その他有価証券評価差額金	△600	300	△900	△200
繰延ヘッジ損益	450	100	350	150
持分法適用会社に対する持分相当額	△200	△50	△150	－

※上記表においては、以下の関係が成立している。

・包括利益計算書におけるその他の包括利益の内訳項目ごとの金額
＝税効果控除後の金額＝①－④

・当期発生額（③）＝①－②

＜税効果及び組替調整額の注記＞

a. 税効果注記と組替調整額注記とを別個に開示する場合

【組替調整額】

その他有価証券評価差額金：		
当期発生額	△900	
組替調整額	300	△600
繰延ヘッジ損益：		
当期発生額	350	
組替調整額	100	450
持分法適用会社に対する持分相当額：		
当期発生額	△150	
組替調整額	△50	△200
税効果調整前合計		△350
税効果額		50
その他の包括利益合計		△300

⇒包括利益計算書の「その他の包括利益合計」と一致

【税効果】

	税効果調整前	税効果額	税効果調整後
その他有価証券評価差額金	△600	△200	△400

繰延ヘッジ損益	450	150	300
持分法適用会社に対する持分相当額			△200
その他の包括利益合計	△150	△50	△300

⇒包括利益計算書の「その他の包括利益合計」と一致

b. 税効果注記と組替調整額注記とを併せて開示する場合

その他有価証券評価差額金：	
当期発生額	△900
組替調整額	300
税効果調整前	△600
税効果額	200
その他有価証券評価差額金	△400
繰延ヘッジ損益：	
当期発生額	350
組替調整額	100
税効果調整前	450
税効果額	△150
繰延ヘッジ損益	300
持分法適用会社に対する持分相当額：	
当期発生額	△150
組替調整額	△50
持分法適用会社に対する持分相当額	△200
その他の包括利益合計	△300

3-3 表示方法の選択

上述のとおり、包括利益を表示する計算書においては、計算書の方式及びその他の包括利益の税効果の表示について複数の表示方法が認められており、注記においても複数の表示方法が認められている。これらの組み合わせを図示すると、以下のとおりである。

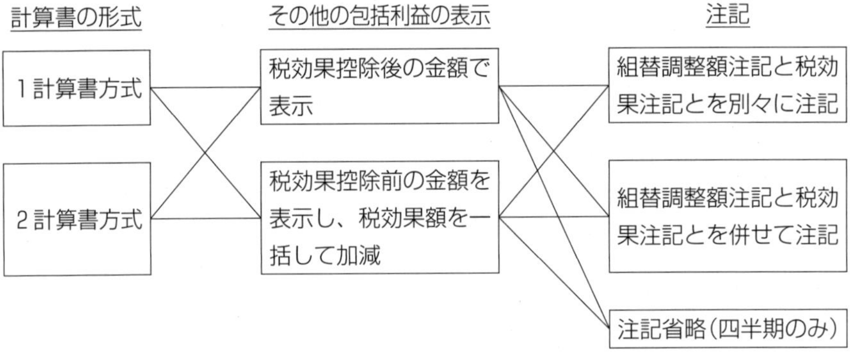

4 包括利益計算書及びその注記の作成

包括利益計算書及びその注記の作成手順は、おおむね以下のような手順になるものと考えられる。

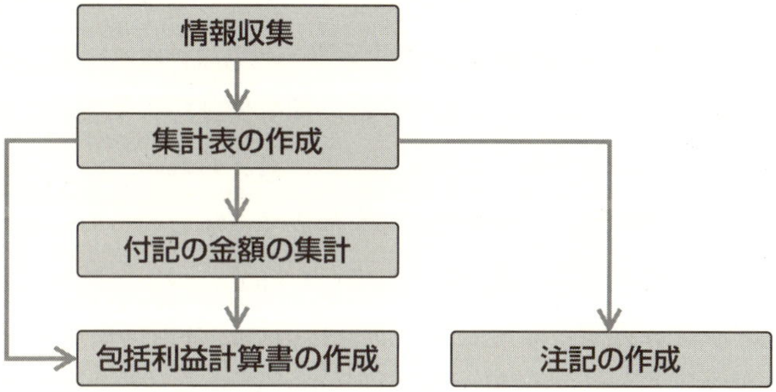

4-1 情報収集

包括利益計算書及びその注記を作成するにあたり、まずは必要となる情報収集をする必要がある。包括利益は少数株主損益調整前当期純利益とその他の包括利益から構成されるが、そのうち少数株主損益調整前当期純利益は損益計算書に計上されていることから、容易に金額を把握することができる。一方で、その他の包括利益については、組替調整額や税効果の金額の注記が求められていることから、注記作成のための情報を把握する必要があり、情報収集のための労力を要することになる。

以下、その他の包括利益の情報収集についてのポイントを見ていくことにする。

4-1-1 親会社で収集すべき情報

親会社におけるその他の包括利益の内訳項目（その他有価証券評価差額金、繰延ヘッジ損益等）ごとに、以下の情報の収集が必要となる。

- 前期末及び当期末の評価差額等の金額（税効果控除前）
- 前期末及び当期末の評価差額等に係る税効果の金額
- 組替調整額に関する情報

前期末及び当期末の評価差額等の金額（税効果控除前）及びそれに係る税効果の金額は、決算の際に作成したその他有価証券の明細表や繰延ヘッジ損益の明細表等から情報が収集できるものと考えられる。

一方で組替調整額は、当期純利益を構成する項目のうち、当期または過去の期間にその他の包括利益に含まれていた部分について調整した金額であり、その他有価証券評価差額金であれば売却損益、減損損失等が該当する（「第4章3-2-2(1)」参照）。期中に発生した損益項目を抽出する必要があり、明細表から金額を把握しにくい場合も想定される。

なお、組替調整額の注記において必要となる当期発生額の金額は、「第4章4-2集計表の作成」において、差額（包括利益－組替調整額）で算出することになる。

4-1-2 連結子会社で収集すべき情報

連結子会社においても親会社と同様に、その他の包括利益の内訳項目（その他有価証券評価差額金、繰延ヘッジ損益等）ごとに、以下の情報の収集が必要となる。

- 前期末及び当期末の評価差額等の金額（税効果控除前）
- 前期末及び当期末の評価差額等に係る税効果の金額
- 組替調整額に関する情報

親会社とは異なり子会社においては、100％子会社である場合を除き、少数株主が存在する。包括利益は親会社株主に係る金額だけでなく、少数株主に係る金額を含めた企業集団全体における純資産の変動額（資本取引除く）である。したがって、前期末及び当期末の評価差額等の金額（税効果控除前）並びにその税効果の金額は、少数株主持分へ振り替える前の金額を把握する必要がある。

4-1-3 持分法適用会社で収集すべき情報

持分法適用会社において生じたその他の包括利益については、税効果の金額の注記をする必要がない（「第４章３－２－１」参照）。そのため、収集すべき情報は以下のとおりとなる。

- 前期末及び当期末の評価差額等の金額（税効果控除後）
- 組替調整額に関する情報

なお、持分法適用会社におけるその他の包括利益は、「持分法適用会社に対する持分相当額」として一括して表示されるが（「第４章３－１－２(2)」参照）、当該金額を算出するためには、その他の包括利益の内訳項目（その他有価証券評価差額金、繰延ヘッジ損益等）の増減状況を把握する必要がある。また、組替調整額の注記を作成するため、その他の包括利益の内訳項目ごとに組替調整額を把握する必要がある。そのため、持分法適用会社からの情報は、税効果の情報を除けば連結子会社と同レベルの詳細さが求められる。

4-1-4 その他のポイント

連結包括利益計算書においては、当然ながら連結上の包括利益を表示する必要がある。そのため、情報収集するにあたっては、個別財務諸表上の簿価ではなく、連結上の簿価に基づいて情報収集する必要がある。

たとえば、支配権獲得時において連結子会社で計上されていたその他有価証券評価差額金は、資本連結の手続において相殺消却されるため、当該時価評価後の金額が連結上の簿価となる。

4-2 集計表の作成

「第4章4-1」における情報収集の次のステップは、当該情報に基づく集計表の作成である。集計表の作成にあたっては、包括利益計算書及び注記を作成するにあたり必要となる情報を容易に入手できるような工夫が必要となる。

4-2-1 考慮すべきポイント

集計表の作成にあたり、以下の点について考慮が必要となるものと考えられる。

① その他の包括利益の内訳項目ごとに集計表を作成する。

② 親会社、連結子会社、持分法適用会社ごとに集計表を作成する。

③ 持分法適用会社については、親会社株主持分相当額を計算する。

④ 組替調整額及び当期発生額が把握できる集計表を作成する。

⑤ 税効果控除前の金額、税効果額、税効果控除後の金額が把握できる集計表を作成する。

ポイント①は、包括利益計算書においてその他の包括利益の内訳項目ごとの表示が求められているため必要である。

ポイント②は、付記を作成するにあたり、親会社株主に係る金額及び少数株主に係る金額を集計するために必要となる。

ポイント③は、持分法適用会社においては持分相当額のみが包括利益計算書に表示されるため計算が必要となる。

ポイント④及び⑤は、組替調整額の注記及び税効果の金額の注記を作成するために必要となる。

4-2-2 集計表の作成例

次に、具体的にどのような集計表を作成すればよいのか、という点であるが、以下、その他有価証券評価差額金における集計表の例を示す。

【その他有価証券評価差額金】

・P社（親会社）

銘柄	項目	① 前期末残高	① 当期末残高	② 包括利益	③ 包括利益内訳 組替調整額	④ 包括利益内訳 当期発生額
A株式	評価差額（税効果前）	100	20	△80	40	△120
	内、税効果	40	8	△32	16	△48
	評価差額（税効果後）	60	12	△48	24	△72
B株式	評価差額（税効果前）	△50	△80	△30	−	△30
	内、税効果	△20	△32	△12	−	△12
	評価差額（税効果後）	△30	△48	△18	−	△18
合計	評価差額（税効果前）	50	△60	△110	40	△150
	内、税効果	20	△24	△44	16	△60
	評価差額（税効果後）	30	△36	△66	24	△90

（作成手順）

①前期末残高と当期末残高を、収集した情報源（有価証券の明細表等）から転記する。

②「当期末残高－前期末残高」により、包括利益が算出される。

③組替調整額（売却損益、減損損失等）の金額を、収集した情報源から転記する。

④「包括利益－組替調整額」により、当期発生額が算出される。

・S社（連結子会社）

銘柄	項目	前期末残高	当期末残高	包括利益	包括利益内訳 組替調整額	包括利益内訳 当期発生額
C株式	評価差額（税効果前）	△50	25	75	−	75
	内、税効果	−	10	10	−	10
	評価差額（税効果後）	△50	15	65	−	65
B株式	評価差額（税効果前）	25	−	△25	△30	5
	内、税効果	10	−	△10	△12	2
	評価差額（税効果後）	15	−	△15	△18	3
合計	評価差額（税効果前）	△25	25	50	△30	80
	内、税効果	10	10	−	△12	12
	評価差額（税効果後）	△35	15	50	△18	68

（作成手順）

親会社と同様であるため省略。

・企業集団合計

会社	項目	前期末残高	当期末残高	包括利益	包括利益内訳	
					組替調整額	当期発生額
P社合計	評価差額（税効果前）	50	△60	△110	40	△150
	内、税効果	20	△24	△44	16	△60
	評価差額（税効果後）	30	△36	△66	24	△90
S社合計	評価差額（税効果前）	△25	25	50	△30	80
	内、税効果	10	10	－	△12	12
	評価差額（税効果後）	△35	15	50	△18	68
企業集団合計	評価差額（税効果前）	25	△35	△60	10	△70
	内、税効果	30	△14	△44	4	△48
	評価差額（税効果後）	△5	△21	△16	6	△22

（P社合計・S社合計の行は①、企業集団合計の行は②）

（作成手順）
①P社合計、S社合計を転記する。
②「P社合計＋S社合計」により、企業集団合計を算出する。

上の図と同様の集計表を、その他有価証券評価差額金以外のその他の包括利益の内訳項目について、それぞれ作成する。

4-3 付記の金額の集計

「第４章４－２」において作成した集計表の数字を利用して、付記の金額を集計する。以下、付記の金額の集計表の例を示す。

Ⅰ　その他の包括利益の内訳算出

会社	① その他有価証券評価差額金	繰延ヘッジ損益	為替換算調整勘定	持分法適用会社に対する持分相当額	② 合計	③ 持分比率	親会社株主	少数株主
P 社	△66	△20	－	－	△86		△86	
S 1 社	50	－	－	－	50	60%	30	20
S 2 社	－	－	80	－	80	80%	64	16
A 社	－	－	－	10	10		10	
企業集団合計	△16	△20	80	10	54		18	36 ④

※P 社は親会社、S 1 社・S 2 社は連結子会社、A 社は持分適用会社とする。

（作成手順）

①4－2で作成した集計表から、その他の包括利益（税効果控除後）の金額を転記する。
　持分法適用会社については、親会社持分相当額を転記する。

②会社ごとに、その他の包括利益（税効果控除後）の金額の合計額（横計）を算出する。

③②で算出した合計額について、親会社株主に係る金額と少数株主に係る金額とに配分する。
　なお、持分法適用会社であるA 社の②で算出した合計額は、すべて親会社株主持分となる。

④配分された親会社株主の金額と少数株主の金額を合計（縦計）する。当該合計額が、その他の包括利益における親会社株主に係る金額および少数株主に係る金額となる。

Ⅱ　包括利益の内訳算出

	親会社株主	少数株主	企業集団計
① 少数株主損益調整前当期純利益	520	80	600
② その他の包括利益	18	36	54
包括利益	538 ③	116 ③	654

（作成手順）

①損益計算書から転記する。
　（「親会社株主」欄にはP/L 当期純利益が転記される）

②「Ⅰその他の包括利益の内訳算出」で算出した金額を転記する。

③「親会社株主」「少数株主」のそれぞれについて縦計し、金額額を算出する。
　当該合計額が、包括利益計算書に付記する金額となる。

4-4 包括利益計算書の作成

4-4-1 表示方法の選択

包括利益計算書を作成するに先立ち、どのような表示方法にするか選択する必要がある。

① 計算書の方式（「第４章３－１－１」参照）

１計算書方式、または２計算書方式のいずれかを選択する。

② その他の包括利益の表示方法（「第４章３－１－２③」参照）

税効果控除後の金額での表示する方法（原則）、または税効果控除前の金額で表示し一括して税効果の金額を控除する方法（容認）のいずれかを選択する。

4-4-2 計算書の作成

「第４章４－２」で作成した集計表及び「第４章４－３」で集計した付記の金額を転記することにより、包括利益計算書を作成する。以下、２計算書方式を前提に、具体的な作成例を示す。

＜税効果控除後の金額で表示するケース（原則）＞

少数株主損益調整前当期純利益	600	← 損益計算書から転記
その他の包括利益：		
その他有価証券評価差額金	△16	4－2で作成した集計表の企業集団合計額（税効果控除後）を転記
繰延ヘッジ損益	△20	
為替換算調整勘定	80	
持分法適用会社に対する持分相当額	10	
その他の包括利益合計	54	← 縦計
包括利益	654	← 「少数株主損益調整前当期純利益」＋「その他の包括利益合計」
（内訳）		
親会社株主に係る包括利益	538	4－3で集計した付記の金額を転記
少数株主に係る包括利益	116	

＜税効果控除前の金額で表示し、税効果額を一括して控除するケース（容認）＞

少数株主損益調整前当期純利益	600	
その他の包括利益：		
その他有価証券評価差額金	△60	4－2で作成した集計表の企業集団合計額（税効果控除前）を転記
繰延ヘッジ損益	△35	（同上）
為替換算調整勘定	80	（同上）
持分法適用会社に対する持分相当額	10	（同上）
その他の包括利益に係る税効果額	59	← 4－2で作成した集計表の企業集団合計額（税効果額）の合計額を集計して転記
その他の包括利益合計	54	← 縦計
包括利益	654	← 「少数株主損益調整前当期純利益」＋「その他の包括利益合計」

（内訳）

親会社株主に係る包括利益	538	4－3で集計した付記の金額を転記
少数株主に係る包括利益	116	（同上）

4-5 注記の作成

4-5-1 表示方法の選択（「第4章3－2－2②」参照）

組替調整額の注記と税効果の金額の注記について、別個に表示するか、併せて表示するか、選択する。

4-5-2 注記の作成

「第4章4－2」で作成した集計表から転記することで、注記を作成することにより、注記を作成する。以下、具体的な作成例を示す。

＜組替調整額と税効果を併せて開示する場合＞

その他有価証券評価差額金：	△70	
当期発生額	10	← 4-2で作成した集計表(その他有価証券評価差額金)の税効果控除前の金額を転記
組替調整額	△60	
税効果調整前	44	← 4-2で作成した集計表(その他有価証券評価差額金)の税効果の金額を転記
税効果額	△16	
その他有価証券評価差額金		
繰延ヘッジ損益：		
当期発生額	△30	
組替調整額	△5	← 4-2で作成した集計表(繰延ヘッジ損益)の税効果控除前の金額を転記
税効果調整前	△35	
税効果額	15	← 4-2で作成した集計表(繰延ヘッジ損益)の税効果の金額を転記
繰延ヘッジ損益	△20	
為替換算調整勘定：		
当期発生額	80	
組替調整額	－	← 4-2で作成した集計表(為替換算調整勘定)の税効果控除前の金額を転記
税効果調整前	80	
税効果額	－	← 4-2で作成した集計表(為替換算調整勘定)の税効果の金額を転記
為替換算調整勘定	80	
持分法適用会社に対する持分相当額：		
当期発生額	10	
組替調整額	－	← 4-2で作成した集計表(持分法適用会社に対する持分相当額)の金額を転記
持分法適用会社に対する持分相当額	10	
その他の包括利益合計	54	⇒ 包括利益計算書の「その他の包括利益合計」と一致

＜組替調整額と税効果を併せて開示する場合＞

【組替調整額】

その他有価証券評価差額金：			
当期発生額	△70		4-2で作成した集計表(その他有価証券評価差額金)の税効果控除前の金額を転記
組替調整額	10	△60	
繰延ヘッジ損益：			
当期発生額	△30		
組替調整額	△5	△35	4-2で作成した集計表(繰延ヘッジ損益)の税効果控除前の金額を転記
為替換算調整勘定：			
当期発生額	80		
組替調整額	－	80	4-2で作成した集計表(為替換算調整勘定)の税効果控除前の金額を転記
持分法適用会社に対する持分相当額：			
当期発生額	10		
組替調整額	－	10	4-2で作成した集計表(持分法適用会社に対する持分相当額)の金額を転記
税効果調整前合計		△5	
税効果額		59	← 4-2で作成した集計表(その他の包括利益の内訳項目すべて)における税効果の金額の合計額を算出し、転記
その他の包括利益合計		54	⇒ 包括利益計算書の「その他の包括利益合計」と一致

【税効果】

	税効果調整前	税効果額	税効果調整後	
その他有価証券評価差額金	△60	44	△16	
繰延ヘッジ損益	△35	15	△20	
為替換算調整勘定	80	－	80	4-2で作成した集計表から転記
合計	△15	59	44	
持分法適用会社に対する持分相当額			10	
その他の包括利益合計			54	⇒ 包括利益計算書の「その他の包括利益合計」と一致

設例4-1 その他有価証券評価差額金（親会社のみ・基礎）

＜前提条件＞

① Ｐ社は以下のその他有価証券を保有しており、×１年末および×２年末の取得価額、時価、評価差額（税効果前）、税効果の金額は以下のとおりである。

銘柄	取得価額	×１年末			×２年末		
		時価	評価差額	内、税効果	時価	評価差額	内、税効果
Ａ株式	1,000	700	△300	△120	800	△200	△80
Ｂ株式	2,000	2,100	100	40	1,900	△100	△40
Ｃ株式	2,500	2,500	—	—	2,700	200	80
Ｄ株式	4,000	5,000	1,000	400	4,000	—	—
Ｅ株式	3,000	2,000	△1,000	△400	2,500	△500	△200
合計	12,500	12,300	△200	△80	11,900	△600	△240

② ×２期中に売却は行われていない。

③ ×２年に減損処理した銘柄はない。

④ 繰延税金資産の回収可能性に問題はない。

⑤ 法定実効税率は40％とする。

⑥ 少数株主利益は100、少数株主損益調整前当期純利益は1,000である。

（集計表の作成）

【その他有価証券評価差額金】

銘柄	項目	×１年末	×２年末	包括利益	包括利益内訳	
					組替調整額	当期発生額
Ａ株式	評価差額（税効果前）	△300	△200	100	—	100
	内、税効果	△120	△80	40	—	40
	評価差額（税効果後）	△180	△120	60	—	60
Ｂ株式	評価差額（税効果前）	100	△100	△200	—	△200
	内、税効果	40	△40	△80	—	△80
	評価差額（税効果後）	60	△60	△120	—	△120
Ｃ株式	評価差額（税効果前）	—	200	200	—	200
	内、税効果	—	80	80	—	80

	評価差額（税効果後）	—	120	120	—	120
D株式	評価差額（税効果前）	1,000	—	△1,000	—	△1,000
	内、税効果	400	—	△400	—	△400
	評価差額（税効果後）	600	—	△600	—	△600
E株式	評価差額（税効果前）	△1,000	△500	500	—	500
	内、税効果	△400	△200	200	—	200
	評価差額（税効果後）	△600	△300	300	—	300
合計	評価差額（税効果前）	△200	△600	△400	—	△400
	内、税効果	△80	△240	△160	—	△160
	評価差額（税効果後）	△120	△360	△240	—	△240

（付記の集計）

	親会社株主	少数株主	企業集団計
少数株主損益調整前当期純利益	900	100	1,000
その他の包括利益	△240	0	△240
包括利益	660	100	760

（包括利益計算書の作成）

・税効果控除後の金額で表示するケース（原則）

少数株主損益調整前当期純利益	1,000
その他の包括利益：	
その他有価証券評価差額金	△240
その他の包括利益合計	△240
包括利益	760
（内訳）	
親会社株主に係る包括利益	660
少数株主に係る包括利益	100

・税効果控除前の金額で表示し、税効果額を一括して控除するケース（容認）

少数株主損益調整前当期純利益	1,000

その他の包括利益：	
その他有価証券評価差額金	△400
その他の包括利益に係る税効果額	160
その他の包括利益合計	△240
包括利益	760
（内訳）	
親会社株主に係る包括利益	660
少数株主に係る包括利益	100

（包括利益計算書関係の注記作成）

その他有価証券評価差額金：	
当期発生額	△400
組替調整額	—
税効果調整前	△400
税効果額	160
その他の包括利益合計	△240

⇒包括利益計算書の「その他包括利益合計」と一致

設例4-2　その他有価証券評価差額金（親会社のみ・応用）

＜前提条件＞

①　Ｐ社は以下のその他有価証券を保有しており、×２年末及び×３年末の取得価額、時価、評価差額（税効果前）、税効果の金額は以下のとおりである。

銘柄	×２年末				×３年末			
	取得価額	時価	評価差額	内、税効果	取得価額	時価	評価差額	内、税効果
Ａ株式	1,000	800	△200	△80	1,000	900	△100	△40
Ｂ株式	2,000	1,900	△100	△40	2,000	1,500	△500	−
Ｃ株式	2,500	2,700	200	80	1,000	1,000	−	−
Ｄ株式	4,000	4,000	−	−	4,000	4,200	200	80

E 株式	3,000	2,500	△500	△200	−	−	−	−
合計	12,500	11,900	△600	△240	8,000	7,600	△400	40

② ×3期中において、E株式を売却している。
売却時時価は2,800、売却損が200発生している。

③ ×3年末において、C株式の時価が著しく下落したため、減損処理している。
減損額は1,500、減損後の取得価額は1,000である。

④ B株式の評価差額に係る繰延税金資産の全額ついて、回収可能性はないと判断している。
それ以外の銘柄については、回収可能性に問題はないと判断している。

⑤ 法定実効税率は40%とする。

⑥ 少数株主利益は200、少数株主損益調整前当期純利益は2,000である。

（集計表の作成）

【その他有価証券評価差額金】

銘柄	項目	×2年末	×3年末	包括利益	包括利益内訳	
					組替調整額	当期発生額
A 株式	評価差額（税効果前）	△200	△100	100	−	100
	内、税効果	△80	△40	40	−	40
	評価差額（税効果後）	△120	△60	60	−	60
B 株式	評価差額（税効果前）	△100	△500	△400	−	△400
	内、税効果	△40	−	40	−	40
	評価差額（税効果後）	△60	△500	△440	−	△440
C 株式	評価差額（税効果前）	200	−	△200	1,500	△1,700
	内、税効果	80	−	△80	△600	520
	評価差額（税効果後）	120	−	△120	2,100	△2,220
D株式	評価差額（税効果前）	−	200	200	−	200
	内、税効果	−	80	80	−	80
	評価差額（税効果後）	−	120	120	−	120
E 株式	評価差額（税効果前）	△500	−	500	200	300
	内、税効果	△200	−	200	△80	280
	評価差額（税効果後）	△300	−	300	280	20
合計	評価差額（税効果前）	△600	△400	200	1,700	△1,500
	内、税効果	△240	40	280	△680	960
	評価差額（税効果後）	△360	△440	△80	2,380	△2,460

（付記の集計）

	親会社株主	少数株主	企業集団計
少数株主損益調整前当期純利益	1,800	200	2,000
その他の包括利益	△80	0	△80
包括利益	1,720	200	1,920

（包括利益計算書の作成）

・税効果控除後の金額で表示するケース（原則）

少数株主損益調整前当期純利益	2,000
その他の包括利益：	
その他有価証券評価差額金	△80
その他の包括利益合計	△80
包括利益	1,920
（内訳）	
親会社株主に係る包括利益	1,720
少数株主に係る包括利益	200

・税効果控除前の金額で表示し、税効果額を一括して控除するケース（容認）

少数株主損益調整前当期純利益	2,000
その他の包括利益：	
その他有価証券評価差額金	200
その他の包括利益に係る税効果額	△280
その他の包括利益合計	△80
包括利益	1,920
（内訳）	
親会社株主に係る包括利益	1,720
少数株主に係る包括利益	200

（包括利益計算書関係の注記作成）

その他有価証券評価差額金：

当期発生額	△1,500
組替調整額	1,700
税効果調整前	200
税効果額	△280
その他の包括利益合計	△80

⇒包括利益計算書の「その他包括利益合計」と一致

設例4-3 その他有価証券評価差額金（子会社あり・基礎）

<前提条件>

① P社はS社株式60%を×0年末に取得し、S社を連結子会社としている。

② 親会社P社及び子会社S社は以下のその他有価証券を保有しており、×1年末及び×2年末の取得価額、時価、評価差額（税効果前）、税効果の金額は以下のとおりである。

・P社

銘柄	×1年末				×2年末			
	取得価額	時価	評価差額	内、税効果	取得価額	時価	評価差額	内、税効果
A株式	1,000	700	△300	△120	—	—	—	—
B株式	2,000	2,100	100	40	2,000	1,500	△500	—
合計	3,000	2,800	△200	△80	2,000	1,500	△500	—

・S社

S社の保有するその他有価証券は、いずれもP社がS社を連結子会社とした後に取得したものである。

銘柄	×1年末				×2年末			
	取得価額	時価	評価差額	内、税効果	取得価額	時価	評価差額	内、税効果
C株式	2,500	2,200	△300	△120	2,500	1,800	△700	△280
D株式	4,000	5,000	1,000	400	4,000	4,200	200	80
合計	6,500	7,200	700	280	6,500	6,000	△500	△200

③　X2期中において、P社はA株式を売却している。
売却時時価は2,000、売却益が1,000発生している。

④　X2年に減損処理した銘柄はない。

⑤　X2年末において、B株式の評価差額に係る繰延税金資産の全額ついて、回収可能性はないと判断している。
それ以外の銘柄については、回収可能性に問題はないと判断している。

⑥　P社及びS社の法定実効税率は40%とする。

⑦　少数株主利益は150、少数株主損益調整前当期純利益は1,200である。

（集計表の作成）
【その他有価証券評価差額金】
・P社

銘柄	項目	×1年末	×2年末	包括利益	包括利益内訳	
					組替調整額	当期発生額
A株式	評価差額（税効果前）	△300	—	300	△1,000	1,300
	内、税効果	△120	—	120	△400	520
	評価差額（税効果後）	△180	—	180	△600	780
B株式	評価差額（税効果前）	100	△500	△600	—	△600
	内、税効果	40	—	△40	—	△40
	評価差額（税効果後）	60	△500	△560	—	△560
P社合計	評価差額（税効果前）	△200	△500	△300	△1,000	700
	内、税効果	△80	—	80	△400	480
	評価差額（税効果後）	△120	△500	△380	△600	220

・S社

銘柄	項目	×1年末	×2年末	包括利益	包括利益内訳	
					組替調整額	当期発生額
C株式	評価差額(税効果前)	△300	△700	△400	—	△400
	内、税効果	△120	△280	△160	—	△160
	評価差額(税効果後)	△180	△420	△240	—	△240
D株式	評価差額(税効果前)	1,000	200	△800	—	△800
	内、税効果	400	80	△320	—	△320
	評価差額(税効果後)	600	120	△480	—	△480
S社合計	評価差額(税効果前)	700	△500	△1,200	—	△1,200
	内、税効果	280	△200	△480	—	△480
	評価差額(税効果後)	420	△300	△720	—	△720

・企業集団合計

	項目	×1年末	×2年末	包括利益	包括利益内訳	
					組替調整額	当期発生額
P社合計	評価差額(税効果前)	△200	△500	△300	△1,000	700
	内、税効果	△80	—	80	△400	480
	評価差額(税効果後)	△120	△500	△380	△600	220
S社合計	評価差額(税効果前)	700	△500	△1,200	—	△1,200
	内、税効果	280	△200	△480	—	△480
	評価差額(税効果後)	420	△300	△720	—	△720
企業集団合計	評価差額(税効果前)	500	△1,000	△1,500	△1,000	△500
	内、税効果	200	△200	△400	△400	—
	評価差額(税効果後)	300	△800	△1,100	△600	△500

(包括利益計算書の作成)

・税効果控除後の金額で表示するケース(原則)

少数株主損益調整前当期純利益	1,200
その他の包括利益:	
その他有価証券評価差額金	△1,100
その他の包括利益合計	△1,100
包括利益	100

（内訳）	
親会社株主に係る包括利益	238
少数株主に係る包括利益	△138

・税効果控除前の金額で表示し、税効果額を一括して控除するケース（容認）

少数株主損益調整前当期純利益	1,200
その他の包括利益：	
その他有価証券評価差額金	△1,500
その他の包括利益に係る税効果額	400
その他の包括利益合計	△1,100
包括利益	100
（内訳）	
親会社株主に係る包括利益	238
少数株主に係る包括利益	△138

（包括利益計算書関係の注記作成）

その他有価証券評価差額金：	
当期発生額	△500
組替調整額	△1,000
税効果調整前	△1,500
税効果額	400
その他の包括利益合計	△1,100

設例4-4 その他有価証券評価差額金（子会社あり・応用）

＜前提条件＞

① P社はS社株式60%を×0年末に取得し、S社を連結子会社としている。

② P社及び子会社S社は以下のその他有価証券を保有しており、×1年末及び×2年末の取得価額、時価、評価差額（税効果前）、税効果の金額は以下のとおりである。

・P社

銘柄	×1年末				×2年末			
	取得価額	時価	評価差額	内、税効果	取得価額	時価	評価差額	内、税効果
A株式	1,000	700	△300	△120	—	—	—	—
B株式	2,000	2,100	100	—	2,000	1,500	△500	△200
合計	3,000	2,800	△200	△120	2,000	1,500	△500	△200

・S社

C株式は×0年末の連結時に保有していたその他有価証券である。

S社の個別財務諸表上におけるC株式の取得価額は2,500、連結時のC株式の時価は3,000である。

銘柄	×1年末				×2年末			
	取得価額	時価	評価差額	内、税効果	取得価額	時価	評価差額	内、税効果
C株式	3,000	2,200	△800	△320	2,500	1,800	△700	△280
D株式	4,000	5,000	1,000	400	1,500	1,500	—	—
合計	7,000	7,200	200	80	4,000	3,300	△700	△280

③ ×2期中において、P社はA株式を売却している。

売却時時価は2,000、売却益が1,000発生している。

④ ×2年末において、D株式の時価が著しく下落したため、減損処理している。

減損額は2,500、減損後の取得価額は1,500である。

⑤ ×1年末において、B株式の評価差額に係る繰延税金資産の全額つい

て、回収可能性はないと判断していたが、×２年末においては回収可能と判断している。

それ以外の銘柄については、回収可能と判断している。

⑥ Ｐ社及びＳ社の法定実効税率は40％とする。

⑦ 少数株主利益は150、少数株主損益調整前当期純利益は1,200である。

（集計表の作成）

【その他有価証券評価差額金】

・Ｐ社

銘柄	項目	×１年末	×２年末	包括利益	包括利益内訳	
					組替調整額	当期発生額
Ａ株式	評価差額（税効果前）	△300	—	300	△1,000	1,300
	内、税効果	△120	—	120	△400	520
	評価差額（税効果後）	△180	—	180	△600	780
Ｂ株式	評価差額（税効果前）	100	△500	△600	—	△600
	内、税効果	—	△200	△200	—	△200
	評価差額（税効果後）	100	△300	△400	—	△400
Ｐ社合計	評価差額（税効果前）	△200	△500	△300	△1,000	700
	内、税効果	△120	△200	△80	△400	320
	評価差額（税効果後）	△80	△300	△220	△600	380

・Ｓ社

銘柄	項目	×１年末	×２年末	包括利益	包括利益内訳	
					組替調整額	当期発生額
Ｃ株式	評価差額（税効果前）	△800	△700	100	—	100
	内、税効果	△320	△280	40	—	40
	評価差額（税効果後）	△480	△420	60	—	60
Ｄ株式	評価差額（税効果前）	1,000	—	△1,000	2,500	△3,500
	内、税効果	400	—	△400	—	△400
	評価差額（税効果後）	600	—	△600	2,500	△3,100
Ｓ社合計	評価差額（税効果前）	200	△700	△900	2,500	△3,400
	内、税効果	80	△280	△360	—	△360
	評価差額（税効果後）	120	△420	△540	2,500	△3,040

・企業集団合計

銘柄	項目	×1年末	×2年末	包括利益	包括利益内訳	
					組替調整額	当期発生額
企業集団合計	評価差額(税効果前)	—	△1,200	△1,200	1,500	△2,700
	税効果	△40	△480	△440	△400	△40
	評価差額(税効果後)	40	△720	△760	1,900	△2,660

(付記の集計)

・その他の包括利益の内訳算出

会社	その他有価証券評価差額金	合計	持分比率	親会社株主	少数株主
P社	△220	△220	100%	△220	—
S社	△540	△540	60%	△324	△216
企業集団合計	△760	△760		△544	△216

・包括利益の内訳算出

項目	親会社株主	少数株主	企業集団計
少数株主損益調整前当期純利益	1,050	150	1,200
その他の包括利益	△544	△216	△760
包括利益	506	△66	440

(包括利益計算書の作成)

・税効果控除後の金額で表示するケース(原則)

少数株主損益調整前当期純利益	1,200
その他の包括利益:	
その他有価証券評価差額金	△760
その他の包括利益合計	△760
包括利益	440

(内訳)

親会社株主に係る包括利益	506
少数株主に係る包括利益	△66

・税効果控除前の金額で表示し、税効果額を一括して控除するケース（容認）

少数株主損益調整前当期純利益	1,200
その他の包括利益：	
その他有価証券評価差額金	△1,200
その他の包括利益に係る税効果額	440
その他の包括利益合計	△760
包括利益	440
（内訳）	
親会社株主に係る包括利益	506
少数株主に係る包括利益	△66

（包括利益計算書関係の注記作成）

その他有価証券評価差額金：	
当期発生額	△2,700
組替調整額	1,500
税効果調整前	△1,200
税効果額	440
その他の包括利益合計	△760

設例4-5 連結包括利益計算書作成に関する総合問題

<前提条件>

① P社はS社株式70%を×0年末に取得し、S社を連結子会社としている。

② P社は以下のその他有価証券を保有しており、×1年末及び×2年末の取得価額、時価、評価差額（税効果前）、税効果の金額は以下のとおりである。

銘柄	×1年末				×2年末			
	取得価額	時価	評価差額	内、税効果	取得価額	時価	評価差額	内、税効果
A株式	1,000	800	△200	△80	1,000	2,000	1,000	400
B株式	2,000	1,900	△100	△40	2,000	3,000	1,000	400
合計	3,000	2,700	△300	△120	3,000	5,000	2,000	800

③ 減損処理した銘柄はない。

④ P社における繰延ヘッジ損益及び税効果額は以下のとおりである。

内容	×1年末		×2年末	
	繰延ヘッジ損益（税効果前）	内、税効果	繰延ヘッジ損益（税効果前）	内、税効果
為替予約	△300	△120	0	0
金利スワップ	0	0	200	80
合計	△300	△120	200	80

⑤ 為替予約は予定取引に係るものであり、×1年末に締結したもの。ヘッジ対象である外貨建ての資産取得取引は、×2期中に実行されている。取引実行時において、資産の取得原価を150加算している。

⑥ 金利スワップの特例処理は採用していない。

⑦ S社は在外子会社であり、外貨建てで帳簿記帳している。

円貨建てに換算することにより生じる為替換算調整勘定（少数株主持分への振替前）の金額は、以下のとおりである。

	×1年末	×2年末
為替換算調整勘定（少数株主持分への振替前）	3,000	5,000

⑧　S社株式の売却予定はない。そのため、為替換算調整勘定に対する税効果は認識していない。

（連結税効果実務指針38-2）

⑨　法定実効税率は40%とする。

⑩　少数株主利益は200、少数株主損益調整前当期純利益は2,000である。

（集計表の作成）

【その他有価証券評価差額金】

・P社

銘柄	項目	×1年末	×2年末	包括利益	包括利益内訳	
					組替調整額	当期発生額
A株式	評価差額（税効果前）	△200	1,000	1,200	—	1,200
	内、税効果	△80	400	480	—	480
	評価差額（税効果後）	△120	600	720	—	720
B株式	評価差額（税効果前）	△100	1,000	1,100	—	1,100
	内、税効果	△40	400	440	—	440
	評価差額（税効果後）	△60	600	660	—	660
合計	評価差額（税効果前）	△300	2,000	2,300	—	2,300
	内、税効果	△120	800	920	—	920
	評価差額（税効果後）	△180	1,200	1,380	—	1,380

【繰延ヘッジ損益】

・P社

内容	項目	×1年末	×2年末	包括利益	包括利益内訳		
					組替調整額	資産の取得原価調整額	当期発生額
為替予約	繰延ヘッジ損益（税効果前）	△300	—	300	—	150	150
	内、税効果	△120	—	120	—	60	60
	繰延ヘッジ損益（税効果後）	△180	—	180	—	90	90
金利スワップ	繰延ヘッジ損益（税効果前）	—	200	200	—	—	200
	内、税効果	—	80	80	—	—	80
	繰延ヘッジ損益（税効果後）	—	120	120	—	—	120

合計	繰延ヘッジ損益（税効果前）	△300	200	500	—	150	350
	内、税効果	△120	80	200	—	60	140
	繰延ヘッジ損益（税効果後）	△180	120	300	—	90	210

【為替換算調整勘定】

・S社

会社	項目	×1年末	×2年末	包括利益	包括利益内訳	
					組替調整額	当期発生額
S社	為替換算調整勘定（税効果前）	3,000	5,000	2,000	—	2,000
	内、税効果	—	—	—	—	—
	為替換算調整勘定（税効果後）	3,000	5,000	2,000	—	2,000

（付記の集計）

・その他の包括利益の内訳算出

会社	その他有価証券評価差額金	繰延ヘッジ損益	為替換算調整勘定	合計	持分比率	親会社株主	少数株主
P社	1,380	300	—	1,680	100%	1,680	—
S社	—	—	2,000	2,000	70%	1,400	600
企業集団合計	1,380	300	2,000	3,680		3,080	600

・包括利益の内訳算出

	親会社株主	少数株主	企業集団計
少数株主損益調整前当期純利益	1,800	200	2,000
その他の包括利益	3,080	600	3,680
包括利益	4,880	800	5,680

（包括利益計算書の作成）

・税効果控除後の金額で表示するケース（原則）

少数株主損益調整前当期純利益	2,000
その他の包括利益：	
その他有価証券評価差額金	1,380
繰延ヘッジ損益	300
為替換算調整勘定	2,000

その他の包括利益合計	3,680
包括利益	5,680
(内訳)	
親会社株主に係る包括利益	4,880
少数株主に係る包括利益	800

・税効果控除前の金額で表示し、税効果額を一括して控除するケース(容認)

少数株主損益調整前当期純利益	2,000
その他の包括利益：	
その他有価証券評価差額金	2,300
繰延ヘッジ損益	500
為替換算調整勘定	2,000
その他の包括利益税効果額	△1,120
その他の包括利益合計	3,680
包括利益	5,680
(内訳)	
親会社株主に係る包括利益	4,880
少数株主に係る包括利益	800

(包括利益計算書関係の注記作成)

・　組替調整額と税効果を併せて開示する場合

その他有価証券評価差額金：	
当期発生額	2,300
組替調整額	—
税効果調整前	2,300
税効果額	−920

その他有価証券評価差額金	1,380	⇒包括利益計算書の「その他有価証券評価差額金」と一致
繰延ヘッジ損益：		
組替調整額	—	
当期発生額	350	
資産の取得原価調整額	150	
税効果調整前	500	
税効果額	△200	
繰延ヘッジ損益	300	⇒包括利益計算書の「繰延ヘッジ損益」と一致
為替換算調整勘定：		
当期発生額	2,000	
組替調整額	—	
税効果調整前	2,000	
税効果額	—	
為替換算調整勘定	2,000	⇒包括利益計算書の「為替換算調整勘定」と一致
その他の包括利益合計	3,680	⇒包括利益計算書の「その他の包括利益合計」と一致

・　組替調整額と税効果を別個に開示する場合

【組替調整額】

その他有価証券評価差額金：		
当期発生額	2,300	
組替調整額	—	2,300
繰延ヘッジ損益：		
当期発生額	350	
組替調整額	—	
資産の取得原価調整額	150	500
為替換算調整勘定：		
当期発生額	2,000	
組替調整額	—	2,000
税効果調整前合計		4,800
税効果額		△1,120

その他の包括利益合計	3,680

⇒包括利益計算書の「その他の包括利益合計」と一致

【税効果】

	税効果調整前	税効果額	税効果調整後
その他有価証券評価差額金	2,300	920	1,380
繰延ヘッジ損益	500	200	300
為替換算調整勘定	2,000	—	2,000
その他の包括利益合計	4,800	1,120	3,680

⇒包括利益計算書の「その他の包括利益合計」と一致

第 5 章

連結キャッシュ・フロー計算書の作成手順

1 連結キャッシュ・フロー計算書の基礎

連結キャッシュ・フロー計算書とは、連結グループにおける一会計期間の資金の増加及び減少を示すことにより、資金情報を提供する財務諸表である。

連結キャッシュ・フロー計算書の情報により、連結グループの資金獲得能力、債務の返済能力がどの程度あるかなど、企業活動の実態をより適切に示すことができる。

ここでは、まず連結キャッシュ・フロー計算書を作成する前提として基本となる事項を整理するとともに、留意すべき点を解説する。

1-1 資金(＝キャッシュ)の範囲

P ポイント

- 資金＝現金＋現金同等物。現金同等物とは、容易に換金可能であり、かつ、価値の変動が僅少な短期投資である。
- 現金同等物は、負の残高のケース（当座借越）もある。
- 「短期」とは、基本的には取得日から満期日（償還日）までの期間が3か月以内のものをいうが、企業の資金管理活動により異なる。
- 資金の範囲は毎期継続して適用する必要があり、変更する場合には注記が必要である。

連結キャッシュ・フロー計算書において対象となる『資金の範囲は、現金及び現金同等物とする』(キャッシュ・フロー基準第二、一) とされている。

ここでは、連結貸借対照表に計上された現金預金勘定が、必ずしも「現金及び現金同等物」とは一致しないという点に留意が必要である。

資金の範囲の概要をまとめると、以下のようになる（キャッシュ・フロー基準注解注１、２）。特に「現金同等物」には複数の項目が含まれるため、各連結会社は当然のこと、支店や営業所レベルでも預金期日や保有有価証券の内容を把握し、資金の範囲に漏れがないか十分に注意する必要がある。

資金の範囲

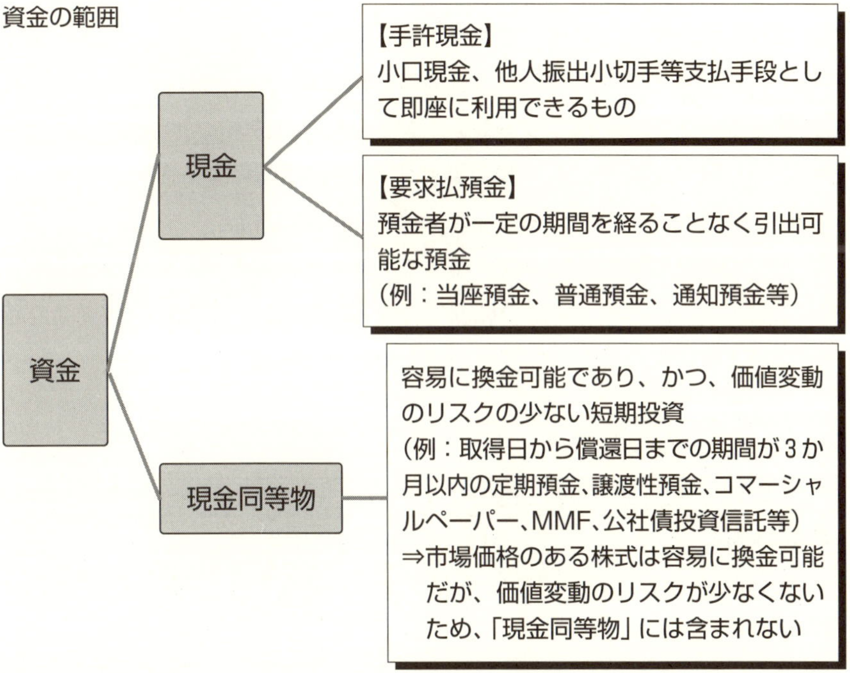
資金
現金
現金同等物
【手許現金】
小口現金、他人振出小切手等支払手段として即座に利用できるもの
【要求払預金】
預金者が一定の期間を経ることなく引出可能な預金
（例：当座預金、普通預金、通知預金等）
容易に換金可能であり、かつ、価値変動のリスクの少ない短期投資
（例：取得日から償還日までの期間が３か月以内の定期預金、譲渡性預金、コマーシャルペーパー、MMF、公社債投資信託等）
⇒市場価格のある株式は容易に換金可能だが、価値変動のリスクが少なくないため、「現金同等物」には含まれない

1-1-1 短期とは

現金同等物の要件としてあげられている「短期」投資とは、あくまで「取得日から償還日（満期日）までの期間」（３か月を目安とする）で判断することに留意する（キャッシュ・フロー基準注解注２、キャッシュ・フロー実務指針２、28）。

たとえば、預け入れ期間が１年である定期預金があり、期末日時点において満期日までの期間が３か月以内となっていたとしても、当該定期預金は現金同等物には含まれないこととなる。

1-1-2 負の現金同等物

金融機関と当座借越契約を締結しており、限度額の範囲内で一時的に不足資金を調達した場合には、当座借越を通常の資金管理活動において現金及び現金同等物と同様に扱っていると考えられることから、負の現金同等物として認識し、他の現金及び現金同等物と通算する。

他方、資金調達の方法として当座借越を利用している場合、すなわち、ある期間ほぼ一定額を借越しているような場合には、借入という意味合いであることから現金同等物としては認識せず、「財務活動によるキャッシュ・フロー」（表示区分については、後述「第５章１−２」参照）に含める。

なお、当座借越残高はいずれの場合でも連結貸借対照表上「短期借入金」として表示されるため、資金の範囲に含める場合には、下記図表の資金の範囲の注記イメージのように注記上明示する必要がある。

資金の範囲の注記イメージ

現金及び現金同等物の期末残高と連結貸借対照表に掲記されている科目の金額との関係		
現金預金勘定	100	連結貸借対照表より
預入期間が３か月を超える定期預金	−10	増減明細（第５章２−２参照）より把握 現金預金に含まれるが、「短期」投資でないため、控除する
取得日から３か月以内に償還期限の到来する短期投資（有価証券）	20	増減明細（第５章２−２参照）より把握 「現金同等物」に当たるため、加算する
短期借入金勘定（当座借越）	−5	当座借越残高を負の現金同等物として認識する場合、控除する
現金及び現金同等物	105	

1-1-3 会計方針として開示

『現金同等物として具体的に何を含めるかについては、各企業の資金管理活動により異なることが予想されるため、経営者の判断に委ねることが適当』(キャッシュ・フロー実務指針2⑵) とされている。

会社の営業活動上の与信期間や資金管理活動の実情を考慮して、「3か月」を超える短期投資も、資金の範囲に含める場合がある。

なお資金の範囲を変更した場合には、連結財務諸表上会計方針 (会計方針の変更) として注記することが求められている (キャッシュ・フロー実務指針4)。

資金の範囲を変更した場合の注記事例
コニカミノルタホールディングス㈱

【連結財務諸表作成のための基本となる重要な事項】
4 会計処理基準に関する事項
⑹連結キャッシュ・フロー計算書における資金の範囲
(資金の範囲の変更)

従来、現金同等物に含める短期投資の範囲を、取得日から3か月以内に償還期限の到来する短期投資としておりましたが、資金管理活動の実情に沿って見直しを行なった結果、当連結会計年度より取得日から1年以内に償還期限の到来する短期投資に変更しております。

この結果、従来の範囲によった場合に比べて、「営業活動によるキャッシュ・フロー」が400百万円、「投資活動によるキャッシュ・フロー」が9,287百万円、「現金及び現金同等物に係る換算差額」が6百万円、「現金及び現金同等物の増減額 (△は減少)」及び「現金及び現金同等物の期末残高」が9,693百万円それぞれ増加しております。

経営者の判断により、3か月を超える短期投資について、資金の範囲に含めている。

1-2　表示区分

ポイント

- 連結キャッシュ・フローの表示は「営業活動」「投資活動」「財務活動」の３区分に分かれ、企業のキャッシュの増減は、いずれかに区分される。
- いずれの区分に記載するかは、取引の実態に応じて判断する。

連結キャッシュ・フロー計算書は、以下の３つの区分から構成され、すべての項目がいずれかに含まれることになる。

連結キャッシュ・フロー計算書の表示区分

営業活動	●外部からの資金調達に頼ることなく営業能力を維持し、借入金を返済し、配当金を支払い、新規投資を行うために、どの程度の資金を主たる営業活動から調達したかを示す主要情報 ●売上高、売上原価、販管費に含まれる取引に係るもの…(A) ●営業損益計算の対象とはならないが、営業活動に直接関連する取引に係るもの(例；前受金に係る収入・支出、営業活動に係る債権から生じた破産更正債権・償却済み債権の回収による収入)…(B) ●投資活動によるキャッシュ・フローまたは財務活動によるキャッシュ・フローとして明確に認識できないもの（例；災害による保険金収入、損害賠償金の支払い、巨額の特別退職金の支払い、法人税等の支払い・還付）…(C) ●途中「小計」欄が設けられ、(A)と(B)は主に上、(C)は下にそれぞれ記載される
投資活動	●将来の利益獲得及び資金運用のために、どの程度の資金を支出しまたは回収したかを示す情報
財務活動	●営業活動及び投資活動を維持するために、どの程度の資金が調達または返済されたかを示す情報

いずれの区分に記載するかについては、『原則としてそのキャッシュ・フローに係る取引がいずれの性格を強く有するか、つまり、当該キャッシュ・フローがどの活動とより強く関連しているかにより判定する』(キャッシュ・フロー実務指針6)。

たとえば、一般事業会社にとって不動産の売買は「投資活動」と言えるが、不動産販売業者にとっては、「営業活動」に該当する。

1-3 総額表示と純額表示

ポイント

- 「営業活動」の小計欄より下と、「投資活動」「財務活動」は、原則として総額表示しなければならないが、純額表示できるものや、純額表示すべきものがある。

連結キャッシュ・フロー計算書の表示区分のうち「投資活動」と「財務活動」は表示項目ごとに原則として総額表示し、相殺消去は行わないこととされている(キャッシュ・フロー実務指針13)。また、「営業活動」の「小計」欄より下も、総額表示する。

たとえば、追加借入によるキャッシュ・イン・フローと借入返済によるキャッシュ・アウト・フローとは、相殺せずに総額で表示する。

しかし、このように総額表示を行うと企業活動の実態を適切に表示できず、かえって財務諸表利用者に誤解を与えるおそれがある場合には、相殺表示が認められている。

キャッシュ・フロー基準上、『期間が短く、かつ、回転が速い項目にかかるキャッシュ・フローについては、純額で表示することができる』(キャッシュ・フロー基準注解注8)とされているほか、キャッシュ・フロー実務指針において純額表示できるもの、あるいは純額表示すべきものが例示されている。

ここで「期間が短く」とは、3か月以内が一応の目安となるが、こちらも資金の範囲と同様、各企業の資金管理活動の実態に委ねられることになる（キャッシュ・フロー実務指針38）。

純額表示できるもの、すべきもの

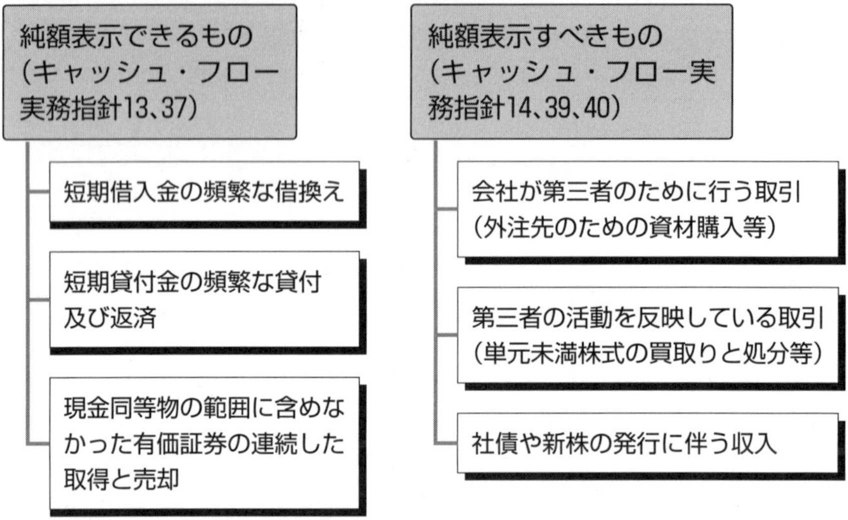

純額表示できるもの（キャッシュ・フロー実務指針13、37）
短期借入金の頻繁な借換え
短期貸付金の頻繁な貸付及び返済
現金同等物の範囲に含めなかった有価証券の連続した取得と売却
純額表示すべきもの（キャッシュ・フロー実務指針14、39、40）
会社が第三者のために行う取引（外注先のための資材購入等）
第三者の活動を反映している取引（単元未満株式の買取りと処分等）
社債や新株の発行に伴う収入

純額表示を行う場合、同一取引先と頻繁に繰り返される資金取引であっても、性質が異なる取引については相殺できない（例：借入金実行額と初回支払利息の差額によるキャッシュ・フローは相殺しない）。

また、「社債や新株の発行に伴う収入」は原則発行費用控除後の実質手取額で表示することとなっている。これは、社債・株式の発行による資金の調達という一連の取引としてとらえた場合に、実質的なキャッシュ・イン・フローを表示することがキャッシュ・フローの開示目的にかなっていると考えられるからである。

1-4 直接法と間接法

ポイント

- 「営業活動」の区分は、直接法と間接法の２つの記載方法があり、継続適用を条件としてどちらも認められている。
- 直接法は、営業活動によって生じたキャッシュ・フローの総額を示すことができる点、間接法は連結貸借対照表・連結損益計算書との関連が示しやすい点で、それぞれメリットがある。
- 直接法でも間接法でも、「小計」欄以下は同様である。

連結キャッシュ・フロー計算書の表示区分（営業活動、投資活動、財務活動）のうち、「営業活動」については、直接法と間接法の二つの表示方法があり、いずれかを選択して継続適用することとされている（キャッシュ・フロー実務指針12）。

1-4-1 直接法

直接法とは、営業活動によるキャッシュ・フローを売入収入・仕入支出など収益費用に直接関連付けて把握し、総額表示する方法である。

営業取引の規模がつかみやすいという利点がある反面、日々現金及び現金同等物に係る会計伝票の集計を行わなければならず、期中の作業が煩雑になるといった欠点もある。

また、直接法を採用するには、起票をキャッシュ・フロー計算書の各項目に集計する財務会計システムの構築が必要となる等、実務上、採用企業は少数となっている（本書の設例等も間接法を前提としている）。

直接法のイメージ

Ⅰ．営業活動によるキャッシュ・フロー	
①営業収入	売上高−（期末売上債権残高−期首売上債権残高）−貸倒による取崩し−為替差損（＋為替差益）
②原材料等の仕入による支出	仕入高−（期末仕入債務−期首仕入債務）＋為替差損（−為替差益）
③人件費支出	人件費（売上原価、製造原価に含まれるものに注意）−（期末未払金等−期首未払金等）＋退職給付・賞与等の支払い
④その他営業支出	販売費及び一般管理費から減価償却費、人件費項目を除き、営業経費に係る未払金の増減を調整する
小計	①～④合計

1-4-2 間接法

間接法とは、営業活動によるキャッシュ・フローを利益から非資金項目（収益費用）を加減し、資産負債の増減を逆算することにより、間接的にキャッシュ・フローを把握し、純額表示する方法である。

税金等調整前当期純利益（または損失）から出発して、①非資金損益項目②営業外・特別損益調整項目③営業活動に係る資産及び負債の増減についての加減算を行い、営業活動によるキャッシュ・フローを計算する。

連結貸借対照表や連結損益計算書との関連が明確になり、期中の作業も直接法と異なり煩雑さはないといえる反面、資金の動きを具体的にとらえにくいという欠点がある。

間接法のイメージ

Ⅰ．営業活動によるキャッシュ・フロー	
①税金等調整前当期純利益	連結損益計算書より 税前利益相当のキャッシュ・フローがあったものとみなす
②非資金損益項目 （減価償却費、貸倒引当金の増減、のれん償却額、持分法投資損益等）	キャッシュ・フローは発生しないため、収益項目はマイナス、費用項目はプラスしてキャッシュの増減を表すように調整する ただし、棚卸資産の評価損や売掛金の貸倒損失、引当金の目的取崩し、並びに買掛金の債務免除益等は、④にて調整されるため、ここでは調整不要である
③営業外・特別損益調整項目 （受取利息・支払利息、固定資産売却損益、投資有価証券売却損益等）	投資活動及び財務活動に関連する営業外・特別損益項目の調整 営業活動による資金の移動を示さないため、収益項目はマイナス、費用項目はプラスして営業活動によるキャッシュの増減を表すように調整する
④営業活動に係る資産及び負債の増減 （売上債権・仕入債務の増減額、前受金の増減額等）	連結貸借対照表の増減より把握する
小計	①～④合計

「受取利息」「受取配当金」「支払利息」については、営業活動に記載する場合の他、「受取利息」「受取配当金」については投資活動、「支払利息」については財務活動に記載することも、継続適用を条件として認められている（キャッシュ・フロー実務指針11）。

なお、直接法・間接法いずれによる場合でも、「小計」欄以下の項目は同様の記載方法となる。

「小計」欄以下の記載イメージ

小計	××
利息及び配当金の受取額	連結損益計算書計上額に、前期末・当期末の未収額を調整した金額
利息の支払額	連結損益計算書計上額に、前期末・当期末の未払額や前払額を調整した金額
損害賠償金の支払額、災害による保険収入、巨額の特別退職金等	異常損益項目 （投資活動にも財務活動にも含まれない取引によるキャッシュ・フロー）
法人税等の支払額（還付額）	前期末確定納付額や中間納付等実際に支払った金額 事業税の外形標準課税の支払は含めないことに注意（「小計」より上にて反映させる。）
営業活動によるキャッシュ・フロー	××

「小計」より上は純粋な営業活動によるキャッシュ・フローを示し、下は投資活動にも財務活動にも含まれない項目を集約しているといえる。

2 連結キャッシュ・フロー計算書の作成方法と作成のための事前準備

ポイント

- 連結キャッシュ・フロー計算書の作成方法には原則法と簡便法の２つがあるが、どちらによっても結果は同じである必要がある。
- 原則法では、各連結会社の個別キャッシュ・フロー計算書、連結会社間の取引の明細等が必要となる。
- 簡便法では、連結貸借対象表科目の増減明細等が必要となる。

連結キャッシュ・フロー計算書の作成方法には、各連結会社でキャッシュ・フロー計算書を作成した上で、当該キャッシュ・フロー計算書を合算し、連結修正を加味して作成する方法（原則法）と、連結貸借対照表の期首・期末残高の増減差額に、連結損益計算書の情報を加味して作成する方法（簡便法）がある。

原則法を前提としつつ『簡便的に、連結損益計算書並びに連結貸借対照表の期首残高と期末残高の増減額の分析及びその他の情報から作成することも認められる』（キャッシュ・フロー実務指針47）とされていることから、簡便法によって作成することも可能である（実務上も、簡便法によっている場合が多いと思われる）。

ただし簡便法によって作成した場合にも『原則法を採用した場合と同様のキャッシュ・フローに関する情報が得られるよう留意する』（キャッシュ・フロー実務指針47）必要がある（在外子会社の為替換算の調整（「第５章第５節」参照）などは、単純に連結貸借対照表の増減では反映できないため注意する）。

原則法による作成方法のイメージ

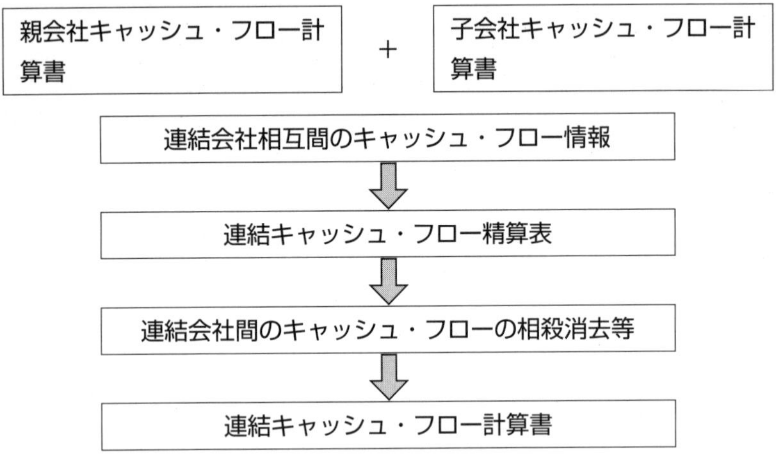

簡便法による作成方法のイメージ

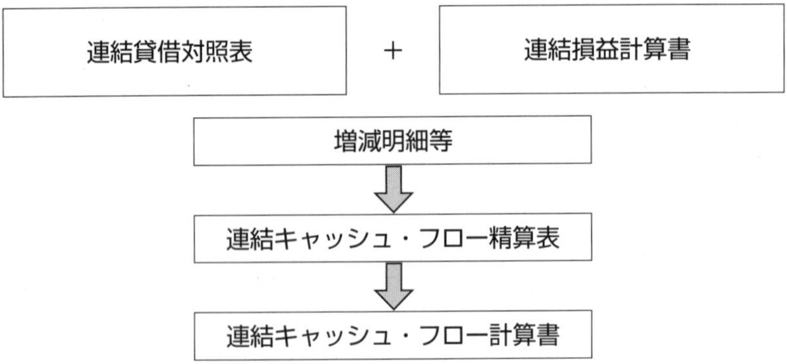

以下それぞれの方法ごとに作成にあたって必要となる情報を整理する。

2-1 原則法によって作成する場合の事前準備

原則法による場合、必要となる情報には以下のものがあげられる。

① 各連結会社のキャッシュ・フロー情報

② 連結会社相互間取引にかかるキャッシュ・フロー情報

①のとおり、原則法では各連結子会社でも個別のキャッシュ・フロー計算書を作成することが求められる。

貸借対照表、損益計算書及び連結会社間の取引高等の情報の作成に追加してキャッシュ・フロー計算書の作成が要求されることから、連結子会社の人員やスキルによっては、連結決算に多くの時間を要することが考えられる。

そのため原則法による場合には、連結パッケージにおいて連結子会社の財務諸表、連結会社間取引の情報並びに各勘定科目（現金及び現金同等物、有形固定資産、借入金等）の増減明細を事前に準備し、親会社で各連結会社のキャッシュ・フロー計算書を作成する方法も考えられる。

2-2 簡便法によって作成する場合の事前準備

簡便法による場合、各連結子会社でキャッシュ・フロー計算書の作成は必要ない。

また、連結貸借対照表、連結損益計算書の作成過程で連結会社間の取引高や債権債務の相殺消去等の処理は行われていることから、一部連結キャッシュ・フロー計算書特有の処理が必要な項目はあるが（「第５章第３節」参照）、作成にあたって準備が必要となる情報は、基本的に以下のとおりとなる。

① 期首（前期末）連結貸借対照表

② 期末連結貸借対照表

③ 各連結会社の貸借対照表科目の増減分析資料（総額表示が必要な項目）

ここで、③における「総額表示が必要な項目」とは、「営業活動によるキャッシュ・フロー」の「小計」欄以下の項目と、「投資活動によるキャッシュ・フロー」及び「財務活動によるキャッシュ・フロー」のそれぞれの項目をいう（「第５章第１節」参照）。

簡便法による場合には、各連結子会社で③の情報を事前に把握しておく必要がある。当該情報は親会社においては連結ベースで把握する必要があるため、増減のうち親会社、その他の連結会社との取引によるものがどの程度含まれているのか、子会社各社でも把握しておく必要がある。

簡便法によって連結キャッシュ・フロー計算書を作成する場合、各表示区分のうち「営業活動」においては、資産・負債の増減項目は基本的に期首と期末の連結貸借対照表の差額で求められ、営業活動以外の損益に関しては連結損益計算書と整合させることとなる。

ただし、「投資活動」と「財務活動」は原則として総額表示が求められており（「第5章第1節」参照）、連結貸借対照表の増減からは正確に把握することができない（例：有形固定資産の連結貸借対照表の増減には、除却による減少や期末日時点で未払となっている取得費相当額も含まれる）ため、各連結会社において増減明細を作成する必要がある。

また、現金同等物についても、その範囲が連結キャッシュ・フロー計算書作成上、会計方針となるため（「第5章第1節」参照）、各連結会社の現金同等物の範囲を事前に把握しておく必要がある。

以下、主要な項目ごとに増減明細のイメージとともに解説する。

(1)　現金同等物（定期預金）の明細

期首残高	期中取得	期中満期または解約	期末残高

現金同等物の範囲は「第5章1−1」で述べたとおりである。

預金勘定のうち、取得日から満期日までの期間が3か月超の定期預金や借入れの担保に供されているものは資金の範囲には含まれない。そのため、定期預金勘定のうち、資金に該当しない項目については、上記明細によって情報を把握しておく必要がある。

(2) 有価証券の増減明細

勘定科目	期首残高	期中購入	期中売却	減損	評価損益	期末残高
有価証券						
投資有価証券						
関係会社株式						
:						

（投資）有価証券勘定に含まれる資金項目についても上記のような増減に関する情報を入手しておく必要がある。有価証券勘定で資金の範囲に含まれる項目には、取得日から満期日・償還日までの期間が3か月以内のコマーシャルペーパー、公社債投資信託等がある。ただし、借入れの担保に供されているものが資金の範囲に含まれない点は、上記定期預金と同様である。

(3) 固定資産の増減明細

勘定科目	区分	期首残高	期中購入	振替	期中除却	期中売却	減価償却	期末簿価
建物	取得原価							
	簿価							
	減価償却累計額							
:	取得原価							
	簿価							
	減価償却累計額							
土地	簿価＝取得原価							
建設仮勘定	簿価＝取得原価							
有形固定資産計	取得原価							
	簿価							
	減価償却累計額							
ソフトウェア	簿価							
:	簿価							
無形固定資産計	簿価							

固定資産の取得・売却は投資活動によるものである。よって収入・支出額の総額を把握するために、有価証券同様、増減明細を作成する必要がある。

減価償却や除却による減少は経理上の処理によるものであり、資金取引ではないが、「営業活動」の区分を間接法（「第５章１−４」参照）によっている場合には、減価償却費や除却損は非資金損益項目、営業外・特別損益調整項目として集計する。

なお、減価償却費集計の際には販売費及び一般管理費のみではなく、売上原価や製造原価に含まれるものも集計しなければならないため、留意が必要である。

完成により建設仮勘定から他の有形固定資産に振り替える場合等はキャッシュ・フローを生じないため、この点も把握しておく必要がある。

⑷ 借入金・社債の増減明細

勘定科目	期首残高	期中借入・発行	期中返済・償還	長短振替	期末残高
短期借入金					
一年内返済予定長期借入金					
長期借入金					
長期借入金合計					
社債					

借入金は財務活動に分類される項目であるため、増加と減少を把握しておく必要がある。

また、一年内返済予定長期借入金の長期から短期への振替は期中の増減額に該当するが、勘定科目の問題だけであって実際に資金が動いている訳ではないため、増減のうちどの程度がキャッシュ・フローを伴うものであるかを把握しておく必要がある。

⑤　その他の資産・負債

勘定科目	内容	前期末	当期末	増減
前払費用	支払利息			
未収利息	預金利息			
未収入金	有価証券売却			
	:			
未払金	固定資産取得			
	:			
未払費用	支払利息			
長期前払費用	短期振替			

その他の資産・負債で増減を把握しておかなければならないのは、営業活動以外の活動によるキャッシュ・フローにかかわる資産・負債の動きである。特に未収入金や未払金の増減は、営業活動に係るものや投資活動に係るものが混在しているため、科目ごとに補助科目を設定するなどして、上記のようにその内容ごとの増減を把握しておく必要がある。

連結キャッシュ・フロー計算書を作成するにあたって、上記のような増減明細の作成が必要となるが、これらの増減明細を単純に合算すればよいわけではなく、「第５章２−２」でも述べたように、連結会社間の取引の影響等を除外する必要がある点に留意が必要である。

そのため、たとえば借入金・社債の増減明細であれば、上記の明細に追加して、必要に応じて連結会社間の取引に関して、追加で列を設けるか、別途明細を作成することが望ましい。

項目	期首残高	借入	返済	期末残高
親会社からの借入				

勘定科目	期首残高	期中借入・発行	内親会社に対するもの	期中返済・償還	内親会社に対するもの	長短振替	期末残高
短期借入金							
一年内返済予定長期借入金							
長期借入金							
長期借入金合計							
社債							

3 連結キャッシュ・フロー計算書特有の処理

P ポイント

- 連結会社振出し手形の割引…連結キャッシュ・フロー計算書上「短期借入」ととらえる。
- 連結会社間の社債取引…親会社（子会社）が子会社（親会社）の発行と同時に取得した場合には、社債の発行自体なかったものとしてとらえ、発行後市場より取得した場合には、社債の償還があったものととらえる。
- 連結範囲の変動…子会社株式を新たに取得(売却)した場合に生じたキャッシュの増減は「投資活動」に反映させる。
  一方、非連結子会社と連結子会社の異動の場合は「現金及び現金同等物期首残高」に加減する形でキャッシュの増減を示す。
- 子会社の配当や増資…連結キャッシュ・フロー計算書上は、少数株主との取引のみ反映するように調整を行う。
- 持分法適用会社特有の論点…配当や未実現損益について、連結キャッシュ・フロー計算書上別途調整が必要である点に留意する。

連結キャッシュ・フロー計算書の作成に際しては、連結グループ会社間で発生したキャッシュ・フローに関連して、調整が必要な項目がある。

これらは原則法・簡便法のいずれによった場合でも、精算表上で追加の調整を行う必要がある。

3-1　連結会社が振出した受取手形の割引

連結会社が、他の連結会社振出しの受取手形を金融機関で割引した場合、手形借入としての性格を有することから、連結財務諸表上当該割引手形残高は「短期借入金」として表示する。

そこで、連結キャッシュ・フロー計算書上も手形割引を「短期借入による収入」、手形決済による支出を「短期借入金の返済による支出」に変更する必要がある。

設例5-1　連結会社振出手形の割引

＜前提条件＞

① P社はS社を100%子会社として所有している。

② P社のS社に対する売上債権は、前期末・当期末それぞれ50、100である（割引手形は含まない。取引はすべて手形でなされているものとする）。

③ P社は期中に、当期S社の振出した手形のうち30を外部に割引している（内当期末現在10が未決済）。

④ P社からS社への当期の売上高は300であった。

【前提となる各社財務諸表】

貸借対照表（一部）

科目	前期末		当期末	
	P社	S社	P社	S社
売上債権	1,000	600	1,500	750
仕入債務	1,250	350	1,380	400

損益計算書（一部）

科目	P社	S社
売上高	3,000	1,300

売上原価	2,500	1,000
当期純利益	500	300

連結修正仕訳

債権・債務及び取引高の相殺消去を行う。

借方		貸方	
売上高	300	売上原価	300
仕入債務	110	売上債権	100
		短期借入金	10

未決済の残高は、連結 BS 上、短期借入金となる。

連結財務諸表（一部）

連結修正仕訳を加味した、連結財務諸表は以下のとおり。

科目	前期末	当期末	増減額
売上債権	1,550	2,150	600
仕入債務	−1,550	−1,670	−120
短期借入金	0	−10	−10

連結キャッシュ・フロー計算書

	金額	
Ⅰ営業活動によるキャッシュ・フロー		
税金等調整前当期純利益	800	‥連結 PL より
売上債権の増減額	−600	‥連結 BS 増減
仕入債務の増減額	120	
Ⅲ財務活動によるキャッシュ・フロー		
短期借入による収入	30	
短期借入金の返済による支出	−20	

連結会社振出手形の割引分（30）を、「短期借入による収入」に、決済された金額（20）を「短期借入金の返済による支出」とする。

（参考）キャッシュ・フロー振替仕訳

仕訳の詳細な解説は、「第５章第４節（参考）」を参照。

基本的には、借方（C/F）科目は、キャッシュの減少、貸方（C/F）科目はキャッシュの増加を意味する。

【簡便法によった場合】

借方		貸方	
(C/F) 売上債権の増減額	600	(B/S) 売上債権	600
(B/S) 仕入債務	120	(C/F) 仕入債務の増減額	120
(C/F) 短期借入金の返済による支出	20	(C/F) 短期借入による収入	30
(B/S) 短期借入金	10		

【原則法によった場合】

	P社	S社	修正	連結
Ⅰ営業活動によるキャッシュ・フロー				
税金等調整前当期純利益	500	300		800
売上債権の増減額	−500	−150	50	−600
仕入債務の増減額	130	50	−60	120
Ⅲ財務活動によるキャッシュ・フロー				
短期借入による収入	0	0	30	30
短期借入金の返済による支出	0	0	−20	−20

借方		貸方	
(C/F) 仕入債務の増減額	50	(C/F) 売上債権の増減額	50
(C/F) 短期借入金の返済による支出	20	(C/F) 短期借入による収入	30
(C/F) 仕入債務の増減額	10		

・・前期(50)と当期(100)の差額

原則法では、キャッシュ・フローの修正過程で連結会社間債権債務の相殺消去をする必要がある。

3-2 連結会社間の社債取引

連結会社が、他の連結会社の発行した社債を期末時点において投資有価証券として保有している場合がある。

このとき、当該社債の発行・取得によって生じるキャッシュ・フローは連結キャッシュ・フロー計算書上相殺する必要がある。

3-2-1 社債を発行と同時に取得した場合

親会社（子会社）が発行した社債を、発行と同時に子会社（親会社）が取得した場合には、連結キャッシュ・フロー計算書上、社債の発行自体なかったものとして考える。

設例5-2 連結会社発行の社債を発行と同時に取得した場合

<前提条件>

① P社はS社を100%子会社として所有している。

② P社は当期首に額面10,000の社債（償還期限5年）を9,500で発行している。

③ S社は発行と同時にその20%を、1,900で取得している。

④ これらの他キャッシュ・フローは生じていないものとする。

【前提となる各社財務諸表】

貸借対照表（一部）

科目	前期末		当期末	
	P社	S社	P社	S社
投資有価証券	0	0	0	1,900
社債	0	0	9,600	0

損益計算書（一部）

科目	P社	S社
社債利息	100	0

連結修正仕訳

債権・債務の相殺消去、償却原価の修正を行う。

借方		貸方	
社債	1,900	投資有価証券	1,900
社債	20	社債利息	20

償却原価の取消し仕訳
(10,000−9,500)÷5×20%

連結修正仕訳を加味した、連結財務諸表は以下のとおり。

連結財務諸表（一部）

科目	前期末	当期末	増減額
社債	0	−7,680	−7,680

連結キャッシュ・フロー計算書

	金額
Ⅰ営業活動によるキャッシュ・フロー	
税金等調整前当期純利益	−80
社債利息	80
Ⅱ投資活動によるキャッシュ・フロー	
投資有価証券の取得による支出	0
Ⅲ財務活動によるキャッシュ・フロー	
社債の発行による収入	7,600

9,500で発行した社債の20%分(1,900)は、元々発行がなかったものととらえる。つまり、当初より連結グループで見た外部への社債発行は、80%分の7,600であったことになる。

S社での当該社債の取得（1,900）も、連結上なかったものとする。

（参考）キャッシュ・フロー振替仕訳

仕訳の詳細な解説は、「第5章第4節（参考）」を参照。

基本的には、借方（C/F）科目は、キャッシュの減少、貸方（C/F）科目はキャッシュの増加を意味する。

【簡便法によった場合】

借方		貸方	
（B/S）社債	7,680	（C/F）社債の発行による収入	7,600
		（C/F）社債利息	80

【原則法によった場合】

	P社	S社	修正	連結
Ⅰ営業活動によるキャッシュ・フロー				
税金等調整前当期純利益	−100	0	20	−80
社債利息	100	0	−20	80
Ⅱ投資活動によるキャッシュ・フロー				
投資有価証券の取得による支出	0	−1,900	1,900	0
Ⅲ財務活動によるキャッシュ・フロー				
社債の発行による収入	9,500	0	−1,900	7,600

借方		貸方	
（C/F）社債の発行による収入	1,900	（C/F）投資有価証券の取得による支出	1,900
（C/F）社債利息	20	（C/F）税金等調整前当期純利益	20

3-2-2 社債発行後、市場より取得した場合

社債が発行されてから一定期間後に他の連結会社が当該社債を市場より取得した場合、連結グループで見れば、外部に発行された社債が連結グループによって償還されたととらえられる。そのため、他の連結会社による市場からの当該社債取得のための資金支出（個別キャッシュ・フロー計算書上は投資活

動によるキャッシュ・フローにおける「投資有価証券の取得による支出」）は、連結キャッシュ・フロー計算書上財務活動によるキャッシュ・フローの「社債の償還による支出」として認識されることになる。

設例5-3　連結会社発行の社債を市場より取得した場合

<前提条件>

①　Ｐ社はＳ社を100%子会社として所有している。

②　Ｐ社は前期首に額面10,000の社債（償還期限５年）を9,500で発行している。

③　Ｓ社は当期首にＰ社発行の社債のうち20%を、1,900で市場より取得している。

④　これらの他キャッシュ・フローは生じていないものとする。

【前提となる各社財務諸表】

貸借対照表（一部）

科目	前期末		当期末	
	Ｐ社	Ｓ社	Ｐ社	Ｓ社
投資有価証券	0	0	0	1,900
社債	9,600	0	9,700	0

損益計算書（一部）

科目	Ｐ社	Ｓ社
社債利息	100	0

債権・債務の相殺消去、償却原価の修正を行う。

連結修正仕訳

借方		貸方	
社債	1,920	投資有価証券	1,900
		社債償還益	20
社債	20	社債利息	20

連結修正仕訳を加味した、連結財務諸表は以下のとおり。

連結財務諸表（一部）

科目	前期末	当期末	増減額
社債	−9,600	−7,760	1,840

連結キャッシュ・フロー計算書

	金額
Ⅰ営業活動によるキャッシュ・フロー	
税金等調整前当期純利益	−60
社債利息	80
社債償還益	−20
Ⅱ投資活動によるキャッシュ・フロー	
投資有価証券の取得による支出	0
Ⅲ財務活動によるキャッシュ・フロー	
社債の償還による支出	−1,900

個別上では、S社は投資有価証券を市場より取得しているが、連結グループで見た場合には当該支出は連結グループとして発行した社債の一部が償還されたと考える。

（参考）キャッシュ・フロー振替仕訳

仕訳の詳細な解説は、「第5章第4節（参考）」を参照。

基本的には、借方（C/F）科目は、キャッシュの減少、貸方（C/F）科目はキャッシュの増加を意味する。

【簡便法によった場合】

借方		貸方	
(C/F)社債の償還による支出	1,900	(B/S) 社債	1,840
(C/F) 社債償還益	20	(C/F) 社債利息	80

【原則法によった場合】

	P社	S社	修正	連結
Ⅰ営業活動によるキャッシュ・フロー				
税金等調整前当期純利益	−100	0	40	−60
社債利息	100	0	−20	80
社債償還益			−20	−20
Ⅱ投資活動によるキャッシュ・フロー				
投資有価証券の取得による支出	0	−1,900	1,900	0
Ⅲ財務活動によるキャッシュ・フロー				
社債の償還による支出	0	0	−1,900	−1,900

借方		貸方	
(C/F) 社債の償還による支出	1,900	(C/F) 投資有価証券の取得による支出	1,900
(C/F) 社債利息	20	(C/F) 税金等調整前当期純利益	40
(C/F) 社債償還益	20		

3-3 連結範囲の変動

3-3-1 新規に子会社株式を取得した場合、売却により子会社に該当しなくなった場合

当期中に新たに他の会社の株式を取得して当該会社を連結子会社とした場合、連結の範囲に含めた時点以降のキャッシュ・フローを、連結キャッシュ・フロー計算書に含める。

原則法により作成する場合、親会社の個別キャッシュ・フロー計算書において、新規子会社株式取得のための金額が「子会社株式の取得による支出」として投資活動によるキャッシュ・フローの区分に記載されることになる。

簡便法により作成する場合には、連結の範囲に含まれる期間に応じて、子会社の個別貸借対照表科目の増減を連結キャッシュ・フロー精算表に加味する必要がある。

連結キャッシュ・フロー計算書上は、親会社の個別キャッシュ・フロー計算書における「子会社株式の取得による支出」から、支配獲得時点において当該子会社が保有していた現金及び現金同等物を控除した額をもって「連結範囲の変更を伴う子会社株式の取得による支出」として投資活動によるキャッシュ・フローに区分して記載する（キャッシュ・フロー実務指針46）。親会社から見れば、連結上、取得時点において新規連結子会社が保有していた現金及び現金同等物を取り込む分、資金の流出が少なくすむことになる。

また、逆に、連結会社の持分の譲渡により連結から除外し、子会社に該当しなくなった場合には、親会社の個別キャッシュ・フロー計算書における「子会社株式の売却による収入」の金額から、除外時点において子会社が保有していた現金及び現金同等物の額を控除して、「連結範囲の変更を伴う子会社株式の売却による収入」として投資活動によるキャッシュ・フローの区分に記載する（キャッシュ・フロー実務指針46）。

設例5-4 新規連結－期末に100％取得した場合

＜前提条件＞

当期末、Ｐ社はＳ社株式を100％取得（取得価額：2,500）し新たに連結子会社とした。

【前提となる財務諸表等】

新規取得した子会社（Ｓ社）の個別貸借対照表

科目	当期末
現金預金	500
売掛金	2,500
土地	500

買掛金	−1,000
資本金	−2,000
利益剰余金	−500

P社個別貸借対照表

科目	前期末	当期末	増減
現金預金	3,300	3,000	−300
売掛金	4,000	2,500	−1,500
S社株式	0	2,500	2,500
土地	1,500	1,500	0
買掛金	−1,800	−2,000	−200
資本金	−6,000	−6,000	0
利益剰余金	−1,000	−1,500	−500

連結修正仕訳

借方		貸方	
資本金	2,000	S社株式	2,500
利益剰余金	500		

連結貸借対照表

科目	P社	S社	単純合算	連結修正	連結貸借対照表
現金預金	3,000	500	3,500		3,500
売掛金	2,500	2,500	5,000		5,000
S社株式	2,500	0	2,500	−2,500	0
土地	1,500	500	2,000		2,000
買掛金	−2,000	−1,000	−3,000		−3,000
資本金	−6,000	−2,000	−8,000	2,000	−6,000
利益剰余金	−1,500	−500	−2,000	500	−1,500

【原則法によった場合】

キャッシュ・フロー精算表は以下のようになる。

連結キャッシュ・フロー精算表

当期末より連結しているため、S社のCFは合算しない。

精算表		P社	合計	新規連結	合計
Ⅰ.	営業活動によるキャッシュ・フロー				
	税金等調整前当期純利益	500	500		500
	売上債権の増減額	1,500	1,500		1,500
	仕入債務の増減額	200	200		200
	営業活動によるキャッシュ・フロー	2,200	2,200	0	2,200
Ⅱ.	投資活動によるキャッシュ・フロー				
	子会社株式の取得による支出	−2,500	−2,500	2,500	0
	連結範囲の変更を伴う子会社株式の取得による支出	0	0	−2,000	−2,000
	投資活動によるキャッシュ・フロー	−2,500	−2,500		−2,000
	:				
Ⅳ.	現金及び現金同等物の増加額	−300	−300		200
Ⅴ.	現金及び現金同等物期首残高	3,300	3,300		3,300
Ⅵ.	現金及び現金同等物期末残高	3,000	3,000	−500	3,500

子会社株式取得に要した資金（2,500）は、子会社の保有していた現金預金（500）を除いて【連結範囲の変更を伴う子会社株式の取得による支出】へと振り替えられる。

(参考)キャッシュ・フロー振替仕訳…仕訳の詳細な解説は第5章第4節(参考)を参照。

借方		貸方	
(C/F) 現金及び現金同等物期末残高	500	(C/F) 子会社株式の取得による支出	2,500
(C/F) 連結範囲の変更を伴う子会社株式の取得による支出	2,000		

【簡便法によった場合】

キャッシュ・フロー精算表は以下のようになる。

期末に取得した子会社S社は、BSのみ合算され、CFにS社BS増減の影響は含まれない。
前期末残高にはS社BSは含まれないのに対して、当期末残高にはS社BSが含まれるため、前期末残高に当期末S社BS残高を加えて、S社BSの増減の影響を排除する必要がある。

新規取得によるキャッシュ・フローを投資活動【連結範囲の変更を伴う子会社株式の取得による支出】に集約する。

連結キャッシュ・フロー精算表

科目	前期末残高 A	新規取得子会社 C	当期末残高 B	増減 =B−(A+C)	税前利益	売上債権	仕入債務	新規取得	現金預金振替	合計
現金預金	3,300	500	3,500	−300				500	−200	0
売掛金	4,000	2,500	5,000	−1,500		1,500				0
土地	1,500	500	2,000	0						0
買掛金	−1,800	−1,000	−3,000	−200			200			0
資本金	−6,000	−2,000	−6,000	2,000				−2,000		0
利益剰余金	−1,000	−500	−1,500	0	500			−500		0
計	0	0	0	0	500	1,500	200	−2,000	−200	0
Ⅰ.営業活動によるキャッシュ・フロー										
			税金等調整前当期純利益		500					500
			売上債権の増減額			1,500				1,500
			仕入債務の増減額				200			200
			小計							2,200
営業活動によるキャッシュ・フロー										2,200
Ⅱ.投資活動によるキャッシュ・フロー										
			連結範囲の変更を伴う子会社株式の取得による支出					−2,000		−2,000
投資活動によるキャッシュ・フロー										−2,000
：										
Ⅳ.現金及び現金同等物の増加額						0	0	0	−200	200
Ⅴ.現金及び現金同等物期首残高										3,300
Ⅵ.現金及び現金同等物期末残高										3,500

S社株式取得価額（2,500）－取得時点S社保有現金預金（500）

前期末・当期末の連結BS残高と整合する

（参考）キャッシュ・フロー振替仕訳…仕訳の詳細な解説は、第5章第4節（参考）を参照。

借方		貸方	
現金預金	500	資本金	2,000
（C/F）連結範囲の変更を伴う子会社株式の取得による支出	2,000	利益剰余金	500

設例5-5　新規連結－期首に100％取得した場合

＜前提条件＞

当期首、P社はS社株式を100％取得（取得価額；2,500）し新たに連結子会社とした。

【前提となる財務諸表等】

新規取得した子会社（S 社）の個別貸借対照表

科目	前期末（取得年度期首）	当期末	増減
現金預金	800	1,300	500
売掛金	2,100	2,000	−100
土地	500	500	0
買掛金	−900	−1,000	−100
資本金	−2,000	−2,000	0
利益剰余金	−500	−800	−300

P 社貸借対照表

科目	前期末	当期末	増減
現金預金	3,300	3,000	−300
売掛金	4,000	4,500	500
S 社株式	0	2,500	2,500
土地	2,500	2,500	0
買掛金	−1,800	−3,500	−1,700
資本金	−6,000	−6,000	0
利益剰余金	−2,000	−3,000	−1,000

連結修正仕訳

借方		貸方	
資本金	2,000	S 社株式	2,500
利益剰余金	500		

連結貸借対照表

	P 社	S 社	単純合算	連結修正	連結貸借対照表
現金預金	3,000	1,300	4,300		4,300
売掛金	4,500	2,000	6,500		6,500
S 社株式	2,500	0	2,500	−2,500	0
土地	2,500	500	3,000		3,000

買掛金	−3,500	−1,000	−4,500		−4,500
資本金	−6,000	−2,000	−8,000	2,000	−6,000
利益剰余金	−3,000	−800	−3,800	500	−3,300

【原則法によった場合】

キャッシュ・フロー精算表は以下のようになる。

連結キャッシュ・フロー精算表

期首より連結しているため、S社のCFを合算。

精算表		P社	S社	合計	新規連結	合計
Ⅰ.	営業活動によるキャッシュ・フロー					
	税金等調整前当期純利益	1,000	300	1,300		1,300
	売上債権の増減額	−500	100	−400		−400
	仕入債務の増減額	1,700	100	1,800		1,800
	営業活動によるキャッシュ・フロー	2,200	500	2,700		2,700
Ⅱ.	投資活動によるキャッシュ・フロー					
	子会社株式の取得による支出	−2,500	0	−2,500	2,500	0
	連結範囲の変更を伴う子会社株式の取得による支出	0	0	0	−1,700	−1,700
	投資活動によるキャッシュ・フロー	−2,500	0	−2,500		−1,700
	：					
Ⅳ.	現金及び現金同等物の増加額	−300	500	200		1,000
Ⅴ.	現金及び現金同等物期首残高	3,300	800	4,100	−800	3,300
Ⅵ.	現金及び現金同等物期末残高	3,000	1,300	4,300		4,300

原則法によった場合、期首に新規連結したS社の「現金及び現金同等物期首残高」(800) が含まれてしまう。
「現金及び現金同等物期首残高」は、あくまで前期末連結BSと整合している必要があるため、期首残高をマイナスする調整を行う。

子会社株式取得に要した資金 (2,500) は、子会社の保有していた現金預金 (800) を除いて【連結範囲の変更を伴う子会社株式の取得による支出】へと振り替えられる。

(参考)キャッシュ・フロー振替仕訳‥仕訳の詳細な解説は、第5章第4節(参考)を参照。

借方		貸方	
(C/F) 現金及び現金同等物期首残高	800	(C/F) 子会社株式の取得による支出	2,500
(C/F) 連結範囲の変更を伴う子会社株式の取得による支出	1,700		

期首において新規に子会社株式を取得しており、原則法で連結キャッシュ・フロー計算書を作成している場合、新規取得子会社の個別キャッ

シュ・フロー計算書における「現金及び現金同等物期首残高」が合算されることになるが、連結キャッシュ・フロー計算書上「現金及び現金同等物期首残高」は、前期末連結貸借対照表の数値と一致している必要がある。

そこで精算表上、新規取得子会社の現金及び現金同等物期首残高相当額を、「連結範囲の変更を伴う子会社株式の取得による支出」に振り替えることになる。

【簡便法によった場合】

キャッシュ・フロー精算表は以下のようになる。

期首に取得した場合、S社BS増減の影響もCFに含まれることになる。当期末残高にはS社の期末BSが含まれるのに対して、前期末残高にはS社BSは含まれていないため、前期末残高に期首（前期末）S社BS残高を加えて増減に加味する必要がある。

新規取得によるキャッシュ・フローを投資活動【連結範囲の変更を伴う子会社株式の取得による支出】に集約する。

連結キャッシュ・フロー精算表

科目	前期末残高 A	新規取得子会社 C	当期末残高 B	増減 =B−(A+C)	税前利益	売上債権	仕入債務	新規取得	現金預金振替	合計
現金預金	3,300	800	4,300	200				800	−1,000	0
売掛金	4,000	2,100	6,500	400		−400				0
土地	2,500	500	3,000	0						0
買掛金	−1,800	−900	−4,500	−1,800			1,800			0
資本金	−6,000	−2,000	−6,000	2,000				−2,000		0
利益剰余金	−2,000	−500	−3,300	−800	1,300			−500		0
計	0	0	0	0	1,300	−400	1,800	−1,700	−1,000	0
Ⅰ.営業活動によるキャッシュ・フロー										
			税金等調整前当期純利益		1,300					1,300
			売上債権の増減額			−400				−400
			仕入債務の増減額				1,800			1,800
			小計							2,700
営業活動によるキャッシュ・フロー										2,700
Ⅱ.投資活動によるキャッシュフロー										
			連結範囲の変更を伴う子会社株式の取得による支出					−1,700		−1,700
投資活動によるキャッシュ・フロー										−1,700
：										
Ⅳ.現金及び現金同等物の増加額						0	0	0	−1,000	1,000
Ⅴ.現金及び現金同等物期首残高										3,300
Ⅵ.現金及び現金同等物期末残高										4,300

S社株式取得価額（2,500）−取得時点S社保有現金預金（800）

前期末・当期末の連結BS残高と整合する

（参考）キャッシュ・フロー振替仕訳‥仕訳の詳細な解説は、第5章第4節（参考）を参照。

借方		貸方	
現金預金	800	資本金	2,000
（C/F）連結範囲の変更を伴う子会社株式の取得による支出	1,700	利益剰余金	500

設例5-6 連結除外－期末に100%子会社株式をすべて売却した場合

＜前提条件＞

当期末、P社は設立時より100%支配していた子会社S社の株式をすべて外部に売却（売却価額；3,000）し、連結除外とした。

【前提となる財務諸表等】

売却した子会社（S社）の個別貸借対照表

科目	前期末	当期末	増減
現金預金	500	600	100
売掛金	2,000	2,000	0
土地	500	500	0
買掛金	−1,000	−1,000	0
資本金	−2,000	−2,000	0
利益剰余金	0	−100	−100

P社個別貸借対照表

科目	前期末	当期末	増減
現金預金	3,000	5,000	2,000
売掛金	3,500	5,500	2,000
S社株式	2,000	0	−2,000
土地	1,500	1,500	0
買掛金	−3,000	−4,000	−1,000
資本金	−6,000	−6,000	0
利益剰余金	−1,000	−2,000	−1,000

前期末連結貸借対照表

科目	P社	S社	単純合算	連結修正	連結貸借対照表
現金預金	3,000	500	3,500		3,500
売掛金	3,500	2,000	5,500		5,500
S社株式	2,000	0	2,000	−2,000	0
土地	1,500	500	2,000		2,000

買掛金	−3,000	−1,000	−4,000		−4,000
資本金	−6,000	−2,000	−8,000	2,000	−6,000
利益剰余金	−1,000	0	−1,000		−1,000

連結修正仕訳

借方		貸方	
資本金	2,000	S 社株式	2,000

連結除外仕訳

借方		貸方	
S 社株式	2,000	資本金	2,000

100%売却により連結除外されているため、連結を前提とした資本連結仕訳を取り消す処理を行う。

借方		貸方	
S 社株式	100	利益剰余金　(連結除外)	100
子会社株式売却損益	100	S 社株式	100

S 社株式の個別上の売却益は、1,000（=3,000−2,000）であるのに対して、当期末の連結上のS 社株式の簿価は2,100（=2,000+100（利益剰余金））であることから、連結上の売却益は900（=3,000−2,100）となる。

よって、一度S 社利益について持分を認識したあと、個別上の売却益に修正する仕訳を行う。

【原則法によった場合】

キャッシュ・フロー精算表は以下のようになる。

連結キャッシュ・フロー精算表

期末に連結より除外しているため、当期はS社のCFを合算。

精算表		P社	S社	合計	連結除外	合計
Ⅰ.	営業活動によるキャッシュ・フロー					
	税金等調整前当期純利益	1,000	100	1,100	−100	1,000
	子会社株式売却益	−1,000	0	−1,000	100	−900
	売上債権の増減額	−2,000	0	−2,000		−2,000
	仕入債務の増減額	1,000	0	1,000		1,000
	営業活動によるキャッシュ・フロー	−1,000	100	−900	0	−900
Ⅱ.	投資活動によるキャッシュ・フロー					0
	子会社株式の売却による収入	3,000	0	3,000	−3,000	0
	連結範囲の変更による子会社株式の売却による収入	0	0	0	2,400	2,400
	投資活動を伴うキャッシュ・フロー	3,000	0	3,000		2,400
	：					
Ⅳ.	現金及び現金同等物の増加額	2,000	100	2,100		1,500
Ⅴ.	現金及び現金同等物期首残高	3,000	500	3,500		3,500
Ⅵ.	現金及び現金同等物期末残高	5,000	600	5,600	600	5,000

子会社株式売却により取得した資金（3,000）は、子会社の保有していた現金預金（600）を除いて【連結範囲の変更を伴う子会社株式の売却による収入】へと振り替えられる。

S社の有していた現金預金(600)は、連結から除外されることにより、失われる。

（参考）キャッシュ・フロー振替仕訳‥仕訳の詳細な解説は、第5章第4節（参考）を参照。

借方		貸方	
(C/F) 税金等調整前当期純利益	100	(C/F) 子会社株式売却益	100
(C/F) 子会社株式の売却による収入	3,000	(C/F) 連結範囲の変更を伴う子会社株式の売却による収入	2,400
		(C/F) 現金及び現金同等物期末残高	600

【簡便法によった場合】

キャッシュ・フロー精算表は以下のようになる。

期末全部売却により連結除外としているため、S 社 BS 増減の影響も CF には含まれることになる。
前期末残高には S 社 BS が含まれているのに対して、当期末残高には含まれていないため、当期末残高に S 社期末 BS 残高を加えて、増減に加味する必要がある。

連結キャッシュ・フロー精算表

科目	前期末残高 A	当期末残高 B	除外子会社 C	増減 =(B+C)−A	税前利益	売上債権	仕入債務	連結除外	現金預金振替	合計
現金預金	3,500	5,000	600	2,100				−600	−1,500	0
売掛金	5,500	5,500	2,000	2,000		−2,000				0
土地	2,000	1,500	500	0						0
買掛金	−4,000	−4,000	−1,000	−1,000			1,000			0
資本金	−6,000	−6,000	−2,000	−2,000				2,000		0
利益剰余金	−1,000	−2,000	−100	−1,100	1,000			100		0
計	0	0	0	0	1,000	−2,000	1,000	1,500	−1,500	0
Ⅰ.営業活動によるキャッシュ・フロー										
税金等調整前当期純利益					1,000					1,000
子会社株式売却益								−900		−900
売上債権の増減額						−2,000				−2,000
仕入債務の増減額							1,000			1,000
小計										−900
営業活動によるキャッシュ・フロー										−900
Ⅱ.投資活動によるキャッシュフロー										
連結範囲の変更を伴う子会社株式の売却による収入								2,400		2,400
投資活動によるキャッシュ・フロー										2,400
:										
Ⅳ.現金及び現金同等物の増加額					0	0	0	0	−1,500	1,500
Ⅴ.現金及び現金同等物期首残高										3,500
Ⅵ.現金及び現金同等物期末残高										5,000

S 社株式売却価額（3,000）−売却時点 S 社保有現金預金（600）

前期末・当期末の連結 BS 残高と整合する

（参考）キャッシュ・フロー振替仕訳‥仕訳の詳細な解説は、第 5 章第 4 節（参考）を参照。

借方		貸方	
（C/F）子会社株式売却損益	900	（C/F）連結範囲の変更を伴う子会社株式の売却による収入	2,400
資本金	2,000	現金預金	600
利益剰余金	100		

設例5-7　連結除外－期首に100%子会社株式をすべて売却した場合

＜前提条件＞

当期首、P 社は設立時より100%支配していた子会社 S 社の株式を全て外部に売却（売却価額；3,000）し、連結除外とした。

【前提となる財務諸表等】

売却した子会社（S 社）の個別貸借対照表

科目	前期末（除外年度期首）	当期末	増減
現金預金	500	600	100
売掛金	3,000	3,400	400
土地	500	500	0
買掛金	−1,000	−1,000	0
資本金	−2,000	−2,000	0
利益剰余金	−1,000	−1,500	−500

P 社個別貸借対照表

科目	前期末	当期末	増減
現金預金	3,000	5,000	2,000
売掛金	4,500	6,000	1,500
S 社株式	2,000	0	−2,000
土地	1,500	1,500	0
買掛金	−3,000	−2,500	500
資本金	−6,000	−6,000	0
利益剰余金	−2,000	−4,000	−2,000

前期連結貸借対照表

科目	P 社	S 社	単純合算	連結修正	連結貸借対照表
現金預金	3,000	500	3,500		3,500
売掛金	4,500	3,000	7,500		7,500
S 社株式	2,000	0	2,000	−2,000	0
土地	1,500	500	2,000		2,000
買掛金	−3,000	−1,000	−4,000		−4,000
資本金	−6,000	−2,000	−8,000	2,000	−6,000
利益剰余金	−2,000	−1,000	−3,000		−3,000

連結修正仕訳

借方		貸方	
資本金	2,000	S社株式	2,000

連結除外仕訳

借方		貸方	
S社株式	2,000	資本金	2,000

連結除外されているため、連結を前提とした資本連結仕訳を取り消す処理を行う。

借方		貸方	
S社株式	1,000	利益剰余金（連結除外）	1,000
子会社株式売却損益	1,000	S社株式	1,000

S社株式の個別上の売却益は、1,000（＝3,000－2,000）であるのに対して、当期首の連結上のS社株式の簿価は3,000（＝2,000＋1,000（利益剰余金））であることから、連結上の売却益は0（＝3,000－3,000）となる。

よって、一度S社利益について持分を認識したあと、個別上の売却益に修正する仕訳を行う。

【原則法によった場合】

キャッシュ・フロー精算表は以下のようになる。

連結キャッシュ・フロー精算表

当期首より連結除外しているため、S社のCFは合算しない。

	精算表	P社	合計	連結除外	合計
Ⅰ.	営業活動によるキャッシュ・フロー				
	税金等調整前当期純利益	2,000	2,000	−1,000	1,000
	子会社株式売却益	−1,000	−1,000	1,000	0
	売上債権の増減額	−1,500	−1,500		−1,500
	仕入債務の増減額	−500	−500		−500
	営業活動によるキャッシュ・フロー	−1,000	−1,000		−1,000
Ⅱ.	投資活動によるキャッシュ・フロー				
	子会社株式の売却による収入	3,000	3,000	−3,000	0
	連結範囲の変更を伴う子会社株式の売却による収入	0	0	2,500	2,500
	投資活動によるキャッシュ・フロー	3,000	3,000		2,500
	:				
Ⅳ.	現金及び現金同等物の増加額	2,000	2,000		1,500
Ⅴ.	現金及び現金同等物期首残高	3,000	3,000	500	3,500
Ⅵ.	現金及び現金同等物期末残高	5,000	5,000		5,000

子会社株式売却により取得した資金（3,000）は、子会社の保有していた現金預金（500）を除いて【連結範囲の変更を伴う子会社株式の売却による収入】へと振り替えられる。

（参考）キャッシュ・フロー振替仕訳‥仕訳の詳細な解説は、第5章第4節（参考）を参照。

借方		貸方	
(C/F) 税金等調整前当期純利益	1,000	(C/F) 子会社株式売却益	1,000
(C/F) 子会社株式の売却による収入	3,000	(C/F) 連結範囲の変更を伴う子会社株式の売却による収入	2,500
		(C/F) 現金及び現金同等物期首残高	500

【簡便法によった場合】

キャッシュ・フロー精算表は以下のようになる。

期首全部売却により連結除外としているため、S社BS増減の影響はCFには含まれないことになる。
前期末残高にはS社BSが含まれているのに対して、当期末残高には含まれていないため、当期末残高にS社期首（前期末）BS残高を加えて、S社BSの増減の影響を排除する必要がある。

連結キャッシュ・フロー精算表

科目	前期末残高 A	当期末残高 B	除外子会社 C	増減 =(B+C)−A	税引前利益	売上債権	仕入債務	連結除外	現金預金振替	合計
現金預金	3,500	5,000	500	2,000				−500	−1,500	0
売掛金	7,500	6,000	3,000	1,500		−1,500				0
土地	2,000	1,500	500	0						0
買掛金	−4,000	−2,500	−1,000	500			−500			0
資本金	−6,000	−6,000	−2,000	−2,000				2,000		0
利益剰余金	−3,000	−4,000	−1,000	−2,000	1,000			1,000		0
計	0	0	0	0	1,000	−1,500	−500	2,500	−1,500	0
Ⅰ.営業活動によるキャッシュ・フロー										
		税金等調整前当期純利益			1,000					1,000
		子会社株式売却益								0
		売上債権の増減額				−1,500				−1,500
		仕入債務の増減額					−500			−500
		小計								−1,000
営業活動によるキャッシュ・フロー										−1,000
Ⅱ.投資活動によるキャッシュフロー										
		連結範囲の変更を伴う子会社株式の売却による収入						2,500		2,500
投資活動によるキャッシュ・フロー										2,500
：										
Ⅴ.現金及び現金同等物の増加額						0	0	0	−1,500	1,500
Ⅵ.現金及び現金同等物期首残高										3,500
Ⅶ.現金及び現金同等物期末残高										5,000

S社株式売却価額（3,000）−売却時点S社保有現金預金（500）

前期末・当期末の連結BS残高と整合する

（参考）キャッシュ・フロー振替仕訳··仕訳の詳細な解説は、第5章第4節（参考）を参照。

借方		貸方	
資本金	2,000	（C/F）連結範囲の変更を伴う子会社株式の売却による収入	2,500
利益剰余金	1,000	現金預金	500

3-3-2 非連結子会社と連結子会社の異動の場合

重要性がなく連結の範囲に含めていなかった非連結子会社を新たに連結対象とする場合における連結開始時点の現金及び現金同等物、または逆に連結子会社を非連結子会社としたことなどにより連結の範囲から除外した場合の連結除外時点の現金及び現金同等物は、連結キャッシュ・フロー計算書上「現金及び現金同等物期首残高」に加減算する形式で独立表示する（キャッシュ・フロー実務指針46）。

設例5-8 当期末に非連結子会社を連結子会社とした場合

＜前提条件＞

P社は前期首、設立時出資によりS社株式の100%（取得価額；2,000）を所有し子会社としていたが、重要性がないため連結の範囲に含めていなかった。

当期、S社の重要性が増したため、当期末より連結子会社とすることとなった。

【前提となる財務諸表等】

当期末連結範囲に含められたS社個別貸借対照表

科目	当期末
現金預金	600
売掛金	3,000
土地	600
買掛金	−1,200
資本金	−2,000
利益剰余金	−1,000

P社個別貸借対照表

科目	前期末	当期末	増減
現金預金	3,000	5,000	2,000
売掛金	5,500	5,600	100
S社株式	2,000	2,000	0
土地	1,500	1,500	0
買掛金	−5,000	−5,100	−100
資本金	−6,000	−6,000	0
利益剰余金	−1,000	−3,000	−2,000

連結貸借対照表

科目	P社	S社	単純合算	連結修正	連結貸借対照表
現金預金	5,000	600	5,600		5,600
売掛金	5,600	3,000	8,600		8,600
S社株式	2,000	0	2,000	−2,000	0
土地	1,500	600	2,100		2,100
買掛金	−5,100	−1,200	−6,300		−6,300
資本金	−6,000	−2,000	−8,000	2,000	−6,000
利益剰余金	−3,000	−1,000	−4,000		−4,000

連結修正仕訳

借方		貸方	
資本金	2,000	S社株式	2,000

【原則法によった場合】

キャッシュ・フロー精算表は以下のようになる。

当期末より連結の範囲に含めているため、S社のCFは合算しない。

連結キャッシュ・フロー精算表

精算表		P社	合計	新規連結	合計
Ⅰ.	営業活動によるキャッシュ・フロー				
	税金等調整前当期純利益	2,000	2,000		2,000
	売上債権の増減額	−100	−100		−100
	仕入債務の増減額	100	100		100
	営業活動によるキャッシュ・フロー	2,000	2,000		2,000
	:				

Ⅳ	現金及び現金同等物の増加額	2,000	2,000		2,000
Ⅴ	現金及び現金同等物期首残高	3,000	3,000		3,000
Ⅵ	新規連結による現金及び現金同等物の増加額	0	0	600	600
Ⅶ	現金及び現金同等物期末残高	5,000	5,000	−600	5,600

（参考）キャッシュ・フロー振替仕訳··仕訳の詳細な解説は、第5章第4節（参考）を参照。

借方		貸方	
(C/F) 現金及び現金同等物期末残高	600	(C/F) 新規連結による現金及び現金同等物の増加額	600

【簡便法によった場合】

キャッシュ・フロー精算表は以下のようになる。

連結キャッシュ・フロー精算表

期末に連結の範囲に含めた子会社S社は、BSのみ合算され、S社BS増減の影響はCFには含まれないことになる。
当期末残高にはS社の期末BSが含まれるのに対して、前期末残高にはS社BSは含まれないため、前期末残高にS社期末BSを加えて、S社BSの増減の影響を排除する必要がある。

科目	前期末残高 A	新規連結子会社 C	当期末残高 B	増減 =B−(A+C)	税前利益	売上債権	仕入債務	新規連結	現金預金振替	合計
現金預金	3,000	600	5,600	2,000					−2,000	0
売掛金	5,500	3,000	8,600	100		−100				0
S社株式	2,000	0	0	−2,000				2,000		0
土地	1,500	600	2,100	0						0
買掛金	−5,000	−1,200	−6,300	−100			100			0
資本金	−6,000	−2,000	−6,000	2,000				−2,000		0
利益剰余金	−1,000	−1,000	−4,000	−2,000	2,000					0
計	0	0	0	0	2,000	−100	100	0	−2,000	0
Ⅰ.営業活動によるキャッシュ・フロー										
			税金等調整前当期純利益		2,000					2,000
			売上債権の増減額			−100				−100
			仕入債務の増減額				100			100
			小計							2,000
営業活動によるキャッシュ・フロー										2,000
：										
Ⅳ.現金および現金同等物の増加額					0	0	0	0	−2,000	2,000
Ⅴ.現金および現金同等物期首残高										3,000
Ⅵ.新規連結による現金及び現金同等物の増加額										600
Ⅶ.現金および現金同等物期末残高										5,600

前期末・当期末
連結BS残高と一致させる

S社連結時保有の現金等

(参考) キャッシュ・フロー振替仕訳‥仕訳の詳細な解説は、第5章第4節 (参考) を参照。

借方		貸方	
資本金	2,000	S社株式	2,000
(C/F) 現金及び現金同等物期末残高	600	(C/F) 新規連結による現金及び現金同等物の増加額	600

設例5-9 当期首に非連結子会社を連結子会社とした場合

<前提条件>

P社は前期首、設立時出資によりS社株式の100% (取得価額; 2,000) を所有し子会社としていたが、重要性がないため連結の範囲に含めていなかった。

当期、S社の重要性が増したため、当期首より連結子会社とすることとなった。

【前提となる財務諸表等】

当期首に連結範囲となったS社個別貸借対照表

科目	前期末(当期首)	当期末	増減
現金預金	500	600	100
売掛金	2,000	3,000	1,000
土地	600	600	0
買掛金	−700	−1,200	−500
資本金	−2,000	−2,000	0
利益剰余金	−400	−1,000	−600

P社個別貸借対照表

科目	前期末	当期末	増減
現金預金	3,000	5,000	2,000
売掛金	5,500	5,600	100

S社株式	2,000	2,000	0
土地	1,500	1,500	0
買掛金	−5,000	−5,100	−100
資本金	−6,000	−6,000	0
利益剰余金	−1,000	−3,000	−2,000

連結貸借対照表

	P社	S社	単純合算	連結修正	連結貸借対照表
現金預金	5,000	600	5,600		5,600
売掛金	5,600	3,000	8,600		8,600
S社株式	2,000	0	2,000	−2,000	0
土地	1,500	600	2,100		2,100
買掛金	−5,100	−1,200	−6,300		−6,300
資本金	−6,000	−2,000	−8,000	2,000	−6,000
利益剰余金	−3,000	−1,000	−4,000		−4,000

連結修正仕訳

借方		貸方	
資本金	2,000	S社株式	2,000

【原則法によった場合】

キャッシュ・フロー精算表は以下のようになる。

連結キャッシュ・フロー精算表

期首より連結しているため、S社のCFを合算。

精算表		P社	S社	合計	新規連結	合計
Ⅰ.	営業活動によるキャッシュ・フロー					
	税金等調整前当期純利益	2,000	600	2,600		2,600
	売上債権の増減額	−100	−1,000	−1,100		−1,100
	仕入債務の増減額	100	500	600		600
	営業活動によるキャッシュ・フロー	2,000	100	2,100		2,100
	:					
Ⅳ	現金及び現金同等物の増加額	2,000	100	2,100		2,100
Ⅴ	現金及び現金同等物期首残高	3,000	500	3,500	−500	3,000
Ⅵ.	新規連結による現金及び現金同等物の増加額	0		0	500	500
Ⅶ.	現金及び現金同等物期末残高	5,000	600	5,600		5,600

原則法によった場合、期首に新規連結したS社の「現金及び現金同等物期首残高」が含まれてしまう。
「現金及び現金同等物期首残高」は、あくまで前期末連結BSと整合している必要があるため、期首残高をマイナスする調整を行う。

(参考) キャッシュ・フロー振替仕訳‥仕訳の詳細な解説は、第5章第4節 (参考) を参照。

借方		貸方	
(C/F) 現金及び現金同等物期首残高	500	(C/F) 新規連結による現金及び現金同等物の増加額	500

【簡便法によった場合】

キャッシュ・フロー精算表は以下のようになる。

期首より連結の範囲に含められているため、S社BS増減の影響もCFに含まれることになる。
しかし、当期末残高にはS社BSが含まれるのに対して、前期末残高にはS社BSが含まれない。
したがって、前期末残高に期首（前期末）S社BS残高を加えて増減に加味する必要がある。

連結キャッシュ・フロー精算表

科目	前期末残高 A	新規連結子会社 C	当期末残高 B	増減 =B−(A+C)	税前利益	売上債権	仕入債務	新規連結	現金預金振替	合計
現金預金	3,000	500	5,600	2,100					−2,100	0
売掛金	5,500	2,000	8,600	1,100		−1,100				0
S社株式	2,000	0	0	−2,000				2,000		0
土地	1,500	600	2,100	0						0
買掛金	−5,000	−700	−6,300	−600			600			0
資本金	−6,000	−2,000	−6,000	2,000				−2,000		0
利益剰余金	−1,000	−400	−4,000	−2,600	2,600					0
計	0	0	0	0	2,600	−1,100	600	0	−2,100	0
Ⅰ.営業活動によるキャッシュ・フロー										
			税金等調整前当期純利益		2,600					2,600
			売上債権の増減額			−1,100				−1,100
			仕入債務の増減額				600			600
			小計							2,100
営業活動によるキャッシュ・フロー										2,100
:										
Ⅳ.現金及び現金同等物の増加額					0	0	0	0	−2,100	2,100
Ⅴ.現金及び現金同等物期首残高										3,000
Ⅵ.新規連結による現金及び現金同等物の増加額										500
Ⅶ.現金及び現金同等物期末残高										5,600

前期末・当期末
連結BS残高と一致させる

S社連結時保有の現金等

（参考）キャッシュ・フロー振替仕訳‥仕訳の詳細な解説は、第5章第4節（参考）を参照。

借方		貸方	
資本金	2,000	S社株式	2,000
(C/F) 現金及び現金同等物期首残高	500	(C/F) 新規連結による現金及び現金同等物の増加額	500

3-4 少数株主との取引

子会社の増資に伴い少数株主の引き受けがあった場合、また子会社から少数株主への配当金の支払いがあった場合、これらの金額は「財務活動によるキャッシュ・フロー」に独立して記載されることになる（キャッシュ・フロー実務指針22)。

子会社の配当金支払いのうち、親会社への支払いは内部取引であることから、連結キャッシュ・フロー計算書上消去する必要がある。

また、子会社の増資による収入のうち、株主割当有償増資が行われた場合、親会社からの出資による収入も内部取引となるため、消去する必要がある。

設例5-10 子会社の配当金支払

＜前提条件＞

① P社はS社株式を80%所有し、S社を連結子会社としている。

② 当期S社の支払配当金は1,000であった。

③ 便宜的にこの他に連結会社間の取引、及びキャッシュ・フローは発生していないものとする。

連結修正仕訳

借方		貸方	
受取配当金	800	利益剰余金	1,000
少数株主持分	200		

連結キャッシュ・フロー計算書

Ⅲ財務活動によるCF	金額
少数株主への配当金の支払額	−200

…少数株主持分（純資産）の減少
⇒キャッシュの減少

【簡便法によった場合】

少数株主への配当分（200）を、連結BSにおける少数株主持分の増減として調整する。

P社受領分（800）の相殺は、連結PL上に反映済みのため、連結PLの受取配当金の金額を、連結CFに転記する。

【原則法によった場合】

S社の個別CF上「配当金の支払額」には、1,000が含まれるが、うちP社への支払い（800）は内部取引のためP社個別CFの「利息及び配当金の受取額」と相殺し、少数株主への支払いについては、外部への支出のため「少数株主への配当金の支払額」（200）として連結CF上に反映させる。

設例5-11 子会社の増資の場合

<前提条件>

① P社はS社株式を80%所有し、S社を連結子会社としている。

② 当期、S社は1,000の株主割当有償増資を行い、P社はこれに応じ800を出資した。

③ 便宜的にこの他に連結会社間の取引、及びキャッシュ・フローは発生していないものとする。

連結修正仕訳

借方		貸方	
資本金	1,000	S社株式	800
		少数株主持分	200

連結キャッシュ・フロー計算書

Ⅲ財務活動によるCF	金額
少数株主からの払込みによる収入	200

…少数株主持分（純資産）の増加
⇒キャッシュの増加

【簡便法によった場合】

少数株主の払込み相当額（200）を、連結 BS における少数株主持分の増減として調整する。

【原則法によった場合】

子会社Ｓ社の増加資本金（1,000）は、Ｓ社の個別 CF 上「株式の発行による収入」として計上されている。しかし、このうちＰ社引受分（800）は内部取引のため、Ｐ社個別 CF 上で計上されている「子会社株式の取得による支出」（800）と相殺する必要がある。

一方、少数株主からの払込分（200）は、外部からの収入となるため、別途「少数株主からの払込みによる収入」として、連結 CF 上に反映させる必要がある。

3-5 持分法適用会社特有の論点

3-5-1 持分法適用会社からの配当

持分法適用会社からの受取配当金は、原則として会社が選択した受取配当金の表示区分（営業活動または投資活動の区分）に記載することになる（キャッシュ・フロー実務指針23）。

なお、営業活動の区分の表示方法を間接法によっており、かつ「利息及び配当金の受取額」を営業活動の区分に記載することとしている場合、税金等調整前当期純利益からの調整項目において持分法投資損益が含まれることになる。そのため、当該持分法投資損益と受取配当金相当額を相殺して表示することも認められている（キャッシュ・フロー実務指針23なお書き）。

連結子会社からの配当金は、子会社の個別財務諸表が合算されることから連結キャッシュ・フロー計算書上グループ内部の取引として相殺消去されることになる。

一方、持分法適用会社の個別財務諸表は連結財務諸表上合算されず、相殺消去の対象とならない。よって、持分法適用会社とのキャッシュ・フローは連結キャッシュ・フロー計算書上、別途調整が必要となる。

設例5-12 持分法適用会社からの配当金の受領

<前提条件>

① 税金等調整前当期純利益は1,000

② 連結損益計算書上の持分法投資損益の金額は100

③ 持分法適用会社からの配当金受領額は40とする。

連結修正仕訳

借方	貸方
関係会社株式 60	持分法投資利益 100
受取配当金 40	

連結修正仕訳では持分法適用会社からの配当(40)は消去されるが、キャッシュ・フロー計算書ではこれを加味する必要がある。

連結キャッシュ・フロー計算書

Ⅰ．営業活動によるキャッシュ・フロー	金額
税金等調整前当期純利益	1,000
持分法による投資利益	−100
小計	900
配当金の受取額	40
営業活動によるキャッシュ・フロー	940

配当金受取額は、他の受取配当金と含めて記載する方法と、「持分法適用

会社からの配当金の受取額」等別掲する方法がある。

キャッシュ・フロー実務指針23なお書きによる場合は以下のような記載となる。

この場合、連結損益計算書に計上される持分法投資損益とは金額が相違することになる。

Ⅰ．営業活動によるキャッシュ・フロー	金額
税金等調整前当期純利益	1,000
持分法による投資利益	−60
小計	940
営業活動によるキャッシュ・フロー	940

−100＋40

3-5-2 持分法適用会社に係る未実現損益の調整

持分法適用会社から親会社へ販売取引があった場合、未実現損益が発生する。この時の連結修正仕訳は以下のようになる。

借方	貸方
売上高　100	関係会社株式　100

（未実現利益の場合の仕訳。簡便的に、税効果に関する仕訳は無視する）

借方の売上高の消去額は、連結損益計算書上の税金等調整前当期純利益（＝営業活動によるキャッシュ・フローを間接法によった場合のスタート地点）のマイナスとして、営業活動によるキャッシュ・フローに含まれていることになる。

しかし、未実現利益の調整上は上記仕訳からもわかるように、資金の移動はまったく生じていない。そのため、キャッシュ・フローがまったく生じていないことを示すため、以下のように、「持分法適用会社への未実現利益調整額」等の項目により、別途調整を行う必要がある。

Ⅰ．営業活動によるキャッシュ・フロー	金額
税金等調整前当期純利益	−100
持分法適用会社への未実現利益調整額	100
小計	0
営業活動によるキャッシュ・フロー	0

4 連結キャッシュ・フロー計算書の作成

ポイント

- 簡便法も原則法も精算表を利用して、連結キャッシュ・フロー計算書を作成する。
- 簡便法では連結貸借対照表の増減から精算表を作成するが、資産・負債の増減とキャッシュの増減の関係を把握することがポイントになる。
- 原則法では連結修正仕訳を精算表で加味することになるが、連結修正仕訳をキャッシュの増減に置き換えて精算表の記入をしていくことがポイントになる。

4-1 簡便法・間接法による場合

簡便法によって連結キャッシュ・フロー計算書を作成する場合、基本的には精算表を利用して作成することになる。

精算表は、左上に連結貸借対照表を並べ、その増減を事前に増減明細等で把握しておいた内容に応じて各調整項目に振り替えることで作成される。

精算表作成上、以下の点に留意が必要である。

・連結貸借対照表の各科目の増減の内訳は、いずれかの調整項目に振り替えられるため、最終的に横計はゼロになる。

・連結貸借対照表の各科目の増減は各調整項目に振り替えられた後、連結キャッシュ・フロー計算書の科目へと組み替えられる。結果、各調整項目の縦計もゼロとなる。

設例5-13　簡便法・間接法による連結キャッシュ・フロー計算書

<前提条件>

① 連結グループは、親会社Ｐ社、子会社Ｓ社（Ｐ社80%所有）、持分法適用会社Ａ社（Ｐ社30%所有）から成る。

② 「現金預金」には、預け入れ期間３か月超の定期預金が、前期・当期それぞれ10,000含まれている。また、流動資産の「有価証券」には、資金の範囲に含まれる短期投資（MMF）が前期・当期それぞれ500、550含まれている。

③ 販売費及び一般管理費に含まれる減価償却費は29,257、のれん償却額は50とする。

④ 営業外収益に含まれる「為替差益」は、全額現金及び現金同等物より生じたものとする。

⑤ 流動負債の「その他」には、未払利息が前期・当期それぞれ525、460含まれている。

⑥ 当期よりＰ社とＳ社において手形による取引を開始している。
　期中、Ｐ社はＳ社より受け取った手形750を連結外部に割引している（内、200が期末時点において未決済）。

⑦ 当期剰余金の配当をＰ社、Ｓ社、Ａ社、それぞれ5,000、2,500、1,000行っている。

⑧ Ｓ社は当期50,000の株主割当有償増資を行っており、Ｐ社は40,000を引き受けている。

⑨ 税効果については無視する。

以下、精算表（第５章末参照）を用いて解説を加えていく。
なお、作成上は以下の点がポイントになる。

精算表作成上のポイント―簡便法

⑴各調整項目は、キャッシュが増加したか、減少したかでとらえ数値を記入していく

・資産の増加⇒キャッシュの減少（資産を現金購入した場合をイメージ）
・資産の減少⇒キャッシュの増加（売掛金を回収した場合、固定資産を売却した場合をイメージ）
・負債（純資産）の増加⇒キャッシュの増加（借入を行った場合をイメージ）
・負債（純資産）の減少⇒キャッシュの減少（借入金の返済、仕入債務の支払をイメージ）
・キャッシュの増加⇒精算表上プラスで記入
・キャッシュの減少⇒精算表上マイナスで記入

⑵BS 欄の横計は、ゼロになっているか確認

⑶各調整項目の縦計も、ゼロになっているか確認

【前提となる連結財務諸表】

連結貸借対照表

科目	前期末残高	当期末残高
現金預金	92,740	365,050
受取手形及び売掛金	637,500	654,500
有価証券	35,000	41,150
棚卸資産	77,050	99,837
その他	81,350	61,350
貸倒引当金	△12,750	△13,090
建物	325,500	291,046
土地	390,000	430,800
投資有価証券	51,450	43,800
のれん	300	250

資産合計	1,678,140	1,974,693
支払手形及び買掛金	302,600	350,200
短期借入金	90,000	95,200
一年内返済予定長期借入金	160,000	0
未払金	0	20,300
未払法人税等	2,500	3,500
その他	2,890	3,225
社債	150,000	183,750
長期借入金	160,000	495,000
退職給付引当金	5,000	5,800
負債合計	872,990	1,156,975
資本金	650,000	650,000
資本剰余金	60,000	60,000
利益剰余金	60,300	64,663
自己株式	△7,500	△10,000
株主資本合計	762,800	764,663
有価証券評価差額金	50	150
評価・換算差額等	50	150
少数株主持分	42,300	52,905
純資産合計	805,150	817,718
負債・純資産合計	1,678,140	1,974,693

当期連結損益計算書

科目	当連結会計年度	
売上高	2,450,000	
売上原価	2,000,000	

売上総利益		450,000
販売費及び一般管理費	425,557	
営業利益		24,443
営業外収益		5,137
受取配当金	587	
受取利息	1,000	
為替差益	150	
有価証券売却益	2,550	
持分法による投資利益	850	
営業外費用		11,312
支払利息	7,060	
社債利息	4,252	
経常利益		18,268
特別利益		6,000
投資有価証券売却益	3,000	
有形固定資産売却益	3,000	
特別損失		2,800
固定資産除却損	1,000	
投資有価証券評価損	1,800	
税金等調整前当期純利益		21,468
法人税、住民税及び事業税	11,000	
少数株主損益調整前当期純利益		10,468
少数株主利益	1,105	
当期純利益		9,363

表示ベースの連結キャッシュ・フロー計算書は以下のとおり。

Ⅰ．営業活動によるキャッシュ・フロー	
税金等調整前当期純利益	21,468
減価償却費	29,257
のれん償却額	50
貸倒引当金の増加額	340
退職給付引当金の増加額	800
受取利息及び受取配当金	△1,587
有価証券売却益	△2,550
持分法による投資利益	△850
支払利息	7,060
社債利息	4,252
為替換算差損	△150
有形固定資産除却損	1,000
有形固定資産売却益	△3,000
投資有価証券売却益	△3,000
投資有価証券評価損	1,800
売上債権の増減額	△17,000
棚卸資産の増減額	△22,787
仕入債務の増減額	47,600
その他資産負債の増減額	400
小計	63,103
利息及び配当金の受取額	1,887
利息の支払額	△11,377
法人税等の支払額	△10,000
営業活動によるキャッシュ・フロー	43,613
Ⅱ．投資活動によるキャッシュ・フロー	
有形固定資産の取得による支出	△20,500
有形固定資産の売却による収入	2,197
有価証券の売却による収入	8,650

有価証券の取得による支出	△12,200
投資有価証券の売却による収入	9,500
貸付による支出	△15,000
貸付の回収による収入	40,000
投資活動によるキャッシュ・フロー	12,647
Ⅲ．財務活動によるキャッシュ・フロー	
短期借入による収入	95,750
短期借入金の返済による支出	△90,550
長期借入による収入	335,000
長期借入金の返済による支出	△160,000
社債の発行による収入	33,750
配当金の支払額	△5,000
自己株式の取得による支出	△2,500
少数株主からの払込みによる収入	10,000
少数株主への配当金の支払額	△500
財務活動によるキャッシュ・フロー	215,950
Ⅳ．現金及び現金同等物に係る換算差額	150
Ⅴ．現金及び現金同等物の増加額	272,360
Ⅵ．現金及び現金同等物期首残高	83,240
Ⅶ．現金及び現金同等物期末残高	355,600

4-2 原則法・間接法による場合

原則法によって作成する場合も、基本的には精算表を利用して作成する。

基本的な構造は簡便法による精算表と同じだが、原則法では各連結会社のキャッシュ・フローを合算するため、精算表には各社のキャッシュ・フロー計算書が並ぶことになる。

また、簡便法では連結貸借対照表の増減分析を通じて作成したため、連結特有の処理（取引高の相殺消去、未実現損益の調整等）はすでに連結貸借対照表において織り込み済みであったが、原則法ではこれらの修正を精算表上で行う必要がある。

よって、「第５章２−１」でも述べたとおり、各連結会社間のキャッシュ・フローの情報を事前に把握しておく必要がある。

設例5-14　原則法・間接法による連結キャッシュ・フロー計算書

【設例５−13】の前提条件に以下の前提条件を追加する。

また、前提となる財務諸表は、【設例５−13】と同様である。

①　Ｓ社の在庫には、Ｐ社販売商品に係る未実現利益が前期・当期それぞれ、０、1,000含まれている。

②　Ｐ社のＳ社に対する債権は、前期・当期それぞれ5,000、10,000である。また、当該債権に対する貸倒引当金は、前期・当期それぞれ100、200である。

以下、精算表（第５章末参照）を用いて解説を加えていく。

なお、原則法においては、作成上以下の点がポイントになる。

精算表作成上のポイント—原則法

(1)各調整項目への記載にあたっての考え方は簡便法と同様である

・キャッシュの増加⇒精算表上プラスで記入
・キャッシュの減少⇒精算表上マイナスで記入

(2)連結修正仕訳を、キャッシュの増減に置き換えて考える

(3)各調整項目の縦計は、ゼロになっているか確認

（参考）精算表の各調整項目の連結キャッシュ・フロー計算書への組替えは、仕訳に置き換えて考えることもできる。

（キャッシュ・フロー実務指針に記載の設例では、仕訳が記載されている）

仕訳のイメージとして、連結キャッシュ・フロー計算書を勘定式で書くと、以下のようになる。（「営業活動」の区分は間接法を前提。）

連結キャッシュ・フロー計算書

売上債権の増加額 仕入債務の減少額 有形固定資産の取得による支出 受取利息及び受取配当金 持分法による投資利益 など 現金及び現金同等物期末残高	税金等調整前 当期純利益 減価償却費 のれん償却額 貸倒引当金の増加額 退職給付引当金の増加額 長期借入による収入 など 現金及び現金同等物期首残高
↑借方は資金の減少要因 現金仕入によって資金が減少するイメージ 仕入　××　／　現金　××	↑貸方は資金の増加要因 現金売上によって資金が増加するイメージ 現金　××　／　売上　××

【設例 5-13】、【設例 5-14】における仕訳を示すと、以下のようになる。

キャッシュ・フロー振替仕訳－簡便法

Ⅰ営業活動によるキャッシュ・フロー			
<税引前当期純利益の振替>			
1　税金等調整前当期純利益・少数株主利益の振替			
(B/S) 利益剰余金	21,468	(C/F) 税金等調整前当期純利益	21,468
(B/S) 少数株主持分	1,105	(B/S) 利益剰余金	1,105
<非資金損益項目の調整>			
2　減価償却費の修正			
(B/S) 建物	29,257	(C/F) 減価償却費	29,257
3　のれん償却費の修正			
(B/S) のれん	50	(C/F) のれん償却額	50
4　貸倒引当金の調整			
(B/S) 貸倒引当金	340	(C/F) 貸倒引当金の増加額	340

5　退職給付引当金の調整			
(B/S) 退職給付引当金	800	(C/F) 退職給付引当金の増加額	800
6　固定資産の除却の調整			
(B/S) 建物	1,000	(C/F) 固定資産除却損	1,000
7　投資有価証券等評価損の調整			
(B/S) 投資有価証券	1,800	(C/F) 投資有価証券評価損	1,800
(B/S) その他有価証券評価差額金	100	(B/S) 投資有価証券	100
8　持分法投資利益			
(C/F) 持分法による投資利益	850	(B/S) 投資有価証券	850
＜営業活動に係る資産負債の増減項目＞			
9　売上債権の増減			
(C/F) 売上債権の増加額	17,000	(B/S) 受取手形及び売掛金	17,000
10　仕入債務の増減			
(B/S) 支払手形及び買掛金	47,600	(C/F) 仕入債務の増加額	47,600
11　棚卸資産の増減			
(C/F) 棚卸資産の増加額	22,787	(C/F) 棚卸資産	22,787
12　その他			
(B/S) その他	400	(C/F) 未払費用の増加	400
＜利息・配当金の受取、利息の支払、法人税の支払＞			
13　受取利息配当金の調整			
(C/F) 受取配当金	587	(C/F) 利息及び配当金の受取額	1,887
(C/F) 受取利息	1,000		
(B/S) 投資有価証券	300		
14　支払利息の調整			
(C/F) 利息の支払額	11,377	(C/F) 支払利息	7,060
		(C/F) 社債利息	4,252
		(B/S) その他	65
15　法人税等の支払			
(B/S) 未払法人税等	1,000	(B/S) 利益剰余金	11,000
(C/F) 法人税等の支払額	10,000		
Ⅱ投資活動によるキャッシュ・フロー			
16　有形固定資産の取得			
(B/S) 未払金	20,300	(B/S) 土地	40,800
(C/F) 有形固定資産の取得による支出	20,500		
17　有形固定資産の売却			
(B/S) 建物	4,197	(C/F) 有形固定資産の売却による収入	2,197
(C/F) 有形固定資産売却益	3,000	(B/S) その他（未収入金）	5,000
18　短期貸付金			
(C/F) 短期貸付による支出	15,000	(B/S) その他（短期貸付金）	15,000
(B/S) 短期貸付金	40,000	(C/F) 短期貸付金の回収による収入	40,000
19　有価証券の売却			
(B/S) 有価証券	6,100	(C/F) 有価証券の売却による収入	8,650
(C/F) 有価証券売却益	2,550		
20　有価証券の取得			
(C/F) 有価証券の取得による支出	12,200	(B/S) 有価証券	12,200
21　投資有価証券の売却			
(B/S) 投資有価証券	6,500	(C/F) 投資有価証券の売却による収入	9,500
(C/F) 投資有価証券売却益	3,000		
Ⅲ財務活動によるキャッシュ・フロー			
22　借入金			
(B/S) 短期借入金	5,200	(C/F) 短期借入による収入	95,750
(C/F) 短期借入金の返済による支出	90,550		

(C/F) 長期借入金の返済による支出	160,000	(B/S) 一年内返済予定長期借入金	160,000
(B/S) 長期借入金	335,000	(C/F) 長期借入による収入	335,000
23 社債			
(B/S) 社債	33,750	(C/F) 社債の発行による収入	33,750
24 剰余金の配当			
(C/F) 配当金の支払額	5,000	(B/S) 利益剰余金	5,000
(C/F) 少数株主への配当金の支払額	500	(B/S) 少数株主持分	500
25 自己株式の取得			
(C/F) 自己株式の取得による支出	2,500	(B/S) 自己株式	2,500
26 S社株主割当有償増資			
(B/S) 少数株主持分	10,000	(C/F) 少数株主からの払込による収入	10,000
Ⅳ現金及び現金同等物に係る換算差額			
27 為替差損益の調整			
(C/F) 為替差益	150	(C/F) 現金及び現金同等物に係る換算差額	150
Ⅴ現金預金の振替え			
28 現金預金増加高の振替			
(C/F) 現金及び現金同等物期末残高	355,600	(B/S) 現金預金	272,310
		(B/S) 有価証券	50
		(C/F) 現金及び現金同等物期首残高	83,240

キャッシュ・フロー振替仕訳－原則法

1 未実現利益の消去			
(C/F) 税金等調整前当期純利益	1,000	(C/F) 棚卸資産の増減額	1,000
2 債権債務の相殺消去			
(C/F) 仕入債務の増減額	5,000	(C/F) 売上債権の増減額	5,000
3 貸倒引当金の消去			
(C/F) 税金等調整前当期純利益	100	(C/F) 貸倒引当金の増減額	100
(C/F) 貸倒引当金の増減額	200	(C/F) 税金等調整前当期純利益	200
4 配当金の消去			
(C/F) 税金等調整前当期純利益	2,000	(C/F) 受取利息配当金	2,000
(C/F) 利息及び配当金の受取額	2,000	(C/F) 配当金の支払額	2,500
(C/F) 少数株主への配当金の支払額	500		
5 持分法の調整			
(C/F) 持分法による投資利益	850	(C/F) 税金等調整前当期純利益	850
(C/F) 税金等調整前当期純利益	300	(C/F) 受取利息及び受取配当金	300
6 P社によるS社振出し手形の割引			
(C/F) 短期借入金の返済による支出	550	(C/F) 短期借入による収入	750
(C/F) 仕入債務の増減額	200		
7 S社株主割当増資			
(C/F) 株式の発行による収入	50,000	(C/F) 子会社株式の取得による支出	40,000
		(C/F) 少数株主からの払込みによる収入	10,000

5　在外子会社のキャッシュ・フロー

P　ポイント

- 簡便法によって作成する場合、為替換算差額の分析を在外子会社ごとに行い、在外子会社の資産・負債の増減に含まれる為替相場変動の影響を排除しなければならない。
- 原則法によって作成する場合、各在外子会社の個別キャッシュ・フロー計算書は、原則として収益・費用の換算に用いた相場（原則期中平均相場）で換算するが、資本取引は当該キャッシュ・フローが発生した時点の相場で換算する。また、現金及び現金同等物の期首・期末残高は、それぞれ前期末・当期末時点の相場で換算する。

  結果生じた換算差額は、「現金及び現金同等物に係る換算差額」に含める。
- 「営業活動」区分を間接法によっている場合、連結上相殺消去される債権・債務より生じた為替換算差額の調整が必要となる。

連結キャッシュ・フロー計算書を簡便法によって作成する場合、在外子会社の円換算後の貸借対照表・損益計算書を利用して、キャッシュ・フローを算出することになる。

しかし、このようにして算出されたキャッシュ・フローには、為替相場の変動の影響が加味されてしまっており、実際のキャッシュ・フローの状況を適切に示さなくなってしまう。

設例5-15　売上債権に増減がないが、為替相場が変動した場合

＜前提条件＞

① 在外子会社Ｓ社の前期末・当期末の売掛債権残高は、いずれも1,000ドルとする。

② 為替相場は、前期末CR＝100円／ドル、当期末CR＝90円／ドルとする。

【円貨ベースの増減】

（当期末残高×90円－前期末残高×100円）

＝90,000円－100,000円＝－10,000円（「売上債権の減少額」⇒キャッシュの増加）

上記のとおり売上債権残高に変動はないが、為替相場の変動により「売上債権の増減額」が生じてしまうため、為替換算の調整が必要となる。

一方、連結キャッシュ・フロー計算書を原則法によって作成した場合には各在外子会社のキャッシュ・フロー項目が、損益計算書の換算に用いられた相場（原則期中平均相場）で換算されるため（キャッシュ・フロー実務指針17）、基本的には為替相場変動の影響を排除したキャッシュ・フローが求められることになる。

よって、簡便法において連結キャッシュ・フロー計算書を作成する際には、正確なキャッシュ・フローを把握するために原則法と同一の結果となる必要があり、在外子会社のキャッシュ・フローについて為替相場変動の影響を調整しなければならない。

なお、この調整は在外子会社各社で個別に実施する必要があり、この点を考慮すると簡便法によった場合でも相応の負担が生じることになる。

設例5-16 在外子会社キャッシュ・フローの換算調整

＜前提条件＞

① Ｐ社は在外子会社Ｓ社を、前期首設立時より100％子会社として支配

② 当期にＰ社はＳ社へ1,000千ドルの商品を売却している。

取引時の為替相場は100円／ドルである。

なお、期末時点で当該1,000千ドルがＰ社のＳ社に対する期末債権残高となっている。

③ 当期末Ｓ社棚卸資産には、Ｐ社から仕入れた商品が150千ドル含まれている。

利益率は20％、当該未実現利益発生に係る取引時の為替相場は100円／ドルである。

④ 各時点の為替相場は以下のとおり。

Ｓ社設立時	100円／ドル
前期末CR	90円／ドル
当期末CR	80円／ドル
期中平均相場（AR）	85円／ドル
前期期中平均相場	100円／ドル

【前提となる財務諸表等】

Ｓ社個別貸借対照表（外貨ベース）

科目	金額（千ドル）		外貨増減①	AR換算 ②＝①×AR （85円／ドル）
	前期	当期		
現金預金	3,386	3,500	114	9,690
売掛金	1,744	2,182	438	37,230
棚卸資産	1,050	720	△330	△28,050
仕入債務	△1,000	△838	162	13,770

未払法人税等	△180	△200	△20	△1,700
資本金	△3,000	△3,000	0	0
資本剰余金	△1,000	△1,000	0	0
利益剰余金	△1,000	△1,364	△364	△30,940

S 社個別損益計算書（外貨ベース）

科目	当期(千ドル)
売上高	20,000
売上原価	14,000
販売費及び一般管理費	5,336
税金等調整前当期純利益	664
法人税等	300
当期純利益	364

連結貸借対照表

科目	金額（千円）		
	前期	当期	増減
現金預金	1,102,800	1,301,180	198,380
売掛金	573,000	604,000	31,000
棚卸資産	357,200	436,000	78,800
仕入債務	△387,000	△567,000	△180,000
未払法人税等	△36,000	△40,000	△4,000
資本金	△1,000,000	△1,000,000	0
資本剰余金	△300,000	△300,000	0
利益剰余金	△360,000	△536,000	△176,000
為替換算調整勘定	50,000	101,820	51,820

連結損益計算書

科目	当期（千円）
売上高	4,867,000
売上原価	4,555,000
販売費及び一般管理費	13,000
税金等調整前当期純利益	299,000
法人税等	123,000
当期純利益	176,000

あるべき在外子会社のCF（④）になるよう、⑤で算出された換算差額を精算表で調整する必要がある。
ただし、為替相場変動の影響額が、連結キャッシュ・フロー計算書に重要な影響を与えない場合には、この調整を行わず、為替換算差額の増減を「現金及び現金同等物に係る換算差額」に含めて表示することができる（キャッシュ・フロー実務指針44）。

【S社貸借対照表科目為替換算差額の調整】

科目	①	②	③＝②－①	④	⑤＝③－④
	前期末	当期末	円ベース増減	外貨ベース増減×AR	換算差額
現金預金	304,740	280,000	△24,740	9,690	△34,430
売掛金	156,960	174,560	17,600	37,230	△19,630
棚卸資産	94,500	57,600	△36,900	△28,050	△8,850
仕入債務	△90,000	△67,040	22,960	13,770	9,190
未払法人税等	△16,200	△16,000	200	△1,700	1,900
資本金	△300,000	△300,000	0	0	0
資本剰余金	△100,000	△100,000	0	0	0
利益剰余金	△100,000	△130,940	△30,940	△30,940	0
為替換算調整勘定	50,000	101,820	51,820	0	51,820

資本勘定は支配獲得時点のレート（100円／ドル）で換算

貸借差額

（前期）前期純利益1,000×前期AR（100円／ドル）
（当期）前期末残高100,000＋当期純利益364×AR（85円／ドル）

【簡便法によった場合】

キャッシュ・フロー精算表は以下のようになる。

連結キャッシュ・フロー精算表

【S社貸借対照表科目為替換算差額の調整】より。

為替の変動による影響を排除する。

科目	前期末残高 A	当期末残高 B	増減 =B−A	換算差額	税金等調整前当期純利益振替	売上債権	仕入債務	棚卸資産	法人税等	為替換算差額	現金及び現金同等物換算差額	現金預金振替	合計
現金預金	1,102,800	1,301,180	198,380	△34,430						34,430	△34,430	△198,380	0
売掛金	573,000	604,000	31,000	△19,630		△50,630				19,630			0
棚卸資産	357,200	436,000	78,800	△8,850				△87,650		8,850			0
仕入債務	△387,000	△567,000	△180,000	9,190			189,190			△9,190			0
未払法人税等	△36,000	△40,000	△4,000	1,900					5,900	△1,900			0
資本金	△1,000,000	△1,000,000	0	0									0
資本剰余金	△300,000	△300,000	0	0									0
利益剰余金	△360,000	△536,000	△176,000	0	299,000				△123,000				0
為替換算調整勘定	50,000	101,820	51,820	51,820						△51,820			0
計	0	0	0	0	299,000	△50,630	189,190	△87,650	△117,100	0	△34,430	△198,380	0
Ⅰ．営業活動によるキャッシュ・フロー													
税金等調整前当期純利益					299,000								299,000
為替差損益										5,000			5,000
売上債権の増減額						△50,630					※		△50,630
棚卸資産の増減額								△87,650					△87,650
仕入債務の増減額							189,190			△5,000			184,190
小計													349,910
法人税等の支払額									△117,100				△117,100
営業活動によるキャッシュ・フロー													232,810
：													
Ⅳ．現金及び現金同等物にかかる換算差額											△34,430		△34,430
Ⅴ．現金及び現金同等物の増加額					0	0	0	0	0	0	0	△198,380	198,380
Ⅵ．現金及び現金同等物期首残高													1,102,800
Ⅶ．現金及び現金同等物期末残高													1,301,180

「売上債権の増加」は、31,000ではなく、為替相場変動による減少の影響(19,630)を除いた50,630となる。

※為替差損益計上仕訳の意味

間接法において必要となる、連結上相殺消去の対象となった債権債務から生じた為替換算差額の調整（キャッシュ・フロー実務指針45）。

＜前提条件②＞当期にＰ社はＳ社へ1,000千ドルの商品を売却している。

期末時点で当該1,000千ドルがＰ社のＳ社に対する期末債権残高となっている。

（連結修正仕訳～債権・債務の相殺消去）…当期末CR換算で連結上の相殺は行われる。

借方		貸方	
買掛金	80,000	売掛金	80,000

→期末債権・債務残高（1,000千ドル×当期末CR（80円／ドル））

S社で認識すべき、キャッシュ・フローでとらえた買掛金の相殺額は‥

買掛金	85,000

⇒買掛金の減少が、5,000大きい＝
キャッシュが5,000減少

→（当期末債権（1,000千ドル）－前期末債権（0千ドル））×AR（85円／ドル）

→「仕入債務の増減」に－5,000で調整、相手科目は「為替差損益」

（「現金及び現金同等物に係る換算差額」に含めないのは、債権債務の相殺では、キャッシュの移動はまったく生じていないためである。）

簡便法による場合、連結BSの増減からキャッシュ・フローを求めるため、連結会社間の債権債務は既に連結BS上相殺消去されている。

しかし、連結BS上相殺されているのは、当期末CR（80円／ドル）で換算された金額（80,000）であるため、連結キャッシュ・フロー計算書上は在外子会社のキャッシュ・フローが、期中平均相場による増減（85,000）となるよう調整する必要がある。

ただし、『為替差額の金額が連結キャッシュ・フロー計算書に重要な影響を与えない場合には、簡便的に当該為替差損益を一括して「現金及び現金同等物に係る換算差額」に含めることができる』（キャッシュ・フロー実務指針45）。

【原則法によった場合】

キャッシュ・フロー精算表は以下のようになる。

連結キャッシュ・フロー精算表

精算表		P社	S社	合計	※2 未実現利益の消去	※1 債権債務の消去合計	合計
Ⅰ.	営業活動によるキャッシュ・フロー						
	税金等調整前当期純利益	245,560	56,440	302,000	△3,000		299,000
	為替差損益	0	0	0		5,000	5,000
	売上債権の増減額	△93,400	△37,230	△130,630		80,000	△50,630
	棚卸資産の増減額	△118,700	28,050	△90,650	3,000		△87,650
	仕入債務の増減額	282,960	△13,770	269,190		△85,000	184,190
	小計	316,420	33,490	349,910			349,910
	法人税等の支払額	△93,300	△23,800	△117,100			△117,100
	営業活動によるキャッシュ・フロー	223,120	9,690	232,810			232,810
	：						
Ⅳ.	現金及び現金同等物に係る換算差額	0	△34,430	△34,430			△34,430
Ⅴ.	現金及び現金同等物の増加額	223,120	△24,740	198,380			198,380
Ⅵ.	現金及び現金同等物期首残高	798,060	304,740	1,102,800			1,102,800
Ⅶ.	現金及び現金同等物期末残高	1,021,180	280,000	1,301,180			1,301,180

S社BS増減×AR

現金及び現金同等物は、それぞれ前期末CR、当期末CRで換算

※1　為替差損益計上仕訳の意味

簡便法精算表参照。

なお、原則法での仕訳は以下のようになる。

(S社のP社に対する債務(1,000千ドル)の調整仕訳)

借方		貸方	
仕入債務の増減額②	85,000	売上債権の増減額①	80,000
		為替差損益	5,000

①　当期末対S社債権残高1,000×80（当期末CR）－前期末対S社債権残高0×90（前期末CR）

②　（当期末対P社債務残高1,000－前期末対P社債務残高0）×85（当期AR）

※２　未実現利益の消去（前提条件③）

(未実現利益の消去仕訳)

借方		貸方	
税金等調整前当期純利益	3,000	棚卸資産の増減額	3,000

→当期末棚卸資産に係る未実現利益（150千ドル）×100円／ドル（未実現利益発生時の為替相場）×20%）

第 6 章

注記その他の開示項目

1 セグメント情報

1-1 セグメント情報の開示

1-1-1 新基準について

平成20年３月に、企業会計基準委員会から「セグメント情報等の開示に関する会計基準（以下、「セグメント基準」という）」（企業会計基準第17号　最終改正平成22年６月30日）及び「セグメント情報等の開示に関する会計基準の適用指針（以下「セグメント適用指針」という）」（企業会計基準適用指針第20号　平成20年３月21日）が公表され、平成22年４月１日以後開始する連結会計年度から適用されることとなった（セグメント基準35）。

この新しいセグメント会計基準においては、従来の開示が求められていた「事業の種類別セグメント情報」、「所在地別セグメント情報」及び「海外売上高」というものではなく、特定の方法に限定されていない「マネジメント・アプローチ」に基づく情報を開示することが求められることとなった。

1-1-2 範囲

従来のセグメント情報に関する基準においては連結財務諸表を作成している会社のみセグメント情報に関する注記を記載すれば良いとされていた。しかし、新基準においては連結財務諸表を作成していない場合においても、個別財務諸表の注記情報として開示することとなった（セグメント基準３、57）。

なお、次頁にセグメント会計基準及びセグメント会計基準適用指針の全体像を表にまとめている。

セグメント基準及び適用指針の全体像

主な項目	会計基準	適用指針
範囲	3項	—
基本原則	4項、5項	—
セグメント情報の開示		
事業セグメントの識別		
事業セグメントの定義	6項、7項	—
最高経営意思決定機関	8項	—
セグメントの区分方法が複数ある場合の取扱い	9項	—
連結子会社の取扱い	—	3項
持分法適用会社の取扱い	—	4項
セグメント管理者がいる場合の取扱い	—	5項、6項
マトリックス組織	—	7項
報告セグメントの決定		
報告セグメント	10項	—
集約基準	11項	—
量的基準	12～16項	—
類似の経済的特徴	—	8項
セグメントの区分方法の継続性	—	9項
セグメント情報の開示項目と測定方法		
セグメント情報の開示項目	17項	—
報告セグメントの概要	18項	—
利益（または損失）、資産及び負債等の額	19～22項	10項
測定方法に関する事項	23項、24項	—
差異調整に関する事項	25項、26項	—
組織変更等によるセグメントの区分方法の変更	27項、28項	—
合理的な基準による配分	—	11項、12項
複数の測定方法がある場合の取扱い	—	13項
複数の事業セグメントを集約した場合等の取扱い	—	14項
関連情報の開示		
製品及びサービスに関する情報	30項	—
重要性の判断基準	—	15項
地域に関する情報	31項	—
重要性の判断基準	—	16項、17項
主要な顧客に関する情報	32項	—
重要性の判断基準	—	18項
固定資産の減損損失に関する報告セグメント別の情報の開示	33項	—
のれんに関する報告セグメント別の情報の開示	34項、34－2項	—
適用時期等	35～39項	19項

1-1-3 基本原則

セグメント会計基準では、次の基本原則を企業がセグメント情報を開示するにあたっての基本的な考え方としている。

基本原則※

セグメント情報等の開示は、財務諸表利用者が、企業の過去の業績を理解し、将来のキャッシュ・フローの予測を適切に評価できるように、企業が行う様々な事業活動の内容及びこれを行う経営環境に関して適切な情報を提供するものでなければならない（セグメント基準4）。

本会計基準は、企業またはその特定の事業分野について、その事業活動の内容及びこれを行う経営環境を財務諸表利用者が理解する上で有用な情報を、本会計基準に定める事項に加えて開示することを妨げない（セグメント基準5）。

↓

この基本原則は後述する各基準を適用する際に常に留意すべきものとしてしばしば基準に登場する。したがって、セグメント情報等の開示においてはこの基本原則に従い、実務上の判断を行う必要がある。

※なお、セグメント会計基準の定めであっても、重要性が乏しく、財務諸表利用者の判断を誤らせる可能性がないと考えられる定めについては、これを適用することを要しない（セグメント基準59）。

COLUMN

財務諸表利用者の判断を誤らせる可能性とは

マネジメント・アプローチに基づき、最高経営意思決定機関の意思決定のため報告されている情報を基礎としている場合であっても、当該情報が財務諸表利用者の判断を誤らせる可能性があると考えられるときには、これを開示することは適当ではない。たとえば、複数の企業を介在させて、各企業の帳簿上通過させるだけの取引のように、収益の総額表示が明らかに適当ではない取引について、損益計算書上は純額で処理している（手数料処理）にもかかわらず、最高経営意思決定機関に対して顧客からの対価の総額を報告していることを理由に、セグメント情報上、当該収益を総額により開示することは適当ではないと考えられる（セグメント基準60）。

1-1-4　マネジメント・アプローチ

セグメント情報の開示については、以下の２つ方法がある。「第６章１－１－１」で述べたとおり、現行のセグメント会計基準においては、マネジメント・アプローチが採用されている。

インダストリー・アプローチ（従来の会計基準の方法）

産業別セグメント及び地域別セグメントに分割して、それぞれのセグメントごとに売上、損益等の情報を開示していく方法をいう。

マネジメント・アプローチ（現行の会計基準の方法）

経営者が、経営上の意思決定を行い、業績を評価するために、企業を事業の構成単位に分別した方法をいう。

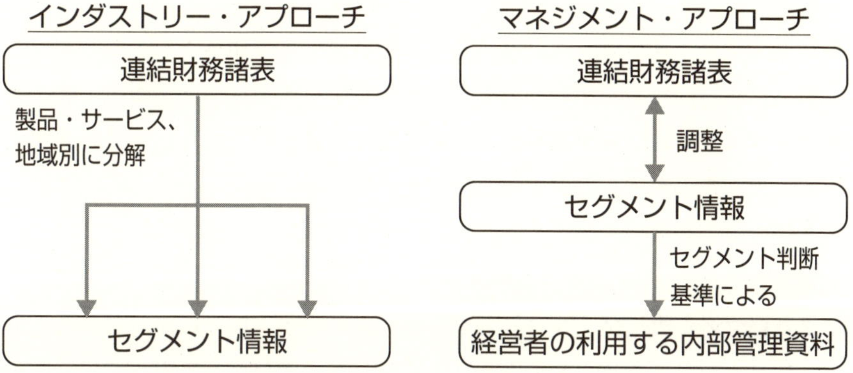

1-1-5 マネジメント・アプローチの長所

マネジメント・アプローチに基づくセグメント情報の長所は、次のような点があげられる。

マネジメント・アプローチの長所
（セグメント基準47）

- ① 経営者の視点が分かる
- ② コストが比較的少ない
- ③ 区分に恣意性が入りにくい

① 経営者の視点が分かる

マネジメント・アプローチによるセグメント区分は、経営者が実際に経営上の意思決定を行い、また、企業の業績を評価する際に使用しているものとなっている。したがって、財務諸表利用者についても経営者と同様の視点で企業を見ることができるようになり、経営者の行動を予測し、その予測を企業の将来キャッシュ・フローの評価に反映することが可能になる。

② コストが比較的少ない

従来のセグメント情報の開示においては、事業の種類別セグメント、所在地別セグメント及び海外売上高について別に集計して開示する必要があった。しかしながら、マネジメント・アプローチによるセグメント情報の基礎となる財務情報は、経営者が利用するために既に作成されており、企業が必要とする追加的費用が比較的少ないと想定されている。

③ 区分に恣意性が入りにくい

従来の基準における事業の種類別セグメントは製品別（商品別、役務別）により経営者が事業区分することとされており、事業区分の決定にあたっては、製品の種類・性質、製造方法、販売市場等の類似性を考慮して、経営の多角化の実態を適切に反映した情報を開示しうるようにしなければならないとされていたため、経営者の恣意性が入る余地が残されていた。新しい基準におけるマネジメント・アプローチは企業の実際の組織構造に基づく区分となるため、そこに恣意性は入りにくいと考えられる。

1-1-6　マネジメント・アプローチの短所

反対に、マネジメント・アプローチに基づくセグメント情報には、次の短所がある。

マネジメント・アプローチの短所

- ①　企業間や同一企業の年度間の比較を困難にする
- ②　事業活動の障害となる可能性がある

①　企業間の比較を困難にする

企業の組織構造に基づく情報であるため、企業間の比較を困難にし、組織変更等があった場合等に同一企業の年度間の比較が困難になる（セグメント基準48）。

②　事業活動の障害となる可能性がある

内部的に利用されている財務情報を基礎とした情報の開示を要求することは、企業の事業活動の障害となる可能性がある（セグメント基準48）。

これらの短所はあるものの経営者の視点で企業を理解できる情報を財務諸表に開示することによって、財務諸表利用者の意思決定により有用な情報を提供することができると判断し、マネジメント・アプローチが導入されることとなった。

1-1-7 セグメント情報の開示までの流れ

セグメント情報の開示までの流れを示すと、以下のとおりとなる。

① 事業セグメントの識別

事業セグメント識別をする。

↓

② 事業セグメントの集約

事業セグメントを集約するかどうか決定する（一定の条件を満たす場合には、集約できる）。

↓

③ 報告セグメントの決定

次のいずれかを満たす事業セグメントを報告セグメントとして開示しなければならない。

- 売上高がすべての事業セグメントの売上高の合計額の10%以上であること。
- 利益または損失の絶対値が、利益の生じているすべての事業セグメントの利益の合計額、または損失の生じているすべての事業セグメントの損失の合計額の絶対値のいずれか大きい額の10%以上であること。
- 資産が、すべての事業セグメントの資産の合計額の10%以上であること。

↓

④ 事業セグメントの結合

③を満たさない事業セグメントを結合するかどうか決定する。

↓

⑤ 報告セグメントの確認

報告セグメントの外部顧客への売上高の合計額が、損益計算書の売上高の75%以上となっているか確かめる。

↓

⑥ セグメント情報の開示項目と測定方法

1-2 事業セグメントの識別

1-2-1 事業セグメントとは

事業セグメントとは、企業の構成単位で、次の①～③の要件のすべてに該当するもの（セグメント基準6）をいう。

① 収益を稼得し、費用が発生する事業活動に関わるもの（同一企業内の他の構成単位との取引に関連する収益及び費用を含む。）

・事業セグメントは、企業の構成単位であり、収益を獲得し、費用が発生する事業活動に関わるものでなければならず、企業の本社または特定の部門のように、企業を構成する一部であっても収益を稼得していない、または付随的な収益を稼得するに過ぎない構成単位は、事業セグメントまたは事業セグメントの一部とならない（セグメント基準7）。

・新たな事業を立ち上げたときのように、現時点では収益を稼得していない事業活動を事業セグメントとして識別する場合もある（セグメント基準6）。

② 企業の最高経営意思決定機関が、当該構成単位に配分すべき資源に関する意思決定を行い、また、その業績を評価するために、その経営成績を定期的に検討するもの

・事業セグメントは、企業の最高経営意思決定機関が、当該構成単位に配分すべき資源に関する意思決定を行い、また、その業績を評価するために、その経営成績を定期的に検討するものでなければならない。

③ 分離された財務情報を入手できるもの※

・事業セグメントは、企業の構成単位について分離された財務情報が入手できるものとならなければならない。

・しかしながら、たとえば、各構成単位の資産に関する情報については、分離された財務情報を入手できない場合があると考えられる。そのことから、分離された財務情報に資産に関する情報が含まれていることを条件とすべきかどうかということが事業セグメントの区分の争点となりうるが、マネジメント・アプローチを採用した趣旨からすれば、企業は実際に最高経営意思決定機関に利用されている情報を基礎としてセグメント情報を開示すべきであり、開示のみを目的とした情報を作成することを要求すべきではないと判断し、事業セグメントの決定の基礎となる財務情報に、一定の情報が含まれていることを条件としないこととした（セグメント基準65、66）。したがって、仮に各構成単位の資産に関する情報がなかったとしても、事業セグメントとして認められないということにはならない。

※ただし、企業は各報告セグメントに資産を配分しなければならないこととされているため、企業が事業セグメントに資産を配分していない場合には、その旨を開示しなければならないとされている（セグメント基準24(3)）。

COLUMN

最高経営意思決定機関とは

最高経営意思決定機関とは、取締役会、執行役員会議といった会議体、または最高経営責任者（CEO）または最高執行責任者（COO）といった個人であると考えられており、事業セグメントの識別にあたりその意思決定機関がどこかもしくは誰かを決定する必要があるが、一般的にはここで例示したこれらの最高経営意思決定機関に該当する機関は経営判断を行う際に作成する情報は共通であることが多い（セグメント基準63）。

事業セグメントは、企業の最高経営意思決定機関が、当該構成単位に配分すべき資源に関する意思決定を行い、また、その業績を評価するために、その経営成績を定期的に検討するものとされている。企業が行う配分すべき資源に関する意思決定または業績評価の方法は、当該企業の規模や業種等によって多様であるものの、企業が行う各事業活動に関する経営計画等の決定と、その成果の事後的な評価等からなる場合が多いと考えられる（セグメント基準64）。

1-2-2 セグメントの区分方法が複数ある場合の取扱い

構成単位の経営成績を複数の区分により分析し、評価している場合等、事業セグメントの要件を満たすセグメント区分方法が複数ある場合の取扱いは次のとおりとなる。

事業セグメントの要件を満たすセグメントの区分方法が複数ある場合		
企業は、各構成単位の事業活動の特徴、それらについて責任を有する管理者の存在及び取締役会等に提出される情報などの要素に基づいて、企業の事業セグメントの区分方法を決定するものとする（セグメント基準9）。	セグメント管理者が責任を負う構成単位からなる区分方法が１つしかないときは、当該構成単位が各事業セグメントとなる（セグメント適用指針６）。	いずれも責任を有する管理者がいる場合、企業はセグメント情報開示に係る基本原則に照らして、いずれの区分方法が適切であるかを決定する（セグメント適用指針７）。

⇩

したがって、どのような区分が財務諸表利用者にとって理解する上で最も有用な情報を提供することになるかを判断した上で、事業セグメントを開示することとなる。

セグメント管理者とは

COLUMN

セグメント管理者とは、事業セグメントの事業活動や業績、予測または計画に関して、最高経営意思決定機関に対する報告責任を有する管理者のことをいい、１人の管理者が複数の事業セグメントのセグメント管理者を兼任する場合もある（セグメント適用指針５）。

マトリックス組織とは

COLUMN

マトリックス組織とは、ある管理者が特定の種類の製品及びサービスについて責任を有する一方で、他の管理者が特定の地域について責任を有し、両者の責任の範囲が重複している企業の組織構造がこれに該当する（セグメント適用指針７）。

1-3　報告セグメントの決定

1-3-1　事業セグメントの集約

識別された複数の事業セグメントが、類似している場合には、１つの事業セグメントに集約することができる。

集約基準
次の要件のすべてを満たす場合、１つの事業セグメントに集約することができる（セグメント基準11）。

(1) 当該事業セグメントを集約することが、セグメント情報を開示する基本原則と整合していること

(2) 当該事業セグメントの経済的特徴がおおむね類似していること

(3) 当該事業セグメントの次のすべての要素がおおむね類似していること
① 製品及びサービスの内容
② 製品の製造方法または製造過程、サービスの提供方法
③ 製品及びサービスを販売する市場または顧客の種類
④ 製品及びサービスの販売方法
⑤ 銀行、保険、公益事業等のような業種に特有の規制環境

事業セグメントの要件を満たしていたとしても、細分化されすぎたセグメント情報は、財務諸表利用者にとって必ずしも有用な情報とはならないと考えられるためである（セグメント基準70）。

事業セグメントは企業の経営者が意思決定のために実際に用いている構成単位であり、マネジメント・アプローチが経営者の視点を財務諸表利用者に提供することを目的としている以上、事業セグメントの集約は、類似する事業上のリスクを有し、それらを集約しても財務諸表利用者の意思決定に重要な影響を与えない場合に限られるべきであるとされた（セグメント基準71）。

上記の(1)～(3)の要件をすべて満たす場合にのみ、事業セグメントの集約を認めることとされている。

1-3-2 報告セグメントの決定

事業セグメントが決定したら、その中から報告すべきセグメントを決定する必要がある。この報告セグメントの決定には、量的基準が定められている。

量的基準

次のいずれかを満たす事業セグメントを報告セグメントとして開示しなければならない（セグメント基準12）。

⑴ 売上高（事業セグメント間の内部売上高または振替高を含む。）がすべての事業セグメントの売上高の合計額の10%以上であること（売上高には役務収益を含む。以下同じ。）⇒売上高基準

⑵ 利益または損失の絶対値が、①利益の生じているすべての事業セグメントの利益の合計額、または②損失の生じているすべての事業セグメントの損失の合計額の絶対値のいずれか大きい額の10%以上であること⇒利益基準

⑶ 資産が、すべての事業セグメントの資産の合計額の10%以上であること⇒資産基準

※なお、この定めは、企業が、量的基準のいずれにも満たない事業セグメントを、報告セグメントとして開示することを妨げない。

①売上高基準

・売上高基準は次の算式により求められ、この算式を満たす事業セグメントは報告セグメントとして開示が必要となる。

$$\frac{\text{事業セグメントの売上高（事業セグメント間の売上高または振替高を含む）}}{\text{すべての事業セグメントの売上高の合計額}} \geqq 10\%$$

※事業セグメントの売上高には事業セグメント間の売上高または振替高を含むものとされており、同一の事業セグメント内の内部売上高及び内部振替高は含まないものとされる。

事業セグメントを集約した場合、事業セグメント間の内部売上高及び内部振替高については、最高経営意思決定機関が使用する事業セグメントの売上高の算定に含まれている場合にのみ、報告セグメントに含めることとされている。

↓

しかしながら、集約された事業セグメント間の取引の相殺消去を反映した金額を開示することにより、報告セグメントに関する事業活動の内容及びこれを行う経営環境を財務諸表利用者が理解する上で有用な情報を提供することになる場合、こうした情報の開示をすることができる（セグメント適用指針27）。

↓

この場合には売上高基準の判定においても相殺消去後の売上高を使用することとなる。

②利益基準

・利益基準は次の算式により求められ、この算式を満たす事業セグメントは報告セグメントとして開示が必要となる。

A．利益の生じているすべての事業セグメントの利益の合計額の絶対値が損失の生じているすべての事業セグメントの損失の合計額の絶対値を上回る場合

$$\frac{\text{事業セグメントの利益または損失の絶対値}}{\text{利益の生じているすべての事業セグメントの当該利益の合計額}} \geqq 10\%$$

B．利益の生じているすべての事業セグメントの利益の合計額の絶対値が損失の生じているすべての事業セグメントの損失の合計額の絶対値を下回る場合

$$\frac{\text{事業セグメントの利益または損失の絶対値}}{\text{損失の生じているすべての事業セグメントの当該利益の合計額}} \geqq 10\%$$

ここにおける利益または損失は、事業セグメントに資源を配分する意思決定を行い、その業績を評価する目的で、最高経営意思決定機関に報告される金額に基づいて行わなければならないとされている（セグメント基準23）。

⇩

したがって、セグメント情報の各項目の測定方法について、必ずしも財務諸表を作成するために採用される会計処理の原則及び手続に準拠することを求めないこととした（セグメント基準83）。→管理会計上の金額も利用可能

③資産基準

・資産基準は次の算式により求められ、この算式を満たす事業セグメントは報告セグメントとして開示が必要となる。

$$\frac{\text{事業セグメントの資産}}{\text{すべての事業セグメントの資産の合計額}} \geqq 10\%$$

COLUMN

区分方法の継続性について

量的基準を適用して報告セグメントを決定するにあたっては、相当期間にわたりその継続性が維持されるよう配慮するものとする。

このため、前年度において報告セグメントとされた事業セグメントが当年度において量的基準を下回るとしても、財務諸表利用者にとって引き続き重要であると判断される場合には、当該セグメントに関する情報を区分し、継続的に開示することとなる（セグメント適用指針９）。

これは、各年度において開示されるセグメント情報の年度間の比較可能性を確保する必要があるためである（セグメント適用指針24）。たとえば、ある企業の中に継続的に活動している事業セグメントがあり、一時的な景気の悪化により、量的基準を満たさなくなった場合において、量的基準を満たさなくなったからといって、報告セグメントから外すことは年度間の比較可能性をなくすものとなる。

したがって、このような場合には、財務諸表利用者が企業の過去の業績を把握することにより、企業の将来の業績の予測を適切に評価することにとって重要な影響を与えるかどうかを十分に検討する必要がある。

1-3-3 事業セグメントの結合

企業は、量的基準を満たしていない複数の事業セグメントの経済的特徴が概ね類似し、かつ集約基準の(3)に記載した事業セグメントを集約するにあたって考慮すべき要素の過半数についておおむね類似している場合には、これらの事業セグメントを結合して、報告セグメントとすることができる（セグメント基準13）。

(1)　事業セグメントの経済的特徴がおおむね類似していること

・複数の事業セグメントを集約するためには、当該事業セグメントの経済的特徴がおおむね類似していることが要件の１つとされている。当該要件に該当すると判断するためには、それらの事業セグメントが長期的に近似した業績の動向を示すことが見込まれている必要がある。たとえば、長期的な売上総利益率（平均値）が近似することが見込まれる場合がこれに該当する（セグメント適用指針８）。

(2)　集約基準で考慮すべき５つの要素の過半数（３つ以上）についておおむね類似していること

・集約基準で考慮すべき５つの要素とは次の要素である。

①　製品及びサービスの内容

②　製品の製造方法または製造過程、サービスの提供方法

③　製品及びサービスを販売する市場または顧客の種類

④　製品及びサービスの販売方法

⑤　銀行、保険、公益事業等のような業種に特有の規制環境

※なお、上述した(1)及び(2)を満たしていても事業セグメントを結合するかどうかは任意とされているため、量的基準を満たさない事業セグメント同士を最終的に結合するかどうかは、基本原則にうたわれている財務諸表利用者にとって有用な情報を提供するかを鑑みて決定することとなる。

1-3-4　報告セグメントの確認

報告セグメントの外部顧客への売上高の合計額が連結損益計算書または個別損益計算書の売上高の75%未満である場合

⇩

損益計算書の売上高の75%以上が報告セグメントに含まれるまで、報告セグメントとする事業セグメントを追加して識別しなければならない（セグメント基準14）。

※なお、基準値である「75%」は、国際的な会計基準と同様の基準値として定めることとされた（セグメント基準74）。

1-3-5 報告セグメントにされなかった事業セグメント

報告セグメントに含まれない事業セグメント及びその他の収益を稼得する事業活動に関する情報は、後述する「差異調整に関する事項」により求められる差異調整の中で、他の調整項目とは区分して、「その他」の区分に一括して開示しなければならない。

↓

「その他」に含まれる主要な事業の名称等をあわせて開示しなければならない（セグメント基準15）。

【開示例】製品及びサービスを基礎として事業セグメントを識別している場合
東レ株式会社（2011年３月期有価証券報告書）

（注）１　その他は分析・調査・研究等のサービス関連事業である。

1-3-6 報告セグメントを変更した場合の取扱い

報告セグメントを変更した場合は、以下の開示が必要となる。

量的な重要性の変化による報告セグメントの変更	以下を開示する（セグメント基準16）。※ ①　その旨 ②　前年度のセグメント情報を当年度の報告セグメントの区分により作り直した情報
組織変更等による報告セグメントの区分方法の変更	以下を開示する（セグメント基準27）。※ ①　その旨 ②　前年度のセグメント情報を当年度の区分方法により作り直した情報

※ただし、前年度のセグメント情報を当年度の報告セグメントの区分により作り直した情報を開示することが実務上困難な場合には、セグメント情報に与える影響を開示することができる。

COLUMN

測定方法の変更の留意点

事業セグメントの利益(または損失)の測定方法の変更は、会計方針の変更として取り扱わないことに留意する必要がある。これは、財務諸表における会計方針の変更に伴って事業セグメントの利益(または損失)の測定方法を変更した場合であっても同様である(セグメント基準86)。

【開示例】量的な重要性の変化により報告セグメントを変更する場合
ハイビック株式会社(2011年3月期有価証券報告書)

4．報告セグメントの変更等に関する事項
従来、「不動産賃貸事業」は、「その他」の区分に含めておりましたが、「不動産賃貸事業」のセグメント資産がセグメント資産の合計額の10%以上であったため、当連結会計年度より「不動産賃貸事業」として区分表示することに変更しました。

【開示例】組織変更によるセグメントの区分方法の変更
日発販売株式会社(2011年3月期有価証券報告書)

4．報告セグメントの変更等に関する事項
当社は、当連結会計年度より、従来「IT事業」に含まれておりました機材設備関連商品の販売に係る事業を分離独立し、「産業システム事業」を新設いたしました。これにより、従来「オートパーツ事業」、「プレシジョンパーツ事業」および「IT事業」の3つを報告セグメントとしておりましたが、これを「オートパーツ事業」、「プレシジョンパーツ事業」、「IT事業」および「産業システム事業」の4つに変更しております。
この変更は、専門性と機動力を高めユーザーのニーズに機敏に対応することを目的とした組織変更に伴うものであります。

1-4 セグメント情報の開示項目と測定方法

企業は、セグメント情報として、次の事項を開示しなければならない（セグメント基準17）。

① 報告セグメントの概要

② 報告セグメントの利益（または損失）、資産、負債及びその他の重要な項目の額並びにその測定方法に関する事項

③ セグメント会計基準の定めにより開示する項目の合計額とこれに対応する財務諸表計上額との間の差異調整に関する事項

1-4-1 報告セグメントの概要

企業は、報告セグメントの概要として、次の事項を開示しなければならない（セグメント基準18）。

① 報告セグメントの決定方法

・事業セグメントを識別するために用いた方法としては、たとえば、製品・サービス別、地域別、規制環境別、またはこれらの組合せ等、企業の事業セグメントの基礎となる要素が挙げられる。

・また、複数の事業セグメントを集約した場合にはその旨等について記載しなければならない。

・従来の会計基準においては、画一的に「事業の種類別セグメント」、「所在地別セグメント」及び「海外売上高」に関する情報を開示しなければならなかった。しかしながら、新しい会計基準におけるマネジメント・アプローチによると、報告セグメントの決定方法については企業ごとに多種多様なものとなる。したがって、事業セグメントを識別するために用いた方法について記載しなければならないのである。

② 各報告セグメントに属する製品及びサービスの種類

・新しい会計基準におけるマネジメント・アプローチに従って、各企業において異なる報告セグメントが開示される際に、その報告セグメントの製品及びサービスの種類を開示することにより、財務諸表利用者が同一の製品及びサービスを提供する競合他社間における比較を可能にする等適切にセグメント情報を理解することができるようにするためである。

【開示例】製品・サービス別に事業セグメントを識別している場合の報告セグメントの決定方法

ヱスビー株式会社（2011年3月期有価証券報告書）

> 当社グループの報告セグメントは、当社グループの構成単位のうち分離された財務情報が入手可能であり、取締役会が、経営資源の配分の決定及び業績を評価するために、定期的に検討を行う対象となっているものであります。
>
> 当社グループは、国内及び海外において事業活動を展開しており、製品・サービス別に戦略の立案を行っております。
>
> したがいまして、当社グループは、製品・サービス別のセグメントから構成されており、「食料品事業」を報告セグメントとしており、また報告セグメントに含まれない事業セグメントを「その他」としております。

【開示例】地域別に事業セグメントを識別している場合の報告セグメントの決定方法

リンナイ株式会社（2011年3月期有価証券報告書）

> 当社の報告セグメントは、当社の構成単位のうち分離された財務情報が入手可能であり、経営者が経営資源の配分の決定及び業績を評価するために、定期的に検討を行う対象となっているものであります。
>
> したがって、当社は、生産・販売体制を基礎とした地域別のセグメントから構成されており、「日本」、「韓国」、「アメリカ」、「オーストラリア」、「中国」の5つを報告セグメントとしております。

【開示例】製品・サービス別に事業セグメントを識別している場合の各報告セグメントに属する製品及びサービスの種類
ヱスビー株式会社（2011年３月期有価証券報告書）

> 「食料品事業」におきましては、各種香辛料、即席カレー、チューブ製品、レトルトカレー、加工米飯等の製造・販売のほか、関連する原材料の調達を行っております。また、「その他」におきましては、調理済食品の製造・販売のほか、外食事業として飲食店の経営を行っております。

【開示例】地域別に事業セグメントを識別している場合の各報告セグメントに属する製品及びサービスの種類
リンナイ株式会社（2011年３月期有価証券報告書）

> 当社は、主に熱機器等を生産・販売しており、国内においては当社及び子会社が、海外においては韓国、アメリカ等の各地域を、現地法人がそれぞれ担当しております。現地法人はそれぞれ独立した経営単位であり、取り扱う製品について各地域の包括的な戦略を立案し、事業活動を展開しております。

1-4-2 利益（または損失）、資産及び負債等の測定方法

企業は、報告セグメントにおいて開示する項目の測定方法について、少なくとも次の①～⑥の事項を開示しなければならない（セグメント基準24）。

※なお、セグメント利益（または損失）が損益計算書のどの段階の利益を基礎として測定しているかについての記載は求められていないが、財務諸表利用者にとって報告セグメント（または損失）の額を理解するにあたって重要であるため、利益（または損失）の測定方法に関する記述と併せて記載することが望ましいと考えられる（セグメント適用指針「参考1．開示例」）。

① 報告セグメント間の取引がある場合、その会計処理の基礎となる事項

・これは、たとえば、報告セグメント間の取引価格や振替価格の決定方

法などである。これは、同一の会社内における異なる事業セグメント間における取引については、通常の場合と異なり、利益を付さない価格で取引している場合や、一定の利益を付した価格で取引している場合等がありうるためである。

② 報告セグメントの利益（または損失）の合計額と、損益計算書の利益（または損失）計上額との間に差異があり、差異調整に関する事項の開示からはその内容が明らかでない場合、その内容

・これは、たとえば、会計処理の方法の違いによる差異がある場合や、特定の費用について合理的な配分基準がないために事業セグメントに配分していない額がある場合には、その主な内容を明らかにする必要がある。

③ 報告セグメントの資産の合計額と連結貸借対照表または個別貸借対照表（以下「貸借対照表」という。）の資産計上額との間に差異があり、差異調整に関する事項の開示からその内容が明らかでない場合、その内容

・これは、たとえば、各事業セグメントにおいて生じたのれん償却額等を当該事業セグメントに配分していない場合には、その主な内容を明らかにする必要がある。

・なお、企業が事業セグメントに資産を配分していない場合には、その旨を開示しなければならない。

④ 報告セグメントの負債の合計額と貸借対照表の負債計上額との間に差異があり、差異調整に関する事項の開示からその内容が明らかでない場合、その内容

・これは、たとえば、会計処理の方法の違いによる差異がある場合や、特定の費用について合理的な配分基準がないために事業セグメントに配分していない額がある場合には、その主な内容を明らかにする必要がある。

・なお、これは、負債に関する情報を最高経営意思決定機関が意思決定のために使用している情報として開示している場合のみとなる。

⑤　事業セグメントの利益（または損失）の測定方法を前年度に採用した方法から変更した場合には、その旨、変更の理由及び当該変更がセグメント情報に与えている影響

・「第６章１−３−６」参照。

⑥　事業セグメントに対する特定の資産または負債の配分基準と関連する収益または費用の配分基準が異なる場合には、その内容

・これは、たとえば、ある事業セグメントに特定の償却資産を配分していないにもかかわらず、その減価償却費を当該事業セグメントの費用に配分する場合がこれに該当する。

【開示例】セグメント利益が営業利益を基礎としている場合
株式会社エフアンドエム（2011年３月期有価証券報告書）

報告セグメントの利益は、営業利益（のれん償却前）ベースの数値であります。

【開示例】内部取引価格が市場実勢価格を基礎としている場合
株式会社テクノアソシエ（2011年３月期有価証券報告書）

セグメント間の内部売上高および振替高は市場実勢価格に基づいております。

1-4-3 開示する項目

セグメント情報として開示する項目には、⑴必ず開示する項目と⑵該当がある場合に開示する項目がある。

⑴　必ず開示する項目

①　利益または損失の額

・企業は、各報告セグメントの利益（または損失）の額を開示しなければならない（セグメント基準19）。

・この利益（または損失）は、最高経営意思決定機関に報告される金額

に基づいて開示される必要があるが、セグメント会計基準では当該利益（または損失）の測定方法を特に定めていない。この取扱いは、各セグメントの営業利益（または損失）や経常利益（または損失）を開示するものとされていた従来のセグメント情報の開示の取扱いとは異なることに留意する必要がある（セグメント基準78）。

② 資産の額

・企業は、各報告セグメントの資産の額を開示しなければならない（セグメント基準19）。

・ただし、事業セグメントの財務情報として資産に関する情報がない場合には、事業セグメントに配分された資産がないものとして、その旨を開示することに留意する必要がある（セグメント基準24(3)）。

【開示例】事業セグメントに資産を配分していない場合
株式会社大林組（2011年３月期有価証券報告書）

(注)３　報告セグメントに資産を配分していないため、記載を省略している。

(2) 該当する場合に開示する項目

① 負債の額

・負債に関する情報が、最高経営意思決定機関に対して定期的に提供され、使用されている場合、企業は各報告セグメントの負債の額を開示しなければならない（セグメント基準20）。

・事業セグメントごとに資金調達等について独立した運営体制を採用している場合等、事業セグメントの負債情報が、最高経営意思決定機関に対して定期的に報告されていることがある。その場合には、負債に関する情報も財務諸表利用者にとって有用であると考えられ、報告セグメントの負債の額として開示することが必要となる。

② 各損益項目の額

・企業が開示する報告セグメントの利益（または損失）の額の算定に次

の損益項目が含まれている場合、企業は各報告セグメントのこれらの金額を開示しなければならない。また、報告セグメントの利益（または損失）の額の算定に含まれていない場合であっても、次の損益項目の事業セグメント別の情報が最高経営意思決定機関に対して定期的に提供され、使用されているときには、企業は各報告セグメントのこれらの金額を開示しなければならない（セグメント基準21）。

（A）外部顧客への売上高
（B）事業セグメント間の内部売上高または振替高
（C）減価償却費（のれんを除く無形固定資産に係る償却費を含む。）
（D）のれんの償却額及び負ののれんの償却額
（E）受取利息及び支払利息
（F）持分法投資利益（または損失）
（G）特別利益及び特別損失
（H）税金費用（法人税等及び法人税等調整額）
（I）上記に含まれていない重要な非資金損益項目

・上記のうちどの損益項目を開示することになるかは、通常、最高経営意思決定機関に対して報告されている事業セグメントの利益が、損益計算書のどの段階利益に相当するかによって変わってくることになる。たとえば、事業セグメントの利益が営業利益ベースとなっている場合には、受取利息及び支払利息、持分法投資利益（または損失）、特別利益及び特別損失、税金費用（法人税等及び法人税等調整額）等は、一般には含まれないと考えられる。

・企業が開示する報告セグメントの資産に長期前払費用または繰延資産が含まれている場合には、セグメント情報に開示する減価償却費（のれんを除く無形固定資産に係る償却費を含む。）に、長期前払費用または繰延資産の償却額を含めることができる（セグメント適用指針10）。なお、減価償却費（のれんを除く無形固定資産に係る償却費を含む。）に、長期前払費用または繰延資産の償却額を含める場合には、その旨を記載することとされている。

【開示例】減価償却費（のれんを除く無形固定資産に係る償却費を含む）に長期前払費用または繰延資産の償却額を含めた場合
宇部興産株式会社（2011年3月期有価証券報告書）

（注3） 減価償却費には、長期前払費用及び繰延資産の償却額を含んでいる。

③ 資産関連項目の額

・企業が開示する報告セグメントの資産の額の算定に次の項目が含まれている場合、企業は各報告セグメントのこれらの金額を開示しなければならない。

・また、報告セグメントの資産の額の算定に含まれていない場合であっても、次の項目の事業セグメント別の情報が最高経営意思決定機関に対して定期的に提供され、使用されているときには、企業は各報告セグメントのこれらの金額を開示しなければならない（セグメント基準22）。

（A）持分法適用会社への投資額（当年度末残高）

（B）有形固定資産及び無形固定資産の増加額（当年度の投資額）

・持分法適用会社への投資額（当年度末残高）は、持分法により評価した非連結子会社株式または関連会社株式が報告セグメントの資産の額に含まれている場合、または最高経営意思決定機関に対して報告されている場合に開示することとなる。

・有形固定資産及び無形固定資産の増加額（当年度の投資額）は、関連する有形固定資産及び無形固定資産が報告セグメントの資産の額に含まれている場合、または最高経営意思決定機関に対して報告されている場合に開示することとなる。

・企業が開示する報告セグメントの資産に長期前払費用または繰延資産が含まれている場合には、セグメント情報に開示する有形固定資産及び無形固定資産の増加額の範囲に、長期前払費用または繰延資産の増加額を含めることができる（セグメント適用指針10）。なお、有形固定資産及び無形固定資産の増加額の範囲に、長期前払費用または繰延資産の増加額を含める場合には、その旨を記載することとされている。

【開示例】有形固定資産及び無形固定資産の増加額の範囲に、長期前払費用または繰延資産の増加額を含めた場合

宇部興産株式会社（2011年３月期有価証券報告書）

（注４）　有形固定資産及び無形固定資産の増加額には、長期前払費用及び繰延資産の増加額を含んでいる。

1-4-4 差異調整に関する事項

現行の会計基準におけるセグメント情報の各開示項目については、最高意思決定機関において報告される額を基礎としているため、報告セグメントの合計額は財務諸表の金額と一致しないことがある。したがって、次の差異調整に関する事項を開示しなければならない（セグメント基準25）。

差異調整に関する事項

- ⑴ 報告セグメントの売上高の合計額と損益計算書の売上高計上額
- ⑵ 報告セグメントの利益（または損失）の合計額と損益計算書の利益（または損失）計上額
- ⑶ 報告セグメントの資産の合計額と貸借対照表の資産計上額
- ⑷ 報告セグメントの負債の合計額と貸借対照表の負債計上額
- ⑸ その他の開示される各項目について、報告セグメントの合計額とその対応する科目の財務諸表計上額

↓

なお、重要な調整事項がある場合、企業は当該事項を個別に記載しなければならない。たとえば、報告セグメントの利益（または損失）を算定するにあたって採用した会計処理の方法が財務諸表の作成上採用した方法と異なる場合、その重要な差異は、すべて個別に記載しなければならない。

↓

また、損益計算書の利益（または損失）は、損益計算書の営業利益（または損失）、経常利益（または損失）、税金等調整前当期純利益（または損失）（個別財務諸表に係る注記の場合は、税引前当期純利益（または損失））、または当期純利益（または損失）のうち、いずれか適当と判断される科目とする。なお、企業は当該科目を開示しなければならない。

【開示例】差異調整の内容を文章形式で記載する場合
株式会社インプレスホールディングス（2011年3月期有価証券報告書）

（注）3．報告セグメント合計額と連結財務諸表計上額の差異の内容

(1) セグメント利益の調整額△364,643千円には、事業セグメント以外の売上高43,164千円、セグメント間取引消去△89,238千円、各報告セグメントに配賦していない全社費用△311,329千円、その他調整額△7,239千円が含まれております。

(2) セグメント資産の調整額4,938,722千円には、セグメント間取引消去△1,615,414千円、各報告セグメントに配賦していない全社資産6,554,136千円が含まれております。全社資産には、持分法適用会社への投資額（医療セグメント498,019千円、その他18,944千円）の他、報告セグメントに帰属しない現金及び預金や投資有価証券などが含まれております。

(3) 減価償却費の調整額171,916千円には、セグメント間取引消去△4,395千円、各報告セグメントに帰属しない全社資産における減価償却費176,312千円が含まれております。

(4) 受取利息の調整額△1,325千円には、セグメント間取引消去△35,184千円、各報告セグメントに帰属しない受取利息33,858千円が含まれております。

(5) 支払利息の調整額△5,404千円には、セグメント間取引消去△35,184千円、各報告セグメントに帰属しない支払利息29,779千円が含まれております。

(6) 有形固定資産及び無形固定資産の増加額の調整額65,820千円は、全社共通インフラ等への設備投資額であります。

【開示例】差異調整の内容を表形式で記載する場合
株式会社ハニーズ（2011年5月期有価証券報告書）

4 報告セグメント合計額と連結財務諸表計上額との差額及び当該差額の主な内容（差異調整に関する事項）

（単位：千円）

売上高	前連結会計年度	当連結会計年度
報告セグメント計	58,349,757	55,629,575
セグメント間取引消去	△1,342	―
連結財務諸表の売上高	58,348,414	55,629,575

（単位：千円）

利益	前連結会計年度	当連結会計年度
報告セグメント計	4,056,954	3,528,576
セグメント間取引消去	36,991	46,524
連結財務諸表の営業利益	4,093,946	3,575,101

（単位：千円）

資産	前連結会計年度	当連結会計年度
報告セグメント計	36,216,472	35,872,741
セグメント間取引消去	△404,800	△672,427
連結財務諸表の営業利益	35,811,671	35,200,314

1-5　その他の開示項目

1-5-1　関連情報の開示

セグメント情報の中で同様の情報が開示されている場合を除き、次の事項をセグメント情報の関連情報として開示しなければならない。当該関連情報に開示される金額は、当該企業が財務諸表を作成するために採用した会計処理に基づく数値によるものとする（セグメント基準29）。

※なお、報告すべきセグメントが1つしかなく、単一セグメントとして開示している企業であっても、当該関連情報を開示しなければならない。

(1) 製品及びサービスに関する情報	
開示内容（セグメント基準30） ・主要な個々の製品またはサービスあるいはこれらの種類や性質、製造方法、販売市場等の類似性に基づく同種・同系列のグループ（以下「製品・サービス区分」という。）ごとに、外部顧客への売上高を開示する。 ・開示することが実務上困難な場合には、当該事項の開示に代えて、その旨及びその理由を開示しなければならない。	重要性の判断基準（セグメント適用指針15） ・外部顧客への売上高が連結損益計算書または個別損益計算書（以下「損益計算書」という。）の売上高の10%以上である製品・サービス区分について、これを区分して開示する。 ・単一の製品・サービス区分の外部顧客への売上高が損益計算書の売上高の90%超である場合、企業は、その旨を開示し、セグメント基準30に定める開示を省略することができる。

【開示例】セグメント情報の中で同様の情報が開示されていない場合
株式会社エヌ・ティ・ティ・データ（2011年３月期有価証券報告書）

1　製品及びサービスに関する情報

（単位：百万円）

区分	統合 IT ソリューション	システム・ソフトウェア開発	コンサルティング・サポート	その他	合計
外部顧客への売上高	441,763	328,713	338,179	53,305	1,161,962

【開示例】製品及びサービスに関する情報の開示を省略する場合
アスクル株式会社（2011年３月期有価証券報告書）

1．製品及びサービスごとの情報

単一の製品・サービスの区分の外部顧客への売上高が連結損益計算書の売上高の90%を超えるため、記載を省略しております。

(2)　地域に関する情報	
開示内容（セグメント基準31） ・企業は、地域に関する情報として、次の事項を開示する。 ①　国内の外部顧客への売上高に分類した額と海外の外部顧客への売上高に分類した額 ・海外の外部顧客への売上高に分類した額のうち、主要な国がある場合には、これを区分して開示しなければならない。なお、各区分に売上高を分類した基準をあわせて記載するものとする。 ②　国内に所在している有形固定資産の額と海外に所在している有形固定資産の額 ・国内に所在している有形固定資産の額と海外に所在している有形固定資産の額を記載する上で、海外に所在している有形固定資産の額のうち、主要な国がある場合には、これを区分して開示しなければならない。 ・開示することが実務上困難な場合には、当該事項に代えて、その旨及びその理由を開示しなければならない。 ・なお、上記に定める事項に加えて、複数の国を括った地域（たとえば、北米、欧州等）に係る額についても開示することができる。	重要性の判断基準（セグメント適用指針16、17） ・開示する海外の外部顧客への売上高に分類した額のうち、単一の国の外部顧客への売上高に分類した額が、損益計算書の売上高の10%以上である場合、これを主要な国として区分して開示する。 ・海外に所在している有形固定資産の額のうち、単一の国に所在する有形固定資産の額が、連結貸借対照表又は個別貸借対照表の有形固定資産の額の10%以上である場合、これを区分して開示する。 ・国内の外部顧客への売上高に分類した額が損益計算書の売上高の90%超である場合には、企業は、その旨を開示し、セグメント基準31(1)に定める開示を省略することができる。 ・国内に所在している有形固定資産の額が貸借対照表の有形固定資産の額の90%超である場合には、企業は、その旨を開示し、セグメント基準31(2)に定める開示を省略することができる。

【開示例】地域に関する情報の売上高及び有形固定資産の記載
兼松株式会社（2011年３月期有価証券報告書）

２．地域ごとの情報
⑴売上高

（単位：百万円）

日本	アジア	北米	ヨーロッパ	その他の地域	合計
765,900	96,269	30,381	15,468	28,871	936,891

（注） 売上高は顧客の所在地を基礎とし、国または地域に分類しております。

⑵有形固定資産

（単位：百万円）

日本	アジア	北米	ヨーロッパ	その他の地域	合計
24,607	877	125	2,264	10	27,884

⑶ 主要な顧客に関する情報	
開示内容（セグメント基準32） ・企業は、主要な顧客がある場合には、その旨、当該顧客の名称又は氏名、当該顧客への売上高及び当該顧客との取引に関連する主な報告セグメントの名称を開示する。	重要性の判断基準（セグメント適用指針18） ・主要な顧客に関する情報は、単一の外部顧客への売上高（同一の企業集団に属する顧客への売上高を集約している場合には、その売上高）が、損益計算書の売上高の10%以上である場合に、当該顧客に関する情報を開示する。

【開示例】主要な顧客に関する情報
日本鋳造株式会社（2011年3月期有価証券報告書）

3．主要な顧客ごとの情報

（単位：百万円）

顧客の名称または氏名	売上高	事業内容
JFEスチール㈱	3,738	鋳造関連事業

1-5-2 減損損失

連結損益計算書に固定資産の減損損失を計上している場合には、次の開示が必要となる。

減損損失
（セグメント基準33）

- 連結財務諸表を作成するために採用した会計処理に基づく数値によって、減損損失の報告セグメント別の内訳を開示しなければならない。
- 報告セグメントに配分されていない減損損失がある場合には、その額及びその内容を記載しなければならない。

※セグメント情報の中で同様の情報が開示されている場合には、当該情報の開示を要しないこととされている。

【開示例】報告セグメントごとの固定資産の減損損失に関する情報の記載
株式会社ピーシーデポコーポレーション（2011年３月期有価証券報告書）

報告セグメントごとの固定資産の減損損失に関する情報

（単位：千円）

	報告セグメント			調整額	合計
	パソコン等販売事業	インターネット関連事業	計		
減損損失	5,006	―	5,006	―	5,006

1-5-3 のれん

連結損益計算書にのれんの償却額または負ののれんの償却額を計上している場合には、次の開示が必要となる。

のれん
（セグメント基準34、34-２）

- 連結財務諸表を作成するために採用した会計処理に基づく数値によって、のれんまたは負ののれんの償却額及び未償却残高に関する報告セグメント別の内訳をそれぞれ開示しなければならない。
- 報告セグメントに配分されていないのれんまたは負ののれんがある場合には、その償却額及び未償却残高並びにその内容を記載しなければならない。
- 企業は、損益計算書に重要な負ののれんを認識した場合には、当該負ののれんを認識した事象について、その報告セグメント別の概要を開示しなければならない。

※セグメント情報の中で同様の情報が開示されている場合には、当該情報の開示を要しない。

【開示例】報告セグメントごとののれんの償却額及び未償却残高に関する情報の記載
株式会社毎日コムネット（2011年5月期）

報告セグメントごとののれんの償却額及び未償却残高に関する情報

（単位：千円）

	報告セグメント			全社・消去	合計
	不動産ソリューション事業	学生生活支援事業	計		
当期償却額	—	2,850	2,850	—	2,850
当期末残高	—	23,750	23,750	—	23,750

【開示例】報告セグメントごとの負ののれん発生益に関する情報の記載
越後交通株式会社（2011年3月期有価証券報告書）

報告セグメントごとの負ののれん発生益に関する情報

当連結会計年度において、建設事業209,502千円及び卸売・小売事業17,584千円の負ののれん発生益を計上しております。これは子会社株式取得に係るものであります。

また、平成22年4月1日以前に発生した負ののれんの償却額及び未償却残高は、以下のとおりであります。

（単位：千円）

	運輸事業	建設事業	不動産事業	卸売・小売事業	全社・消去	合計
当期償却額	—	79,969	—	—	—	79,969
当期末残高	—	316,663	—	—	—	316,663

1-6 四半期財務諸表における取扱い

四半期開示におけるセグメント情報については、四半期財務諸表（四半期連結財務諸表を作成している場合には「四半期連結財務諸表」、また、四半期連結財務諸表を作成していない場合には「四半期個別財務諸表」をいう。以下同様）における取扱いと同様に、一定の簡略化がなされている。

四半期財務諸表の開示項目
（四半期基準19(7)、25（5－2））

- ①　報告セグメントの利益（または損失）及び売上高
- ②　企業結合や事業分離などによりセグメント情報に係る報告セグメントの資産の金額に著しい変動があった場合には、その概要
- ③　報告セグメントの利益（または損失）の合計額と四半期連結損益計算書の利益（または損失）計上額の差異調整に関する主な事項の概要
- ④　報告セグメントの変更又は事業セグメントの利益（または損失）の測定方法に重要な変更があった場合には、変更を行った四半期会計期間以後において、その内容
- ⑤　当年度の第２四半期以降に④の変更があった場合には、第２四半期以降に変更した理由
- ⑥　前年度において④の変更を行っており、かつ、前年度の四半期と当年度の四半期の①の報告セグメントの区分方法または利益（または損失）の測定方法との間に相違が見られる場合には、その旨、変更後の方法に基づく前年度の①及び③の事項※
- ⑦　固定資産について重要な減損損失を認識した場合には、その報告セグメント別の概要
- ⑧　のれんの金額に重要な影響を及ぼす事象（重要な負ののれんを認識する事象を含む。）が生じた場合には、その報告セグメント別の概要

⇩

年度のセグメント情報で開示することとされている「セグメント情報の関連情報（製品及びサービスに関する情報、地域に関する情報、主要な顧客に関する情報）」については、四半期決算では開示する必要はない。

※なお、当該事項のすべてまたはその一部について、記載すべき金額を正確に算定することができない場合には概算額を記載することができる。また、記載すべき金額を算定することが実務上困難な場合には、その旨及びその理由を記載する。

【開示例】報告セグメントの変更または事業セグメントの利益（または損失）の測定方法に重要な変更があった場合
株式会社オートバックスセブン（2012年３月期第１四半期報告書）

> ３．報告セグメントの変更等に関する事項
> 前第１四半期連結累計期間に発表いたしました「オートバックス2010　中期経営計画」による店舗収益向上策の進展に伴い、当社からの店舗支援の重要性が増したことから、国内店舗子会社及び海外子会社の営業成績の実態をより的確に把握するために、当第１四半期連結累計期間より、予算管理方法を変更しております。この変更に伴い、従来、セグメント利益の測定対象としていなかった当社からの店舗支援に関する収入について、セグメント利益の測定対象としております。
> なお、測定方法を変更した取引はセグメント間の取引であるため、連結損益及び包括利益計算書への影響はありません。
> 当該変更により、前第１四半期連結累計期間について組替再表示しております。

【開示例】のれんの金額に重要な影響を及ぼす事象生じた場合
イーグル工業株式会社（2012年３月期第１四半期報告書）

> ②報告セグメントごとの固定資産の減損損失又はのれん等に関する情報
> （のれんの金額の重要な変動）
> 「自動車・建設機械業界向け事業」セグメントにおいて、イーグルブルグマン（WUXI）CO. LTD. の支配権の獲得、またアクチュエータ　コンポーネンツ GmbH&CO.KG 及びアクチュエータ　コンポーネンツ　ハンガリー KFT. を新規取得したことによりのれんが増加しています。なお、当該事象によるのれんの増加額は、当第１四半期連結累計期間においては８億67百万円であります。
> 「一般産業機械業界向け事業」セグメントにおいて、EKK イーグル　セミコン　コンポーネンツ INC. を連結の範囲に含めたことにより、のれんが増加しています。なお、当該事象によるのれんの増加額は、当第１四半期連結累計期間においては４億７百万円であります。

設例6-1 セグメント情報の作成

セグメント情報の計算に関する簡単な設例を解説する。

＜前提条件＞

P 社を親会社、A 社・B 社を子会社とする連結グループ（以下、当グループとする）がある。

〔条件①〕当グループに関する概要

1. 当グループは各国で電気製品等の生産及び販売を行っており、報告セグメントを a 事業、b 事業、c 事業の 3 つに区分している。
2. P 社は東京に所在しており、以下のように a 事業、b 事業、c 事業を営んでいる。
   - a 事業：a 事業においては、生産物を製品として国内市場で販売するとともに、一部を P 社内の c 事業に利益を付加して送付している。
   - b 事業：b 事業においては、生産物を製品として国内市場で販売するとともに、一部を下記 A 社に利益を付加して送付している。
   - c 事業：c 事業においては、a 事業より受け入れた部品に加工を加え、完成品を国内市場で販売するとともに、一部を下記 B 社に利益を付加して送付している。
3. A 社はアメリカに所在しており、b 事業を営んでいる。b 事業においては、P 社より受け入れた製品をアメリカ市場に販売している。
4. B 社は中国に所在しており、c 事業を営んでいる。c 事業においては、P 社より受け入れた製品を中国市場に販売している。
5. 当グループは a 事業において外部顧客である X 株式会社、Y 株式会社に対して、それぞれ300百万円、150百万円の売上高を計上している。

〔条件②〕当期における各事業に関する資料

1. 売上高に関する資料　（単位：百万円）

販売先＼販売元		P社 a事業	P社 b事業	P社 c事業	A社 b事業	B社 c事業
P社	a事業	—	—	—	—	—
	b事業	—	—	—	—	—
	c事業	100	—	—	—	—
A社	b事業	—	20	—	—	—
B社	c事業	—	—	50	—	—
連結外部	—	1,000	400	500	200	300
合計		1,100	420	550	200	300

2. 内部利益（内部利益の純増額）　（単位：百万円）

在庫所在地＼販売元		P社 a事業	P社 b事業	P社 c事業
P社	a事業	—	—	—
	b事業	—	—	—
	c事業	5	—	—
A社	b事業	—	4	—
B社	c事業	10	—	2
合計		15	4	2

3. その他セグメント数値　（単位：百万円）

	a事業	b事業	c事業
セグメント利益	250	40	150
セグメント資産	6,000	2,500	2,200
セグメント負債	3,500	2,000	1,500
その他の項目 有形固定資産及び 無形固定資産の増加額	500	480	150

〔条件③〕連結財務諸表数値算定のための資料

1. セグメント利益の調整項目

・のれんの償却額：30百万円

・棚卸資産の調整額：15百万円

・各報告セグメントに配分していない全社費用等：200百万円

2. セグメント資産の調整項目

・本社管理部門に対する債権の相殺消去：300百万円

・各報告セグメントに配分していない全社資産等：1,000百万円

3. セグメント負債の調整項目

・本社の長期借入金：1,000百万円

4. 有形固定資産及び無形固定資産の増加額の調整項目

・本社建物の設備投資額：300百万円

〔解説〕

<ステップ①>報告セグメントの決定

まず初めに、どのセグメントを報告すべきかを決定する必要がある（報告セグメントの決定）。具体的には、以下の算式で判定する。

1. 売上高基準

$$\frac{\text{(事業セグメントの売上高(事業セグメント間の売上高または振替高を含む))}}{\text{すべての事業セグメントの売上高の合計額}} \geqq 10\%$$

⇒上記の式に以下の〔条件②〕の1. の表にある項目をあてはめていく。この際に事業セグメント間の売上高または振替高についても含めて算出することに留意する。

〔条件②〕1.より抜粋

1.売上高に関する資料　（単位：百万円）

販売先＼販売元		P社			A社	B社
		a事業	b事業	c事業	b事業	c事業
P社	a事業	—	—	—	—	—
	b事業	—	—	—	—	—
	c事業	100	—	—	—	—
A社	b事業	—	20	—	—	—
B社	c事業	—	—	50	—	—
連結外部	—	1,000	400	500	200	300

a事業はP社のa事業部の連結外部への売上高1,000百万円と事業セグメント間の売上高であるc事業への売上高100百万円の合計である1,100百万円となる。

b事業はP社のb事業の連結外部への売上高400百万円とA社のb事業の売上高200百万円の合計である600百万円である。なお、P社のb事業部からA社のb事業部への売上高である20百万円については事業セグメント内の売上高であるため、判定の対象とはならない。

c事業はP社のc事業の連結外部への売上高500百万円とA社のc事業の売上高300百万円の合計である800百万円である。なお、P社のc事業部からA社のc事業部への売上高である50百万円については事業セグメント内の売上高であるため、判定の対象とはならない。

算式にあてはめると以下のとおりとなる。

<a 事業>

$$\frac{1,100}{(1,100+600+800)}=44\%\geqq 10\%$$

<b 事業>

$$\frac{600}{(1,100+600+800)}=24\%\geqq 10\%$$

<c 事業>

$$\frac{800}{(1,100+600+800)}=32\%\geqq 10\%$$

上記のとおり、すべて10%以上であるため、いずれの事業セグメントも開示が必要となる。

ちなみに、その他の量的基準（利益基準及び資産基準）で判定すると以下のとおりである。

利益基準は以下の算式で判定する。

2.利益基準

$$\frac{\text{事業セグメントの利益または損失の絶対値}}{\text{利益の生じているすべての事業セグメントの当該利益の合計額}}\geqq 10\%$$

⇒上記の式に以下の〔条件②〕の3.の表にある項目をあてはめていく。

〔条件②〕3.より抜粋

3.その他セグメント数値　　　（単位：百万円）

	a 事業	b 事業	c 事業
セグメント利益	250	40	150

a 事業は250百万円、b 事業は40百万円、c 事業は150百万円となり、算式にあてはめると以下のとおりとなる。

<a 事業>

$$\frac{250}{(250+40+150)} \fallingdotseq 57\% \geqq 10\%$$

<b 事業>

$$\frac{40}{(250+40+150)} = 9\% < 10\%$$

<c 事業>

$$\frac{150}{(250+40+150)} = 34\% \geqq 10\%$$

上記のとおり、b 事業の利益基準については10%未満となっているが、売上高基準において10%以上となっているため、報告セグメントとなる。

資産基準は以下の算式で判定する。

3. 資産基準

$$\frac{\text{事業セグメントの資産}}{\text{すべての事業セグメントの資産の合計額}} \geqq 10\%$$

⇒上記の式に以下の〔条件②〕の3. の表にある項目をあてはめていく。

〔条件②〕3. より抜粋

3. その他セグメント数値 （単位：百万円）

	a 事業	b 事業	c 事業
セグメント資産	6,000	2,500	2,200

a 事業は6,000百万円、b 事業は2,500百万円、c 事業は2,200百万円となり、算式にあてはめると以下のとおりとなる。

<a 事業>

$$\frac{6,000}{(6,000+2,500+2,200)} \fallingdotseq 56\% \geqq 10\%$$

<b 事業>

$$\frac{2,500}{(6,000+2,500+2,200)} \fallingdotseq 23\% \geqq 10\%$$

<c 事業>

$$\frac{2,200}{(6,000+2,500+2,200)} \fallingdotseq 21\% \geqq 10\%$$

上記のとおり、資産基準においてもすべての事業セグメントにおいて10%以上となっている。

<ステップ②>報告セグメントの利益（または損失）、資産及び負債等に関する情報の作成

報告セグメントが決定したら、次は報告セグメントの利益（または損失）、資産及び負債等に関する情報を作成する。

なお、各関係会社及び各事業セグメントの取引について図に示すと以下のとおりとなる。矢印は取引の流れを示している。

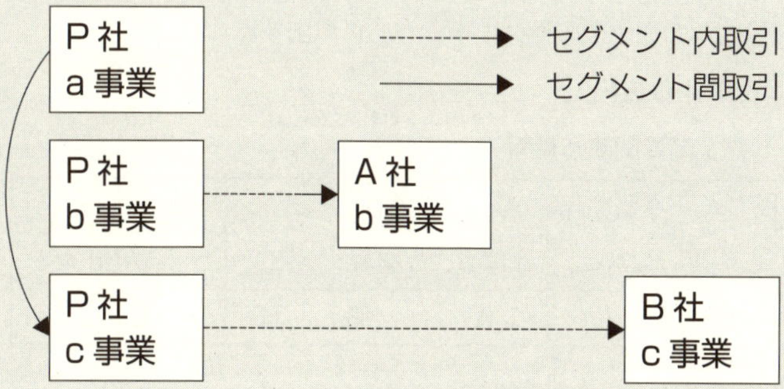

具体的には各条件に従い、各数値を算出すると、以下の表のようになる。

〔解説①〕

報告セグメントの利益（または損失）、資産負債等に関する情報

（単位：百万円）

	a 事業	b 事業	c 事業	調整額	連結財務諸表計上額
売上高					
外部顧客への売上高	1,000	600	800	—	2,400
セグメント間の内部売上高又は振替高	100	—	—	▲100	—
計	1,100	600	800	▲100	2,400
セグメント利益	250	40	150	▲245	195
セグメント資産	6,000	2,500	2,200	700	11,400
セグメント負債	3,500	2,000	1,500	1,000	8,000
その他の項目					
有形固定資産及び無形固定資産の増加額	500	480	150	300	1,430

各事業セグメントの数値については下記以降のとおりに算出する。

<ステップ②－１>外部顧客への売上高の算出及び記載

外部顧客への売上高の欄は以下のとおり算出する。

〔条件②〕1.より抜粋

1.売上高に関する資料　　（単位：百万円）

販売先＼販売元		P社			A社	B社
		a 事業	b 事業	c 事業	b 事業	c 事業
連結外部	—	1,000	400	500	200	300

上記の〔条件②〕の1.の販売先の連結外部の欄を合計することにより、各報告セグメントにおける連結外部への売上高が計上される。

・a 事業：P 社1,000百万円のみであるため1,000百万円となる。

・b 事業：P 社400百万円＋A 社200百万円＝600百万円となる。

・c 事業：P 社500百万円＋B 社300百万円＝800百万円となる。

算出した数値を解答欄である報告セグメントの利益（または損失）、資産負債等に関する情報に以下のとおりあてはめる。

〔解説①〕より抜粋

報告セグメントの利益（または損失）、資産負債等に関する情報

（単位：百万円）

	a 事業	b 事業	c 事業	調整額	連結財務諸表計上額
売上高 外部顧客への売上高	1,000	600	800	—	2,400

・a 事業の欄：1,000百万円を記載する。

・b 事業の欄：600百万円を記載する。

・c 事業の欄：800百万円を記載する。

・調整額の欄：何も記載する必要がないため、バー（－）を記載する。

・連結財務諸表計上額の欄：a 事業1,000百万円＋b 事業600百万円＋c 事業800百万円＋調整額 0 円＝2,400百万円となる。

<ステップ②－２>セグメント間の内部売上高または振替高の算出及び記載

セグメント間の内部売上高または振替高の欄は以下のとおり算出する。

〔条件②〕1.より抜粋

1.売上高に関する資料　（単位：百万円）

販売先＼販売元		P社			A社	B社
		a事業	b事業	c事業	b事業	c事業
P社	a事業	—	—	—	—	—
	b事業	—	—	—	—	—
	c事業	100	—	—	—	—
A社	b事業	—	20	—	—	—
B社	c事業	—	—	50	—	—

セグメント間の内部売上高または振替高の欄はセグメント間の売上高が記載される。

・a事業：P社のa事業のP社のc事業への売上高100百万円が計上される。

・b事業：計上するものがないため、バー（－）となる。

・c事業：計上するものがないため、バー（－）となる。

なお、上記表のP社のb事業からA社のb事業への売上高20百万円、P社のc事業からB社のc事業への売上高50百万円はセグメント内の売上高となるため、対象とはならない。

算出した数値を解答欄である報告セグメントの利益（または損失)、資産負債等に関する情報に以下のとおりあてはめる。

〔解説①〕より抜粋

報告セグメントの利益（または損失）、資産負債等に関する情報

（単位：百万円）

	a 事業	b 事業	c 事業	調整額	連結財務諸表計上額
売上高 セグメント間の内部売上高または振替高	100	—	—	▲100	—

・a 事業の欄：100百万円を記載する。

・b 事業の欄：バー（－）を記載する。

・c 事業の欄：バー（－）を記載する。

・調整額の欄：各事業の合計額をマイナスで記載することとなるため、▲100百万円を記載する。

・連結財務諸表計上額の欄：a 事業100百万円＋b 事業０円＋c 事業０円＋調整額▲100百万円＝０円となり、バー（－）を記載する。

＜ステップ②－３＞売上高の合計額の算出及び記載

売上高の合計欄は以下のとおり算出する。

〔解説①〕より抜粋

報告セグメントの利益（または損失）、資産負債等に関する情報

（単位：百万円）

	a 事業	b 事業	c 事業	調整額	連結財務諸表計上額
売上高					
外部顧客への売上高	1,000	600	800	—	2,400
セグメント間の内部売上高または振替高	100	—	—	▲100	—
計	1,100	600	800	▲100	2,400

売上高の合計欄は外部顧客への売上高とセグメント間の内部売上高または振替高の合計額が記載される。すでに算出している外部顧客への売上高とセグメント間の内部売上高または振替高は上記〔解説①〕であるため、以下のとおり算出し、記載する。

・a事業の欄：外部顧客への売上高1,000百万円＋セグメント間の内部売上高または振替高100百万円＝1,100百万円となり、これを記載する。
・b事業の欄：外部顧客への売上高600百万円＋セグメント間の内部売上高または振替高0円＝600百万円となり、これを記載する。
・c事業の欄：外部顧客への売上高800百万円＋セグメント間の内部売上高または振替高0円＝800百万円となり、これを記載する。
・調整額の欄：外部顧客への売上高0円＋セグメント間の内部売上高または振替高▲100百万円＝▲100百万円となり、これを記載する。
・連結財務諸表計上額の欄：外部顧客への売上高2,400百万円＋セグメント間の内部売上高または振替高0円＝2,400百万円となり、これを記載する。

<ステップ②－4>セグメント利益の算出及び記載

セグメント利益の欄は以下のとおり算出する。

〔条件②〕3.より抜粋

3.その他セグメント数値　　（単位：百万円）

	a事業	b事業	c事業
セグメント利益	250	40	150

セグメント利益の欄は各事業セグメントの利益を記載する。なお、この利益は報告セグメントの測定方法において基礎とした損益計算書の段階利益によることとなる。

・a 事業：250百万円

・b 事業：40百万円

・c 事業：150百万円

〔条件③〕1. より抜粋

1. セグメント利益の調整項目

・のれんの償却額：30百万円

・棚卸資産の調整額：15百万円

・各報告セグメントに配分していない全社費用等：200百万円

セグメント利益の調整額：のれん償却額30百万円＋棚卸資産の調整額15百万円＋各報告セグメントに配分していない全社費用等200百万円＝245百万円となり、すべて利益をマイナスする項目であるため、▲245百万円を計上する。

なお、条件③1. のうち⑵棚卸資産の調整額について、各事業セグメント利益はセグメント内部において付加された利益が調整済みであるため、調整額の欄においては、セグメント間の内部利益のみ調整することとなる。

ちなみに、この設例の金額15百万円は、以下のように算出することが可能である。

〔条件②〕2. より抜粋

2. 内部利益（内部利益の純増額）　　（単位：百万円）

販売元／在庫所在地		P 社		
		a 事業	b 事業	c 事業
P 社	a 事業	—	—	—
	b 事業	—	—	—
	c 事業	5	—	—
A 社	b 事業	—	4	—
B 社	c 事業	10	—	2
合計		15	4	2

P社のa事業からP社のc事業に付加された利益5百万円+B社のc事業に付加された利益10百万円=15百万円となる。

算出した数値を解答欄である報告セグメントの利益（または損失）、資産負債等に関する情報に以下のとおりあてはめる。

〔解説①〕より抜粋

報告セグメントの利益（または損失）、資産負債等に関する情報

（単位：百万円）

	a事業	b事業	c事業	調整額	連結財務諸表計上額
セグメント利益	250	40	150	▲245	195

・a事業の欄：250百万円を記載する。

・b事業の欄：40百万円を記載する。

・c事業の欄：150百万円を記載する。

・調整額の欄：▲245百万円を記載する。

・連結財務諸表計上額の欄：a事業250百万円+b事業40百万円+c事業150百万円+調整額▲245百万円=195百万円となり、これを記載する。

<ステップ②－5>セグメント資産の算出及び記載

セグメント資産の欄は以下のとおり算出する。

〔条件②〕3.より抜粋

3.その他セグメント数値　（単位：百万円）

	a事業	b事業	c事業
セグメント資産	6,000	2,500	2,200

セグメント資産の欄は各事業セグメントの資産を記載する。

・a 事業：6,000百万円

・b 事業：2,500百万円

・c 事業：2,200百万円

〔条件③〕1.より抜粋

2.セグメント資産の調整項目

・本社管理部門に対する債権の相殺消去：300百万円

・各報告セグメントに配分していない全社資産等：1,000百万円

セグメント利益の調整額：本社管理部門に対する債権の相殺消去▲300百万円＋各報告セグメントに配分していない全社資産等1,000百万円＝700百万円となり、これを計上する。

算出した数値を解答欄である報告セグメントの利益（または損失）、資産負債等に関する情報に以下のとおりあてはめる。

〔解説①〕より抜粋

報告セグメントの利益（または損失）、資産負債等に関する情報

（単位：百万円）

	a 事業	b 事業	c 事業	調整額	連結財務諸表計上額
セグメント資産	6,000	2,500	2,200	700	11,400

・a 事業の欄：6,000百万円を記載する。

・b 事業の欄：2,500百万円を記載する。

・c 事業の欄：2,200百万円を記載する。

・調整額の欄：700百万円を記載する。

・連結財務諸表計上額の欄：a 事業6,000百万円＋b 事業2,500百万円＋c

事業2,200百万円＋調整額700百万円＝11,400百万円となり、これを記載する。

<ステップ②－6>セグメント負債の算出及び記載

セグメント負債の欄は以下のとおり算出する。

〔条件②〕3.より抜粋

3.その他セグメント数値　（単位：百万円）

	a事業	b事業	c事業
セグメント負債	3,500	2,000	1,500

セグメント資産の欄は各事業セグメントの負債を記載する。

・a事業：3,500百万円

・b事業：2,000百万円

・c事業：1,500百万円

〔条件③〕1.より抜粋

3.セグメント負債の調整項目

本社の長期借入金：1,000百万円

セグメント利益の調整額：本社の長期借入金1,000百万円となり、これを計上する。

算出した数値を解答欄である報告セグメントの利益（または損失）、資産負債等に関する情報に以下のとおり当てはめる。

〔解説①〕より抜粋

報告セグメントの利益（または損失）、資産負債等に関する情報

（単位：百万円）

	a 事業	b 事業	c 事業	調整額	連結財務諸表計上額
セグメント負債	3,500	2,000	1,500	1,000	8,000

・a 事業の欄：3,500百万円を記載する。

・b 事業の欄：2,000百万円を記載する。

・c 事業の欄：1,500百万円を記載する。

・調整額の欄：1,000百万円を記載する。

・連結財務諸表計上額の欄：a 事業3,500百万円＋b 事業2,000百万円＋c 事業1,500百万円＋調整額1,000百万円＝8,000百万円となり、これを記載する。

<ステップ②－7>その他の項目の算出及び記載

この設例におけるその他の項目については、有形固定資産及び無形固定資産の増加額のみ条件が与えられている。

有形固定資産及び無形固定資産の増加額の欄は以下のとおり算出する。

〔条件②〕3.より抜粋

3.その他セグメント数値　（単位：百万円）

	a 事業	b 事業	c 事業
その他の項目 有形固定資産及び無形固定資産の増加額	500	480	150

有形固定資産及び無形固定資産の増加額の欄は各事業セグメントの有形固定資産及び無形固定資産の増加額を記載する。

・a 事業：500百万円

・b 事業：480百万円

・c 事業：150百万円

〔条件③〕1.より抜粋

4.有形固定資産及び無形固定資産の増加額の調整項目

本社建物の設備投資額：300百万円

セグメント利益の調整額：本社建物の設備投資額300百万円となり、これを計上する。

算出した数値を解答欄である報告セグメントの利益（または損失）、資産負債等に関する情報に以下のとおりあてはめる。

〔解説①〕より抜粋

報告セグメントの利益（または損失）、資産負債等に関する情報

（単位：百万円）

	a 事業	b 事業	c 事業	調整額	連結財務諸表計上額
その他の項目 有形固定資産及び無形固定資産の増加額	500	480	150	300	1,430

・a 事業の欄：500百万円を記載する。

・b 事業の欄：480百万円を記載する。

・c 事業の欄：150百万円を記載する。

・調整額の欄：300百万円を記載する。

・連結財務諸表計上額の欄：a 事業500百万円＋b 事業480百万円＋c 事業150百万円＋調整額300百万円＝1,430百万円となり、これを記載する。

<ステップ③>地域に関する情報の作成

さらに、地域に関する情報を作成する。以下のとおり、各数値を算出し、〔解説②〕の表にあてはめる。

〔条件①〕3.及び4.より抜粋

3.A 社はアメリカに所在しており、b 事業を営んでいる。b 事業においては、P 社より受け入れた製品をアメリカ市場に販売している。

4.B 社は中国に所在しており、c 事業を営んでいる。c 事業においては、P 社より受け入れた製品を中国市場に販売している。

〔条件②〕1.より抜粋

1.売上高に関する資料　（単位：百万円）

販売元／販売先		A 社	B 社
		b 事業	c 事業
連結外部	―	200	300

〔条件①〕の3.及び4.及び〔条件②〕1.より、当グループはアメリカへの売上高が200百万円、中国への売上高が300百万円あると判断できる。

この場合の開示の重要性の判断基準であるが、開示する海外の外部顧客への売上高に分類した額のうち、単一の国の外部顧客への売上高に分類した額が、損益計算書の売上高の10%以上である場合に、当該国を主要な国として区分して開示することとなる。

〔解説①〕より抜粋

報告セグメントの利益（または損失）、資産負債等に関する情報

（単位：百万円）

	a事業	b事業	c事業	調整額	連結財務諸表計上額
売上高 計	1,100	600	800	▲100	2,400

連結売上高2,400百万円×10％＝240百万円

・中国：300百万円≧240百万円⇒主要な国として開示

・アメリカ：200百万円＜240百万円⇒その他として開示

これらを元に以下の〔解説②〕を記載する。

〔解説②〕

地域に関する情報

(1)売上高　（単位：百万円）

日本	中国	その他	合計
1,900	300	200	2,400

・日本の欄：連結売上高2,400百万円－中国300百万円－アメリカ200百万円＝1,900百万円となり、これを記載する。

・中国の欄：300百万円を記載する。

・その他の欄：200百万円を記載する。

なお、本来はこの(1)売上高の情報の下に(2)有形固定資産として地域別の有形固定資産に関する情報も開示することとなっているが、この設例においては条件がないため、省略することとする。

<ステップ④>主要な顧客に関する情報

主要な顧客に関する情報についても作成する。以下のとおり、各数値を算出し、〔解説③〕の表にあてはめる。

〔条件①〕5.より抜粋

5.当グループはa事業において外部顧客であるX株式会社、Y株式会社に対して、それぞれ300百万円、150百万円の売上高を計上している。

この場合の開示の重要性の判断基準であるが、単一の外部顧客売上高が、損益計算書の売上高の10%以上である場合に、当該顧客に関する情報を開示することとされている。

〔解説①〕より抜粋

報告セグメントの利益（または損失）、資産負債等に関する情報

（単位：百万円）

	a事業	b事業	c事業	調整額	連結財務諸表計上額
売上高 計	1,100	600	800	▲100	2,400

連結売上高2,400百万円×10%＝240百万円

・X株式会社300百万円≧240百万円⇒主要な顧客として開示

・Y株式会社150百万円＜240百万円⇒主要な顧客として非開示

これらを元に以下の〔解説③〕を記載する。

〔解説③〕

主要な顧客に関する情報　(単位：百万円)

相手先	売上高	関連する主な報告セグメントの名称
X 株式会社	300	a 事業

- 相手先の欄：X 株式会社
- 売上高の欄：300百万円
- 関連する主な報告セグメントの名称の欄：a 事業

2 その他の注記情報

注記情報は、財務諸表利用者が企業の財政状態、経営成績等を適切に理解し、適切な投資意思決定ができるよう、①財務諸表本表の情報を補強する事項及び②財務諸表本表からでは読み取れない情報を補足する事項を記載するものである。注記情報の作成にあたっては、①の情報は財務諸表本表を作成する過程で把握できる場合が多いが、②の情報は別途収集しなければ把握することができない場合が多い。そのため、「当社に必要な注記情報は何か」を予め把握し、情報収集体制を整えておくことが適時適切な開示のために重要である。

注記情報の記載にあたっては、重要性の判断が求められる場合がある。金額的な重要性の判断基準が会計基準やその適用指針等に規定されているケースもあるが、近年はIFRSとのコンバージェンスの流れの中で、重要性の判断金額を基準等に明記せず、各企業がそれぞれの置かれた状況に合わせて判断することが必要な場面が増えている。注記情報を記載する意味は、上述のとおり、財務諸表本表情報の補強・補足であり、財務諸表利用者の意思決定のための重要情報の提供にある。そのため、「財務諸表利用者にこの情報を提供しなかったとしたら、判断を誤るのではないか」、「当社の財務状態を理解するにはこの情報は必要ではないか」という観点から開示の要否を検討することが求められる。

注記情報は、昨今の日本基準とIFRSとのコンバージェンスの流れの中で、多くの注記情報を要求するIFRSの内容を日本基準に反映させる形で増加している。

2-1　連結財務諸表作成のために基本となる重要な事項（連結財規13）

P ポイント

- 採用する重要な会計方針を網羅的に記載する。
- 通常、連結キャッシュ・フロー計算書の次に記載するが、継続企業の前提に関する注記を記載する場合はその次に記載する。

連結財務諸表作成のために基本となる重要な事項として、以下の事項を注記する。

① 連結の範囲に関する事項（2－1－1）
② 持分法の適用に関する事項（2－1－2）
③ 連結子会社の事業年度等に関する事項（2－1－3）
④ 会計処理基準に関する事項（2－1－4）

2-1-1　連結の範囲に関する事項

連結財務諸表作成にあたっては、すべての子会社を連結の範囲に含めることが原則であるが、重要性の乏しい子会社や、親会社の支配が及ばないことが明らかである子会社等、一定の場合には連結の範囲に含めないことができるため、連結範囲とその決定方針を記載する。記載事項は以下のとおりである。

(1) 連結子会社の数及び主要な連結子会社の名称
・当該事項を連結財務諸表外の「関係会社の状況」等に記載しているため、ここでの記載を省略する旨の開示例も見られる。
(2) 非連結子会社がある場合には、主要な非連結子会社の名称及び連結の範囲から除いた理由

(3) 他の会社等の議決権の過半数を自己の計算において所有しているにもかかわらず当該他の会社等を子会社としなかった場合には、当該他の会社等の名称及び子会社としなかった理由

(4) 開示対象特別目的会社がある場合には、開示対象特別目的会社の概要、開示対象特別目的会社との取引の概要及び取引金額その他の重要な事項

・「開示対象特別目的会社関係」を別項目として記載し、ここでの記載を省略する例が多い。詳細は2－26にて記載している。

2-1-2 持分法の適用に関する事項

持分法の適用に際しても、連結範囲同様、重要性が乏しい関連会社や一定の条件の関連会社を持分法の範囲に含めないことができるため、持分法適用範囲とその決定方針をここで記載する。記載事項は以下のとおりである。

(1) 持分法を適用した非連結子会社または関連会社の数及びこれらのうち主要な会社等の名称

・当該事項を連結財務諸表外の「関係会社の状況」等に記載しているため、ここでの記載を省略する旨の開示例も見られる。

(2) 持分法を適用しない非連結子会社または関連会社がある場合には、これらのうち主要な会社等の名称

(3) 持分法を適用しない非連結子会社または関連会社がある場合には、持分法を適用しない理由

(4) 他の会社等の議決権の20％以上50％以下を自己の計算において所有しているにもかかわらずその会社等を関連会社としなかった場合には、その会社等の名称及び関連会社としなかった理由

(5) 持分法の適用の手続について特に記載する必要があると認められる事項がある場合には、その内容

2-1-3 連結子会社の事業年度等に関する事項

連結決算日は親会社の決算日とする必要がある（連結財規3）が、親会社と異なる決算日の連結子会社については、連結決算日に仮決算を行うことが原則である（連会16、連結財規12①）。しかし、実務上の便宜的観点から、決算日の差異が3か月を超えない場合には、仮決算を行わずに子会社の財務諸表を基礎として連結決算を行うことができるため、その旨及び連結決算日までの期間の重要取引については必要な調整を行っていればその旨を記載する。子会社について仮決算を行った場合には、その旨を記載する。

また、連結決算日と異なる決算日の連結子会社がある場合は、その名称と決算日をここに記載することが一般的である。

2-1-4 会計処理基準に関する事項

連結財務諸表作成のための重要な会計方針として、以下の事項を記載する。

① 重要な資産の評価基準及び評価方法

・重要な資産として一般的には、有価証券等の金融商品及びたな卸資産が挙げられる。

② 重要な減価償却資産の減価償却の方法

・有形固定資産及び無形固定資産について記載する。

・リース資産は独立して記載されることが一般的である。

・所有権移転外ファイナンス・リース取引のうち、リース取引開始日が平成20年3月31日以前のリース取引について賃貸借処理を継続している場合は、その旨を記載する事例も見られる。

③ 重要な引当金の計上基準

・引当金の計上の理由、計算の基礎その他設定の根拠を記載する。

・実務的には、計上しているすべての引当金について記載する例が多い。

④ 重要な収益及び費用の計上基準

・割賦販売及びファイナンス・リース取引に係る収益及び費用の計上基準、

工事契約に係る収益及び費用の計上基準、業界特有の収益及び費用の計上基準等、連結財務諸表について適正な判断を行うために必要があると認められる事項を記載する。

⑤　連結財務諸表の作成の基礎となった連結会社の財務諸表の作成にあたって採用した重要な外貨建の資産または負債の本邦通貨への換算の基準

・基本的には、外貨建取引等会計処理基準に従った換算方法を具体的に記載することとなるが、他の合理的な基準を採用している場合は、その基準について記載する。

⑥　重要なヘッジ会計の方法

・ヘッジ会計の方法、ヘッジ手段とヘッジ対象、ヘッジ方針及びヘッジ有効性評価の方法を記載する。

⑦　のれんの償却方法及び償却期間

・のれんは資産に計上し、原則的に20年以内に定額法その他の合理的な方法により償却するため（企業結合会計基準32）、採用した償却期間及び償却方法を記載する。

⑧　連結キャッシュ・フロー計算書における資金の範囲

・連結キャッシュ・フロー計算書の計算対象である資金には、「現金」と「現金同等物」があり、現金同等物は各企業の資金運用実態に合わせて、その範囲を経営者の判断により決定することとなっているため、採用した資金の範囲を記載する。

⑨　その他連結財務諸表作成のための重要な事項

・連結財規で記載が必要とされているのは、上記のものであるが、その他以下の事項を当該箇所で開示している例がある。

・消費税及び地方消費税の処理方法

・ほぼすべての企業で記載が見られる。

・通常は、税抜方式によっている旨を記載することとなる。免税事業者である連結子会社が税込方式を採用している場合には、その旨も記載される。

・法人税計算上、控除対象外消費税等が発生する場合、これを資産計上して５年間で均等償却を行い、それ以外は発生年度の期間費用としている旨の記載も多く見られる。

・匿名組合出資金等の会計処理

・匿名組合契約等に基づく特別目的会社等への出資に対し、「金融商品会計に関する実務指針」132項に従った処理をしている場合は、特別目的会社等の損益の取込については出資金を相手勘定とし、獲得した損益の持分相当額を当期の損益として計上している旨を記載する例が見られる。

その他、連結納税制度の採用、重要な繰延資産の処理方法の記載など、各企業にとって重要と判断される事項が記載される。

会計方針記載例

１．連結の範囲に関する事項	（イ）連結子会社の数　Ｘ社 主要な連結子会社名は、「第１　企業の概況４．関係会社の状況」に記載しているため、省略している。 このうち、○㈱については、当連結会計年度において新たに設立したことにより、また、○㈱については、重要性が増加したことにより、さらに○㈱については、「連結財務諸表における子会社及び関連会社の範囲の決定に関する適用指針」（企業会計基準適用指針第22号平成20年５月13日）を適用したことにより、それぞれ当連結会計年度より連結子会社に含めることとし、○㈱については、保有株式を売却したことにより、連結子会社から除外している。 （ロ）主要な非連結子会社の名称等 主要な非連結子会社　○㈱、○㈱、○㈱ （連結の範囲から除いた理由） 非連結子会社は、いずれも小規模であり、合計の総資産、売上高、当期純損益（持分に見合う額）及び利益剰余金（持分に見合う額）等は、いずれも連結財務諸表に重要な影響を及ぼし

	ていないためである。 (ハ) 開示対象特別目的会社 開示対象特別目的会社の概要、開示対象特別目的会社を利用した取引の概要及び開示対象特別目的会社との取引金額等については、「開示対象特別目的会社関係」として記載している。
2．持分法の適用に関する事項	(イ) 持分法適用の非連結子会社数　X社 主要な会社名　○㈱、○㈱、○㈱ (ロ) 持分法適用の関連会社数　X社 主要な会社名　○㈱、○㈱、○㈱、○㈱ (ハ) 持分法を適用していない非連結子会社（○㈱、○㈱他）及び関連会社（○㈱、○㈱他）は、当期純損益（持分に見合う額）及び利益剰余金（持分に見合う額）等からみて、持分法の対象から除いても連結財務諸表に及ぼす影響が軽微であり、かつ、全体としても重要性がないため、持分法の適用範囲から除外している。 (ニ) 持分法適用会社のうち、決算日が連結決算日と異なる会社については、各社の事業年度に係る財務諸表を使用している。
3．連結子会社の事業年度等に関する事項	連結子会社の決算日が連結決算日と異なる会社は次のとおりである。 会社名　　決算日 ○○・○○○○○㈱　9月30日　＊1 ○○○○㈱　12月31日　＊2 ㈱○○○○・○○○　12月31日　＊2 ＊1：連結決算日現在で本決算に準じた仮決算を行った財務諸表を基礎としている。 ＊2：連結子会社の決算日現在の財務諸表を使用している。ただし、連結決算日との間に生じた重要な取引については、連結上必要な調整を行っている。
4．会計処理基準に関する事項	(イ) 重要な資産の評価基準及び評価方法 ①　有価証券

売買目的有価証券
…時価法(売却原価は主として移動平均法により算定している)

満期保有目的の債券
…償却原価法（定額法）

その他有価証券
時価のあるもの
…決算期末日の市場価格等に基づく時価法（評価差額は全部純資産直入法により処理し、売却原価は主として移動平均法により算定している）

時価のないもの
…主として移動平均法による原価法
② デリバティブ
…時価法

③ 運用目的の金銭の信託
…時価法

④ たな卸資産

ア．通常の販売目的で保有するたな卸資産　主として総平均法による原価法（貸借対照表価額は収益性の低下に基づく簿価切下げの方法により算定）
イ．トレーディング目的で保有するたな卸資産　時価法

（ロ）重要な減価償却資産の減価償却の方法
① 有形固定資産（リース資産を除く）
当社及び国内連結子会社は、主として定率法（ただし、平成10年４月１日以降に取得した建物（附属設備を除く）は定額法）を採用し、在外連結子会社は主として定額法を採用している。
なお、主な耐用年数は以下のとおりである。
建物及び構築物　X～XX 年

機械装置及び運搬具　X～XX年

②　無形固定資産（リース資産を除く）
定額法を採用している。
なお、自社利用のソフトウエアについては、社内における利用可能期間（○年）に基づいている。

③　リース資産
所有権移転ファイナンス・リース取引に係るリース資産
自己所有の固定資産に適用する減価償却方法と同一の方法を採用している。

所有権移転外ファイナンス・リース取引に係るリース資産
リース期間を耐用年数とし、残存価額を零とする定額法を採用している。
なお、所有権移転外ファイナンス・リース取引のうち、リース取引開始日が平成20年３月31日以前のリース取引については、通常の賃貸借取引に係る方法に準じた会計処理によっている。

(ハ) 重要な引当金の計上基準
①　貸倒引当金
売上債権、貸付金等の貸倒損失に備えるため、一般債権については貸倒実績率により、貸倒懸念債権等特定の債権については個別に回収可能性を検討し、回収不能見込額を計上している。

②　賞与引当金
従業員に対して支給する賞与の支出に充てるため、支給見込額に基づき計上している。

③　役員賞与引当金
役員賞与の支出に備えて、当連結会計年度における支給見込額に基づき計上している。

④　退職給付引当金

従業員の退職給付に備えるため、当連結会計年度末における退職給付債務及び年金資産の見込額に基づき計上している。

会計基準変更時差異（○○○百万円）は、主として○年による均等額（一部の上場子会社は○年～○年による均等額）を費用処理している。

過去勤務債務は、その発生時の従業員の平均残存勤務期間以内の一定の年数（○年～○年）による定額法により費用処理している。

数理計算上の差異は、各連結会計年度の発生時における従業員の平均残存勤務期間以内の一定の年数（○年～○年）による定額法（一部の子会社は定率法）により按分した額をそれぞれ発生の翌連結会計年度から費用処理することとしている。

⑤　役員退職慰労引当金

役員の退職慰労金の支出に備えるため、役員退職慰労金規程に基づく期末要支給額を計上している。

（ニ）重要な収益及び費用の計上基準

①　完成工事高及び完成工事原価の計上基準

ア．当連結会計年度末までの進捗部分について成果の確実性が認められる工事

工事進行基準（工事の進捗率の見積りは原価比例法）

イ．その他の工事　工事完成基準

（ホ）重要な外貨建の資産または負債の本邦通貨への換算の基準

外貨建金銭債権債務は、連結決算日の直物為替相場により円貨に換算し、換算差額は損益として処理している。なお、在外子会社等の資産及び負債は、連結決算日の直物為替相場により円貨に換算し、収益及び費用は期中平均相場により円貨に換算し、換算差額は純資産の部における為替換算調整勘定及び少数株主持分に含めている。

（ヘ）重要なヘッジ会計の方法

①　ヘッジ会計の方法

	原則として繰延ヘッジ処理によっている。なお、振当処理の要件を満たしている為替予約、通貨スワップ及び通貨オプションについては振当処理に、特例処理の要件を満たしている金利スワップについては特例処理によっている。 ② ヘッジ手段とヘッジ対象 当連結会計年度にヘッジ会計を適用したヘッジ手段とヘッジ対象は以下のとおりである。 ａ．ヘッジ手段…為替予約 ヘッジ対象…製品輸出による外貨建売上債権、原材料輸入による外貨建買入債務及び外貨建予定取引 ｂ．ヘッジ手段…金利スワップ ヘッジ対象…社債・借入金 ｃ．ヘッジ手段…通貨スワップ ヘッジ対象…外貨建金融債務 ③ ヘッジ方針 デリバティブ取引に関する権限規定及び取引限度額等を定めた内部規定に基づき、ヘッジ対象に係る為替相場変動リスク及び金利変動リスクを一定の範囲内でヘッジしている。 ④ ヘッジ有効性評価の方法 ヘッジ対象のキャッシュ・フロー変動の累計または相場変動とヘッジ手段のキャッシュ・フロー変動の累計または相場変動を半期ごとに比較し、両者の変動額等を基礎にして、ヘッジ有効性を評価している。ただし、特例処理によっている金利スワップについては、有効性の評価を省略している。 （ト）その他連結財務諸表作成のための重要な事項 ① 消費税等の会計処理 消費税及び地方消費税の会計処理は税抜方式によっており、控除対象外消費税及び地方消費税は、当連結会計年度の費用として処理している。

5．連結子会社の資産及び負債の評価に関する事項	全面時価評価法を採用している。
6．のれん及び負ののれんの償却に関する事項	○社○年間、○社○年間、その他については○年間の定額法により償却を行っている。
7．連結キャッシュ・フロー計算書における資金の範囲	手許現金、随時引き出し可能な預金及び容易に換金可能であり、かつ、価値の変動について僅少なリスクしか負わない取得日から3ヶ月以内に償還期限の到来する短期投資からなる。

2-2　連結の範囲または持分法適用の範囲の変更に関する注記（連結財規14）

P ポイント

- 連結範囲・持分法適用範囲を変更した旨、理由を記載。
- 会計方針の変更には該当せず、遡及適用は不要。

連結の範囲または持分法適用の範囲を変更した場合は、その旨及び変更の理由を記載する。

なお、当該変更は、会計方針の変更には該当しないとされ（連結財規ガイドライン14①）、当該変更は遡及処理の対象外であることが明確化されている。

2-3 会計方針の変更に関する注記

ポイント

- 会計基準等の改正等に伴う変更と正当な理由による自発的な変更の２種類に区分される。
- 会計方針の変更を遡及適用しない場合は所定の注記が必要である。
- １株当たり情報への変更影響額も注記が必要であり、１株当たり純損益への影響は税金費用への影響も加味する必要がある。
- 「連結財務諸表作成のために基本となる重要な事項」に記載した会計方針の変更は、その会計方針の記載箇所に対応させて記載できる。
- 重要性が乏しい場合は、記載を省略できる。

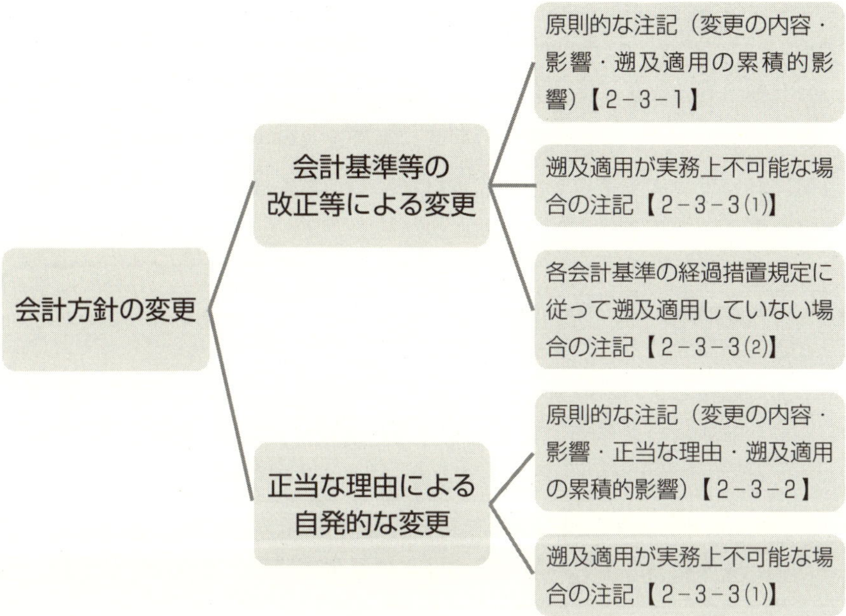

会計方針の変更は、会計基準等の改正等に伴う変更と、正当な理由による自発的な変更の２種類に区分でき、それぞれに所定の注記が求められている。企業会計基準第24号「会計上の変更及び誤謬の訂正に関する会計基準」(以下、「遡及修正基準」という)の適用により、会計方針の変更を過去のすべての期間に遡及適用する(新たな会計方針を用いて過去のすべての財務諸表を作り直す)ことが原則的に必要となった。

会計方針の変更による影響額の注記は、遡求修正基準の適用前は税引前純利益／税引前当期純損失までの各段階利益への影響の記載が求められていたが、遡求修正基準では、１株当たり情報への影響の記載も必要となり、特に一株当たり当期純利益／当期純損失金額は税金費用の影響も考慮する必要があるため、注意する必要がある。また、各段階利益への影響だけではなく、重要性に応じて、資産・負債、包括利益、キャッシュ・フローへの影響の記載が必要となる場面も考えられる。

2-3-1　会計基準等の改正等に伴う会計方針の変更に関する注記（連結財規14の２、財規８の３）

会計基準等の改正に伴う会計方針の変更の場合で、当期または過去の期間に影響があるとき、または将来の期間に影響を及ぼす可能性があるときは、当期において、次の事項を注記する。ただし、重要性が乏しい場合は記載を省略できる。

① 当該会計基準等の名称
② 当該会計方針の変更の内容
③ 連結財務諸表の主な科目に対する前連結会計年度における影響額
④ 前連結会計年度に係る１株当たり情報(１株当たり純資産額、１株当たり当期純利益金額または当期純損失金額及び潜在株式調整後１株当たり当期純利益金額。以下同様)に対する影響額
⑤ 前連結会計年度の期首における純資産額に対する累積的影響額

2-3-2　会計基準等の改正等以外の正当な理由による会計方針の変更に関する注記（連結財規14の３、財規８の３の２）

会計基準等の改正に伴う会計方針の変更以外の、正当な理由による自発的な会計方針の変更の場合で、当期または過去の期間に影響があるとき、または将来の期間に影響を及ぼす可能性があるときは、当期において、次の事項を注記する。ただし、重要性が乏しい場合は記載を省略できる。

①　当該会計方針の変更の内容
②　当該会計方針の変更を行った正当な理由
③　連結財務諸表の主な科目に対する前連結会計年度における影響額
④　前連結会計年度に係る１株当たり情報に対する影響額
⑤　前連結会計年度の期首における純資産額に対する累積的影響額

なお、報告セグメントの範囲の変更や事業セグメントの損益の測定方法の変更等、セグメント情報に関する変更は、セグメント注記の場所に記載する点に留意する。

記載例（遡及修正適用指針　設例1－1より）

（会計方針の変更）
当社における、商品及び製品の評価方法は、従来、主として総平均法によっていたが、○○○（正当な理由の内容を記載する。）のため、当連結会計年度から先入先出法に変更した。当該会計方針の変更は遡及適用され、前連結会計年度については遡及適用後の連結財務諸表となっている。
この結果、遡及適用を行う前と比べて、前連結会計年度の連結貸借対照表は、商品及び製品、利益剰余金がそれぞれ100百万円、60百万円増加し、前連結会計年度の連結損益計算書は、売上原価が40百万円減少し、営業利益、経常利益及び税金等調整前当期純利益がそれぞれ同額増加し、少数株主損益調整前当期純利益及び当期純利益が24百万円増加している。
前連結会計年度の連結キャッシュ・フロー計算書は、税金等調整前当期純利益が40百万円増加し、棚卸資産の増減額が40百万円減少している。
前連結会計年度の期首の純資産の帳簿価額に反映された会計方針の変更の累積的影響額により、連結株主資本等変動計算書の利益剰余金の遡及適用後の期首残高は36百万円増加している。
なお、１株当たり情報に与える影響は、当該箇所に記載している。

2-3-3　会計方針の変更を遡及適用しない場合の注記

上記「２－３－１」、「２－３－２」の会計方針の変更を行った場合は、新たな会計方針を過去の期間のすべてに遡及適用することが原則である。しかし、以下の⑴⑵の場合には遡及適用しないことが認められている。その場合には、上記２－３－１、２－３－２の記載に代えて、それぞれ所定の事項の注記が要求されている。ただし、重要性が乏しい場合は記載を省略できる。

⑴　遡及適用が実務上不可能な場合（財規８の３②、８の３の２②）

遡及適用が実務上不可能な場合とは、以下のような状況が該当するとされている（遡及修正基準８）。

遡及適用が実務上不可能な場合

・過去の情報が収集・保存されておらず、合理的な努力を行っても、遡及適用による影響額を算定できない場合
・過去における経営者の意図について仮定することが必要な場合
・会計上の見積りを必要とするときに、会計事象や取引が発生した時点の状況に関する情報について、対象となる過去の連結財務諸表が作成された時点で入手可能であったものと、その後判明したものとに、客観的に区別することが時の経過により不可能な場合

なお、遡及適用した場合の過去の影響額は、開示される連結財務諸表の最も古い期間の期首残高に累積的に反映させるため、前期及び当期の連結財務諸表が開示される金融商品取引法の開示制度を前提とすれば、前期より前の影響額は、前期首の残高に累積的に反映させ、前期及び当期の連結財務諸表は、変更後の会計方針を適用して作成・開示することが原則となる。そのため、金融商品取引法開示を前提とすれば、原則的な遡及適用が不可能な場合とは、

不可能な場合A
・前期首の累積的影響額
→×算定不能
・当期首の累積的影響額
→○算定可能

不可能な場合B
・前期首の累積的影響額
→×算定不能
・当期首の累積的影響額
→×算定不能

の２つが考えられる。

このように遡及適用が実務上不可能な場合、上記「２−４−１」、「２−４−２」の注記事項に代えて、以下の事項を注記する。

①　会計方針の変更の内容
②　新たに適用される改正会計基準等の名称（会計基準の改正等による変更の場合）または、会計方針の変更を行った正当な理由（正当な理

由による自発的な変更の場合）
③　連結財務諸表の主な科目に対する実務上算定可能な影響額
④　１株当たり情報に対する実務上算定可能な影響額
・当連結会計年度の１株当たり情報に対する影響を記載
⑤　当連結会計年度の期首における純資産額に対する累積的影響額（不可能な場合A）または、当連結会計年度の期首における遡及適用による累積的影響額を算定することが実務上不可能な旨（不可能な場合B）
⑥　遡及適用に係る原則的な取扱いが実務上不可能な理由
⑦　当該会計方針の変更の適用方法及び適用開始日

記載例 遡及適用が実務上不可能な場合Ａ（遡及修正適用指針　設例１－２より）

（会計方針の変更）
当社における、商品及び製品の評価方法は、従来、主として総平均法によっていたが、○○○（正当な理由の内容を記載する）のため、当連結会計年度から先入先出法に変更した。
当該会計方針の変更は、○○○（実務上不可能な理由を記載する）のため、先入先出法に基づく当連結会計年度の期首の商品及び製品の帳簿価額と、前連結会計年度の期末における商品及び製品の帳簿価額の差額を元に算定した累積的影響額を、当連結会計年度の期首残高に反映している。
これにより、従来の方法と比べて、当連結会計年度末における商品及び製品が400百万円増加し、当連結会計年度の売上原価が250百万円減少しており、その結果、営業利益、経常利益及び税金等調整前当期純利益がそれぞれ同額増加し、少数株主損益調整前当期純利益及び当期純利益が150百万円増加している。
当連結会計年度の連結キャッシュ・フロー計算書は、税金等調整前当期純利益が250百万円増加し、棚卸資産の増減額が250百万円減少している。
当連結会計年度の１株当たり純資産、１株当たり当期純利益及び潜在株式調整後１株当たり当期純利益はそれぞれXX円XX銭、X円XX銭及びX円XX銭増加している。
当連結会計年度の期首の純資産の帳簿価額に反映された会計方針の変更の累積的影響額により、連結株主資本等変動計算書の利益剰余金の遡及適用後の期首残高は90百万円増加している。

記載例 遡及適用が実務上不可能な場合B（遡及修正適用指針　設例1－3より）

（会計方針の変更）
　当社における、商品及び製品の評価方法は、従来、主として先入先出法によっていたが、○○○（正当な理由の内容を記載する）のため、当連結会計年度から総平均法に変更した。
　当該会計方針の変更は、○○○（実務上不可能な理由を記載する）のため、前連結会計年度末の商品及び製品の帳簿価額を当連結会計年度の期首残高として、期首から将来にわたり総平均法を適用している。
　これにより、従来の方法と比べて、当連結会計年度末における商品及び製品が100百万円増加し、当連結会計年度の売上原価が同額減少しており、その結果、営業利益、経常利益及び税金等調整前当期純利益がそれぞれ同額増加し、少数株主損益調整前当期純利益及び当期純利益が60百万円増加している。
　当連結会計年度の連結キャッシュ・フロー計算書は、税金等調整前当期純利益が100百万円増加し、棚卸資産の増減額が100百万円減少している。
　当連結会計年度の1株当たり純資産、1株当たり当期純利益及び潜在株式調整後1株当たり当期純利益はそれぞれXX円XX銭、X円XX銭及びX円XX銭増加している。

(2) 各会計基準の経過措置規定に従って処理し、遡及適用していない場合（財規8の3③）

会計基準等の改正等に伴って会計方針を変更した場合（上記「2－4－1」）で、新たに適用する会計基準に遡及適用に関する経過措置が規定されており、これに従って新基準適用開始時に遡及適用しない場合には、以下の事項を注記する。

① 当該会計基準等の名称
② 当該会計方針の変更の内容
③ 当該経過措置に従って会計処理を行った旨及び当該経過措置の概要
④ 当該経過措置が当連結会計年度の翌連結会計年度以降の連結財務諸表に影響を与える可能性がある場合には、その旨及びその影響額

（当該影響額が不明であり、または合理的に見積ることが困難な場合には、その旨）
・新基準の一部の適用を遅らせる経過措置や、新基準を段階的に適用する経過措置などが取られている場合に記載することが考えられる。
⑤ 連結財務諸表の主な科目に対する実務上算定可能な影響額
⑥ 1株当たり情報に対する実務上算定可能な影響額

2-4 未適用の会計基準等に関する注記（連結財規14の4、財規8の3の3①）

会計基準等を新設・改正することがすでに公表されているものの、未だ適用時期が到来していない会計基準等がある場合には、次の事項を注記する。ただし、重要性が乏しい場合は記載を省略できる。

① 当該会計基準等の名称及びその概要
② 当該会計基準等の適用予定日（当該会計基準等の適用を開始すべき日前に適用する場合には、当該適用予定日）
・適用予定日について連結財務諸表作成時点で企業が経営上の意思決定を行っていない場合は、その旨を注記する。
③ 当該会計基準等が連結財務諸表に与える影響に関する事項
・定量的な影響を把握していない場合には、定性的な情報を注記する。
・影響について評価中である場合には、その事実を記述することで足りる。

なお、当該注記は決算日までに新たに公表された会計基準等が記載対象となるが、決算日後に公表された会計基準等について注記を行うこともできる。この場合は、いつの時点までに公表された会計基準等を注記の対象としたかを記載することが考えられる（遡及修正基準51）。

また、広く周知されているメジャーな新会計基準や改正基準の適用が予定されている場合、その適用による影響は一般的に情報要求度が高いと思われる。そのため、適用による影響の重要性が乏しければ記載が省略できるものの、適用による影響が僅少である旨の開示等、何らかの開示を行うことが望ましいと考えられる。

2-5 表示方法の変更に関する注記（連結財規14の5、財規8の3の4）

P ポイント

- 連結財務諸表の表示科目の変更と注記の変更が対象となる。
- 会計方針の変更に伴って表示方法を変更する場合は、表示方法の変更注記は不要である。
- 表示方法の変更も遡及処理が必要である。ただし、過去の連結財務諸表の組替えが実務上不可能な場合には、その理由を注記する。

連結財務諸表における同一区分内での科目の独立掲記や統合、科目名の変更、重要性の増加に伴う表示方法の変更、連結財務諸表の表示区分を超えた表示方法の変更といった、表示方法（注記による開示も含む）の変更を行った場合には、以下の事項を注記する。ただし、重要性が乏しい場合は記載を省略できる。

なお、会計方針の変更に伴って表示方法も変更する場合は、会計方針の変更として取り扱うこととなるため（遡及修正適用指針7）、当該注記の対象とはならない。

①　連結財務諸表の組替えの内容 ②　連結財務諸表の組替えを行った理由 ③　連結財務諸表の主な項目に係る前連結会計年度における金額

表示方法の変更に関しても、会計方針の変更に係る遡及適用と同様、原則として、比較情報として表示される過去の連結財務諸表を、新たに採用した表示方法により遡及的に組替えることが必要である。しかし、過去においては組替えを可能にするような方法でデータが収集されていなかったため、情報の再構成ができない場合など、連結財務諸表の組替えが実務上不可能な場合には、その理由を注記しなければならない。

記載例（遡及修正適用指針　設例2より）

（表示方法の変更）

従来、「投資その他の資産」の「その他」に含めていた「長期貸付金」は、金額的重要性が増したため、当連結会計年度より独立掲記することとした。この表示方法の変更を反映させるため、前連結会計年度の連結財務諸表の組替えを行っている。

この結果、前連結会計年度の連結貸借対照表において、「投資その他の資産」の「その他」に表示していた5,000百万円は、「長期貸付金」4,500百万円、「その他」500百万円として組替えている。

2-6　会計上の見積りの変更に関する注記（連結財規14の6、財規8の3の5）

P　ポイント

- 過去の見積りは適切に行われたが、新たに入手可能となった情報に基づいて見積りを適切に修正した場合が記載対象であり、誤っていた過去の会計上の見積りを修正することは「過去の誤謬の訂正」であるため、ここでの注記対象とはならない。

- 遡及処理はしない。
- 貸倒引当金の見積り変更のように、これまで特に開示されてこなかった毎期経常的に発生する会計上の見積り変更は、注記対象とする必要はないと考えられる。

遡及修正基準によれば、「会計上の見積り」と「会計上の見積りの変更」は以下のように定義されている。

① 会計上の見積り（遡及修正基準4(3)）

・資産及び負債や収益及び費用等の額に不確実性がある場合において、財務諸表作成時に入手可能な情報に基づいて、その合理的な金額を算出すること。

② 会計上の見積りの変更（遡及修正基準4(7)）

・新たに入手可能となった情報に基づいて、過去に財務諸表を作成する際に行った会計上の見積りを変更すること。

このように、会計上の見積りの変更とは、過去の見積りは合理的になされたが、新たに入手した情報によって見積りを適切に修正することをいい、過去の見積りが合理的でなく、これを訂正した場合の「過去の誤謬の訂正」とは明確に区分される。どちらに該当するかは、存在していた不確実性の性質やその後の変化の状況及び変更に至った経緯等を踏まえて判断することとなるが、過去の見積りに使用していた前提条件や情報が誤っていた場合、計算ミスがあった場合等は、過去の誤謬となることは明確であろう。

また、会計上の見積りの変更は、過去の見積りが誤っていたわけではなく、新たな情報に基づいて将来に向けてのみ行われるものであるため、過去の期間の連結財務諸表に影響を与えるものではないと考えられる。そのため、会計上の見積りの変更は遡及処理しない。

会計上の見積りの変更を行った場合には、次に掲げる事項を注記する。ただし、重要性が乏しい場合は記載を省略できる。

> ①　会計上の見積りの変更の内容
> ②　会計上の見積りの変更が当連結会計年度の連結財務諸表に与えている影響額
> ③　会計上の見積りの変更が当連結会計年度の翌連結会計年度以降の連結財務諸表に影響を与える可能性がある場合、次のイまたはロに掲げる区分に応じ、当該イまたはロに定める事項
> イ　翌連結会計年度以降の連結財務諸表への影響額を合理的に見積ることができる場合　当該影響額
> ロ　翌連結会計年度以降の連結財務諸表への影響額を合理的に見積ることが困難な場合　その旨

なお、遡及修正基準の適用前でも、固定資産の耐用年数の変更等会計上の見積りの変更について追加情報として一定の開示がなされてきたが、貸倒引当金に係る債権の回収可能性の見積り変更のように、毎期経常的に会計上の見積りの変更が生じるものについては、実務上これまで注記開示されていなかった。これは、貸倒引当金の見積り変更は「事実の変更」という要素が強いために現行実務上においても注記が行われていないのではないかと考えられる。また、遡及修正基準39に「会計上の見積りとその変更の定義については、基本的には従来のわが国における考え方を踏襲するものであり、従来の実務（注記による開示も含む。）に変更をもたらすものではないと考えられる。」とされている。

したがって、遡及修正基準の適用によっても、貸倒引当金に係る見積り変更等これまで注記開示が実務上行われてこなかったものについては、従来通り、見積り変更注記を行わない実務が踏襲されると考えられる。

記載例（遡及修正適用指針　設例３より）

（会計上の見積りの変更）
　当社が保有する備品Ｘは、従来、耐用年数を10年として減価償却を行ってきたが、当連結会計年度において、○○○（変更を行うこととした理由などの変更の内容を記載する）により、耐用年数を６年に見直し、将来にわたり変更している。
　この変更により、従来の方法と比べて、当連結会計年度の減価償却費が500百万円増加し、営業利益、経常利益及び税金等調整前当期純利益が同額減少している。

2-7 会計方針の変更を会計上の見積りの変更と区別することが困難な場合の注記（連結財規14の７、財規８の３の６）

P ポイント

- 注記対象としては「固定資産の減価償却方法の変更」が想定されている。
- 会計処理は「会計上の見積りの変更」に準じて遡及処理しないが、注記開示は「会計方針の変更」に準じた事項を記載する。

　当該注記の対象として考えられる事項に、固定資産の減価償却方法の変更がある。減価償却方法の変更は、定率法、定額法、生産高比例法など限られた計画的・規則的償却方法の中での変更であるため、会計方針の変更には該当するものの、変更の場面では固定資産に関する経済的便益の消費パターンに関する見積りの変更も伴うと考えられる。

　このような会計方針の変更と会計上の見積りの変更とを区別することが困難な場合には、会計処理は会計上の見積りの変更と同様として、その遡及処理は不要とされ、注記は会計方針の変更と同様の内容の以下の事項を記載する。ただし、重要性が乏しい場合は記載を省略できる。

① 当該会計方針の変更の内容
② 当該会計方針の変更を行った正当な理由
③ 当該会計方針の変更が連結財務諸表に与えている影響額
④ 当該会計方針の変更が当事業年度の翌事業年度以降の財務諸表に影響を与える可能性がある場合、次のイまたはロに掲げる区分に応じ、当該イまたはロに定める事項
　イ 当該影響額を合理的に見積ることができる場合　当該影響額
　ロ 当該影響額を合理的に見積ることが困難な場合　その旨

記載例（遡及修正適用指針　設例4より）

（会計方針の変更）
当社は、機械装置の減価償却方法について、従来、定額法によっていたが、当連結会計年度から、将来にわたり定率法に変更している。○○○（変更を行うこととした正当な理由などを記載する）これにより、従来の方法と比べて、当連結会計年度の減価償却費が4,450百万円増加し、営業利益、経常利益及び税金等調整前当期純利益が3,560百万円減少している。

2-8 修正再表示に関する注記（連結財規14の8、財規8の3の7）

ポイント

- 過去の誤謬の訂正を過去の連結財務諸表に反映させる「修正再表示」を行った場合に記載。
- 修正再表示が実務上不可能な場合の規定は設けられていない。
- 重要性が乏しい場合は、記載を省略できる。

誤謬とは、以下のように定義づけされる。

誤謬（遡及修正基準4(8)）

原因となる行為が意図的であるか否かにかかわらず、財務諸表作成時に入手可能な情報を使用しなかったことによる、またはこれを誤用したことによる、次のような誤りをいう。

・財務諸表の基礎となるデータの収集または処理上の誤り
・事実の見落としや誤解から生じる会計上の見積りの誤り
・会計方針の適用の誤りまたは表示方法の誤り

過去の連結財務諸表に誤謬が発見された場合、過去の連結財務諸表に誤謬の訂正を反映させる「修正再表示」が必要である。修正再表示を行った場合には、以下の事項を注記する。ただし、重要性が乏しい場合は記載を省略できる。

① 誤謬の内容
② 連結財務諸表の主な科目に対する前連結会計年度における影響額
③ 前連結会計年度に係る１株当たり情報に対する影響額
④ 前連結会計年度の期首における純資産額に対する累積的影響額

過去の誤謬が存在することは比較財務諸表の有用性が損なわれていることが明らかであり、これを訂正できないケースは極めて稀と考えられるため、会計方針の変更のように、修正再表示が実務上不可能な場合の取扱いは設けられていない。しかし、可能な限り誤謬を修正した上でもなお、重要な未訂正の誤謬が残ってしまうような稀な場合も可能性としては残されていると思われる。その場合には、財務諸表の有用性の観点から、未訂正の誤謬の内容や訂正済誤謬の訂正期間及び訂正方法を開示する等の対応が望ましいと考えられる（遡及修正基準67）。

記載例（遡及修正適用指針　設例5より）

（過去の誤謬の修正再表示）
当社が前連結会計年度において販売した商品及び製品50百万円が、誤って前連結会計年度の連結貸借対照表に計上されていた。前連結会計年度の連結財務諸表は、この誤謬を訂正するために修正再表示している。
修正再表示の結果、修正再表示を行う前と比べて、前連結会計年度の連結貸借対照表は、商品及び製品、利益剰余金がそれぞれ50百万円、30百万円減少し、前連結会計年度の連結損益計算書は、売上原価が50百万円増加し、営業利益、経常利益及び税金等調整前当期純利益がそれぞれ同額減少し、少数株主損益調整前当期純利益及び当期純利益が30百万円減少している。
前連結会計年度の連結キャッシュ・フロー計算書は、税金等調整前当期純利益が50百万円減少し、棚卸資産の増減額が50百万円増加している。
前連結会計年度の１株当たり純資産、１株当たり当期純利益及び潜在株式調整後１株当たり当期純利益はそれぞれXX円XX銭、X円XX銭、X円XX銭減少している。

2-9　連結貸借対照表関係注記

連結貸借対照表に関する補足・補強情報として、以下のような事項を注記する。

たな卸資産を一括して掲記した場合の属する資産の科目及び金額
期末日が休日で期末日満期手形残高が重要な場合は、その処理方法、金額
減価償却累計額が独立掲記されず、対応資産から直接控除されている場合、減価償却累計額（科目別または一括して）
間接控除形式で減損損失累計額を減価償却累計額に合算して減価償却累計額の科目をもって掲記している場合、減損損失累計額が含まれている旨
非連結子会社及び関連会社の株式、社債及び発行するその他の有価証券、並びに非連結子会社及び関連会社に対する出資金の額
投資その他の資産に属する資産に係る引当金が独立掲記されず、対応資産から直接控除されている場合、引当金残高（科目別または一括して）
収用等により固定資産の圧縮記帳がある場合、その旨、圧縮額（処理年度のみ）

国庫補助金、工事負担金等により固定資産の圧縮記帳がある場合、その旨、圧縮額（処理年度以降も記載）
土地再評価法により再評価を行っている事業用土地に関する事項
担保に供されている資産に関する事項
有価証券の消費貸借契約等がある場合、有価証券の借手は、その旨、連結貸借対照表日の時価
不動産 SPC への譲渡取引を金融取引として処理した場合、その旨、関連する債務を示す科目名、金額
圧縮未決算特別勘定がある場合、その旨、内容、金額
特別法上の準備金等（資産・負債の部に計上することが適当でないもの）について固定負債の次に区分掲記した場合、法令の条項、１年内に使用するか否かの別
同一の工事契約に係るたな卸資産及び工事損失引当金がある場合、その表示に関する事項
企業結合に係る特定勘定が負債に計上されている場合、その主な内容及び金額
重要な偶発債務がある場合、その内容及び金額
割引手形及び裏書手形の金額（額面金額）
当座貸越契約等、貸出コミットメントの借手は、その旨、借入枠から実行残高を差し引いた額 →注記することが望ましいとされている。
申込期日経過後における新株式申込証拠金に関する事項
取締役会等による会社の意思決定によって自己株式を消却する場合に、決議後消却手続を完了していない自己株式が連結決算日にあり、当該自己株式の帳簿価額または株式数に重要性があるときは、その自己株式の帳簿価額、種類及び株式数
利益剰余金の金額のうちに、減債積立金その他債権者との契約等により特定目的のために積立てられたものがある場合には、その内容及び金額
別記事業の資産及び負債の分類及び科目の記載を当該別記事業の法令または準則に準じて記載している場合には、その準拠した法令または準則
指定法人の資本を当該指定法人の財務諸表について適用される法令または準則の定めるところに準じて記載する場合には、その準拠した法令または準則

2-9-1 担保提供資産に関する注記

担保提供資産と対応する債務の連結貸借対照表の科目及び金額を記載する。債務の一部に担保が付されている場合は、その部分の金額を記載し、資産の一部が担保に供されている場合は、その部分の金額を明らかにする（たとえば、投資有価証券の科目のうち、株式を担保に供している場合には「投資有価証券（株式）」といった記載となる）。

記載にあたっては、以下の点に留意する。

- 連結ベースでの記載となるため、連結子会社の担保情報も記載対象とし、連結グループ間取引は相殺消去する。
- 担保提供資産の簿価は未実現利益等を調整した後の連結上簿価となる。
- 連結子会社株式を担保提供している場合、連結貸借対照表では当該子会社株式は相殺消去されているが、子会社そのものが担保提供されているのと同等の効果があるため、連結注記上も当該子会社株式の簿価を記載し、連結貸借対照表上は相殺消去されている旨を脚注として記載する。
- 不動産担保の場合、担保登記の有無等の形式によらず、登記留保されていても実質的に担保提供していれば記載対象とする。
- 自己株式を担保提供している場合、自己株式は資産として計上されていないため、脚注として記載する例と、他の担保提供資産と同様に並列して記載をしている例が見られる。また、担保提供している株式数を記載する事例もある。

2-9-2 重要な偶発債務に関する注記

偶発債務は、債務の保証、係争事件に係る賠償義務その他現実に発生していない債務で、将来において事業の負担となる可能性のあるものである。偶発債務でも、引当金の要件を満たすものは、当該注記ではなく、引当金の計上が必要となる。

記載にあたっては、以下の点に留意する。

- 連結ベースでの記載となるため、連結子会社の偶発債務情報も記載対象とし、連結グループ間取引は相殺消去する。
- 保証先毎に総額表示で注記する。なお、債務保証には、保証類似行為（保証予約、経営指導念書等）も含まれ、保証類似行為について、債務保証に内書によって記載する方法、区分して記載する方法によることができる。
- 複数の保証人がいる場合の連帯保証については、債務保証を保証先ごとに総額で表示することに加え、内書等で複数の保証人がいる連帯保証が含まれている旨及び当該連帯保証額を付記することができる。
- 保証人間の取決め等により、負担割合または負担額が明示され、かつ、他の連帯保証人の負担能力が十分であると判断されるときには、保証総額を注記した上で、自己の負担割合または負担額を付記することができる。
- 根保証がある場合には、連結貸借対照表日現在の債務額または保証極度額のいずれか少ない金額（または保証極度額）を記載する。
- 自己の債務保証を他者が再保証している場合には、再保証額控除前の自己の債務保証額等を記載する。
- 債務保証損失引当金が設定してある場合、総額から債務保証損失引当金を控除する。
- 他者の債務保証を自己が再保証している場合には、自己の再保証額を記載する。
- 外貨建保証債務は、決算時の為替相場による円貨額を注記する。

BS 注記記載例

【担保資産の注記】

※○⑴担保に供している資産

建物及び構築物	XXX 百万円
土地	XXX 百万円
投資有価証券（株式）	XXX 百万円
関係会社株式	XXX 百万円
自己株式	XXX 百万円
合計	XXX 百万円

なお、関係会社株式 XXX 百万円は、連結財務諸表上、相殺消去しております。

⑵上記に対応する債務

短期借入金	XXX 百万円
１年内返済予定長期借入金	XXX 百万円
長期借入金	XXX 百万円
合計	XXX 百万円

【参考】自己株式を脚注記載するケース

セイコーホールディングス㈱（22年３月期）

なお、上記のほか、短期借入金1,200百万円に対して自己株式132百万円を担保に供しております。

【投資その他の資産の区分表示等】

※○非連結子会社及び関連会社に対するものは、次のとおりであります。

投資有価証券（株式）	XXX 百万円

【偶発債務の注記】

○偶発債務

次の連結会社以外の会社の金融機関からの借入金等について保証及び保証類似行為を行っております。

⑴債務保証

会社名	金額（百万円）	内容
株式会社 ABC	XXX	借入債務
従業員	XXX	住宅資金借入債務
合計	XXX	—

⑵保証予約

会社名	金額（百万円）	内容
株式会社 XYZ	XXX	借入債務
株式会社 OPQ	XXX	借入債務
合計	XXX	—

【手形割引高及び裏書譲渡高の注記】

○

受取手形割引高	XXX 百万円
受取手形裏書譲渡高	XXX 百万円

【事業用土地の再評価に関して注記する場合】

※○土地の再評価に関する法律（平成10年３月31日交付法律第34号）に基づき、事業用の土地の再評価を行い、評価差額については、当該評価差額に係る税金相当額を「再評価に係る繰延税金負債」として負債の部に計上し、これを控除した金額を「土地再評価差額金」として純資産の部に計上しております。

再評価の方法

土地の再評価に関する法律施行令（平成10年３月31日公布政令第119号）

第２条第４号に定める路線価及び同条

第３号に定める固定資産税評価額に奥行価格補正及び時点修正等を行なって算出したほか、同条第５号に定める

不動産鑑定士による鑑定評価に時点修正を行って算出しております。

再評価を行った年月日　平成○年○月○日

再評価を行った土地の期末における時価と 再評価後の帳簿価額との差額	△XXX 百万円

【参考】〈賃貸等不動産に係るものがある場合に注記〉

上記差額のうち賃貸等不動産に係るもの	△XXX 百万円

【「商品及び製品」「仕掛品」「原材料及び貯蔵品」を、連結貸借対照表において「おな卸資産」の科目で一括掲記している場合】

※○たな卸資産の内訳は、次のとおりであります。

商品及び製品	XXX 百万円
仕掛品	XXX 百万円
原材料及び貯蔵品	XXX 百万円

【連結会計年度の末日が金融機関の休日で、同日満期の手形がある場合】

満期日に入・出金があったものとして処理した場合

※○連結会計年度末日満期手形

連結会計年度末日満期手形の会計処理については、当連結会計年度の末日

が金融機関の休日でしたが、満期日に決済が行われたものとして処理しております。当連結会計年度末日満期手形の金額は、次のとおりであります。

受取手形	XXX 百万円
支払手形	XXX 百万円

【当座貸越契約及び貸出コミットメントについて注記する場合】

○当社及び連結子会社（AAA 株式会社）においては、運転資金の効率的な調達を行うため取引銀行 2 行と当座貸越契約及び貸出コミットメント契約を締結しております。これら契約に基づく当連結会計年度末の借入未実行残高は次のとおりであります。

当座貸越極度額及び貸出コミットメントの総額	XXX 百万円
借入実行残高	XXX 百万円
合計	XXX 百万円

2-10 連結損益計算書関係注記

連結損益計算書に関する補足・補強情報として、以下のような事項を注記する。

売上原価に含まれている工事損失引当金繰入金額
たな卸資産の帳簿価額を収益性の低下により切り下げた場合、その旨及び当該切り下げ額
販売費及び一般管理費を科目別表示しない場合、主要費目及びその金額
一般管理費及び当期製造費用に含まれている研究開発費の総額
引当金繰入額を区分掲記しない場合、内容、金額
固定資産売却損益について、固定資産の種類または内容を示す名称を付した科目により区分掲記されていない場合、その内訳
特別損益項目の発生原因または性格を示す名称を付した科目により区分掲記されていない場合、その内訳
減損損失に関する注記
企業結合に係る特定勘定の取崩益が生じた場合、重要性が乏しい場合を除き、その内容及び金額
別記事業の収益・費用の分類及び科目の記載を当該別記事業の法令または準則に準じて記載している場合、その準拠した法令または準則

2-10-1 販売費及び一般管理費を科目別表示しない場合の主要費目とその金額

連結損益計算書に「販売費及び一般管理費」の名称で合計のみを開示する場合、そのうちの主要な費目及びその金額を注記する。

- 引当金繰入額については、その金額が少額であるものを除き、記載する必要がある。
- 引当金繰入額以外の費目でその金額が販売費及び一般管理費の合計額の10%を超える費目については、開示が必要である。

2-10-2 減損損失に関する注記

ポイント

- 減損損失を認識した資産または資産グループごとに記載することが原則だが、多数の資産グループにおいて重要な減損損失が発生している場合は、資産の用途や場所等の区分でまとめて記載することができる。

減損損失を認識した資産または資産グループがある場合には、重要性が乏しい場合を除き、当該資産または資産グループごとに、以下の事項を注記する。

① 当該資産または資産グループの概要
・用途
・種類
・場所
・その他当該資産または資産グループの内容を理解するために必要と認められる事項がある場合には、その内容
② 減損損失を認識するに至った経緯
③ 減損損失の金額及び主な固定資産の種類ごとの当該金額の内訳
④ 資産グループがある場合には、当該資産グループに係る資産をグループ化した方法
⑤ 回収可能価額に関する事項
・正味売却価額の場合には、その旨及び時価の算定方法
・使用価値の場合には、その旨及び割引率

なお、多数の資産グループにおいて重要な減損損失が発生している場合には、資産の用途や場所等に基づいて、まとめて記載することができる。

PL 注記記載例

【売上原価に工事損失引当金繰入額が含まれている場合】

※○売上原価に含まれている工事損失引当金繰入額

	XXX 百万円

【たな卸資産の帳簿価額の切下額を注記している場合】

※○期末たな卸高は収益性の低下に伴う簿価切り下げ後の金額であり、次のたな卸資産評価損が売上原価に含まれております。

	XXX 百万円
（戻入額となる場合）	△XXX 百万円

【販売費及び一般管理費に関する注記】

※○販売費及び一般管理費のうち主要な費目及び金額は次の通りであります。

広告宣伝費	XXX 百万円
販売促進費	XXX
給与手当	XXX
賞与引当金繰入額	XXX
役員賞与引当金繰入額	XXX
退職給付引当金繰入額	XXX
貸倒引当金繰入額	XXX

【販売費と一般管理費に属する費用の割合を記載する例】

販売費に属する費用のおおよその割合は○%、一般管理費に属する費用のおおよその割合は○%であります。

【研究開発費の注記】

※○一般管理費及び当期製造費用に含まれる研究開発費　　XXX 百万円

【特別利益の注記】

※○固定資産売却益の内容は次の通りであります。

土地	XXX 百万円
機械装置	XXX
計	XXX

【特別損失の注記】

※○固定資産除却損の内容は次の通りであります。

建物及び構築物	XXX 百万円
工具器具備品	XXX
計	XXX

※○減損損失

当連結会計年度において、当社グループは以下の資産グループについて減損損失を計上しております。

場所	用途	種類	減損損失（百万円）
埼玉県○○市	製造設備	建物及び構築物、機械装置、土地	XXX
千葉県○○市	遊休資産	建物及び構築物、土地	XXX
合計			XXX

当社グループは、原則として事業用資産については各事業部ごとに、遊休資産についてはそれぞれ個別資産ごとに資産のグルーピングを行っております。

上記製造設備については、A 事業部の営業活動から生ずる損益が継続してマイナスとなっているため、回収可能価額を使用価値により算定し、帳簿価額を回収可能価額まで減額しております。

なお、使用価値は、見積将来キャッシュ・フローを○%で割り引いた現在価値としております。

上記遊休資産については、将来の使用が見込まれなくなったため、回収可能価額を正味売却価額により算定し、帳簿価額を回収可能価額まで減額しております。

なお、正味売却価額は、土地については不動産鑑定評価額に基づいて評価し、建物については売却が困難なためゼロ評価としております。

結果、当該減少額 XXX 百万円を減損損失として特別損失に計上しております。

また、減損損失の科目別の内訳は、建物及び構築物 XXX 百万円、機械装置及び運搬具 XXX 百万円、土地 XXX 百万円であります。

2-11 連結包括利益計算書関係注記（連結財規69の６）

連結包括利益計算書に関する補足・補強情報として、以下の事項を注記する。

① その他の包括利益の項目ごとの税効果の金額
② その他の包括利益の項目ごとの組替調整額

詳細は第４章にて記載しているため、そちらを参照されたい。

2-12 連結株主資本等変動計算書関係注記

連結株主資本等変動計算書に関する注記事項は以下「２-12-１」から「２-12-４」のとおりである。

なお、新株予約権が権利行使されたものと仮定した場合の増加株式数の、当連結会計年度末の発行済株式総数（自己株式を保有しているときには、当該自己株式の株式数を控除した株式数）に対する割合に重要性が乏しい場合には、注記を省略できる。

2-12-1 発行済株式に関する注記（連結財規77、財規106⑴）

発行済株式の種類ごとに、以下の事項を注記する。

① 当連結会計年度期首及び当連結会計年度末の発行済株式総数
② 当連結会計年度に増加または減少した発行済株式
③ 変動事由の概要

2-12-2　自己株式に関する注記（連結財規78、財規107）

自己株式の種類ごとに、以下の事項を注記する。

①　当連結会計年度期首及び当連結会計年度末の自己株式数
②　当連結会計年度に増加または減少した自己株式数
③　変動事由の概要

2-12-3　新株予約権（自己新株予約権も含む）に関する注記（連結財規79(1)）

連結財務諸表提出会社について、以下の事項を注記する。

①　新株予約権の目的となる株式の種類
②　新株予約権の目的となる株式の数
・上記①及び②には、下記の他の注記事項とされているものは記載対象から除く。なお、③の当連結年度末残高には含めて記載することに留意する。
　・ストック・オプション、自社株式オプションまたは自社株式の付与または交付に関する注記（連結財規15の９）
　・ストック・オプションに関する注記（連結財規15の10）
　・自社株式オプション及び自社の株式を対価とする取引の注記（連結財規15の11）
③　新株予約権の当連結会計年度末残高
・連結子会社の残高がある場合は当該残高も区分して記載する。

2-12-4　配当に関する注記（連結財規80、財規109①）

(1)　配当財産が金銭の場合には、以下の事項を注記する。

①　株式の種類ごとの配当金の総額
②　１株当たり配当額
③　基準日及び効力発生日

⑵　配当財産が金銭以外の場合には、以下の事項を注記する。

①　株式の種類ごとの配当財産の種類及び帳簿価額
・剰余金の配当をした日においてその時の時価を付した場合にあっては、当該時価を付した後の帳簿価額
②　１株当たり配当額
③　基準日及び効力発生日

⑶　基準日が当連結会計年度に属する配当のうち、配当の発生日が翌連結会計年度となるものについては、以下の事項を注記する。

①　配当の原資
②　上記⑴⑵に関する事項

連結株主資本等変動計算書注記記載例

（連結株主資本等変動計算書関係）
1．発行済株式の種類及び総数並びに自己株式の種類及び株式数に関する事項

	当連結会計年度期首株式数（千株）	当連結会計年度増加株式数（千株）	当連結会計年度減少株式数（千株）	当連結会計年度末株式数（千株）
発行済株式				
普通株式	XX,XXX	X,XXX	—	XX,XXX
A 種類株式	XX,XXX	—	—	XX,XXX
合計	XX,XXX	X,XXX	—	XX,XXX
自己株式				
普通株式	X,XXX	XXX	—	X,XXX
合計	X,XXX	XXX	—	X,XXX

（注）1．普通株式の発行済株式総数の増加 X,XXX 千株は、第三者割当による新株の発行による増加であります。
2．普通株式の自己株式の株式数の増加 XXX 千株は、単元未満株式の買取による増加であります。

2．新株予約権及び自己新株予約権に関する事項

区分	新株予約権の内訳	新株予約権の目的となる株式の種類	新株予約権の目的となる株式の数（株）				当連結会計年度末残高（百万円）
			前連結会計年度末	当連結会計年度増加	当連結会計年度減少	当連結会計年度末	
提出会社（親会社）	ストック・オプションとしての新株予約権	—	—	—	—	—	—
合計		—	—	—	—	—	—

3．配当に関する事項

(1) 配当金支払額

（決議）	株式の種類	配当金の総額	1株当たり配当額	効力発生日
平成XX年X月X日定時株主総会	普通株式	XXX百万円	XX円	平成XX年X月X日
平成XX年X月X日定時株主総会	A種類株式	XXX百万円	XX円	平成XX年X月X日

(2) 基準日が当連結会計年度に属する配当のうち、配当の効力発生日が翌連結会計年度となるもの

（決議）	株式の種類	配当金の総額	配当の原資	1株当たり配当額	基準日	効力発生日
平成XX年X月X日定時株主総会	普通株式	XXX百万円	利益剰余金	XX円	平成XX年X月X日	平成XX年X月X日
平成XX年X月X日定時株主総会	A種類株式	XXX百万円	利益剰余金	XX円	平成XX年X月X日	平成XX年X月X日

2-13 連結キャッシュ・フロー計算書関係注記（連結財規90）

連結キャッシュ・フロー計算書に関する注記として、以下の事項を記載する。

ただし、以下の②～④については、資産及び負債の金額の重要性が乏しい場合には、注記を省略することができる。

① 現金及び現金同等物の期末残高と連結貸借対照表に掲記されている科目の金額との関係
② 株式の取得により新たに連結子会社となった会社がある場合には、当該会社の資産及び負債の主な内訳
③ 株式の売却により連結子会社でなくなった会社がある場合には、当該会社の資産及び負債の主な内訳
④ 現金及び現金同等物を対価とする事業の譲受けもしくは譲渡また譲渡または合併等を行った場合には、当該事業の譲受けもしくは譲渡または合併等により増加または減少した資産及び負債の主な内訳
⑤ 重要な非資金取引の内容

2-13-1 現金及び現金同等物の期末残高と連結貸借対照表に掲記されている科目の金額との関係

連結貸借対照表上の「現金及び預金」と、連結キャッシュ・フロー計算書の末尾「現金及び現金同等物の期末残高」との関係を記載する。

預入期間が3か月を超える定期預金を控除する記載が多く見られるが、各企業で現金同等物に追加している資産や、短期借入金等の負の現金同等物を含めている事例も見られる。

2-13-2 重要な非資金取引の内容

重要な非資金取引とは、以下のものをいう。

・資金の増加または減少を伴わない取引であって、かつ、翌連結会計年度以降のキャッシュ・フローに重要な影響を与えるもの。

・社債の償還と引換えによる新株予約権付社債に付された新株予約権の行使

　・増加した資本金及び減少した新株予約権付社債の金額

・株式の発行等による資産（現金及び現金同等物を除く）の取得

　・増加した資本金の金額及び増加した資産の金額

・合併

　・合併により承継した資産及び負債の主な内訳及び金額

・当年度に新たに計上した重要なファイナンス・リース取引
　・増加した資産及びリース債務の金額
・当年度に新たに計上した重要な資産除去債務
　・増加した資産及び資産除去債務の金額

2-13-3 資金の範囲の変更とキャッシュ・フローの表示の内訳の変更

キャッシュ・フロー計算書における資金の範囲の変更とキャッシュ・フローの表示の内訳の変更については、以下のような取扱いとなり、所定の注記と原則遡及処理することが必要である。

ある特定のキャッシュ・フロー項目についてキャッシュ・フロー計算書における表示区分を変更した場合 ⇨	表示方法の変更
営業活動によるキャッシュ・フローに関する表示方法（直接法又は間接法）を変更した場合 ⇨	表示方法の変更
資金の範囲を変更した場合 ⇨	会計方針の変更

連結キャッシュ・フロー計算書注記記載例

【現金及び現金同等物の期末残高と連結貸借対照表に掲記されている科目の金額との関係】

※○現金及び現金同等物の期末残高と連結貸借対照表に掲記されている科目の金額との関係

（平成○年○月○日現在）

現金及び預金勘定	XXX 百万円
預入期間が３か月を越える定期預金	XXX 百万円
現金及び現金同等物	XXX 百万円

【重要な非資金取引がある場合】

○重要な非資金取引の内容

⑴新株予約権の行使による資本金増加額	XXX 百万円
新株予約権の行使による資本準備金増加額	XXX 百万円
新株予約権の行使による新株予約権付社債減少額	XXX 百万円

なお、上記には旧商法に基づき発行された転換社債の転換によるものをそれぞれ含んでおります。

⑵当連結会計年度に新たに計上したファイナンス・リース取引に係る資産及び債務の額は、それぞれ XXX 百万円であります。

2-14 リース取引関係注記（連結財規15の３、財規８の６）

2-14-1 ファイナンス・リース取引に関する注記

ファイナンス・リース取引について、以下の事項を注記する。

ただし、重要性が乏しい場合は記載を省略できる。

① 借手

・当連結会計年度末におけるリース資産の内容

・リース資産の減価償却の方法

② 貸手

・当連結会計年度末におけるリース投資資産に係るリース料債権部分の金額及び見積残存価額部分の金額並びに受取利息相当額

・当連結会計年度末におけるリース債権及びリース投資資産に係るリース料債権部分の金額について、連結決算日後五年内における１年ごとの回収予定額及び貸借対照表日後五年超の回収予定額

2-14-2　オペレーティング・リース取引に関する注記

当連結会計年度末におけるオペレーティング・リース取引のうち解約不能のリース取引については、当該解約不能のリース取引に係る未経過リース料の金額を１年内のリース期間に係る金額及びそれ以外の金額に区分して注記する。

ただし、重要性の乏しいものについては、注記を省略できる。

2-14-3　転リースに関する注記

転リース取引であって、借主としてのリース取引及び貸主としてのリース取引がともにファイナンス・リース取引に該当する場合において、連結財務諸表提出会社が転リース取引に係るリース債権もしくはリース投資資産またはリース債務について利息相当額を控除する前の金額で連結貸借対照表に計上しているときには、当該リース債権もしくはリース投資資産またはリース債務の金額を注記する。

ただし、重要性の乏しいものについては、注記を省略できる。

2-14-4　引き続き賃貸借処理を行っている所有権移転外ファイナンス・リース取引に関する注記

リース取引開始日が平成20年３月31日以前の所有権移転外ファイナンス・リース取引について、通常の賃貸借取引に係る方法に準じた会計処理を引き続き行っている場合は、その旨及び従来注記していたリース取引関係の注記を記載する。

リース取引関係注記記載例

（ファイナンス・リース取引及びオペレーティング・リース取引の注記例）
【リース注記（借主側）】
1．ファイナンス・リース取引
所有権移転外ファイナンス・リース取引
① リース資産の内容
有形固定資産
主として、通信機器事業における工場及び生産設備、ホストコンピューター及びコンピューター端末機（「機械装置及び運搬具」、「工具、器具及び備品」）であります。
② リース資産の減価償却の方法
連結財務諸表作成のための基本となる重要な事項
「4．会計基準に関する事項 (2)重要な減価償却資産の減価償却の方法」に記載のとおりであります。

2．オペレーティング・リース取引
オペレーティング・リース取引のうち解約不能のものに係る未経過リース料

1年以内	XXX 百万円
1年超	XXX 百万円
合計	XXX 百万円

【リース注記（借主側）】
（引き続き賃貸借取引を行っている所有権移転外ファイナンス・リース取引に関する注記をあわせて開示している例）
1．ファイナンス・リース取引
所有権移転外ファイナンス・リース取引
① リース資産の内容
（ア）有形固定資産
○○事業における生産設備（機械装置及び運搬具）であります。
（イ）無形固定資産
ソフトウエアであります。
② リース資産の減価償却の方法
連結財務諸表作成のための基本となる重要な事項

「4．会計基準に関する事項　⑵重要な減価償却資産の減価償却の方法」に記載のとおりであります。

なお、所有権移転外ファイナンス・リース取引のうち、リース取引開始日が、平成20年３月31日以前のリース取引については、通常の賃貸借取引に係る方法に準じた会計処理によっており、その内容は次のとおりであります。

⑴　リース物件の取得価額相当額、減価償却累計額相当額、減損損失累計額相当額及び期末残高相当額

	取得価額相当額（百万円）	減価償却累計額相当額）（百万円）	期末残高相当額（百万円）
機械装置及び運搬具	XXX	XXX	XXX
工具、器具及び備品	XXX	XXX	XXX
その他	XXX	XXX	XXX
合計	XXX	XXX	XXX

（注）取得価額相当額は、未経過リース料期末残高が有形固定資産の期末残高等に占める割合が低いため、支払利子込み法により算定しております。

⑵　未経過リース料期末残高相当額等

未経過リース料期末残高相当額

１年以内	XXX 百万円
１年超	XXX 百万円
合計	XXX 百万円

（注）未経過リース料期末残高相当額は、未経過リース料期末残高が有形固定資産の期末残高等に占める割合が低いため、支払利子込み法により算定しております。

⑶　支払いリース料、リース減損勘定の取崩額、減価償却費相当額及び減損損失

支払リース料	XXX 百万円
減価償却費相当額	XXX 百万円
合計	XXX 百万円

(4) **減価償却費相当額の算定方法**

リース期間を耐用年数とし、残存価額を零とする方法によっております。

（減損損失について）

リース資産に配分された減損損失はありません。

2．オペレーティング・リース取引

オペレーティング・リース取引のうち解約不能のものに係る未経過リース料

1年以内	XXX 百万円
1年超	XXX 百万円
合計	XXX 百万円

2-15 金融商品関係注記（連結財規15の5の2）

ポイント

- 金融商品に関する定性的情報と定量的情報の記載が求められる。
- 定量的情報は連結財務諸表の科目ごとに記載し、開示する科目は重要性判断により決定できる。
- 有価証券、デリバティブについては、連結財務諸表上に掲記されていない場合でも、注記が必要である。

金融商品については、以下の事項を注記する。ただし、重要性の乏しいものについては、注記を省略できる。

① 金融商品の状況に関する事項

② 金融商品の時価に関する事項

2-15-1 金融商品の状況に関する事項

金融商品に関する定性的情報として、以下の事項を注記する。

① 金融商品に対する取組方針

・金融資産であれば資金運用方針、金融負債であれば資金調達方針及びその手段（内容）、償還期間の状況などが含まれる。金融資産と金融負債との間や金融商品と非金融商品との間に重要な関連がある場合には、その概要も記載する。また、デリバティブ取引についての取り組み方針は独立して記載する例が多い。

② 金融商品の内容及びそのリスク

・金融商品の内容には、取り扱っている主な金融商品の種類（たとえば、有価証券であれば、株式及び債券等、デリバティブ取引であれば、先物取引、オプション取引、先渡取引及びスワップ取引等）やその説明が含まれる。

・金融商品のリスクには、以下のようなものが含まれる。

・取引相手先の契約不履行に係るリスク（信用リスク）

信用リスクが、ある企業集団、業種や地域などに著しく集中している場合には、その概要（貸借対照表計上額及び契約額に対する当該信用リスクを有する取引相手先の金額の割合を含む）を記載する。

・市場価格の変動に係るリスク（市場リスク）

為替、金利などの種類ごとに記載する。

・支払期日に支払いを実行できなくなるリスク（資金調達に係る流動性リスク）

デリバティブ取引については、取引の内容、取引に係るリスクのほか、取引の利用目的を記載する。

・ヘッジ会計を行っている場合には、ヘッジ手段とヘッジ対象、ヘッジ方針及びヘッジの有効性の評価方法等についての説明も記載するが、これらは前述の「会計処理基準に関する事項」の「重要なヘッジ会計の方法」にも記載されるため、ここではその旨の記載に留め、省略する例が多い。

・現物の金融資産または金融負債のうちでリスクが高いものや、デリバティブ取引の対象物の価格変動に対する当該取引の時価の変動率が大きい特殊なものについては、その概要（連結貸借対照表の科目及び計上額、並びに商品性（金利、償還期限等）に係る説明など）も記載する。

③　金融商品に係るリスク管理体制

・リスク管理方針、リスク管理規程及び管理部署の状況、リスクの減殺方法または測定手続等が含まれる。

④　金融商品の時価等に関する事項についての補足説明

・金融商品の時価等に関する事項についての補足説明には、時価は市場価格に基づく価額のほか、市場価額がない場合には合理的に算定された価額が含まれる旨等、金融商品の時価に関する重要な前提条件などが含まれる。

2-15-2　金融商品の時価に関する事項

金融商品に関する定量的情報として、金融商品に関する連結貸借対照表の科目ごとに、以下の事項を注記する。

①　連結貸借対照表計上額

・連結貸借対照表の科目ごとに、その計上額を記載する。

・貸倒引当金を計上している金融資産科目については、引当金控除後の金額を記載する事例や、長期借入金は１年内返済予定長期借入金と合算して開示する例が多くみられる。

・後述する「2-15-4 時価を把握することが極めて困難と認められる金融商品」の簿価は含めない点に留意する。

②　連結貸借対照表日における時価

③ ①と②の差額

④ 時価の算定方法

・金融商品の時価の算定方法として、金融商品会計基準等に定める時価に基づいて算定している旨を記載し、時価には委託手数料等取引に付随して発生する費用は含めない点に留意する。

・市場価額に基づく時価がないまたは市場価額が時価とみなせない場合には、時価の算定に用いた理論モデル等の概要を記載する。

・デリバティブ取引に関する記載については、別途「デリバティブ取引関係注記」にて記載している旨のみ記載する例も見られる。

⑤ 上記①から④までに掲げる事項に関する説明

開示上は、①～③を科目ごとに表形式で記載し、④と⑤をその表の脚注として科目ごとに記載することが一般的である。

2-15-3 有価証券及びデリバティブ取引の時価に関する事項

金融商品の時価に関する事項は連結貸借対照表の科目ごとに記載するが、有価証券及びデリバティブ取引については、連結貸借対照表上に掲記していない場合でも、当該有価証券またはデリバティブ取引により生じる正味の債権または債務等の内容を示す名称を付した科目をもって注記しなければならない。

また、有価証券については、流動資産における項目と固定資産における項目とを合算して注記することができ、デリバティブ取引については、資産項目と負債項目とを合算して注記することができる。

金利スワップの特例処理を行っているデリバティブ取引外貨建金銭債権債務等に振りあてたデリバティブ取引（予定取引をヘッジ対象としている場合を除く）については、ヘッジ対象と一体として取扱い、当該デリバティブ取引の時価をヘッジ対象の時価に含めて記載することができる。たとえば、特例処理を行っている金利スワップが付された借入金の時価は、金利スワップの時価と合算して記載し、デリバティブ取引の時価の記載を行わないことができる。この場合には、その旨を記載することが望ましいと考えられる。

2-15-4 時価を把握することが極めて困難と認められる金融商品

非上場の有価証券等、市場性がなく、かつ、将来キャッシュ・フローを見積るには過大なコストを要するような金融商品は、時価を把握することがきわめて困難と認められる。このような金融商品については、当該金融商品の概要、連結貸借対照表計上額及び時価を把握することがきわめて困難な理由を注記する。この場合、これらの金融商品の連結貸借対照表価額は、「2-15-2 金融商品の時価に関する事項」で時価を注記している金融商品の連結貸借対照表価額と合算しない点に留意する。

2-15-5 金銭債権及び満期のある有価証券の連結決算日後の償還予定

金銭債権及び満期がある有価証券（売買目的有価証券を除く）については、償還予定額の合計額を一定の期間に区分した金額を注記する。一定の期間としては、1年以内、1年超5年以内、5年超10年以内、10年超といった区分での記載事例が多い。なお、有価証券及び投資有価証券については、その他有価証券及び満期保有目的の債券の別に、それぞれ有価証券の種類ごとに注記する。国債、地方債、社債といった種類別の記載事例が多い。

なお、現金及び預金は金融商品ではあるが、金銭債権ではないため、当該注記の対象外である。

2-15-6 社債、長期借入金、リース債務等の連結決算日後の返済予定

社債、長期借入金、リース債務及びその他の負債であって、金利の負担を伴うものについても、返済予定額の合計額を一定の期間に区分した金額を注記する。ただし、同様の内容は連結附属明細表の「社債明細表」及び「借入金明細表」に記載されるため、その旨のみ記載し、ここでは記載を省略することも認められる。

金融商品関係注記記載例

1．金融商品の状況に関する事項

(1) 金融商品に対する取組方針

当社グループは、主に××の製造販売事業を行うための設備投資計画に照らして、必要な資金（主に銀行借入や社債発行）を調達している。一時的な余資は安全性の高い金融資産で運用し、また、短期的な運転資金を銀行借入により調達している。デリバティブは、後述するリスクを回避するために利用し、投機的な取引は行わない。

(2) 金融商品の内容及びそのリスク

営業債権である受取手形及び売掛金は、顧客の信用リスクに晒されている。また、グローバルに事業を展開していることから生じている外貨建ての営業債権は、為替の変動リスクに晒されているが、原則として外貨建ての営業債務をネットしたポジションについて先物為替予約を利用してヘッジしている。有価証券及び投資有価証券は、主に満期保有目的の債券及び取引先企業との業務または資本提携等に関連する株式であり、市場価額の変動リスクにさらされている。また、取引先企業等に対し長期貸付を行っている。

営業債務である支払手形及び買掛金は、ほとんど1年以内の支払期日である。また、その一部には、原料等の輸入に伴う外貨建てのものがあり、為替の変動リスクに晒されているが、恒常的に同じ外貨建ての売掛金残高の範囲内にある。借入金、社債及びファイナンス・リース取引に係るリース債務は、主に設備投資に必要な資金の調達を目的としたものであり、償還日は決算日後、最長で4年半後である。このうち一部は、変動金利であるため金利の変動リスクに晒されているが、デリバティブ取引（金利スワップ取引）を利用してヘッジしている。

デリバティブ取引は、外貨建ての営業債権債務に係る為替の変動リスクに対するヘッジ取引を目的とした先物為替予約取引、借入金及び社債に係る支払金利の変動リスクに対するヘッジ取引を目的とした金利スワップ取引である。なお、ヘッジ会計に関するヘッジ手段とヘッジ対象、ヘッジの方針、ヘッジの有効性の評価方法等については、前述の「会計処理基準に関する事項」の「重要なヘッジ会計の方針」参照。

(3) 金融商品に係るリスク管理体制

① 信用リスク（取引先の契約不履行等に係るリスク）の管理

当社は、債権管理規程に従い、営業債権及び長期貸付金について、各事業部門における営業管理部が主要な取引先の状況を定期的にモニタリングし、取引相手ごとに期日及び残高を管理するとともに、財務状況等の悪化等による回収懸念の早期懸念の早期把握や軽減を図っている。連結子会社についても、当社の債権管理規程に準じて、同様の管理を行っている。

満期保有目的の債券は、資金運用管理規程に従い、格付の高い債券のみを対象としているため、信用リスクは僅少である。

デリバティブ取引の利用にあたっては、カウンターパーティーリスクを軽減するために、格付の高い金融機関とのみ取引を行っている。

当期の連結決算日現在における最大信用リスク額は、信用リスクにさらされる金融資産の貸借対照表価額により表わされている。

② **市場リスク（為替や金利等の変動リスク）の管理**

当社及び一部の連結子会社は、外貨建ての営業債権債務について、通貨別月別に把握された為替の変動リスクに対して、原則として先物為替予約を利用してヘッジしている。なお、為替相場の状況により、半年を限度として、輸出に係る予定取引により確実に発生すると見込まれる外貨建営業債権に対する先物為替予約を行っている。

また、当社及び一部の連結子会社は、借入金及び社債に係る支払金利の変動リスクを抑制するために、金利スワップ取引を利用している。

有価証券及び投資有価証券については、定期的に時価や発行体（取引先企業）の財務状況等を把握し、また、満期保有目的の債券以外のものについては、取引先企業との関係を勘案して保有状況を継続的に見直している。

デリバティブ取引については、取引権限や限度額等を定めたデリバティブ取引管理規程に基づき、半年ごとに経営会議で基本方針を承認し、これに伴い財務部が取引を行い、経理部において記帳及び契約先と残高照会等を行っている。月次の取引実績は、財務部所管の役員及び経営会議に報告している。連結子会社についても、当社のデリバティブ取引管理規程に準じて、管理を行っている。

③ **資金調達に係る流動性リスク（支払期日に支払いを実行できなくなるリスク）の管理**

当社は、各部署からの報告に基づき財務部が適時に資金繰計画を作成・更新するとともに、手許流動性を連結売上高のＸか月分相当に維持することなどにより、流動性リスクを管理している。

⑷ **金融商品の時価等に関する事項についての補足説明**

金融商品の時価には、市場価格に基づく価額のほか、市場価格がない場合には合理的に算定された価額が含まれている。当該価額の算定においては変動要因を織り込んでいるため、異なる前提条件等を採用することにより、当該価額が変動することがある。また、「デリバティブ取引関係」注記におけるデリバティブ取引に関する契約額等については、その金額自体がデリバティブ取引に係る市場リスクを示すものではない。

(5) **信用リスクの集中**

当期の連結決算日現在における営業債権のうち××%が特定の大口顧客に対するものである。

2．**金融商品の時価等に関する事項**

平成○年○月○日における連結貸借対照表計上額、時価及びこれらの差額については、次のとおりである。なお、時価を把握することが極めて困難と認められるものは、次表には含まれていない（(注2）参照)。

（単位：百万円)

	連結貸借対照表計上額	時価	差額
(1) 現金及び預金	XXX	XXX	—
(2) 受取手形及び売掛金	XXX	XXX	XXX
(3) 有価証券及び投資有価証券	XXX	XXX	XXX
(4) 長期貸付金	XXX		
貸倒引当金(＊1)	△XXX		
	XXX	XXX	XXX
資産計	XXX	XXX	XXX
(1) 支払手形及び買掛金	XXX	XXX	XXX
(2) 短期借入金	XXX	XXX	XXX
(3) 社債	XXX	XXX	XXX
(4) 長期借入金	XXX	XXX	XXX
(5) リース債務	XXX	XXX	XXX
負債計	XXX	XXX	XXX
デリバティブ取引(＊2)	(XXX)	(XXX)	XXX

(＊1) 長期貸付金に個別に計上している貸倒引当金を控除している。

(＊2) デリバティブ取引によって生じた正味の債権・債務は純額で表示しており、合計で正味の債務となる項目については、（ ）で示している。

（注１）金融商品の時価の算定方法並びに有価証券及びデリバティブに関する事項

資　産

⑴　**現金及び預金**

預金はすべて短期であるため、時価は帳簿価額と近似していることから、当該帳簿価額によっている。

⑵　**受取手形及び売掛金**

これらの時価は、一定の期間ごとに区分した債権ごとに債権額を満期までの期間及び信用リスクを加味した利率により割り引いた現在価額によっている。

⑶　**有価証券及び投資有価証券**

これらの時価について、株式は取引所の価格によっており、債券は取引所の価格または取引金融機関から提示された価格によっている。また、保有目的ごとの有価証券に関する注記事項については、「有価証券関係」注記参照。

⑷　**長期貸付金**

当社では、長期貸付金の時価の算定は、一定の期間ごとに分類し、与信管理上の信用リスク区分ごとに、その将来キャッシュ・フローを国債の利回り等適切な指標に信用スプレッドを上乗せした利率で割り引いた現在価値により算定している。また、貸倒懸念債権については、同様の割引率による見積キャッシュ・フローの割引現在価値、または、担保及び保証による回収見込額等により、時価を算定している。なお、一部の連結子会社では、回収可能性を反映した元利金の受取見込額を残存期間に対応する安全性の高い利率で割り引いた現在価値により算定している。

負　債

⑴　**支払手形及び買掛金、並びに　⑵短期借入金**

これらの時価は、一定の期間ごとに区分した債務ごとに、その将来キャッシュ・フローを、返済期日までの期間及び信用リスクを加味した利率で割り引いた現在価値により算定している。

⑶　**社債**

当社の発行する社債の時価は、市場価格のあるものは市場価格に基づき、市場価格のないものは、元利金の合計額を当該社債の残存期間及び信用リスクを加味した利率で割り引いた現在価値により算定している。

⑷ **長期借入金及び⑸ リース債務**

これらの時価については、元利金の合計額を、新規に同様の借入または、リース取引を行った場合に想定される利率で割り引いた現在価値により算定している。

デリバティブ取引

「デリバティブ取引関係」注記参照。

（注２）時価を把握することが極めて困難と認められる金融商品

（単位：百万円）

区分	連結貸借対照表計上額
非上場株式	XXX

これらについては、市場価格がなく、時価を把握することが極めて困難と認められることから、「⑶有価証券及び投資有価証券」には含めていない。

（注３）金銭債権及び満期がある有価証券の連結決算日後の償還予定額

（単位：百万円）

	１年以内	１年超５年以内	５年超10年以内	10年超
受取手形及び売掛金	XXX	XXX	—	—
有価証券及び投資有価証券				
満期保有目的の債券（国債）	XXX	XXX	XXX	XXX
その他有価証券のうち満期があるもの（国債）	XXX	XXX	XXX	—
長期貸付金	XXX	XXX	XXX	—
合計	XXX	XXX	XXX	XXX

（注４）社債、長期借入金、リース債務及びその他の有利子負債の連結決算日後の返済予定額

連結附属明細表「社債明細表」及び「借入金等明細表」参照。

2-16 有価証券関係注記（連結財規15の6）

2-16-1 有価証券の時価等に関する事項

有価証券については、以下の区分ごとに、それぞれ所定の事項を注記する。ただし、重要性の乏しいものについては、注記を省略することができる。

① 売買目的有価証券
・当連結会計年度の損益に含まれた評価差額
② 満期保有目的の債券
・連結決算日における時価が連結貸借対照表計上額を超えるものと超えないものに区分し、その区分ごとに以下の事項
　・連結決算日における連結貸借対照表計上額
　・連結決算日における時価
　・連結決算日における連結貸借対照表計上額と連結決算日における時価との差額
③ その他有価証券
・有価証券の種類ごと（株式、債権等）に、連結決算日における連結貸借対照表計上額が取得原価を超えるものと超えないものに区分し、その区分ごとに以下の事項
　・連結決算日における連結貸借対照表計上額
　・取得原価
　・連結決算日における連結貸借対照表計上額と取得原価との差額
④ 当連結会計年度中に売却した満期保有目的の債券
・債券の種類ごとの売却原価、売却額、売却損益及び売却の理由
⑤ 当連結会計年度中に売却したその他有価証券
・有価証券の種類ごとの売却額、売却益の合計額及び売却損の合計額

2-16-2 保有目的の変更に関する事項

当連結会計年度中に売買目的有価証券、満期保有目的の債券、子会社株式及び関連会社株式並びにその他有価証券の保有目的を変更した場合には、その旨、変更の理由（満期保有目的の債券の保有目的を変更した場合に限る）及び当該変更が連結財務諸表に与えている影響の内容を注記する。

ただし、重要性の乏しいものについては、注記を省略できる。

2-16-3 有価証券の減損に関する事項

当連結会計年度中に有価証券の減損処理を行った場合は、その旨及び減損処理額を注記する。

ただし、重要性の乏しいものについては、注記を省略できる。

なお、有価証券の減損に関し、時価が「著しく下落した」と判断するための合理的な基準を定めている場合、当該箇所に併せて記載することが望ましいと考えられる。

有価証券関係注記記載例

1．売買目的有価証券（平成○年○月○日）
当連結会計年度の損益に含まれた評価差額　　XXX 百万円

2．満期保有目的の債券（平成○年○月○日）　（単位：百万円）

	種類	連結貸借対照表計上額	時価	差額
時価が連結貸借対照表計上額を超えるもの	(1)国債・地方債等	XXX	XXX	XXX
	(2)社債	XXX	XXX	XXX
	(3)その他	XXX	XXX	XXX
	小計	XXX	XXX	XXX
時価が連結貸借対照表計上額を超えないもの	(1)国債・地方債等	XXX	XXX	△XXX
	(2)社債	XXX	XXX	△XXX

	(3)その他	XXX	XXX	△XXX
	小計	XXX	XXX	△XXX
合計		XXX	XXX	XXX

3．その他有価証券（平成○年○月○日） （単位：百万円）

	種類	連結貸借対照表計上額	取得原価	差額
連結貸借対照表計上額が取得原価を超えるもの	(1)株式	XXX	XXX	XXX
	(2)債券			
	①国債・地方債等	XXX	XXX	XXX
	②社債	XXX	XXX	XXX
	③その他	XXX	XXX	XXX
	(3)その他	XXX	XXX	XXX
	小計	XXX	XXX	XXX
連結貸借対照表計上額が取得原価を超えないもの	(1)株式	XXX	XXX	△XXX
	(2)債券			
	①国債・地方債等	XXX	XXX	△XXX
	②社債	XXX	XXX	△XXX
	③その他	XXX	XXX	△XXX
	(3)その他	XXX	XXX	△XXX
	小計	XXX	XXX	△XXX
合計		XXX	XXX	XXX

4．当連結会計年度中に売却したその他有価証券（自平成○年○月○日　至平成○年○月○日） （単位：百万円）

種類	売却額	売却益の合計額	売却損の合計額
(1)株式	XXX	XXX	XXX
(2)債券			
①国債・地方債券	XXX	XXX	XXX
②社債	XXX	XXX	XXX
③その他	XXX	XXX	XXX

(3)その他	XXX	XXX	XXX
合計	XXX	XXX	XXX

2-17 デリバティブ取引関係注記（連結財規15の7）

デリバティブ取引については、ヘッジ会計の適用の有無に区分し、それぞれ以下の事項を注記する。

ただし、重要性の乏しいものについては、注記を省略できる。

① ヘッジ会計が適用されていないデリバティブ取引

・取引の対象物（通貨、金利、株式、債券、商品及びその他の取引の対象物）の種類ごとに以下の事項

・連結決算日における契約額または契約において定められた元本相当額

・連結決算日における時価及び評価損益

・時価の算定方法

・なお、上記事項は、取引の種類、市場取引か市場取引以外の取引かの別、買付約定に係るものか売付約定に係るものかの別、連結決算日から取引の決済日または契約の終了時までの期間及びその他の項目に区分して記載する。

② ヘッジ会計が適用されているデリバティブ取引

・取引の対象物の種類ごとに以下の事項

・連結決算日における契約額または契約において定められた元本相当額

・連結決算日における時価

・時価の算定方法

・なお、上記の事項は、ヘッジ会計の方法、取引の種類、ヘッジ対象及びその他の項目に区分して記載する。また、特例処理を行う金利スワップについての時価の記載は行わないことができる。

デリバティブ関係注記記載例

1．ヘッジ会計が適用されていないデリバティブ取引

(1) **通貨関連** (単位：百万円)

区分	取引の種類	契約額等	うち1年超	時価	評価損益
市場取引以外の取引	為替予約取引				
	売建				
	米ドル	XXX	XXX	XXX	XXX
	ユーロ	XXX	XXX	XXX	XXX
	買建				
	米ドル	XXX	XXX	XXX	XXX
	英ポンド	XXX	XXX	XXX	XXX
合計		XXX	XXX	XXX	XXX

(注) 時価の算定方法　先物為替相場に基づき算定している。

(2) **金利関連** (単位：百万円)

区分	取引の種類	契約額等	うち1年超	時価	評価損益
市場取引以外の取引	金利スワップ取引				
	受取固定・支払変動	XXX	XXX	XXX	XXX
	支払固定・受取変動	XXX	XXX	XXX	XXX
合計		XXX	XXX	XXX	XXX

(注) 時価の算定方法　取引先金融機関から提示された価格等に基づき算定している。

2．ヘッジ会計を適用しているデリバティブ取引

(1) **通貨関連** （単位：百万円）

ヘッジ会計の方法	取引の種類	主なヘッジ対象	契約額等	うち1年超	時価
為替予約等の振当処理	為替予約取引 売建	売掛金			
	米ドル		XXX	XXX	XXX
	ユーロ		XXX	XXX	XXX

（注）時価の算定方法　先物為替相場に基づき算定している。

(2) **金利関連** （単位：百万円）

ヘッジ会計の方法	取引の種類	主なヘッジ対象	契約額等	うち1年超	時価
原則的処理方法	金利スワップ取引 支払固定・ 受取変動	長期借入金及び社債	XXX	XXX	XXX
金利スワップの特例処理	金利スワップ取引 支払固定・ 受取変動	長期借入金	XXX	XXX	XXX
合計			XXX	XXX	XXX

（注）時価の算定方法　取引先金融機関から提示された価格等に基づき算定している。

【金利スワップに特例処理を用いている場合で、金利スワップの時価をヘッジ対象の時価に含めて記載する場合】

2．ヘッジ会計が適用されているデリバティブ取引

(1) **金利関連** （単位：百万円）

ヘッジ会計の方法	取引の種類	主なヘッジ対象	契約額等	うち1年超	時価
金利スワップの特例処理	金利スワップ取引 支払固定・ 受取変動	長期借入金	XXX	XXX	(*)

（*）金利スワップの特例処理によるものは、ヘッジ対象とされている長期借入金と一体として処理されているため、その時価は、当該長期借入金の時価に含めて記載している。

2-18 退職給付関係注記（連結財規15の8、財規8の13Ⅰ）

退職給付関係注記として、以下の事項を記載する。

① 採用している退職給付制度の概要

・退職給付制度の概要として、厚生年金基金、適格退職年金、退職給付信託、退職一時金、確定給付企業年金、確定拠出年金等会社が採用している退職給付制度及びそれに関する補足説明（当該制度の対象範囲、設定時期、移行時期等）を記載する。

② 退職給付債務に関する事項

・退職給付債務について、退職給付債務の額、年金資産の額、退職給付引当金の額、前払年金費用、未認識過去勤務債務、未認識数理計算上の差異、会計基準変更時差異の未処理額を記載する。

③ 退職給付費用の額等

・退職給付費用の額等について、退職給付費用の額、勤務費用の額、利息費用の額、期待運用収益、過去勤務債務・数理計算上の差異・会計基準変更時差異のそれぞれの費用処理額、臨時に支払った割増退職金、確定拠出年金に係る要拠出額等（退職給付費用の内訳のその他として記載）を記載する。

④ 退職給付債務等の計算の基礎

・退職給付債務等の計算の基礎として、割引率、期待運用収益率、退職給付見込額の期間配分方法、過去勤務債務の額の処理年数、数理計算上の差異・会計基準変更時差異のそれぞれの処理年数を記載する。

⑤ 厚生年金基金に係る交付金

・厚生年金基金が政府（厚生年金本体）から受け取ることとなった交付金は、退職給付費用の内訳のその他として、当該交付金の金額を記載する。

⑥　複数事業主制度の企業年金について

・複数の事業主により設立された企業年金制度を採用している場合において、自社の拠出に対応する年金資産の額を合理的に計算することができないときには、重要性が乏しいときを除き、当該年金制度全体の直近の積立状況（年金資産の額、年金財政計算上の給付債務の額及びその差引額）及び制度全体の掛金等に占める自社の割合並びにこれらに関する補足情報を注記する。

退職給付関係注記記載例

1．採用している退職給付制度の概要

当社及び国内連結子会社は、確定給付型の制度として、厚生年金基金制度、確定給付企業年金制度及び退職一時金制度を設けている。また、従業員の退職等に際して割増退職金を支払う場合がある。

なお、一部の海外連結子会社でも確定給付型の制度を設けており、また、提出会社及び一部の国内連結子会社において退職給付信託を設定している。

提出会社○○㈱については、平成××年から段階的に行っていた退職一時金制度から確定給付企業年金制度への移行が平成××年に完了している。

前連結会計年度においては、連結子会社中1社が退職一時金制度から厚生年金基金に金額移行しており、また、2社について確定給付企業年金を新たに採用している。さらに、㈱□□が連結対象子会社から外れたことから、退職一時金制度、確定給付企業年金制度がそれぞれ1社分減少している。なお、当連結会計年度においては異動がない。この結果、前連結会計年度及び当該連結会計年度末現在、当社及び連結子会社全体で退職一時金制度については△△社が有しており、また、厚生年金基金は××基金、確定給付企業年金は○○年金（それぞれグループ内の基金の連合設立・総合設立、年金の共同委託契約・結合契約の重複分を控除後）を有している。

2．退職給付債務に関する事項　（単位：百万円）

	前連結会計年度 （平成○年○月○日）	当連結会計年度 （平成○年○月○日）
イ．退職給付債務	△XX,XXX	△XX,XXX
ロ．年金資産	XX,XXX	XX,XXX

ハ．未積立退職給付債務（イ＋ロ）	△X,XXX	△X,XXX
ニ．会計基準変更時差異の未処理額	X,XXX	X,XXX
ホ．未認識数理計算上の差異	XXX	XXX
ヘ．未認識過去勤務債務（債務の減額）	△XX	(注)2△XX
ト．連結貸借対照表計上額純額(ハ＋ニ＋ホ＋ヘ)	△X,XXX	△X,XXX
チ．前払年金費用	X,XXX	X,XXX
リ．退職給付引当金（トーチ）	(注)2△X,XXX	△X,XXX

前連結会計年度 (平成○年○月○日)	当連結会計年度 (平成○年○月○日)
(注) 1．厚生年金基金の代行部分を含めて記載している。 2．連結貸借対照表上、翌期に臨時に支払う予定の割増退職金 XX 百万円は、その他の流動負債に含めて計上しており、退職給付引当金に含めていない。 3．一部の子会社は、退職給付債務の算定にあたり、簡便法を採用している。	(注) 1．厚生年金基金の代行部分を含めて記載している。 2．一部の連結子会社において、退職一時金制度における給付水準減額の制度変更が行われたことにより、過去勤務債務（債務の減額）が発生している。 3．一部の子会社は、退職給付債務の算定にあたり、簡便法を採用している。

3．退職給付費用に関する事項　　（単位：百万円）

	前連結会計年度 (自平成○年○月○日 至平成○年○月○日)	当連結会計年度 (自平成○年○月○日 至平成○年○月○日)
イ．勤務費用	(注)2, 3X,XXX	(注) 1, 2X,XXX
ロ．利息費用	X,XXX	X,XXX
ハ．期待運用収益	△X,XXX	△XXX
ニ．会計基準変更時差異の費用処理額	X,XXX	XX
ホ．数理計算上の差異の費用処理額	X	X
ヘ．過去勤務債務の費用処理額	△XX	△X
ト．退職給付費用(イ＋ロ＋ハ＋ニ＋ホ＋ヘ)	X,XXX	X,XXX

前連結会計年度 (自平成○年○月○日 至平成○年○月○日)	当連結会計年度 (自平成○年○月○日 至平成○年○月○日)
(注) 1. 上記退職給付費用以外に、割増退職金 XXX 百万円支払っており、特別損失として計上している。 2. 厚生年金基金に対する従業員拠出額を控除している。 3. 簡便法を採用している連結子会社の退職給付費用は、「イ. 勤務費用」に計上している。	(注) 1. 厚生年金基金に対する従業員拠出額を控除している。 2. 簡便法を採用している連結子会社の退職給付費用は、「イ. 勤務費用」に計上している。

4. 退職給付債務等の計算の基礎に関する事項

	前連結会計年度 (自平成○年○月○日 至平成○年○月○日)	当連結会計年度 (自平成○年○月○日 至平成○年○月○日)
イ. 退職給付見込額の期間配分方法	期間定額基準	同左
ロ. 割引率	X.X～X.X%	X.X～X.X%
ハ. 期待運用収益率	X.X～X.X%	X.X～X.X%
ニ. 過去勤務債務の額の処理年数	XX 年～XX 年（発生時の従業員の平均残存勤務期間以内の一定の年数による定額法による。）	同左
ホ. 数理計算上の差異の処理年数	XX 年～XX 年（各連結会計年度の発生時における従業員の平均残存勤務期間以内の一定の年数による定額法により按分した額をそれぞれ発生の翌連結会計年度から費用処理することとしている。なお、一部の子会社は、定率法を採用している。）	同左
ヘ. 会計基準変更時差異の処理年数	主として XX 年である。一部の上場子会社では、X 年から XX 年の期間によっている。	同左

2-19　ストック・オプション等関係注記

2-19-1　ストック・オプション、自社株式オプションまたは自社の株式の付与または交付に関する事項（連結財規15の9、財規8の14①）

ストック・オプションもしくは自社株式オプションを付与または自社の株式を交付している場合には、以下の事項を注記する。

①　役務の提供を受けた場合には、当該連結会計年度における費用計上額及び科目名
②　財貨を取得した場合には、その取引における当初の資産計上額または費用計上額及び科目名
③　権利不行使による失効が生じた場合には、利益として計上した金額

2-19-2　ストック・オプションの内容、規模及びその変動状況（連結財規15の10、財規8の15①）

上記「2-19-1」のほか、ストック・オプションの内容、規模及びその変動状況として以下の事項を注記する。

①　付与対象者の役員、従業員などの区分ごとの人数
②　株式の種類別のストック・オプションの数
・付与数
・当連結会計年度における権利不確定による失効数
・当連結会計年度における権利確定数
・前連結会計年度末及び当連結会計年度末における権利未確定残数

・当連結会計年度における権利行使数
・当連結会計年度における権利不行使による失効数
・前連結会計年度末及び当連結会計年度末における権利確定後の未行使残数

③　付与日
④　権利確定条件
・権利確定条件が付されていない場合にはその旨
⑤　対象勤務期間
・対象勤務期間の定めがない場合にはその旨
⑥　権利行使期間
⑦　権利行使価格
⑧　付与日における公正な評価単価
⑨　当連結会計年度において権利行使されたストック・オプションの権利行使時の株価の平均値

2-19-3　公正な評価単位の変更に関する事項（連結財規15の10、財規8の15④）

当連結会計年度に付与されたストック・オプション及び当連結会計年度の条件変更により公正な評価単価が変更されたストック・オプションについては、公正な評価単価の見積方法として使用した算定技法並びに使用した主な基礎数値及びその見積方法を記載する。

ただし、使用した算定技法及び使用した主な基礎数値の見積方法の内容が同一のものについては集約して記載することができる。

2-19-4　ストック・オプションの権利確定数の見積方法（連結財規15の10、財規8の15⑤）

ストック・オプションの権利確定数の見積方法として、勤務条件や業績条件の不達成による失効数の見積方法を記載する。

2-19-5　未公開企業の自社の株式の評価方法（連結財規15の10、財規8の15⑥）

未公開企業がストック・オプションを付与している場合には、公正な評価単価の見積方法として、その価値を算定する基礎となる自社の株式の評価方法について記載する。

2-19-6　本源的価値の合計額（連結財規15の10、財規8の15⑦）

ストック・オプションの単位当たりの本源的価値による算定を行った場合には、連結会計年度末における本源的価値の合計額及び当該連結会計年度において権利行使されたストック・オプションの権利行使日における本源的価値の合計額を注記する。

2-19-7　ストック・オプションの条件変更（連結財規15の10、財規8の15⑧）

ストック・オプションの条件変更を行った結果、ストック・オプションの内容として注記した事項に変更が生じた場合は、その変更内容について注記する。条件変更日におけるストック・オプションの公正な評価単価が付与日の公正な評価単価以下となったため、公正な評価単価の見直しを行わなかった場合には、その旨を注記する。

2-19-8　自社株式オプション及び自社の株式を対価とする取引の注記（連結財規15の11、財規8の16）

役務の受領または財貨の取得の対価として自社株式オプションを付与または自社の株式を交付している場合には、上記「2-19-2」の事項のうち該当する事項について、上記「2-19-2」に準じて記載する。

この場合において、提供を受けた役務または取得した財貨の内容及び役務の対価または財貨の取得価額の算定を当該役務または財貨の公正な評価額によったときには、その旨を注記する。

ストック・オプション等関係注記記載例

1．ストック・オプションにかかる当連結会計年度における費用計上額及び科目名

一般管理費の株式報酬費用　26百万円

2．ストック・オプションの内容、規模及びその変動状況

(1)ストック・オプションの内容

	平成○年 ストック·オプション	平成○年 ストック·オプション	平成○年 ストック·オプション
付与対象者の区分及び人数（名）	当社の取締役12名	当社の取締役17名	当社の取締役17名
株式の種類別のストック・オプションの数	普通株式 100,000株	普通株式 100,000株	普通株式 100,000株
付与日	平成○年○月○日	平成○年○月○日	平成○年○月○日
権利確定条件	付与日（平成○年○月○日）以降、権利確定日（平成○年○月○日）まで継続して勤務していること。	付与日（平成○年○月○日）以降、権利確定日（平成○年○月○日）まで継続して勤務していること。	付与日（平成○年○月○日）以降、権利確定日（平成○年○月○日）まで継続して勤務していること。
対象勤務期間	平成○年○月○日 平成○年○月○日	平成○年○月○日 平成○年○月○日	平成○年○月○日 平成○年○月○日
権利行使期間	権利確定後３年以内。 ただし、権利確定後退職した場合は、退職日より６か月以内まで行使可能。	権利確定後３年以内。 ただし、権利確定後退職した場合は、退職日より６か月以内まで行使可能。	権利確定後３年以内。 ただし、権利確定後退職した場合は、退職日より６か月以内まで行使可能。

（注）株式数に換算して記載している。

(2)ストック・オプションの規模及びその変動状況

当連結会計年度（平成○年○月期）において存在したストック・オプションを対象とし、ストック・オプションの数については、株式数に換算して記載している。

①ストック・オプションの数

	平成○年ストック・オプション	平成○年ストック・オプション	平成○年ストック・オプション
権利確定前株			
前連結会計年度末	—	XX,XXX	—
付与	—	—	XX,XXX
失効	—	X,XXX	—
権利確定	—	XX,XXX	—
未確定残	—	—	XX,XXX
権利確定後株			
前連結会計年度末	XX,XXX	—	—
権利確定	—	XX,XXX	—
権利行使	XX,XXX	XX,XXX	—
失効	—	—	—
未行使残	XX,XXX	XX,XXX	—

②単価情報

権利行使価格　（円）	X,XXX	X,XXX	X,XXX
行使時平均株価（円）	X,XXX	X,XXX	—
付与日における公正な評価単価　（円）	—	XXX	XXX

2-20　税効果関係注記（連結財規15の5）

ポイント

- 繰延税金資産／負債の内訳、法定実効税率と連結損益計算書上の税金費用の負担率の差異の内訳（タックスプルーフ）を記載する。
- 回収可能性がないと判断した繰延税金資産がある場合でも、内訳にはすべての一時差異等に対する繰延税金資産／負債を網羅的に記載し、回収可能性がないと判断した金額を評価性引当額として一括して控除する記載とする。
- タックスプルーフは、記載を省略できる場合がある。

税効果会計を適用したときは、以下の事項を注記する。

① 繰延税金資産及び繰延税金負債の発生の主な原因別の内訳

・繰延税金資産の算定にあたり、繰延税金資産から控除された金額（評価性引当額）がある場合には、その金額を併せて注記する。

→すべての一時差異等に対する繰延税金資産／負債を網羅的に記載して、回収可能性のない部分を評価性引当額として一括して控除し、連結貸借対照表計上額に一致するような記載方法となる。

② 法定実効税率と税効果会計適用後の法人税等の負担率との間に差異があるときは、当該差異の原因となった主な項目別の内訳（タックスプルーフ）

・差異が「法定実効税率の５％以下」である場合には、注記を省略できる。

・税金等調整前当期純損失となった場合には、注記しなくてよい。

③　法人税等の税率の変更により繰延税金資産及び繰延税金負債の金額が修正されたときは、その旨及び修正額

④　連結決算日後に法人税等の税率の変更があった場合には、その内容及び影響

税効果関係注記記載例

（税効果会計関係）

1．繰延税金資産及び繰延税金負債の発生の主な原因別の内訳　（単位：百万円）

繰延税金資産	
税務上の繰越欠損金	X,XXX
退職給付引当金	X,XXX
減損損失	X,XXX
貸倒引当金	XXX
未払事業税	XXX
連結会社間内部利益消去	XXX
賞与引当金	XXX
その他有価証券評価差額金	XXX
繰延税金資産小計	X,XXX
評価性引当額	△　X,XXX
繰延税金資産合計	X,XXX
繰延税金負債	
その他有価証券評価差額金	△　XXX
子会社の留保利益金	△　XX
固定資産圧縮積立金	△　XX
繰延税金負債合計	△　XXX
繰延税金資産（負債）の純額	X,XXX

（注）繰延税金資産の純額は、連結貸借対照表の以下の項目に含まれております。

（単位：百万円）

流動資産―繰延税金資産		X,XXX
固定資産―繰延税金資産		X,XXX
流動負債―繰延税金負債	△	XX
固定負債―繰延税金負債	△	XXX

2．法定実効税率と税効果会計適用後の法人税等の負担率との間に差異があるときの、当該差異の原因となった主な項目別の内訳

法定実効税率		XX.X%
（調整）		
欠損金子会社の未認識税務利益		X.X%
交際費等永久に損金に算入されない項目		X.X%
受取配当金等永久に益金に算入されない項目	△	X.X%
評価性引当額の増減	△	X.X%
その他		X.X%
税効果適用後の法人税等の負担率		XX.X%

2-21 企業結合・事業分離等関係注記

企業結合や事業分離等が行われた場合、その取引内容を以下の場合に分けて詳細に記載することとなる。

① 取得による企業結合が行われた場合の注記（連結財規15の12）
② 共通支配下の取引等の注記（連結財規15の14）
③ 共同支配企業の形成の注記（連結財規15の15）
④ 共通支配下の取引等及び共同支配企業の形成に該当しない場合の事業分離における分離元企業の注記（連結財規15の16）
⑤ 企業結合に該当しない場合の事業分離における分離先企業の注記（連結財規15の17、財規８の24①）
⑥ 子会社が企業結合を行ったことにより子会社に該当しなくなる場合の子会社の企業結合の注記（連結財規15の18）

これらの注記は企業結合・事業分離等の事案ごとに記載する。なお、上記⑤の場合を除き、取引の重要性が乏しい場合には、注記を省略できる。ただし、当連結会計年度における個々の企業結合に係る取引に重要性は乏しいが、当連結会計年度における複数の企業結合・事業分離等の取引全体に重要性がある場合には、当該企業結合・事業分離等に係る取引全体について注記する必要がある。

上記⑤については、分割型単独新設分割により新設会社に事業を分離する場合のような、企業結合に該当しない事業分離の分離先の新設会社において、当該事業分離が重要でない場合は想定されないことから、重要性による省略規定は設けられていない。

企業結合・事業分離等は、事案ごとにその内容は全く異なることから、その内容を詳細に記載することとなる。以下に上記①取得による企業結合及び②共通支配下の取引による記載事例を紹介する。

企業結合・事業分離等関係注記記載例①

シャープ㈱　H23. 3 .31

当連結会計年度（自　平成22年４月１日　至　平成23年３月31日）

取得による企業結合

⑴　被取得企業の名称及びその事業の内容、企業結合を行った主な理由、企業結合日、企業結合の法的形式、結合後企業の名称、取得した議決権比率及び取得企業を決定するに至った主な根拠

①　被取得企業の名称及びその事業の内容

被取得企業の名称　　リカレント・エナジー・エル・エル・シー

事業の内容　　太陽光発電プラントの開発及び販売事業

②　企業結合を行った主な理由

北米ソーラー市場は、電力会社向けプロジェクトを中心に大幅な需要の拡大が見込まれており、この電力会社向けビジネスではディベロッパーの役割が大きいことから、太陽光発電プラントの開発・販売を行う米国大手のソーラーディベロッパー（太陽光発電プラントの開発事業者）であるリカレント・エナジー・エル・エル・シーの完全子会社化により、当社がソーラー事業の更なる拡大に必要なディベロッパー機能を取得するため。

③　**企業結合日**

平成22年11月４日

④　**企業結合の法的形式**

現金を対価とする出資持分の取得

⑤　**結合後企業の名称**

リカレント・エナジー・エル・エル・シー

⑥　**取得した議決権比率**

持分取得後の議決権比率　100.0％

⑦　**取得企業を決定するに至った主な根拠**

当社の連結子会社であるシャープ・ユーエス・ホールディング・インクによる現金を対価とする出資持分の取得であるため。

⑵　**連結財務諸表に含まれる被取得企業の業績の期間**

平成23年１月１日から平成23年３月31日まで

⑶　**被取得企業の取得原価及びその内訳**

取得の対価企業結合日のリカレント・エナジー・エル・エル・シーへの出資額	24,820百万円
取得に直接要した費用	230百万円
取得原価	25,050百万円

⑷　**発生したのれんの金額、発生原因、償却方法及び償却期間**

①　**発生したのれんの金額**

15,403百万円

②　**発生原因**

今後の事業展開によって期待される将来の超過収益力から発生したものである。

③　**償却方法及び償却期間**

10年間にわたる均等償却

⑸　**企業結合日に受け入れた資産及び引き受けた負債の額並びにその主な内訳**

流動資産	875百万円
固定資産	14,827百万円
資産合計	15,702百万円
流動負債	3,939百万円
固定負債	2,543百万円
負債合計	6,482百万円

⑹　企業結合が当連結会計年度の開始の日に完了したと仮定した場合の当連結会計年度の連結損益計算書に及ぼす影響の概算額及びその算定方法

売上高	194百万円
税金等調整前当期純損失	4,291百万円
当期純損失	4,287百万円

（概算額の算定方法）

企業結合が連結会計年度開始の日に完了したと仮定して算定された売上高及び損益情報と、取得企業の連結損益計算書における売上高及び損益情報との差額を、影響の概算額としている。なお、影響の概算額については監査証明を受けていない。

企業結合・事業分離等関係注記記載例②

味の素㈱　H23. 3 .31

当連結会計年度（自　平成22年４月１日　至　平成23年３月31日）

共通支配下の取引等

（会社分割及び子会社の合併）

1. 対象となった子会社の名称及びその事業の内容、企業結合日、企業結合の法的形式、結合後企業の名称及び取引の目的

⑴　対象となった子会社の名称及びその事業の内容

子会社の名称　味の素製薬㈱、味の素ファルマ㈱及び味の素メディカ㈱

子会社の事業の内容　医薬事業製品の製造販売

⑵　企業結合日

平成22年４月１日

⑶　企業結合の法的形式

当社を分割会社とし、味の素製薬㈱（当社の連結子会社）を承継会社とする分社型吸収分割を行いました。また、味の素製薬㈱を存続会社、味の素ファルマ㈱（当社の連結子会社）および味の素メディカ㈱（当社の連結子会社）を消滅会社とする吸収合併を行いました。

⑷　結合後企業の名称

味の素製薬㈱（当社の連結子会社）

⑸　その他取引の概要に関する事項

当社は、医薬分野の研究開発・生産・販売をひとつの法人として一体化するこ

とで競争力を強化し、当社グループの発展を支える医薬事業の成長戦略を実現するため、味の素製薬㈱を設立し、当社が営む医薬事業の一部を、味の素製薬㈱を承継会社として吸収分割するとともに、営業・マーケティングを担当する味の素ファルマ㈱および生産・物流を担当する味の素メディカ㈱を吸収合併させることといたしました。

2.実施した会計処理の概要

「企業結合に関する会計基準」(企業会計基準21号平成20年12月26日)及び「企業結合会計基準及び事業分離等会計基準に関する適用指針」(企業会計基準適用指針第10号平成20年12月26日)に基づき、共通支配下の取引として処理しております。

2-22　資産除去債務関係注記（連結財規15の23、財規 8 の28）

P　ポイント

- 資産除去債務を連結貸借対照表に計上している場合と、連結貸借対照表に計上していない場合（資産除去債務は発生しているが、その債務を合理的に見積ることができない場合）に区分して記載する。
- 資産除去債務を合理的に見積ることができない場合は、その理由の注記が必要である。
- 敷金を資産計上しており、資産除去債務と対応する資産除去費用資産を計上せず、敷金の回収不能額を償却する簡便的な方法を採用している場合は、その旨の記載が望ましい。

資産除去債務については、以下の資産除去債務の区分に応じ、それぞれ所定の事項を注記する。ただし、重要性の乏しいものについては、注記を省略できる。また、多数の有形固定資産について資産除去債務が生じている場合には、有形固定資産の種類や場所等に基づいて、下記の注記をまとめて記載することができる。

2-22-1　資産除去債務のうち連結貸借対照表に計上しているもの

①　資産除去債務の概要
　・資産除去債務の発生原因となっている法的規制または契約等の概要を簡潔に記載
②　資産除去債務の金額の算定方法
　・支出発生までの見込期間、適用した割引率等の前提条件を含む
③　当該連結会計年度における当該資産除去債務の総額の増減
④　資産除去債務の金額の見積りを変更したときは、その旨、変更の内容及び影響額

2-22-2　資産除去債務のうち連結貸借対照表に計上していないもの

資産除去債務は発生しているが、その債務を合理的に見積ることができないため、連結貸借対照表に資産除去債務を計上していない場合に記載する。

① 資産除去債務の金額を連結貸借対照表に計上していない旨
② 資産除去債務の金額を連結貸借対照表に計上していない理由
③ 資産除去債務の概要

2-22-3　簡便的な方法を採用している場合

賃借建物等について内部造作等の有形固定資産の除去などの原状回復義務は資産除去債務に該当するが、当該賃借契約に関連する敷金が資産計上されているときは、資産除去債務の負債計上及び対応する除去費用の資産計上に代えて、当該敷金の回収が最終的に見込めないと認められる金額を合理的に見積り、そのうち当期の負担に属する金額を費用に計上する簡便的な方法を採用することができる。

この簡便的な方法を採用した際の注記は特に要求されていないが、財務諸表利用者への情報提供の観点からは、簡便的な方法を採用している旨を記載することが望ましいと考えられる。

資産除去債務関係注記記載例

（資産除去債務関係）
資産除去債務のうち連結貸借対照表に計上しているもの
イ　当該資産除去債務の概要
○○施設用土地の不動産賃貸借契約に基づく退去時における原状回復義務等であります。

ロ　当該資産除去債務の金額の算定方法

使用見込期間を取得から○年と見積り、割引率は○%を使用して資産除去債務の金額を算定しております。

ハ　当連結会計年度における当該資産除去債務の総額の増減

（単位：百万円）

期首残高	XXX
有形固定資産の取得に伴う増加額	XXX
時の経過による調整額	XXX
資産除去債務の履行による減少額	XXX
その他増減額（△は減少額）	XXX
期末残高	XXX

【簡便的な方法を採用している場合】

なお、本社事務所等の不動産賃貸借契約に基づく退去時における原状回復義務については、負債計上に代えて、不動産賃貸借契約に関連する敷金の回収が最終的に見込めないと認められる金額を合理的に見積り、当連結会計年度の負担に属する金額を費用に計上する方法によっております。

資産除去債務のうち連結貸借対照表に計上していないもの

当社グループは、所有する一部の建物の建築材料に石綿を使用しており、当該建物の解体時において、法令等の定めによる特別の方法で石綿を除去する債務を有しておりますが、当該債務に関連する建物の物理的使用可能期間に基づく撤去時期が明確でなく、将来解体する予定もありません。また、当該石綿を除去するためのみにかかる費用を通常の解体費用と区分して見積ることは困難であります。これらの理由から、資産除去債務を合理的に見積ることができないため、当該債務に見合う資産除去債務を計上しておりません。

2-23　賃貸等不動産関係注記（連結財規15の24）

ポイント

- 賃貸収益やキャピタル・ゲインの獲得を目的として保有する（開発する）不動産と遊休不動産が記載対象である。
- 賃貸等不動産の総額に重要性が乏しい場合は記載を省略できるが、その判断は賃貸等不動産の時価や含み損益も一定の考慮をした上で行う必要である。
- 時価の把握は、原則的な方法以外に、みなし時価や時点修正による方法など、ある程度簡便的な方法によることも認められる。

棚卸資産に分類されている不動産以外のものであって、賃貸収益またはキャピタル・ゲインの獲得を目的として保有されている不動産である「賃貸等不動産」について、以下の事項を注記する。

ただし、賃貸等不動産の総額に重要性が乏しい場合には、注記を省略できる。

①　賃貸等不動産の概要
・主な賃貸等不動産の内容、種類、場所が含まれるが、必ずしも個別の賃貸等不動産について記載することを要しない。

②　賃貸等不動産の連結貸借対照表計上額及び当連結会計年度における主な変動

③　賃貸等不動産の連結決算日における時価及び当該時価の算定方法

④　賃貸等不動産に関する損益

2-23-1　賃貸等不動産の範囲（適用指針3～7）

賃貸等不動産には、以下のものが含まれる。なお、連結財務諸表での注記の場合は、連結グループ間で賃貸されている不動産は連結貸借対照表上で投資不動産には該当しないことから、時価の開示対象とはならない。

賃貸等不動産

- 連結貸借対照表において投資不動産として区分されている不動産
- 将来の使用が見込まれていない遊休不動産
- 将来において賃貸等不動産として使用される予定で開発中の不動産
- 継続して賃貸等不動産として使用される予定で再開発中の不動産
- 賃貸を目的として保有されているにもかかわらず、一時的に借手が存在していない不動産
- その他賃貸されている不動産

2-23-2　賃貸等不動産に該当する部分とそうでない部分が存在する不動産

物品の製造や販売、サービスの提供、経営管理に使用されている場合（社宅などの従業員のための福利厚生施設や研修施設等）は賃貸収益やキャピタル・ゲインの獲得を目的としていないため、時価等の開示対象とはならない。そのため、これらの部分と賃貸等不動産として使用される部分とで構成される不動産については、原則として管理会計上の区分方法その他の合理的な方法を用いて区分し、賃貸等不動産として使用される部分を時価等の開示対象とする。

ただし、賃貸等不動産として使用される部分の割合が低い場合は、実務負担等を勘案し、賃貸等不動産に含めないことができる。逆に、物品の製造や販売、サービスの提供、経営管理に使用されている部分の割合が低い場合は、全体を賃貸等不動産として取り扱うこともできる。

2-23-3 賃貸等不動産の総額に重要性が乏しい場合

賃貸等不動産の総額に重要性が乏しい場合には、注記を省略できるが、当該重要性の判断にあたっては、賃貸等不動産の連結貸借対照表日における時価の合計額と当該含み損益を加味した総資産の金額との比較によって行う。この場合の時価は、一定の評価額や適切に市場価格を反映していると考えられる指標に基づく価額等（建物等の償却性資産については、適正な帳簿価額）を用いて簡便的に把握することができる。

ただし、明らかに重要性が乏しいと判断される場合は、連結貸借対照表日における時価を基礎とした金額による重要性の判断を行わず、注記を省略できる。

2-23-4 賃貸等不動産の連結貸借対照表計上額及び当連結会計年度における主な変動

賃貸等不動産の連結貸借対照表計上額及び変動額は原則として帳簿価額ベースで記載するが、連結貸借対照表で減価償却累計額等を別掲している場合には、取得価額ベースでの記載することもできる。

変動には、取得、処分等による変動に加え、賃貸等不動産から棚卸資産への振替及び棚卸資産から賃貸等不動産への振替による変動も含まれる。

また、重要な変動については、その事由及び金額を記載する。増減額の記載は、増加と減少を総額記載する方法または純増減額を記載する方法のいずれも認められると考えられる。

2-23-5 賃貸等不動産の連結決算日における時価

(1) 原則的な時価

賃貸等不動産の連結決算日における時価とは、通常、観察可能な市場価格に基づく価額をいい、市場価格が観察できない場合には合理的に算定された価額をいう。

合理的に算定された価額は、「不動産鑑定評価基準」（国土交通省）による方法または類似の方法に基づき、自社における合理的な見積り算定額または不動産鑑定士による鑑定評価額が該当する。もし契約により取り決められた一定の売却予定価額がある場合は、合理的に算定された価額として当該売却予定価額を用いる。また、実際の収益物件の価格形成が収益還元法に基づいている場合が多いことなどから、割引キャッシュ・フロー（DCF）法を重視した方法も認められる。

⑵ みなし時価

開示対象となる賃貸等不動産のうち重要性が乏しいものについては、一定の評価額や適切に市場価格を反映していると考えられる指標に基づく価額等を時価とみなすことができる。たとえば、いわゆる実勢価格や査定価格などの評価額や、土地の価格指標として、公示価格、都道府県基準地価格、路線価による相続税評価額、固定資産税評価額が含まれる。

なお、いわゆる簡易鑑定による評価額については、ここにいう「一定の評価額」には該当する場合が多いと考えられるが、「不動産鑑定評価基準」に準拠したものでなければ上記の原則的な時価とは言えないため、重要な賃貸等不動産の時価として採用できるかどうかには留意する。

⑶ 時点修正

第三者からの取得時または上記の原則的な時価の算定を行った時から、一定の評価額や適切に市場価格を反映していると考えられる指標に重要な変動が生じていない場合には、当該評価額や指標を用いて調整した金額をもって当期末における時価とみなすことができ、さらに、その変動が軽微であるときには、取得時の価額または直近の原則的な時価算定による価額をもって当期末における時価とみなすことができる。

しかし、取得や原則的評価から長期間経過した場合や、指標等に重要な変動が生じている場合には、原則的な時価を算定する必要がないかどうかに留意する。

(4) 時価の把握が極めて困難な場合

現在も将来も使用が見込まれておらず売却も容易にできない山林や着工して間もない大規模開発中の不動産等、賃貸等不動産の時価の把握が極めて困難な場合には、重要性が乏しい場合を除き、その理由、当該賃貸等不動産の概要及び連結貸借対照表計上額を他の賃貸等不動産とは別に記載する。

2-23-6 賃貸等不動産に関する損益

損益の注記については、原則的には連結損益計算書における金額に基づいて記載するが、管理会計上の数値に基づいて適切に算定した額その他の合理的な方法に基づく金額によることもできる。

損益項目としては、経常的に発生する賃貸収益やこれに係る費用（賃貸費用）に加え、売却損益、減損損失といった非経常的に発生するキャピタル損益やその他の損益等を適切に区分して記載する。

必ずしも収益と費用の総額記載や、主な費目の区分記載は求められていないが、財務諸表利用者が賃貸等不動産の資産効率を適切に判断することができるように、実質的な賃料収入等の指標が把握できる程度の損益の注記が望ましい。

なお、損益の重要性が乏しい場合は、注記を省略できる。

賃貸等不動産関係注記記載例

当社及び一部の連結子会社では、東京都その他の地域において、賃貸用のオフィスビル（土地を含む）を有している。平成○年○月期における当該賃貸等不動産に関する賃貸損益はXXX百万円（賃貸収益は営業外収益に、主な賃貸費用は営業外費用に計上）、減損損失はXXX百万円（特別損益に計上）である。

また、当該賃貸等不動産の連結貸借対照表計上額、当期増減額及び時価は、次のとおりである。

（単位：百万円）

連結貸借対照表計上額			当連結会計年度末の時価
前連結会計年度末残高	当連結会計年度増減額	当連結会計年度末残高	
XXX	XXX	XXX	XXX

（注１） 連結貸借対照表計上額は、取得原価から減価償却累計額及び減損損失累計額を控除した金額である。
（注２） 当期増減額のうち、主な増加額は不動産取得（XXX 百万円）であり、主な減少額は減損損失（XXX 百万円）である。
（注３） 当連結会計年度末の時価は、主として「不動産鑑定評価基準」に基づいて自社で算定した金額（指標等を用いて調整を行ったものを含む）である。

2-24 関連当事者情報

ポイント

- 関連当事者情報の記載にあたっては、重要な関連当事者取引を漏れなく記載することが最も重要であるため、関連当事者の網羅的把握と関連当事者取引の情報収集が重要である。
- 形式面によらず、実質的に関連当事者取引に該当するかどうかを検討する必要がある。
- 開示対象は「重要な」関連当事者取引であり、重要性判断基準は基準等に明記されている。

2-24-1 関連当事者の範囲（連結財規15の４）

関連当事者とは、ある当事者が他の当事者を支配しているか、または、他の当事者の財務上及び業務上の意思決定に対して重要な影響力を有している場合の当事者等をいい、以下の者をいう。なお、適切な関連当事者の開示の観点から、関連当事者の範囲は形式的に判定するのではなく、実質的に判定する必要がある。

① 連結財務諸表提出会社の親会社

・「会社」には、会社だけでなく、組合その他これらに準ずる事業体が含まれる。(以下、同じ)

② 連結財務諸表提出会社の非連結子会社

③ 連結財務諸表提出会社と同一の親会社をもつ会社等（兄弟会社）

④ 連結財務諸表提出会社のその他の関係会社並びに当該その他の関係会社の親会社及び子会社

・「その他の関係会社」には、連結財務諸表提出会社を共同で支配する「共同支配投資企業」が含まれる。

⑤ 連結財務諸表提出会社の関連会社及び当該関連会社の子会社

・「関連会社」には、連結グループ会社と他の独立した企業により共同で支配されている「共同支配企業」が含まれる。

⑥ 連結財務諸表提出会社の主要株主及びその近親者

・「主要な株主」とは、自己または他人の名義をもって総株主の議決権の10%以上を保有している株主をいい、保有態様等の事情から主要株主には該当しない者は除外する。

・「近親者」とは、二親等以内の親族をいう。(以下、同じ)

⑦ 連結財務諸表提出会社の役員及びその近親者

・「役員」には、取締役、会計参与、監査役、執行役等の法的な役員だけでなく、実質的に会社の経営に強い影響力があるかどうかを判定して、相談役、顧問、会長、執行役員等が該当しないかどうかに留意する。(以下、同じ)

⑧ 連結財務諸表提出会社の親会社の役員及びその近親者

⑨ 連結財務諸表提出会社の重要な子会社の役員及びその近親者

・「重要な子会社の役員」の「重要な」は「役員」にかかっている。すなわち、役員ごとに、その個人としての重要性で判断するものであり、子会社の役員のうち連結グループの事業運営に強い影響力を持つ役員や、連結グループの中核となる事業活動を行う子会社の役員のうち当該業務を指示し、統制する役員がこれに該当する。

⑩　上記⑥～⑨の者が議決権の過半数を自己の計算において所有している会社等及び当該会社等の子会社

⑪　従業員のための企業年金

・連結財務諸表提出会社または連結子会社と重要な取引（掛金の拠出を除く）を行う場合に限る。

2-24-2　関連当事者との取引に関する注記（連結財規15の4の2）

(1)　注記事項

開示対象となる関連当事者との重要な取引がある場合、原則として個々の関連当事者ごとに、以下の事項を注記する。

①　関連当事者が会社等の場合
- 名称
- 所在地
- 資本金または出資金
- 事業の内容
- 関連当事者の議決権に対する連結財務諸表提出会社の所有割合または当該連結財務諸表提出会社の議決権に対する当該関連当事者の所有割合

②　関連当事者が個人の場合
- 氏名
- 職業
- 連結財務諸表提出会社の議決権に対する関連当事者の所有割合

③　当該連結財務諸表提出会社と当該関連当事者との関係

④　取引の内容

⑤　取引の種類別の取引金額

⑥　取引条件及び取引条件の決定方針

・取引条件の変更があった場合には、以下の事項を記載する。

・その旨

・変更の内容

・当該変更が連結財務諸表に与えている影響の内容

⑦　取引により発生した債権債務に係る主な科目別の期末残高

⑧　関連当事者に対する債権が貸倒懸念債権または破産更生債権等に区分されている場合には、次の事項

・当連結会計年度末の貸倒引当金残高

・当連結会計年度に計上した貸倒引当金繰入額等

・当連結会計年度に計上した貸倒損失等

⑨　関連当事者との取引に関して、貸倒引当金以外の引当金が設定されている場合において、注記することが適当と認められるものについては、⑧に準ずる事項

(2)　開示対象取引・開示対象外取引

①　開示対象取引

・連結財務諸表作成会社と関連当事者との取引

・連結子会社と関連当事者との取引

・形式的・名目的に第三者との取引であっても、当該取引の実質的な相手先が関連当事者に該当することが明らかな場合には、実質的には関連当事者との取引であるため、開示対象となる。

② 開示対象外取引

→関連当事者取引であっても開示対象ではない
- 連結財務諸表の作成にあたって相殺消去した取引
- 一般競争入札による取引並びに預金利息及び配当の受取りその他取引の性質からみて取引条件が一般の取引と同様であることが明白な取引
- 役員に対する報酬、賞与及び退職慰労金の支払い
- 公募増資の引き受け
- 役員などの関連当事者が従業員の立場で行っていることが明らかな取引

⑶ 開示取引の重要性判断

開示すべき重要な関連当事者取引の重要性判断基準は、関連当事者適用指針に規定されている。

① 関連当事者が法人である場合（関連当事者適用指針15）

関連当事者が法人グループ（親会社及び法人主要株主等、関連会社等、兄弟会社等）である場合、次頁の関連当事者との取引を開示対象とする。

売上高	⇨ 売上高の10%超の取引
売上原価 販売費及び一般管理費	⇨ 売上原価と販売費及び一般管理費の合計額の10%超の取引
営業外収益 営業外費用	⇨ 営業外収益／費用の10%超の損益
特別利益 特別損失	⇨ 1,000万円超の取引

営業外損益、特別損益について

取引総額を開示。取引総額と損益が相違する場合には損益を併せて開示。

ただし、取引総額が、税金等調整前当期純損益または最近5年間の平均の税金等調整前当期純損益（当該期間中に税金等調整前当期純利益と税金等調整前当期純損失がある場合には、原則として税金等調整前当期純利益が発生した年度の平均）の10%以下となる場合には、開示不要。

連結BSの各科目とその注記事項 債務保証等及び担保提供 または受入れ	⇨ 総資産の1%超の取引
資金貸借取引、有形固定資産や有価証券の購入・売却取引等	⇨ 取引の発生総額（資金貸付額等）が総資産の1%を超える取引

→取引が反復的に行われている場合や、その発生総額の把握が困難である場合には、期中の平均残高が総資産の1%を超える取引を開示することもできる。

事業の譲受または譲渡 ⇒ 対象となる資産または負債の総額のいずれか大きい額が、総資産の１％を超える取引

② 関連当事者が個人の場合（関連当事者適用指針16）

個人の関連当事者との取引 ⇒ 1,000万円以上のすべての取引

親会社及び重要な子会社の役員を含む会社の役員もしくはその近親者（以下、この節では「当該役員等」という）が議決権の過半数を自己の計算において所有している会社及びその子会社と取引も、上記の関連当事者が個人である場合の重要性判断基準を用いる。

しかし、当該役員等が他の法人の代表者を兼務しており、当該役員等がその法人の代表者として会社と取引を行うような場合には、法人間における商取引に該当するため、関連当事者が法人である場合の重要性判断基準を用いることになる。

関連当事者記載例

1．関連当事者との取引

(1) 連結財務諸表提出会社と関連当事者との取引

（ア）連結財務諸表提出会社の親会社及び主要株主（会社等の場合に限る。）等

（単位：百万円）

種類	会社等の名称または氏名	所在地	資本金または出資金	事業の内容または職業	議決権等の所有（被所有）割合（％）	関連当事者との関係	取引の内容	取引金額	科目	期末残高
主要株主	○○㈱	東京都○○区	XXX	卸売業	（被所有）直接 XX.X	商品の仕入	○○商品の購入	X,XXX	買掛金	X,XXX

(イ) 連結財務諸表提出会社の非連結子会社及び関連員社等　(単位：百万円)

種類	会社等の名称または氏名	所在地	資本金または出資金	事業の内容または職業	議決権等の所有(被所有)割合(%)	関連当事者との関係	取引の内容	取引金額	科目	期末残高
関連会社	○○○○㈱	大阪府大阪市○○区	XXX	製造業	(所有)直接XX.X	当社製品の販売役員の兼任	○○製品の販売	X,XXX	受取手形及び売掛金	X,XXX
関連会社	㈱○○○	東京都○○区	X,XXX	○○業	(所有)直接XX.X	資金援助役員の兼任	資金の貸付	X,XXX	破産更生債権等	X,XXX

(ウ) 連結財務諸表提出会社と同一の親会社をもつ会社等及び連結財務諸表提出会社のその他の関係会社の子会社等　(単位：百万円)

種類	会社等の名称または氏名	所在地	資本金または出資金	事業の内容または職業	議決権等の所有(被所有)割合(%)	関連当事者との関係	取引の内容	取引金額	科目	期末残高
同一の親会社を持つ会社	○リース㈱	東京都○○区	X,XXX	リース業	なし	設備の賃借	コンピューターの賃借	X,XXX	買掛金	X,XXX
その他の関係会社	○○㈱	東京都○○区	X,XXX	製造業	(被所有)直接X.X間接X.X	技術援助契約の締結	技術料の支払	X,XXX	買掛金	X,XXX

(エ) 連結財務諸表提出会社の役員及び主要株主（個人の場合に限る。）等

(単位：百万円)

種類	会社等の名称または氏名	所在地	資本金または出資金	事業の内容または職業	議決権等の所有(被所有)割合(%)	関連当事者との関係	取引の内容	取引金額	科目	期末残高
役員	○○○	—	—	当社代表取締役	(被所有)直接X.X	土地の購入	土地の購入	X,XXX	—	—
親会社の役員	○○○	—	—	㈱A社取締役	なし	土地の賃借	駐車場用地の賃借	X,XXX	その他流動負債	XXX

(注) 1．上記（ア）～（エ）の金額のうち、取引金額には消費税等が含まれておらず、期末残高には消費税等が含まれている。
2．取引条件及び取引条件の決定方針等
(1)製商品の購入・販売については、一般の取引条件と同様に決定している。
(2)資金の貸付については、×年×月より無利息としている。
(3)コンピューター貸借料については、一般の取引条件と同様に決定している。
(4)技術料の支払については、一般の取引条件と同様に決定している。
(5)土地の購入価額については、不動産鑑定士の鑑定価格を参考に決定している。
(6)土地の賃借料については、近隣の取引事例を参考に決定している。
(7)㈱○○○への更生債権等に対し、X,XXX百万円の貸倒引当金を計上している。また、当連結会計年度においてX,XXX百万円の貸倒引当金繰入額を計上している。

(2) 連結財務諸表提出会社の連結子会社と関連当事者との取引

(ア) 連結財務諸表提出会社の親会社及び主要株主（会社等の場合に限る。）等

（単位：百万円）

種類	会社等の名称または氏名	所在地	資本金または出資金	事業の内容または職業	議決権等の所有（被所有）割合(%)	関連当事者との関係	取引の内容	取引金額	科目	期末残高
主要株主	○○㈱	東京都○○区	XXX	卸売業	(被所有)直接XX.X	商品の仕入	××㈱他による○○商品の購入	X,XXX	買掛金	X,XXX

(イ) …………

(ウ) …………

(エ) …………

(注) 1．上記（ア）～（エ）の金額のうち、取引金額には消費税等が含まれておらず、期末残高には消費税等が含まれている。
2．取引条件及び取引条件の決定方針等

2-25 親会社または重要な関連会社に関する事項（連結財規15の4の3）

2-25-1 注記事項

親会社または重要な関連会社が存在する場合、以下の事項を注記する。

① 親会社
- 親会社の名称
- 親会社の発行する有価証券を金融商品取引所に上場しているか否かの別（上場している場合、金融商品取引所の名称も開示）

② 重要な関連会社
- 関連会社の名称
- 関連会社の要約財務情報

2-25-2 重要な関連会社に関する開示

(1) 開示の重要性判断（関連当事者適用指針19）

以下の①②のいずれかに該当する関連会社は、重要な関連会社の開示が求められる。

① 各関連会社の総資産（持分相当額）が、総資産の10%を超える場合

② 各関連会社の税引前当期純損益（持分相当額）が、税金等調整前当期純損益の10%を超える場合

・上記②を満たす場合であっても、会社の最近5年間の平均の税金等調整前当期純損益（当該期間中に税金等調整前当期純利益と税金等調整前当期純損失がある場合には、原則として税金等調整前当期純利益が発生した年度の平均）の10%を超えない場合には、開示不要である。

(2) 重要な関連会社の要約財務情報（関連当事者適用指針11）

重要な関連会社と判定された関連会社について、持分法投資損益の算定に用いた財務情報に基づいて、以下の事項を注記する。

① 貸借対照表項目
- 流動資産合計
- 固定資産合計
- 流動負債合計
- 固定負債合計
- 純資産合計

② 損益計算書項目
- 売上高
- 税引前当期純損益
- 当期純損益

なお、上記の財務情報は合算して記載することも認められているため、開示方法として、

・個別の重要な関連会社ごとに開示する方法
・重要な関連会社を合算する方法
・持分法投資損益の算定対象としたすべての関連会社の財務情報を合算して開示する方法（この場合はその旨と重要な関連会社の名称を明記する）

のいずれかを選択できる。

親会社関連会社注記記載例

⑴ **親会社情報**

㈱A社（○○証券取引所に上場）

⑵ **重要な関連会社の要約財務情報**

当連結会計年度において、重要な関連会社はD社及びE社であり、その要約財務情報は以下のとおりである。

	D社	E社
流動資産合計	XX,XXX	XX,XXX
固定資産合計	XX,XXX	XX,XXX
流動負債合計	XX,XXX	XX,XXX
固定負債合計	XX,XXX	XX,XXX
純資産合計	X,XXX	X,XXX
売上高	XX,XXX	XX,XXX
税引前当期純利益金額	X,XXX	X,XXX
当期純利益金額	X,XXX	X,XXX

2-26 開示対象特別目的会社関係注記（連結財規13Ⅱ④）

2-26-1 開示対象特別目的会社

連結の範囲の決定は実質支配力基準によることとされ、これに従った子会社の用件は満たすものの、出資者等の子会社に該当しないと推定される一定の特別目的会社が存在する。連結範囲等見直し取扱い三では以下のように説明されている。

> 特別目的会社については、適正な価額で譲り受けた資産から生ずる収益を当該特別目的会社が発行する証券の所有者に享受させることを目的として設立されており、当該特別目的会社の事業がその目的に従って適切に遂行されているときは、当該特別目的会社に対する出資者及び当該特別目的会社に資産を譲渡した会社（以下「出資者等」という）から独立しているものと認め、出資者等の子会社に該当しないものと推定する。

このように、連結対象としない特別目的会社を「開示対象特別目的会社」とし、連結グループの状況に関する利害関係者の判断に資するよう、一定の注記が求められている。

2-26-2 注記事項

開示対象特別目的会社が存在する場合、類似の取引形態や対象資産等ごとに適切に集約して、以下の事項を概括的に注記する。

なお、連結の範囲等に係る重要性が乏しいものと同程度のものは、重要性が乏しいものとして注記を省略できる。この重要性の判断にあたっては、集約した単位ごとに行うことが適当である。

① 開示対象特別目的会社の概要
・開示対象特別目的会社の数
・主な法形態
・会社との関係（開示対象特別目的会社の議決権に対する所有割合、役員の兼任状況など）

② 開示対象特別目的会社を利用した取引の概要
・会社と開示対象特別目的会社との取引状況（主な対象資産等の種類、主な取引形態、回収サービス業務や収益を享受する残存部分の保有などの継続的な関与の概要、将来における損失負担の可能性など）
・取引の目的

③ 開示対象特別目的会社との取引金額等
・会社と開示対象特別目的会社との間（開示対象特別目的会社間も含む）で当連結会計年度に行った主な取引の金額（資産の譲渡取引額など）または当該取引の期末残高（資金取引に係る債権債務や債務保証、担保などの額）
・当連結会計年度の主な損益計上額（譲渡損益、金融損益、投資からの分配損益、回収サービス業務による損益など）
・開示対象特別目的会社の直近の財政状態（資産総額や負債総額）

なお、本章「2－1連結財務諸表作成のために基本となる重要な事項」の連結範囲に関する事項で当該注記を記載するとの項目が連結財規に記載されているが、実務的には、別途「開示対象特別目的会社関係」の項目を別建てして上記事項を記載する。

開示対象 SPC 関係注記記載例

1．開示対象特別目的会社の概要及び開示対象特別目的会社を利用した取引の概要

当社では、資金調達先の多様化を図り、安定的に資金を調達することを目的として、リース債権、割賦債権、営業貸付金の流動化を実施している。当該流動化にあたり、特別目的会社を利用しているが、これらには特例有限会社や株式会社、資産流動化法上の特定目的会社がある。当該流動化において、当社は、前述したリース債権、割賦債権、営業貸付金を特別目的会社に譲渡し、譲渡した資産を裏付けとして特別目的会社が社債の発行や借入によって調達した資金を、売却代金として受領する。

さらに、当社は、いくつかの特別目的会社に対し回収サービス業務を行い、また、譲渡資産の残存部分を留保している。このため、当該譲渡資産が見込みより回収不足となった劣後的な残存部分については、平成○年○月末現在、適切な評価減などにより、将来における損失負担の可能性を会計処理に反映している。

流動化の結果、平成○年○月末において、取引残高のある特別目的会社は○社あり、当該特別目的会社の直近の決算日における資産総額（単純合算）はX,XXX百万円、負債総額（単純合算）はX,XXX百万円である。なお、いずれの特別目的会社についても、当社は議決権のある株式等は有しておらず、役員または従業員の派遣はない。

2．当連結会計年度（自　平成○年○月○日　至　平成○年○月○日）における特別目的会社との取引金額等

	主な取引の金額または当連結会計年度末残高	主な損益	
		（項目）	（金額）
譲渡資産（注１）:	（百万円）		（百万円）
リース債権	X,XXX	売却益	XXX
割賦債権	X,XXX	売却益	XXX
営業貸付金	X,XXX	売却益	XXX
譲渡資産に係る残存部分（注２）	X,XXX	分配益	XX
回収サービス業務(注３)	XXX	回収サービス業務収益	XX

（注１）譲渡資産に係る取引の金額は、譲渡時点の帳簿価額によって記載している。また、譲渡資産に係る売却益は、営業外収益に計上されている。

（注２）譲渡資産に係る残存部分の取引の金額は、当連結会計年度における資産

の譲渡によって生じたもので、譲渡時点の帳簿価額によって記載している。平成○年○月末現在、譲渡資産に係る残存部分の残語は、XX,XXX百万円である。
　また、当該残存部分に係る分配益は、営業外収益に計上されている。
（注３）回収サービス業務収益は、通常得べかりし収益を下回るため、下回る部分の金額は、回収サービス業務負債として固定負債「その他」に計上している。回収サービス業務収益は、営業外収益に計上されている。

2-27　１株当たり情報

１株当たり情報として、以下の事項を注記する。

①　１株当たり純資産額
（連結財規44の２、財規68の４）
②　１株当たり当期純損益金額及びその算定上の基礎
（連結財規65の２、財規95の５の２）
③　潜在株式調整後１株当たり当期純利益金額及びその算定上の基礎
（連結財規65の３、財規95の５の３）

2-27-1　１株当たり純資産

普通株式に係る連結会計年度末純資産額がマイナスの場合、マイナスの純資産額を連結会計年度末の普通株式数で除した金額を１株当たり純資産額として開示する。

なお、算定上の基礎の開示は求められていないが、開示することもできる。

2-27-2　1株当たり純損益金額

1株当たり純損益金額の算定上の基礎として、以下の事項を開示する。

・連結損益計算書上の当期純損益
・1株当たり当期純損益の算定に用いられた普通株式に係る当期純損益及びこれらの差額（普通株主に帰属しない金額）の主要な内訳
・1株当たり当期純損益の算定に用いられた普通株式及び普通株式と同等の株式の期中平均株式数の種類別の内訳

2-27-3　潜在株式調整後1株当たり当期純利益金額

潜在株式調整後1株当たり当期純利益金額の算定上の基礎として、以下の事項を開示する。

・潜在株式調整後1株当たり当期純利益の算定に用いられた当期純利益調整額及び普通株式増加数の主要な内訳
・希薄化効果を有しないため、潜在株式調整後1株当たり当期純利益の算定に含まれなかった潜在株式の概要（その旨、潜在株式の種類、潜在株式の数を含む）

また、以下の場合はその旨を記載し、潜在株式調整後1株当たり当期純利益金額の記載を省略できる。

・潜在株式が存在しない場合
・潜在株式が存在しても希薄化効果を有しない場合
・1株当たり当期純損失の場合

なお、会計方針の変更による1株当たり情報への影響額は、会計方針の変更に関する注記事項の一つとされているため、当該注記がなされていること及び影響額を脚注記載する。

1株当たり情報記載例

	前連結会計年度 (自　○年○月○日 至　○年○月○日)	当連結会計年度 (自　○年○月○日 至　○年○月○日)
1株当たり純資産額	XXX 円 XX 銭	XXX 円 XX 銭
1株当たり当期純利益金額	XX 円 XX 銭	XX 円 XX 銭
潜在株式調整後金額		
1株当たり当期純利益金額	XX 円 XX 銭	XX 円 XX 銭

(注) 1.1株当たり当期純利益金額及び潜在株式調整後1株当たり当期純利益金額の算定上の基礎は、以下のとおりである。

	前連結会計年度 (自　平成○年○月○日 至　平成○年○月○日)	当連結会計年度 (自　平成○年○月○日 至　平成○年○月○日)
1株当たり当期純利益金額		
当期純利益(百万円)	X,XXX	X,XXX
普通株主に帰属しない金額(百万円)	XXX	XXX
(うち…………)	XX	XX
普通株式に係る当期純利益(百万円)	X,XXX	X,XXX
普通株式の期中平均株式数(千株)	X,XXX,XXX	X,XXX,XXX
潜在株式調整後1株当たり当期純利益金額		
当期純利益調整額(百万円)	XX	XX
(うち支払利息(税額相当額控除後)(百万円)	XX	XX
(うち………)	XX	XX
普通株式増加数(千株)	XX,XXX	XX,XXX
(うち転換社債(千株)	XX,XXX	XX,XXX
(うち新株予約権(千株))	XX,XXX	XX,XXX

希薄化効果を有しないため、潜在株式調整後１株当たり当期純利益の算定に含めなかった潜在株式の概要	第○回転換社債（額面総額○○○百万円）及び第○回新株予約権付社債（券面総額○○○百万円、並びに新株予約権○種類（新株予約権の数○個）。第○回転換社債及び第○回新株予約権付社債の概要は「社債明細表」、新株予約権の概要は「新株予約権等の状況」に記載のとおり。	第○回転換社債（額面総額○○○百万円）及び第○回新株予約権付社債（券面総額○○○百万円、並びに新株予約権○種類（新株予約権の数○個）。第○回転換社債及び第○回新株予約権付社債の概要は「社債明細表」、新株予約権の概要は「新株予約権等の状況」に記載のとおり。

【会計方針の変更があった場合】

（注）「会計方針の変更」に記載のとおり、当連結会計年度における会計方針の変更は遡及適用され、前連結会計年度については遡及適用後の連結財務諸表となっている。この結果、遡及適用を行う前と比べて、前連結会計年度の１株当たり純資産、１株当たり当期純利益及び潜在株式調整後１株当たり当期純利益はそれぞれXX円XX銭、XX円XX銭及びXX円XX銭増加している。

【１株当たり純資産の算定上の基礎も記載する場合】

２．１株当たり純資産額の算定上の基礎は、以下のとおりである。

	前連結会計年度末 （平成○年○月○日）	当連結会計年度末 （平成○年○月○日）
純資産の部の合計額　（百万円）	XXX,XXX	XXX,XXX
純資産の部の合計額から控除する金額（百万円）	XXX	XXX
（うち新株予約権）	(XXX)	(XXX)

（うち少数株主持分）	(XXX)	(XXX)
普通株式に係る期末の純資産額（百万円）	XXX,XXX	XXX,XXX
1株当たり純資産額の算定に用いられた期末の普通株式の数（千株）	X,XXX,XXX	X,XXX,XXX

2-28 重要な後発事象（連結財規14の９）

連結決算日後、連結会社並びに持分法が適用される非連結子会社及び関連会社の翌連結会計年度以降の財政状態及び経営成績に重要な影響を及ぼす事象が発生したときは、当該事象を注記する。

ただし、その事業年度の末日が連結決算日と異なる子会社及び関連会社については、当該子会社及び関連会社の貸借対照表日後に発生した当該事象を注記する。

連結上の後発事象としては、以下のものが挙げられる。

① 火災、出水等による重大な損害の発生
② 多額の増資または減資及び多額の社債の発行または繰上償還
③ 会社の合併、重要な営業の譲渡または譲受
④ 重要な係争事件の発生または解決
⑤ 主要な取引先の倒産
⑥ 株式併合及び株式分割
⑦ 重要な連結範囲の変更
⑧ セグメント情報に関する重要な変更
⑨ 重要な未実現利益の実現

2-29　追加情報（連結財規15）

上記の連結財規に定める注記事項のほか、連結財務諸表提出会社の利害関係人が企業集団の財政状態、経営成績及びキャッシュ・フローの状況に関する適正な判断を行うために必要と認められる事項があるときは、当該事項を記載する。

監査・保証実務委員会実務指針第77号「追加情報について」では、追加情報は以下のように分類される

(1)　会計方針の記載に併せて注記すべき追加情報

①　会計上の見積りの変更

②　会計処理の対象となる会計事象等の重要性が増したことに伴う本来の会計処理への変更

③　会計処理の対象となる新たな事実の発生に伴う新たな会計処理の採用

(2)　財務諸表等の特定の科目との関連を明らかにして注記すべき追加情報

①　資産の使用・運用状況の説明

資産の使用・運用状況について通常の使用方法によらず、特殊な方法によっている場合には、当該事実及び関連する金額を記載する。

・重要な遊休または一時休止の固定資産がある場合

・販売用不動産等の保有目的の変更がある場合

②　特殊な勘定科目の説明

財務諸表等の表示に、一般的には使用頻度の少ない特殊な勘定科目を使用している場合など、勘定科目名の記載だけではその内容が明確ではない場合に、追加情報として注記することにより当該内容を説明する。

・損益計算書における特別損益科目の説明

・業種特有の科目の説明

・収用等に伴う圧縮記帳

③　会計基準等で注記を求めている事項

連結財規等で定めている注記事項以外で、企業会計基準委員会や日本公認会計士協会の各種委員会が公表した会計基準等に基づいて追加情報として記載する。

・保証債務の履行による損失の発生の可能性が高いが、金額の見積りが不可能な場合、及び損失の発生がある程度予想される場合には、その旨、主たる債務者の財政状態、主たる債務者と保証人との関係内容、主たる債務者の債務履行についての今後の見通し等、その状況を適切に説明するために必要な事項を記載（監査・保証実務委員会実務指針第61号「債務保証及び保証類似行為の会計処理及び表示に関する監査上の取扱い」による注記事項）

また、連結固有の事項として、連結子会社の増加、または重要性による開示範囲の変更等によってセグメンテーションの方法等を変更した場合や連結決算手続上、親子会社間の会計処理の統一を図るために、親会社の個別財務諸表の会計処理を連結財務諸表上修正している場合の記載が挙げられる。

その他、期間比較上説明を要する事項、後発事象に該当しないが説明を要する事項等が挙げられる。

2-30　継続企業の前提に関する注記（連結財規15の22、財規8の27）

継続企業の前提に関する注記は、債務超過や継続した営業赤字の発生といった継続企業の前提に重要な疑義を生じさせるような事象または状況が存在する場合、これを解消または改善するための対応策を講じてもなお継続企業の前提に関する重要な不確実性が認められる場合に、記載が要求されるものである。

継続企業の前提に関する注記には、以下の事項を記載する。

① 継続企業の前提に重要な疑義を生じさせるような事象または状況が存在する旨及びその内容
② 当該事象または状況を解消し、または改善するための対応策
③ 重要な不確実性が認められる旨及びその理由
④ 連結財務諸表は継続企業を前提として作成されており、当該重要な不確性の影響を連結財務諸表に反映していない旨

2-30-1 継続企業の前提に重要な疑義を生じさせるような事象または状況が存在する旨及びその内容

日本公認会計士協会の監査・保証実務委員会報告第74号「継続企業の前提に関する開示について」4に、継続企業の前提に重要な疑義を生じさせるような事象または状況として、以下の例示が列挙されている。

区分	例示
財務指標関係	売上高の著しい減少
	継続的な営業損失の発生または営業キャッシュ・フローのマイナス
	重要な営業損失、経常損失または当期純損失の計上
	重要なマイナスの営業キャッシュ・フローの計上
	債務超過
	営業債務の返済の困難性
	借入金の返済条項の不履行または履行の困難性
	社債等の償還の困難性
	新たな資金調達の困難性
	債務免除の要請

	売却を予定している重要な資産の処分の困難性
	配当優先株式に対する配当の遅延または中止
営業活動関係	主要な仕入先からの与信または取引継続の拒絶
	重要な市場または得意先の喪失
	事業活動に不可欠な重要な権利の失効
	事業活動に不可欠な人材の流出
	事業活動に不可欠な重要な資産の毀損、喪失または処分
	法令に基づく重要な事業の制約
その他	巨額な損害賠償金の負担の可能性
	ブランド・イメージの著しい悪化

なお、以下のような「一定の事実」については、継続企業の前提が成立していないことが明らかであり、ここにいう当該事象または状況には該当しない。これらの「一定の事実」が存在する場合、継続企業を前提とした連結財務諸表の作成は認められない。

継続企業の前提が成立していないことが明らかな「一定の事実」

・更生手続開始決定の取消し、更生計画の不認可など
・再生手続開始決定の取消し、再生計画の不認可など
・整理開始後の破産宣告
・破産法の規定による破産の申立て
・会社法の規定による特別清算開始の申立て
・法令の規定による整理手続によらない関係者の協議等による事業継続の中止に関する決定
・行政機関による事業停止命令

連結財務諸表作成の観点からは、親会社の個別財務諸表に関する継続企業の前提の評価に加え、連結ベースの財務指標や、子会社において発生した事象または状況のうち、親会社の継続企業の前提に重要な影響を及ぼす項目も

検討する必要がある。

2-30-2 当該事象または状況を解消し、または改善するための対応策

少なくとも貸借対照表日の翌日から１年間にわたり企業が事業を継続できるかを検討する必要があり、取締役会等の会社意思決定機関の決議や、親会社等での承認の有無も重要視される。また、「２−30−１」の事象または状況に対応して、これを解消または改善できるものかどうか、実行可能なものであるかどうかに留意する。

2-30-3 重要な不確実性が存在しているかどうか

当該不確実性がもたらす影響の大きさ及びその発生可能性に基づき、実態に即して総合的かつ実質的に判断し、画一的判断を行うことがないよう留意する。２−30−２の対応策の遂行に関するリスク（景気変動リスク、財務制限条項への抵触リスク、計画との乖離リスク等）について、連結財務諸表利用者が企業の財政状態等を理解する上で一定の開示が必要と判断される場合に、重要な不確実性があるものと判断される。

なお、この判断にあたっては、監査を担当する公認会計士または監査法人との十分な協議が必要である。高度に慎重な判断が求められるため、監査法人等が主要取引金融機関等外部関係者への面談を必要とすることもあるので、事前に認識を共有することが重要である。

2-30-4 連結財務諸表は継続企業を前提として作成されており、当該重要な不確実性の影響を連結財務諸表に反映していない旨

財規８の27④には、「当該重要な不確実性の影響を財務諸表に反映しているか否かの別」と規定されているが、前出の監査・保証実務委員会報告第74号７④には、「〜（略）〜重要な不確実性の影響を財務諸表に反映していない旨」となっている。実務的には、重要な不確実性の影響を反映した財務諸表は清算財務諸表となり、通常想定されないため、影響を反映していない旨

を記載することとなる。

2-30-5 後発事象の検討

決算日後の状況にも留意する。決算日後に継続企業の前提に重要な疑義を生じさせるような事象または状況が発生し、重要な不確実性が認められ、翌年度以降の連結財務諸表に重要な影響を及ぼす場合は、重要な後発事象として取り扱う。

また、決算日後に重要な不確実性が解消した場合は、注記をする必要はない（連結財規15の22）。

2-30-6 事業等リスク等への記載

継続企業の前提に重要な疑義を生じさせるような事象または状況が存在するが、重要な不確実性までは認められず、注記しない場合でも、その旨及び具体的な内容を有価証券報告書の「事業等のリスク」「財政状態、経営成績及びキャッシュ・フローの状況の分析」にわかりやすく記載する（監査・保証実務委員会報告第74号３）。

なお、重要な不確実性が認められ、継続企業の前提に関する注記を記載する場合でも、当該注記に係る継続企業の前提に重要な疑義を生じさせるような事象または状況が発生した経緯及び経過等について、「事業等のリスク」及び「財政状態、経営成績及びキャッシュ・フローの状況の分析」に記載することになる（監査・保証実務委員会報告第74号３）。

これらの記載にあたっては、「主要な経営指標等の推移」、「業績等の概要」、「連結貸借対照表」、「連結損益計算書」、「連結キャッシュ・フロー計算書」などの他の開示数値との整合性にも留意する。

3 連結附属明細表（連結財規91～92）

連結附属明細表には、①社債明細表、②借入金等明細表、③資産除去債務明細表の３つある。なお、金融商品関係注記の社債、長期借入金、リース債務等の連結決算日後の返済予定の記載は、同様の内容が連結附属明細表に記載されているため省略する旨の開示をする事例が多い。

3-1 社債明細表

連結会社の発行している社債について、銘柄ごとに記載する。ただし、連結会社が発行している社債が多数ある場合には、その種類ごとにまとめて記載できる。

連結会社が発行する社債を連結財務諸表提出会社または連結子会社が保有しているなど連結グループ内で保有している社債の場合には、社債の銘柄ごとに、連結グループ内で保有している社債を控除した金額を記載する。ただし、合計欄の直前に「内部取引の消去」欄を設け、連結グループ内で保有している社債を当該欄でまとめて控除する形式によることもできる。

なお、重要性がない場合に記載が省略できる規定はないため、重要性がなくても社債があれば作成する必要がある。

記載様式

会社名	銘柄	発行年月日	前期末残高（円）	当期末残高（円）	利率（%）	担保	償還期限
合計	—	—			—	—	—

3-2 借入金等明細表

連結会社の借入金等について、項目別に記載する。借入金やリース債務のほか、コマーシャル・ペーパー、預り金、受入保証金等の有利子負債が開示対象となる。

連結会社間での取引がある場合には、これを控除した金額を記載する。ただし、合計欄の直前に「内部取引の消去」欄を設け、連結間取引の金額を当該欄でまとめて控除する形式によることもできる。

なお、重要性がない場合に記載が省略できる規定はないため、重要性がなくても作成する必要がある。

記載様式

区分	前期末残高（円）	当期末残高（円）	平均利率（%）	返済期限
短期借入金				—
1年以内に返済予定の長期借入金				—
1年以内に返済予定のリース債務				—
長期借入金（1年以内に返済予定のものを除く。）				
リース債務（1年以内に返済予定のものを除く。）				
その他有利子負債				
合計			—	—

3-3　資産除去債務明細表

連結貸借対照表に計上されている資産除去債務について、当該資産除去債務に係る当連結会計年度の増減を記載する。

資産除去債務明細表については重要性による省略が認められており、資産除去債務の連結会計年度末の金額が、負債及び純資産の1％以下であるときは作成を省略し、省略した旨の記載のみとすることができる。

記載様式

区分	前期末残高(円)	当期増加額(円)	当期減少額(円)	当期末残高(円)

第 7 章

四半期連結財務諸表

1 四半期報告制度及び四半期連結財務諸表の範囲

1-1 四半期報告制度

従来、わが国における年度の途中で行われる財務情報の開示は、「半期報告書制度」による法定開示と、上場会社での証券取引所の要請に基づく四半期開示が行われてきた。しかし、企業業績等に係る情報をより適時に開示することが求められている状況の下、証券取引所の要請に基づく四半期開示を法定開示として位置づけるため、平成19年３月に「四半期財務諸表に関する会計基準」が公表され、平成20年４月１日以後開始事業年度から適用が開始された。

1-2 四半期連結財務諸表の範囲（四半期会計基準５）

四半期連結財務諸表の範囲は以下のとおりであり、それぞれ当年度と前年度の対応する四半期連結財務諸表の開示が必要である。

四半期連結財務諸表の範囲	開示対象期間	補足
四半期連結貸借対照表	四半期会計期間の末日	
四半期連結キャッシュ・フロー計算書	期首からの累計期間	１Q、３Qは省略可
【１計算書方式による場合】 四半期連結損益及び包括利益計算書	期首からの累計期間	累計期間＋四半期会計期間の開示も可
【２計算書方式による場合】 四半期連結損益計算書 四半期連結包括利益計算書		

連結株主資本等変動計算書については、年度では開示されるものの、適時開示の観点から四半期連結財務諸表には含めず、株主資本の金額に著しい変動があった場合に主な変動事由等を注記開示するとされた（四半期会計基準36）。

平成23年３月の基準改正により、四半期連結財務諸表の中で特に作成にかかる実務負担が大きい四半期連結キャッシュ・フロー計算書については、第１四半期と第３四半期における開示を省略できるとされた（四半期会計基準5-2）。加えて、四半期連結損益計算書及び四半期連結包括利益計算書（１計算書方式では四半期連結損益及び包括利益計算書）については、期首からの累計期間の情報のみの開示を基本とするとされ、四半期連結会計期間情報（３か月情報）は任意開示とされた（四半期会計基準７、7-2）。

ただし、第１四半期と第３四半期の四半期連結キャッシュ・フロー計算書を開示する場合や、四半期連結損益計算書等の四半期連結会計期間情報（３か月情報）を開示する場合は、年度内での首尾一貫性を確保する観点から、第１四半期から開示しなければならず、第１四半期で開示せず、第３四半期から開示することはできない（四半期会計基準7-3）。また、年度間の首尾一貫性については特段規定が設けられていないが、継続性の観点からは、いったん開示した情報はその後の年度でも継続して開示することが望ましいと考えられる。なお、前年度の対応する四半期の四半期連結キャッシュ・フロー計算書または四半期連結損益計算書等の四半期連結会計期間情報（３か月情報）を前年度の対応する四半期において開示していなかった場合、前年度の対応する四半期の四半期連結キャッシュ・フロー計算書または四半期連結損益計算書等の四半期連結会計期間情報（３か月情報）を新たに開示する必要はない（四半期会計基準7-4）。

2 四半期連結財務諸表の会計上の特徴

P ポイント

- 原則として、年度の財務諸表と同じ会計方針を適用する。
- 継続適用を条件として、以下については、四半期特有の会計処理が認められている。
  - ・原価差異の繰延処理
  - ・税金費用の計算
- 以下については、簡便的な処理が認められている。
  - ・貸倒見積高の算定方法
  - ・棚卸資産の評価
  - ・経過勘定処理
  - ・固定資産の減価償却及び減損兆候の判定
  - ・税金関係
  - ・退職給付引当金
- 有価証券の減損については、四半期独特の取扱いが定められている。

2-1 四半期特有の会計処理

四半期報告は年度の途中で行われるものであるため、四半期報告を年度の一構成部分としてみるか、年度と同等の並列した関係のものとしてみるかの2つの考え方がある。わが国の四半期報告制度は後者のものと性格付け、四半期会計期間を年度と並ぶ一会計期間と見た上で、四半期連結財務諸表を、原則として年度の財務諸表と同じ会計方針を適用して作成することにより、当該四半期会計期間に係る企業集団または企業の財政状態、経営成績及びキャッシュ・フローの状況に関する情報を提供することとしている（これを「実績主義」という）。

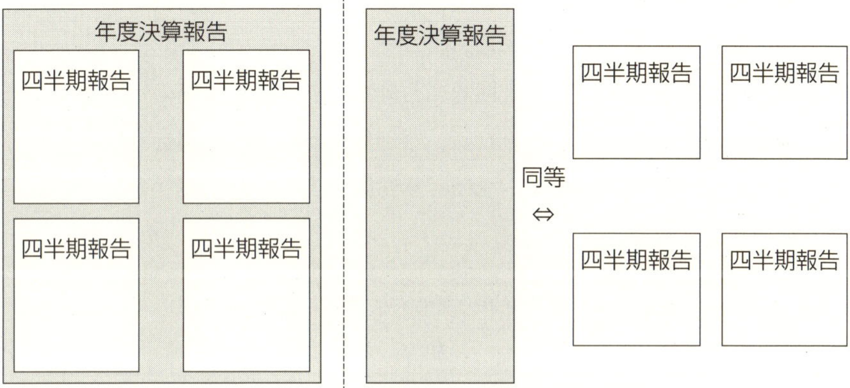

四半期報告は年度決算報告の構成要素　→予測主義

四半期報告は年度決算報告と同等の並列的なもの　→実績主義

しかし、四半期会計期間は３か月という短い会計期間であるため、各四半期の変動が大きくなった場合に実績主義による四半期連結財務諸表が適切に企業の実態を表さなくなる可能性がある。そのため、継続適用を条件として、ある程度年度決算を見越して四半期会計期間のブレを平準化できる四半期特有の会計処理の採用が認められており、これと年度決算と同様の方法のいずれかを選択して適用することができる。

なお、四半期特有の会計処理はいずれも会計方針であり、採用した四半期特有の会計処理は、注記が必要であり、これを変更した場合には会計方針の変更に該当することになる。

四半期特有の会計処理としては、以下のものが認められている。

① 原価差異の繰延処理

② 税金費用の計算

2-1-1 原価差異の繰延処理(四半期会計基準12)

標準原価計算等を採用し、予定価格または標準原価が年間（または6か月等）を基礎に設定している場合、原価差異が操業度等の季節的な変動に起因して発生したものであり、かつ、原価計算期間末までにほぼ解消が見込まれるときには、継続適用を条件として、当該原価差異を流動資産または流動負債として繰り延べることができる。

なお、この方法は四半期会計期間における売上と売上原価の対応をより適切に表示するためのものであるため、原価計算期間が四半期会計期間と同じまたはそれよりも短い場合や、原価計算期間末までに原価差異の解消が見込まれない場合には認められない。

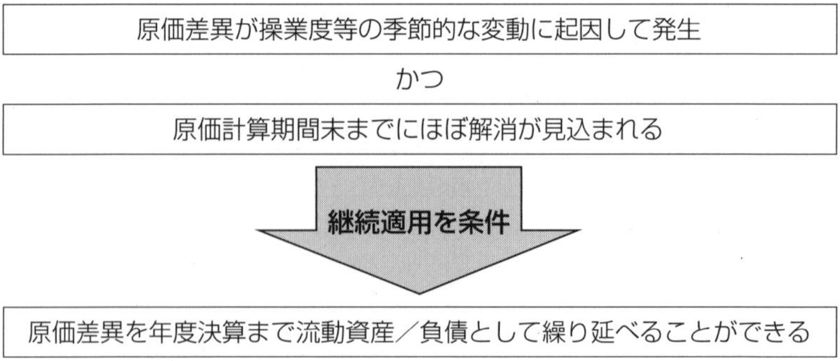

2-1-2 税金費用の計算

(1) 年間見積実効税率を利用して税金費用を計算する方法

法人税等は年度決算金額を基礎とするため、年度決算が終了した後でなければ法人税等を確定できない。そこで、四半期会計期間では、四半期会計期間を含む年度の税引前当期純利益に対する税効果会計適用後の実効税率を合理的に見積り、それを税引前四半期純利益に乗じて税金費用を計算することができる。この四半期特有の会計処理は、「中間財務諸表等における税効果会計に関する実務指針」第９項から第12項の簡便法による税金費用の計算に準じて処理することとなる（四半期適用指針19）。

税引前四半期純利益 × 見積実効税率 ＝ 四半期税金費用

↑

$$\frac{\text{年度の見積税金費用（※）}}{\text{年度の見積税引前純利益}}$$

（※）見積税金費用＝（予想年間税引前当期純利益±一時差異等に該当しない差異）×法定実効税率

見積実効税率の算定において、財務諸表利用者の判断を誤らせない限り、一時差異に該当しない差異や税額控除等の算定は重要な項目に限定することができる（四半期適用指針19）。

見積実効税率の適用にあたっては、以下の点に留意する。

① 当期首において繰延税金資産を計上していなかった重要な一時差異等がある場合（たとえば、税務上の繰越欠損金があり、それに対する繰延税金資産を当期首において計上していなかった場合）で当期または将来に繰延税金資産が回収可能となったときには、見積実効税率の算定にあたり、繰延税金資産として計上していなかった税金の回収見込額を分子の見積税金費用の額から控除する。

② 税効果会計の計算に適用される税率が四半期会計期間中に変更された場合、見積実効税率の算定にあたり、分子には、予想年間納付税額（法人税、住民税及び事業税の年間予想税額）と予想年間法人税等調整額との合計額を使用する（税率変更から生じる法人税等調整額への影響額を合理的に見積ることが必要）。

③ 以下のように見積実効税率を用いて四半期税金費用を計算すると著しく合理性を欠く結果となる場合には、見積実効税率ではなく法定実効税率を

使用する。

① 予想年間税引前当期純利益がゼロまたは損失となる場合

② 予想年間税金費用がゼロまたはマイナスとなる場合

③ 四半期会計期間ごとの損益が相殺されるため、一時差異等に該当しない差異に係る税金費用の影響が予想年間税引前当期純利益に対して著しく重要となる場合

四半期連結貸借対照表には、上記により算定された税金費用を未払法人税等その他適当な科目により流動負債または流動資産として表示する。また、四半期連結会計期間情報（3か月情報）を開示する場合、各四半期会計期間の税金費用の計上額は、原則として、期首からの累計期間の税金費用金額から直前の四半期累計期間の税金費用金額を差し引いて計算する（四半期適用指針18）。

なお、連結納税制度を採用した場合であっても、予想年間税金費用と予想年間税引前当期純利益を合理的に見積ることができるときには、同様の取扱いによることができる（四半期適用指針23）。

(2) 繰延税金資産／負債の計上額

税金費用を上記(1)の方法で算定した場合、繰延税金資産／負債の金額は、前連結会計年度末の金額を引き続き四半期貸借対照表に計上することになる。

ただし、四半期会計期間末において、前連結会計年度末での回収可能性判断等を引き継ぐことが適切かどうかは検討しなければならない。この回収可能性の判断にあたっては、後述「第7章2－2－5(3)」の簡便的な方法によることができる（四半期適用指針18なお書き）。

2-2 簡便的な会計処理

四半期財務諸表は実績主義に基づいて作成されるため、会計処理は年度と同様のものを採用することが原則である。しかし、四半期報告制度は情報開示の適時性を重視しているため、年度の財務諸表や中間財務諸表よりも開示の迅速性が求められている。そのため、四半期財務諸表利用者の判断を誤らせない限りにおいて、簡便的な会計処理が認められている。

なお、この簡便的な会計処理は、年度と同様の会計処理を採用している場合に適用可能なものであり、年度と同様の会計処理に代えて採用する上述の四半期特有の会計処理とは区別しなければならない。また、簡便的な会計処理は、四半期財務諸表利用者の判断を誤らせない範囲内で認められているため、年度と同様の会計処理による場合との差異が重要な場合や、処理対象金額が重要な場合には、年度と同様の会計処理によることを検討しなければならない。

	原則的な方法	簡便的な方法
一般債権の貸倒見積高の算定	貸倒実績率を各四半期会計期間末で算定する。	「合理的な基準」による貸倒実績率を使用できる。 【条件】 前連結会計年度の連結財務諸表の作成において使用した貸倒実績率等と著しく変動していないこと。
棚卸資産の評価	実地棚卸を行って期末棚卸資産実数を確定する。	実地棚卸を行わず、継続記録による残高を利用できる。
	収益性の低下が不明な場合でも正味売却価額の見積りが必要。	収益性の低下が不明な場合には正味売却価額の見積りをせず、収益性が低下していることが明らかな棚卸資産についてのみ、正味売却価額を見積り、簿価切下げを行うことができる。

		営業循環外品を一定の回転期間で規則的に簿価切り下げしている場合は、著しい状況の変化がなければ、前連結会計年度末における貸借対照表価額を引き継ぐことができる。
原価差異の配分	年度と同様の配賦区分で行う。	年度より大きな区分で配賦計算できる。 【留意点】 報告セグメントより大きな区分は適当ではない。
経過勘定処理	年度と同様の方法で算定する。	概算額で算定できる。 【留意点】 原則的な方法の算定結果と著しく異なる場合は採用しない。
減価償却費	年度と同様の方法で算定する。	予算に基づく年間償却予定額を期間按分する方法を採用できる。 【条件】 予算において、年間の固定資産の取得・除売却を盛り込んでいること。 【留意点】 四半期会計期間中に固定資産の重要な変動があった場合は、その影響を考慮する。
	定率法による場合は、四半期会計期間に対応した償却率を用いて算定する。	年度の定率法償却額の1／4で算定できる。
減損の兆候判定	(必ずしも年度と同様の方法までは求められていない)	四半期ごとの資産グループの損益やキャッシュ・フローの把握までは求めず、使用範囲または方法について回収可能価額を著しく低下させる変化を生じさせるような意思決定や、経営環境の著しい悪化に該当する事象の有無に留意する。

税金費用の計算	年度と同様の方法で算定する。	重要な加減算や控除項目に限定して納税額を算定できる。
		重要性が乏しい連結子会社の税金費用を前期 PL での税金費用負担率を用いて算定できる。
繰延税金資産の回収可能性判断	各四半期会計期間末で回収可能性を見直す。	経営環境に著しい変化がない場合、前年度末の検討において使用した将来の業績予測やタックス・プランニングを利用できる。
		経営環境に著しい変化がある場合、必要な調整をして、前年度末の検討において使用した将来の業績予測やタックス・プランニングを利用できる。
退職給付費用・数理計算上の差異と過去勤務差異の費用化額の算定	年度と同様の方法で算定する。	年間費用を期間按分して算定できる。

2-2-1 債権の貸倒見積高の算定方法（四半期適用指針 3）

四半期会計期間末における一般債権に対する貸倒見積高の算定において、前連結会計年度の連結財務諸表の作成において使用した貸倒実績率等と著しく変動していないと考えられる場合には、四半期会計期間末において、前連結会計年度末の決算において算定した貸倒実績率等の合理的な基準を使用することができる。また、ある四半期会計期間末で前年度の貸倒実績率等と著しく変動したことにより見直しを行った後の四半期会計期間において、当該見直し後の貸倒実績率等と著しく変動していないと考えられる場合には、当該見直し後の貸倒実績率等の合理的な基準を使用することができる。

なお、ここでいう「合理的な基準」には、過去の貸倒実績率を補正したものや、企業が新規事業に参入した場合など過去の貸倒実績率を利用できないときに採用する同業他社の引当率や経営上用いている合理的な貸倒見積高などが含まれる。

2-2-2 棚卸資産の評価

(1) 実地棚卸の省略（四半期適用指針 6）

年度決算においては期末棚卸高を確定させるために実地棚卸を行うことが求められているが、四半期会計期間末における棚卸高は、前年度に係る実地棚卸高を基礎として、合理的な方法により算定することができる。

(2) 収益性の低下による簿価切下げの簡便的な方法の適用（四半期適用指針 7、8）

年度決算では収益性が低下していないことが明らかであり、事務負担をかけて収益性の低下の判断を行うまでもないと認められる場合には、正味売却価額を見積る必要はないとされ、収益性の低下が不明な場合は正味売却価額の見積りが必要である。

四半期会計期間末における通常の販売目的で保有する棚卸資産の簿価切下げは、収益性の低下が不明な場合には正味売却価額の見積りをせず、収益性が低下していることが明らかな棚卸資産についてのみ、正味売却価額を見積り、簿価切下げを行うことができる。なお、収益性の低下が明らかかどうかは、棚卸資産を管理する製造部門または営業部門の損益の状況や、品目別の損益管理を行っている場合における当該損失の発生状況などにより判断する。

また、営業循環過程から外れた滞留または処分見込等の棚卸資産であって、前年度末において帳簿価額を処分見込価額まで切り下げている場合には、当該四半期会計期間において前年度から著しい状況の変化がないと認められる限りにおいて、前年度末における貸借対照表価額を引き継ぐことができる。

なお、簿価切下げに関する洗替法と切放法の適用に関しては、年度決算で洗替法を適用している場合には、四半期決算でも洗替法を採用する。年度決算で切放法を適用している場合には、四半期決算では洗替法と切放法のいずれかを選択適用することができ、いったん採用した方法は原則として継続適用しなければならない（四半期適用指針7）。

(3) 原価差異の配賦方法（四半期適用指針9）

上述の四半期特有の会計処理の1つである原価差異の繰延処理を採用しない場合で、予定価格等または標準原価を用いているために原価差異が生じた場合、当該原価差異の棚卸資産と売上原価への配賦は、年度末における原価差異の配賦区分よりも大きな区分により配賦計算を行う等、年度決算と比較して簡便的な方法によることができる。

ただし、年度末における原価差異の配賦区分よりも大きな区分により配賦計算を行う場合であっても、財務諸表利用者の判断を誤らせないよう、報告セグメントを超えない程度の区分による配賦計算を行うといった一定の配慮が求められる。

2-2-3 経過勘定処理項目（四半期適用指針11）

経過勘定項目は、一定の契約に従った継続的な役務提供に基づいて計上されるものであるため、四半期ごとの計上額に大きな相違が生じることは比較的少ない。そこで、年度と同様の方法による算定方法ではなく、合理的な算定方法による概算額で経過勘定を計上することができる。

ただし、財務諸表利用者の判断を誤らせないようにすることが必要であり、原則的な算定額と概算額とに大きな相違がないかどうかに留意する。

2-2-4 固定資産の減価償却と減損兆候の判定

(1) 減価償却計算への合理的な予算の利用（四半期適用指針12）

減価償却費の計算にあたり、四半期会計期間末までに行われた固定資産の取得・除売却をすべて反映させ、当該四半期会計期間に対応する減価償却費を算定することは、迅速な四半期開示を困難にすることも考えられる。このため、固定資産の年度中の取得、売却または除却等の見積りを考慮した上で減価償却費に係る予算を策定している場合には、当該予算に基づく年間償却予定額を期間按分する方法により、減価償却費を計上することができる。

ただし、期中に重要な固定資産の取得や除売却があり、これが減価償却費に重要な影響を与える場合には、その部分については原則的な計算を行い、その他の重要性の乏しい計算に適切な予算額の按分を適用するなど、適切な調整が必要である。

⑵ 簡便的な定率法（四半期適用指針13）

減価償却の方法として定率法を採用している場合、四半期会計期間に対応する償却率を使用して減価償却費を計算するのは実務上煩雑であるため、年間の減価償却費を見積り、四半期会計期間においてはその４分の１相当額を計上することができる。

⑶ 減損の兆候の判定（四半期適用指針14）

前年度末等において所有する資産または資産グループについて全体的に減損の兆候を把握している場合には、四半期会計期間ごとに資産または資産グループに関連する営業損益、営業キャッシュ・フローあるいはその市場価格を算定または入手することは必ずしも求められていない。

通常の企業活動において実務的に入手可能なタイミングにおいて利用可能な企業内外の情報に基づき、使用範囲または方法について当該資産または資産グループの回収可能価額を著しく低下させる変化を生じさせるような意思決定や、経営環境の著しい悪化に該当する事象が発生したかどうかに留意した減損の兆候の判定を行う。

2-2-5 税金関係の簡便的な処理

(1) 年度決算と同様の方法による税金計算の簡便的な処理（四半期適用指針15）

法人税等の利益に関する金額を課税標準とする税金について、上述の四半期特有の会計処理を採用せず、年度決算と同様の方法により計算する場合、納付税額の算出にあたり加味する加減算項目や税額控除項目を重要なものに限定する等、財務諸表利用者の判断を誤らせない限り、納付税額の算出等において簡便的な方法によることができる。

この場合に適用される税率は、年度の法人税、住民税及び事業税の計算に用いられる税率である。上述の四半期特有の会計処理で用いる見積年間実効税率とは異なるため、留意する。

(2) 重要性が乏しい連結会社における税金費用の簡便的算定（四半期適用指針20）

純粋持株会社制を採用している企業集団における持株会社や小規模子会社など、連結財務諸表における重要性が乏しい連結会社について、原則的な税金費用計算を求めることは迅速な開示の支障となる可能性がある。

そこで、重要性の乏しい連結会社に、重要な企業結合や事業分離、業績の著しい好転または悪化及びその他の経営環境に著しい変化が発生しておらず、かつ、四半期財務諸表上の一時差異等の発生状況について前年度末から大幅な変動がない場合には、四半期財務諸表における税金費用の計算にあたり、税引前四半期純利益に、前年度の損益及び包括利益計算書または損益計算書における税効果会計適用後の法人税等の負担率を乗じて計算する方法によることができる。

なお、この方法によった場合、前年度末に計上された繰延税金資産及び繰延税金負債の回収可能性等の判断結果が当該四半期会計期間末まで継続していると認められる場合にのみ適用できるため、当該連結会社の前年度末に計上された繰延税金資産及び繰延税金負債については、同額を四半期貸借対照表に引き継いで計上することになる。

(3) 繰延税金資産の回収可能性に係る簡便的な判断（四半期適用指針16、17）

重要な企業結合や事業分離、業績の著しい好転または悪化等、経営環境の著しい変化が生じておらず、かつ、一時差異等の発生状況について前年度末から大幅な変動がないと認められる場合には、繰延税金資産の回収可能性の判断にあたり、前年度末の検討において使用した将来の業績予測やタックス・プランニングを利用することができる。

また、経営環境に著しい変化がある場合、または、一時差異等の発生状況について前年度末から大幅な変動が認められる場合でも、繰延税金資産の回収可能性の判断にあたり、財務諸表利用者の判断を誤らせない範囲において、前年度末の検討において使用した将来の業績予測やタックス・プランニングに、当該著しい変化または大幅な変動による影響を加味したものを使用した簡便的な判断が認められている。

2-2-6 退職給付引当金に係る簡便な処理

(1) 退職給付費用の簡便的な算定（四半期適用指針24）

退職給付引当金の計算にあたり、期首に算定した年間の退職給付費用については、期間按分した額を四半期会計期間または期首からの累計期間に計上する。この方法は、退職給付引当金を簡便法により計上している場合にも採用できると考えられる。

(2) 数理計算上の差異と過去勤務差異の費用化額の簡便的な算定（四半期適用指針25、26）

数理計算上の差異と過去勤務債務について、発生した年度に全額費用処理する会計方針を採用している場合を除き、四半期会計期間または期首からの累計期間の費用処理額は、それぞれの年間費用処理額を期間按分することにより算定する。

数理計算上の差異を発生した年度に全額費用処理する会計方針を採用している場合、数理計算上の差異は年度末に発生するものであることから、発生年度の第４四半期に１年分全額を費用化する。

一方、過去勤務債務は平均残存勤務期間以内の一定の年数で規則的に費用処理することが求められていることから、過去勤務債務を発生した年度に全額費用処理する方法を採用している場合には、発生した時点から年度末までの各四半期会計期間に按分する。

2-2-7 有価証券の減損に関する事項

簡便的な処理とはされていないが、四半期における有価証券の減損に関して四半期独特の方法が定められている。

(1) 四半期切放法と四半期洗替法（四半期適用指針４）

四半期会計期間末においては時価等（市場価格または合理的に算定された価額だけでなく実質価額も含む）の著しい下落により有価証券の減損処理が必要であっても、年度末においては時価等が回復し、減損処理が不要となるような場合がある。このような場合に四半期で切放法を採用した場合には、年度末における評価と四半期決算の整合性が保たれなくなる。

そこで、継続適用を条件として、四半期切放法（減損処理を行った後の四半期会計期間末の帳簿価額を時価等に付け替えて、当該銘柄の取得原価を修正する方法）と四半期洗替法（四半期会計期間末における減損処理に基づく評価損の額を翌四半期会計期間の期首に戻し入れ、当該戻入れ後の帳簿価額と四半期会計期間末の時価等を比較して減損処理の要否を検討する方法）のいずれかの方法を選択適用することができる。

なお、四半期洗替法を採用して減損処理を行った場合、年度決算では、当該評価損戻入れ後の帳簿価額と年度末の時価等を比較して減損処理の要否を判断する。

⑵　時価を把握することが極めて困難と認められる株式の減損処理（四半期適用指針5）

時価を把握することが極めて困難と認められる株式の減損要否の判断について、その発行会社の四半期決算書を入手することは通常困難であると考えられ、直近の財務諸表を使用した判断を行うことが一般的である。この場合でも、四半期会計期間末までに入手し得る直近の財務諸表を使用して判断し、その後の状況で財政状態に重要な影響を及ぼす事項が判明した場合には、当該判明した事項を加味して減損の検討を実施することが望ましい。

また、子会社株式及び関連会社株式の減損要否の判断は、当該子会社及び関連会社の事業計画等を入手し、直近の貸借対照表には反映されていない四半期会計期間末における資産等の時価評価に基づく評価差額等を加味して算定した実質価額を、可能な限り四半期会計期間ごとに算定することが望ましい。

3 四半期連結財務諸表の作成

P ポイント

- 債権債務の消去にあたり、差異がある場合でも、その差異の重要性が乏しい場合には、調整をしないことも認められる。
- 未実現利益の消去にあたり、使用する損益率について、取引条件に大きな変更がなければ、前年度または直前の四半期の損益率を使用できる。
- 四半期連結財務諸表の表示は、年度の連結財務諸表との整合性に留意する。

3-1 四半期連結財務諸表作成上の留意点

3-1-1 連結会社間の債権債務と取引の簡便的な相殺消去（四半期適用指針28、29）

連結財務諸表の作成にあたり、連結会社間の債権債務と取引を相殺消去することは、年度と同様四半期でも行わなければならず、原則的には相殺消去する債権と債務の金額や連結会社間取引の双方の取引額は一致するよう調整することが求められる。しかし、金額を一致させるための調整には多くの作業を要し、迅速な開示の支障となることもある。

そこで、連結会社相互間の債権と債務の額に差異がみられる場合には、合理的な範囲内で、当該差異の調整を行わないで債権と債務を相殺消去することができる。

また、連結会社相互間取引の取引金額に差異がある場合についても、差異の重要性が乏しいときには、親会社の金額に合わせる、または金額の大きいほうに合わせるなど、一定の合理的な方法に基づき相殺消去することが認められる。

3-1-2　未実現損益の簡便的な消去（四半期適用指針30）

連結会社相互間取引により取得した棚卸資産に含まれる四半期会計期間末における未実現損益の消去にあたり、四半期会計期間末在庫高に占める当該棚卸資産の金額及び当該取引に係る損益率を合理的に見積って計算することができる。この損益率については、前年度または直前の四半期会計期間から取引状況に大きな変化がないと認められる場合には、前年度または直前の四半期会計期間の損益率や合理的な予算制度に基づいて算定された損益率を使用して計算することができる。

3-1-3　四半期連結決算日に係る事項（四半期会計基準15）

子会社の四半期会計期間の末日が四半期連結決算日と異なる場合には、四半期連結決算日において、子会社の四半期仮決算を行うことが必要である。

しかし、子会社の四半期会計期間の末日と四半期連結決算日との差異が3か月を超えない場合には、子会社の四半期決算を基礎として、四半期連結決算を行うことができる。ただし、決算日が異なることから生ずる連結会社間の取引に係る会計記録の重要な不一致については、必要な整理を行うことが必要である。

3-1-4　四半期連結財務諸表の法人税等調整額の算定（四半期適用指針21）

これまで述べてきたように、四半期財務諸表上の税金費用の算定には、年度決算と同様の方法による原則的算定のほか、四半期特有の処理や簡便的な処理が認められているが、これらは各連結会社の個別財務諸表上の税金費用の算定に適用されるものであり、連結修正仕訳に係る一時差異等に係る法人税等調整額は別途計算することが必要である。

また、こうした連結修正仕訳に係る一時差異については、その年度の法人税等の計算に適用される税率に基づいて計算する。

3-1-5 未実現利益の消去に係る一時差異の限度額（四半期適用指針22）

期首から四半期会計期間末までの連結会社間での取引により生じた未実現利益を四半期における連結手続上で消去した場合、当該未実現利益額が売却元の年間見積課税所得額（税金費用を四半期特有の会計処理で算定した場合は、予想年間税引前当期純利益）を上回っている場合には、連結消去に係る一時差異の金額は、当該年間見積課税所得額（または予想年間税引前当期純利益）が限度額となる。

3-2 開示

3-2-1 表示科目及び表示区分

四半期連結財務諸表における個々の表示科目は、開示の迅速性確保の観点から、四半期連結財務諸表利用者の判断を誤らせない限り、主要な科目について独立掲記した上で、その他の科目は集約して記載することができる（四半期会計基準17）。

独立掲記する科目を決定するにあたっては、単に金額の多寡により判断するのではなく、財務諸表利用者が意思決定をする上で重要であるか否かにより判断することに留意する。また質的な重要性も考慮する必要がある。

また、財務諸表利用者の判断に資する情報提供の観点からは、四半期連結財務諸表と年度の連結財務諸表の各表示科目及び表示区分の整合性を勘案することが求められている。たとえば、貸倒引当金について、第１四半期では戻入が生じ、第２四半期累計期間では繰入となり、年度決算でも繰入となることが予想される場合、第1四半期では戻入益が計上されるが、第2四半期以降では戻入益と相殺した繰入額を表示することが望ましいと考えられる。

なお、主要な科目について独立掲記しない場合には、当該科目及びその金額を注記することに留意する必要がある（四半期適用指針31）。

3-2-2 注記事項

四半期連結財務諸表は、年度の連結財務諸表や中間連結財務諸表と比較して開示の適時性、迅速性が求められていることから、注記内容は簡素化されている。注記事項は以下のとおりである。

1　継続企業の前提に関する注記

2　連結の範囲または持分法の適用範囲の変更

3　会計基準等の改正等に伴う会計方針の変更に関する注記

4　会計基準等の改正等以外の正当な理由による会計方針の変更に関する注記

5　会計上の見積りの変更に関する注記

6　会計方針の変更を会計上の見積りの変更と区別することが困難な場合の注記

7　修正再表示に関する注記

8　四半期連結財務諸表の作成にあたり適用した特有の会計処理に関する注記

9　追加情報の注記

10　四半期連結貸借対照表関係

10－1　偶発債務の注記

10－2　たな卸資産の一括掲記に関する注記

→「商品及び製品」「仕掛品」「原材料及び貯蔵品」を区分掲記せず「たな卸資産」として一括掲記した場合の内訳を記載。ただし、第1・3四半期の注記は不要。

11　四半期連結損益計算書関係

11－１　売上高又は営業費用に著しい季節的変動がある場合の注記

11－２　販売費及び一般管理費の一括掲記に関する注記

→「販売費」及び「一般管理費」の科目、「販売費及び一般管理費」の科目で一括掲記した場合、その主要な費目及びその金額を注記。ただし、第１・３四半期の注記は不要。

12　四半期連結キャッシュ・フロー計算書関係（作成する場合）

12－１　現金及び現金同等物の四半期末残高と四半期連結貸借対照表に掲記されている科目の金額との関係

13　四半期連結キャッシュ・フロー計算書を作成しない場合の注記

→キャッシュ・フローの概算額が把握できるよう、減価償却費やのれん償却額を記載。

14　株主資本等関係

14－１　配当に関する注記

14－２　株主資本の金額に著しい変動があった場合の注記

15　セグメント情報等の注記

16　金融商品に関する注記※

→金融商品が企業集団の事業の運営において重要なものとなっており、かつ、四半期連結貸借対照表計上額その他の金額に前連結会計年度の末日に比して著しい変動が認められる場合に記載。なお、四半期連結貸借対照表計上額と時価との差額及び前連結会計年度に係る連結貸借対照表計上額と時価との差額に重要性が乏しい場合には、注記省略可。

17　有価証券に関する注記※

→有価証券が企業集団の事業の運営において重要なものとなっており、かつ、当該有価証券の四半期連結貸借対照表計上額その他の金額に前連結会計年度の末日に比して著しい変動が認められる場合に記載。適時に正確な金額を算定することが困難な場合には、概算額で記載可。

18 デリバティブ取引に関する注記※

→デリバティブ取引が企業集団の事業の運営において重要なものとなっており、かつ、当該有価証券の四半期連結貸借対照表計上額その他の金額に前連結会計年度の末日に比して著しい変動が認められる場合に記載。適時に正確な金額を算定することが困難な場合には、概算額で記載可。

※金融商品に関する注記等の特例

→総資産の大部分を金融資産が占め、かつ、総負債の大部分を金融負債及び保険契約から生じる負債が占める場合（銀行、保険会社、ノンバンク等）以外は第１・３四半期の金融商品に関する上記11～13の注記省略可。

19 企業結合・事業分離に関する注記

→プロフォーマ情報の注記は不要。

20 １株当たり情報注記

20－１ １株当たり四半期純損益金額に関する注記

20－２ 潜在株式調整後１株当たり四半期純利益金額に関する注記

21 重要な後発事象の注記

3-3 四半期における会計方針の変更（四半期会計基準10-2、10-3）

四半期連結財務諸表においても、年度と同様、会計方針の変更があった場合には、原則として、新たな会計方針を過去の期間のすべてに遡及適用することが必要である。しかし、第２四半期以降で自発的に重要な会計方針を変更した場合で、過去の期間のすべてに新たな会計方針を遡及適用した場合の累積的影響額を算定することが実務上不可能なときは、四半期連結財務諸表は年度の連結財務諸表との首尾一貫性を重視しているため、会計年度（または期首からの累計期間）を通じて会計方針が単一のものとなるような処理が要求される。

たとえば、第３四半期で会計方針を変更しようとする場合、過去の期間すべてに新たな会計方針を遡及適用できれば、第１四半期及び第２四半期にも新たな会計方針を遡及適用することで、四半期と年度の会計処理の首尾一貫性が保たれる。しかし、第１四半期及び第２四半期に新たな会計方針を遡及適用することが困難なとき、第３四半期以降で新たな会計方針を適用すると四半期と年度の会計処理が首尾一貫しない。そこで、このような場合には、第３四半期で会計方針の変更をせず、翌年度の期首時点で会計方針の変更を行い、当年度の第３四半期（当該期首以前の遡及適用が実行可能な最も古い日）に遡って新たな会計方針を適用する。これにより、当年度は年度と四半期が単一の旧会計方針となる。

第 8 章

会社法における連結計算書類

1 会社法における開示制度

会社法における開示は、株主と債権者を中心とした利害関係者の保護という観点から個別決算の財政状態を重視している。しかし、企業集団での事業活動が主流となっていることから、それらの実態に関する情報の充実のために、会社法においても連結開示制度が導入されている。

連結計算書類の作成が義務付けられている会社は、事業年度の末日で大会社（資本金５億円以上または負債総額200億円以上）であって金融商品取引法により連結財務諸表の提出が義務付けられている会社である（会社法444①③）。なお、それ以外の会社でも会計監査人設置会社は連結計算書類を任意で作成することができる。

連結計算書類の作成に関する規定は、会社計算規則の第３編第１章第３節「株式会社の連結計算書類」に記載されている。また、日本経済団体連合会の経済法規委員会企画部会により「会社法施行規則及び会社計算規則による株式会社の各種書類のひな型」が公表されており、連結計算書類の具体的な記載方法について一定の指針が示されているので、実務上は有用な資料である。

2 連結計算書類

2-1 範囲

連結計算書類の範囲は、以下のとおりである。

連結計算書類（会社計算規則61一）

・連結賃借対照表
・連結損益計算書
・連結株主資本等変動計算書
・連結注記表

連結計算書類としての連結貸借対照表、連結損益計算書及び連結株主資本等変動計算書は、連結財務諸表と同一の基準のよって作成される。これらの記載例は以下のとおりである。

連結貸借対照表
（平成○年○月○日現在）

（単位：百万円）

科目	金額	科目	金額
（資産の部）		（負債の部）	
流動資産	×××	流動負債	×××
現金及び預金	×××	支払手形及び買掛金	×××
受取手形及び売掛金	×××	短期借入金	×××
有価証券	×××	リース債務	×××
商品及び製品	×××	未払金	×××
仕掛品	×××	未払法人税等	×××
原材料及び貯蔵品	×××	繰延税金負債	×××
繰延税金資産	×××	○○引当金	×××
その他	×××	その他	×××
貸倒引当金	△×××	固定負債	×××
固定資産		社債	×××
有形固定資産	×××	長期借入金	×××
建物及び構築物	×××	リース債務	×××
機械装置及び運搬具	×××	○○引当金	×××
土地	×××	その他	×××
リース資産	×××	負債合計	×××
建設仮勘定	×××		
その他	×××	（純資産の部）	
無形固定資産	×××	株主資本	×××
ソフトウェア	×××	資本金	×××
リース資産	×××	資本剰余金	×××
のれん	×××	利益剰余金	×××
その他	×××	自己株式	△×××
投資その他の資産	×××	その他の包括利益累計額	×××
投資有価証券	×××	その他有価証券評価差額金	×××
繰延税金資産	×××	繰延ヘッジ損益	×××
その他	×××	土地再評価差額金	×××
貸倒引当金	△×××	為替換算調整勘定	×××
繰延資産	×××	新株予約権	×××
社債発行費	×××	少数株主持分	×××
		純資産合計	×××
資産合計	×××	負債・純資産合計	×××

連結損益計算書

（自平成○年○月○日　至平成○年○月○日）　（単位：百万円）

科目	金額	
売上高		×××
売上原価		×××
売上総利益		×××
販売費及び一般管理費		×××
営業利益		×××
営業外収益		
受取利息及び配当金	×××	
有価証券売却益	×××	
持分法による投資利益	×××	
その他	×××	×××
営業外費用		
支払利息	×××	
有価証券売却損	×××	
その他	×××	×××
経常利益		×××
特別利益		
固定資産売却益	×××	
その他	×××	×××
特別損失		
固定資産売却損	×××	
減損損失	×××	
その他	×××	×××
税金等調整前当期純利益		×××
法人税、住民税及び事業税	×××	
法人税等調整額	×××	×××
少数株主損益調整前当期純利益		×××
少数株主利益		×××
当期純利益		×××

連結株主資本等変動計算書
（自平成○年○月○日　至平成○年○月○日）　　　（単位：百万円）

	株主資本				
	資本金	資本剰余金	利益剰余金	自己株式	株主資本合計
平成○年○月○日残高	×××	×××	×××	△×××	×××
連結会計年度中の変動額					
新株の発行	×××	×××			×××
剰余金の配当			△×××		△×××
当期純利益			×××		×××
○○○○○					×××
自己株式の処分				×××	×××
株主資本以外の項目の連結会計年度中の変動額（純額）					×××
連結会計年度中の変動額合計	×××	×××	×××	×××	×××
平成○年○月○日残高	×××	×××	×××	△×××	×××

	その他の包括利益累計額					新株予約権	少数株主持分	純資産合計
	その他有価証券評価差額金	繰延ヘッジ損益	土地再評価差額金	為替換算調整勘定	その他の包括利益累計額合計			
平成○年○月○日残高	×××	×××	×××	×××	×××	×××	×××	×××
連結会計年度中の変動額								
新株の発行								×××
剰余金の配当								△×××
当期純利益								×××
○○○○○								×××
自己株式の処分								×××
株主資本以外の項目の連結会計年度中の変動額（純額）	×××	×××	×××	×××	×××	△×××	×××	×××
連結会計年度中の変動額合計	×××	×××	×××	×××	×××	△×××	×××	×××
平成○年○月○日残高	×××	×××	×××	×××	×××	×××	×××	×××

連結キャッシュ・フロー計算書は、連結計算書類には含まれない。また、連結包括利益計算書も同様である。なお、包括利益に関する連結計算書類の作成を求めるかどうかについては、包括利益に関する情報の株主・債権者にとっての有用性の程度等が明らかになった将来において、改めて検討する予定であることが法務省の「会社計算規則の一部を改正する省令案の概要」(平成22年7月30日公表) に示されているため、今後の議論の行方を注視したい。

2-2 連結注記表の記載事項

注記に関する事項を記載する「連結注記表」は、独立した連結計算書類とされている。記載内容は、連結財務諸表の注記の内容とほとんど変わるところはない。会社計算規則で連結注記表に記載が求められているのは、以下の事項である。

・継続企業の前提に関する注記
・連結計算書類の作成のための基本となる重要な事項に関する注記
　① 連結の範囲に関する事項
　② 持分法の適用に関する次に掲げる事項
　③ 会計処理基準に関する次に掲げる事項
　　(ア)重要な資産の評価基準及び評価方法
　　(イ)重要な減価償却資産の減価償却の方法
　　(ウ)重要な引当金の計上基準
　　(エ)その他連結計算書類の作成のための重要な事項
　④ 連結子会社の資産及び負債の評価に関する事項
　⑤ 連結計算書類の作成のための基本となる重要な事項の変更
・連結貸借対照表に関する注記
　① 担保に供している資産及び担保に係る債務
　② 資産から直接控除した引当金

→資産に係る引当金を直接控除した場合に記載する。原則として連結貸借対照表の各資産別に記載するが、各資産について、流動資産、有形固定資産、無形固定資産、投資その他の資産または繰延資産ごとに一括した引当金の金額を記載できる。

③ 資産に係る減価償却累計額

→資産に係る引当金を直接控除した場合に記載する。原則として連結貸借対照表の各資産別に記載するが、一括して注記することが適当な場合には、各資産について一括した減価償却累計額の金額を記載できる。

④ 資産に係る減損損失累計額

→連結貸借対照表上、資産に係る減損損失累計額を減価償却累計額に合算して表示した場合に、その旨を記載する。

⑤ 保証債務

・連結株主資本等変動計算書に関する注記

① 当該連結会計年度の末日における発行済株式の総数（種類ごと）

② 当該連結会計年度中に行った剰余金の金銭配当の総額（金銭配当以外の場合は、配当した財産の帳簿価額の総額）

③ 当該連結会計年度の末日における会社が発行している新株予約権（権利行使期間の初日が到来していないものを除く）の目的となる当該株式会社の株式の数（株式の種類ごと）

・会計方針の変更に関する注記

・表示方法の変更に関する注記

・会計上の見積りの変更に関する注記

・誤謬の訂正に関する注記

・金融商品に関する注記

→重要性の乏しいものを除き、金融商品の状況に関する事項及び金融商品の時価等に関する事項を記載する。なお、連結財務諸表ほどの詳細な記載は求められておらず、概括的な記載で足りると考えられる。

・賃貸等不動産に関する注記

→重要性の乏しいものを除き、賃貸等不動産の状況に関する事項及び賃貸等不動産の時価等に関する事項を記載する。なお、連結財務諸表ほどの詳細な記載は求められておらず、概括的な記載で足りると考えられる。

・１株当たり情報に関する注記

→潜在株式調整後１株当たり純利益金額及び算定上の基礎の記載までは求められていない。

・重要な後発事象に関する注記

・その他の注記

→上記の事項以外で、連結財務諸表で開示している事項について、重要性を勘案して記載することが考えられる。

連結財務諸表で注記の記載が要求されているが、連結注記表では記載が要求されていない事項は以下のとおりである。これらを、重要性を勘案して、上記の「その他の注記」として記載することも妨げられないと考えられる。

【会社計算規則で連結注記表に記載不要と明記されている事項】

・連結損益計算書に関する注記

・税効果会計に関する注記

・リースにより使用する固定資産に関する注記

・関連当事者との取引に関する注記

【会社計算規則で連結注記表への記載事項として触れられていない事項】

・セグメント情報等の注記

・有価証券関係注記

・デリバティブ関係注記

・退職給付会計に関する注記

・ストックオプション等関係注記

・企業結合・事業分離に関する注記

・資産除去債務に関する注記

資　料

連結財務諸表　様式

連結財務諸表規則・同ガイドライン　様式第四号
【連結貸借対照表】

（単位：　　　円）

	前連結会計年度（平成　年　月　日）	当連結会計年度（平成　年　月　日）
資産の部		
流動資産		
現金及び預金	×××	×××
受取手形及び売掛金	×××	×××
貸倒引当金	△×××	△×××
受取手形及び売掛金（純額）	×××	×××
リース債権及びリース投資資産	×××	×××
貸倒引当金	△×××	△×××
リース債権及びリース投資資産（純額）	×××	×××
有価証券	×××	×××
商品及び製品	×××	×××
仕掛品	×××	×××
原材料及び貯蔵品	×××	×××
繰延税金資産	×××	×××
その他	×××	×××
流動資産合計	×××	×××
固定資産		
有形固定資産		
建物及び構築物	×××	×××
減価償却累計額	△×××	△×××
建物及び構築物（純額）	×××	×××
機械装置及び運搬具	×××	×××
減価償却累計額	△×××	△×××
機械装置及び運搬具（純額）	×××	×××
土地	×××	×××
リース資産	×××	×××
減価償却累計額	△×××	△×××
リース資産（純額）	×××	×××
建設仮勘定	×××	×××
その他	×××	×××
減価償却累計額	△×××	△×××
その他（純額）	×××	×××
有形固定資産合計	×××	×××
無形固定資産		
のれん	×××	×××
リース資産	×××	×××

その他	×××	×××
無形固定資産合計	×××	×××
投資その他資産		
投資有価証券	×××	×××
長期貸付金	×××	×××
貸倒引当金	△×××	△×××
長期貸付金（純額）	×××	×××
繰延税金資産	×××	×××
その他	×××	×××
投資その他資産合計	×××	×××
固定資産合計	×××	×××
繰延資産		
創立費	×××	×××
開業費	×××	×××
株式交付費	×××	×××
社債発行費	×××	×××
開発費	×××	×××
繰延資産合計	×××	×××
資産合計	×××	×××
負債の部		
流動負債		
支払手形及び買掛金	×××	×××
短期借入金	×××	×××
リース債務	×××	×××
未払法人税等	×××	×××
繰延税金負債	×××	×××
製品保証引当金	×××	×××
………………	×××	×××
資産除去債務	×××	×××
その他	×××	×××
流動負債合計	×××	×××
固定負債		
社債	×××	×××
長期借入金	×××	×××
リース債務	×××	×××
繰延税金負債	×××	×××
退職給付引当金	×××	×××
………………	×××	×××
資産除去債務	×××	×××
その他	×××	×××
固定負債合計	×××	×××
負債合計	×××	×××
純資産の部		
株主資本		
資本金	×××	×××
資本剰余金	×××	×××
利益剰余金	×××	×××
自己株式	△×××	△×××

株主資本合計	×××	×××
その他の包括利益累計額		
その他有価証券評価差額金	×××	×××
繰延ヘッジ損益	×××	×××
土地再評価差額金	×××	×××
為替換算調整勘定	×××	×××
………………	×××	×××
その他の包括利益累計額合計	×××	×××
新株予約権	×××	×××
少数株主持分	×××	×××
純資産合計	×××	×××
負債純資産合計	×××	×××

連結財務諸表規則・同ガイドライン　様式第五号

【連結損益計算書】　　　　　　　　　　（単位：　　　円）

	前連結会計年度 (自 平成 年 月 日 至 平成 年 月 日)	当連結会計年度 (自 平成 年 月 日 至 平成 年 月 日)
売上高	×××	×××
売上原価	×××	×××
売上総利益（又は売上総損失）	×××	×××
販売費及び一般管理費		
………………	×××	×××
………………	×××	×××
………………	×××	×××
販売費及び一般管理費合計	×××	×××
営業利益（又は営業損失）	×××	×××
営業外収益		
受取利息	×××	×××
受取配当金	×××	×××
有価証券売却益	×××	×××
持分法による投資利益	×××	×××
………………	×××	×××
………………	×××	×××
営業外収益合計	×××	×××
営業外費用		
支払利息	×××	×××
有価証券売却損	×××	×××
持分法による投資損失	×××	×××
………………	×××	×××
………………	×××	×××
営業外費用合計	×××	×××
経常利益（又は経常損失）	×××	×××
特別利益		
固定資産売却益	×××	×××

負ののれん発生益	×××	×××
………………	×××	×××
………………	×××	×××
特別利益合計	×××	×××
特別損失		
固定資産売却損	×××	×××
減損損失	×××	×××
災害による損失	×××	×××
………………	×××	×××
………………	×××	×××
特別損失合計	×××	×××
税金等調整前当期純利益（又は税金等調整前当期純損失）	×××	×××
法人税、住民税及び事業税	×××	×××
法人税等調整額	×××	×××
法人税等合計	×××	×××
少数株主損益調整前当期純利益（又は少数株主損益調整前当期純損失）	×××	×××
少数株主利益（又は少数株主損失）	×××	×××
当期純利益（又は当期純損失）	×××	×××

連結財務諸表規則・同ガイドライン　様式第五号の二
【連結包括利益計算書】

（単位：　　　円）

	前連結会計年度（自 平成 年 月 日 至 平成 年 月 日）	当連結会計年度（自 平成 年 月 日 至 平成 年 月 日）
少数株主損益調整前当期純利益（又は少数株主損益調整前当期純損失）	×××	×××
その他の包括利益		
その他有価証券評価差額金	×××	×××
繰延ヘッジ損益	×××	×××
為替換算調整勘定	×××	×××
持分法適用会社に対する持分相当額	×××	×××
………………	×××	×××
その他の包括利益合計	×××	×××
包括利益	×××	×××
（内訳）		
親会社株主に係る包括利益	×××	×××
少数株主に係る包括利益	×××	×××

連結財務諸表規則・同ガイドライン　別紙
【連結損益及び包括利益計算書】

（単位：　　　円）

	前連結会計年度 (自 平成 年 月 日 至 平成 年 月 日)	当連結会計年度 (自 平成 年 月 日 至 平成 年 月 日)
売上高	×××	×××
売上原価	×××	×××
売上総利益（又は売上総損失）	×××	×××
販売費及び一般管理費		
………………	×××	×××
………………	×××	×××
販売費及び一般管理費合計	×××	×××
営業利益（又は営業損失）	×××	×××
営業外収益		
受取利息	×××	×××
受取配当金	×××	×××
有価証券売却益	×××	×××
持分法による投資利益	×××	×××
………………	×××	×××
………………	×××	×××
営業外収益合計	×××	×××
営業外費用		
支払利息	×××	×××
有価証券売却損	×××	×××
持分法による投資損失	×××	×××
………………	×××	×××
………………	×××	×××
営業外費用合計	×××	×××
経常利益（又は経常損失）	×××	×××
特別利益		
固定資産売却益	×××	×××
負ののれん発生益	×××	×××
………………	×××	×××
………………	×××	×××
特別利益合計	×××	×××
特別損失		
固定資産売却損	×××	×××
減損損失	×××	×××
災害による損失	×××	×××
………………	×××	×××
………………	×××	×××
特別損失合計	×××	×××
税金等調整前当期純利益（又は税金等調整前当期純損失）	×××	×××
法人税、住民税及び事業税	×××	×××
法人税等調整額	×××	×××
法人税等合計	×××	×××

少数株主損益調整前当期純利益（又は少数株主損益調整前当期純損失）	×××	×××
少数株主利益（又は少数株主損失）	×××	×××
当期純利益（又は当期純損失）	×××	×××
少数株主利益（又は少数株主損失）	×××	×××
少数株主損益調整前当期純利益（又は少数株主損益調整前当期純損失）	×××	×××
その他の包括利益		
その他有価証券評価差額金	×××	×××
繰延ヘッジ損益	×××	×××
為替換算調整勘定	×××	×××
持分法適用会社に対する持分相当額	×××	×××
………………	×××	×××
その他の包括利益合計	×××	×××
包括利益	×××	×××
（内訳）		
親会社株主に係る包括利益	×××	×××
少数株主に係る包括利益	×××	×××

連結財務諸表規則・同ガイドライン　様式第六号
【連結株主資本等変動計算書】

（単位：　　　円）

	前連結会計年度 （自 平成 年 月 日 至 平成 年 月 日）	当連結会計年度 （自 平成 年 月 日 至 平成 年 月 日）
株主資本		
資本金		
当期首残高	×××	×××
当期変動額		
新株の発行	×××	×××
………………	×××	×××
当期変動額合計	×××	×××
当期末残高	×××	×××
資本剰余金		
当期首残高	×××	×××
当期変動額		
新株の発行	×××	×××
………………	×××	×××
当期変動額合計	×××	×××
当期末残高	×××	×××
利益剰余金		
当期首残高	×××	×××
当期変動額		
剰余金の配当	△×××	△×××
当期純利益	×××	×××
………………	×××	×××

当期変動額合計	×××	×××
当期末残高	×××	×××
自己株式		
当期首残高	△×××	△×××
当期変動額		
自己株式の処分	×××	×××
………………	×××	×××
当期変動額合計	×××	×××
当期末残高	△×××	△×××
株主資本合計		
当期首残高	×××	×××
当期変動額		
新株の発行	×××	×××
剰余金の配当	△×××	△×××
当期純利益	×××	×××
自己株式の処分	×××	×××
………………	×××	×××
当期変動額合計	×××	×××
当期末残高	×××	×××
その他の包括利益累計額		
その他有価証券評価差額金		
当期首残高	×××	×××
当期変動額		
株主資本以外の項目の当期変動額（純額）	×××	×××
当期変動額合計	×××	×××
当期末残高	×××	×××
繰延ヘッジ損益		
当期首残高	×××	×××
当期変動額		
株主資本以外の項目の当期変動額（純額）	×××	×××
当期変動額合計	×××	×××
当期末残高	×××	×××
土地再評価差額金		
当期首残高	×××	×××
当期変動額		
株主資本以外の項目の当期変動額（純額）	×××	×××
当期変動額合計	×××	×××
当期末残高	×××	×××
為替換算調整勘定		
当期首残高	×××	×××
当期変動額		
株主資本以外の項目の当期変動額（純額）	×××	×××
当期変動額合計	×××	×××
当期末残高	×××	×××

その他の包括利益累計額合計		
当期首残高	×××	×××
当期変動額		
株主資本以外の項目の当期変動額（純額）	×××	×××
当期変動額合計	×××	×××
当期末残高	×××	×××
新株予約権		
当期首残高	×××	×××
当期変動額		
株主資本以外の項目の当期変動額（純額）	×××	×××
当期変動額合計	×××	×××
当期末残高	×××	×××
少数株主持分		
当期首残高	×××	×××
当期変動額		
株主資本以外の項目の当期変動額（純額）	×××	×××
当期変動額合計	×××	×××
当期末残高	×××	×××
純資産合計		
当期首残高	×××	×××
当期変動額		
新株の発行	×××	×××
剰余金の配当	△×××	△×××
当期純利益	×××	×××
自己株式の処分	×××	×××
………………	×××	×××
株主資本以外の項目の当期変動額（純額）	×××	×××
当期変動額合計	×××	×××
当期末残高	×××	×××

連結財務諸表規則・同ガイドライン　様式第七号
【連結キャッシュ・フロー計算書】（直接法）

（単位：　　円）

	前連結会計年度 （自 平成 年 月 日 至 平成 年 月 日）	当連結会計年度 （自 平成 年 月 日 至 平成 年 月 日）
営業活動によるキャッシュ・フロー		
営業収入	×××	×××
原材料又は商品の仕入れによる支出	△×××	△×××
人件費の支出	△×××	△×××
その他の営業支出	△×××	△×××
小計	×××	×××

利息及び配当金の受取額	×××	×××
利息の支払額	△×××	△×××
損害賠償金の支払額	△×××	△×××
………………	×××	×××
法人税等の支払額	△×××	△×××
営業活動によるキャッシュ・フロー	×××	×××
投資活動によるキャッシュ・フロー		
有価証券の取得による支出	△×××	△×××
有価証券の売却による収入	×××	×××
有形固定資産の取得による支出	△×××	△×××
有形固定資産の売却による収入	×××	×××
投資有価証券の取得による支出	△×××	△×××
投資有価証券の売却による収入	×××	×××
連結の範囲の変更を伴う子会社株式の取得による支出	△×××	△×××
連結の範囲の変更を伴う子会社株式の売却による収入	×××	×××
貸付けによる支出	△×××	△×××
貸付金の回収による収入	×××	×××
………………	×××	×××
投資活動によるキャッシュ・フロー	×××	×××
財務活動によるキャッシュ・フロー		
短期借入れによる収入	×××	×××
短期借入金の返済による支出	△×××	△×××
長期借入れによる収入	×××	×××
長期借入金の返済による支出	△×××	△×××
社債の発行による収入	×××	×××
社債の償還による支出	△×××	△×××
株式の発行による収入	×××	×××
自己株式の取得による支出	△×××	△×××
配当金の支払額	△×××	△×××
少数株主への配当金の支払額	△×××	△×××
………………	×××	×××
財務活動によるキャッシュ・フロー	×××	×××
現金及び現金同等物に係る換算差額	×××	×××
現金及び現金同等物の増減額（△は減少）	×××	×××
現金及び現金同等物の期首残高	×××	×××
現金及び現金同等物の期末残高	×××	×××

連結財務諸表規則・同ガイドライン　様式第八号
【連結キャッシュ・フロー計算書】（間接法）　　　　（単位：　　円）

	前連結会計年度 (自 平成 年 月 日 至 平成 年 月 日)	当連結会計年度 (自 平成 年 月 日 至 平成 年 月 日)
営業活動によるキャッシュ・フロー		
税金等調整前当期純利益（又は税金等調整前当期純損失）	×××	×××
減価償却費	×××	×××
減損損失	×××	×××
のれん償却額	×××	×××
貸倒引当金の増減額（△は減少）	×××	×××
受取利息及び受取配当金	△×××	△×××
支払利息	×××	×××
為替差損益（△は益）	×××	×××
持分法による投資損益（△は益）	×××	×××
有形固定資産売却損益（△は益）	×××	×××
損害賠償損失	×××	×××
売上債権の増減額（△は増加）	×××	×××
たな卸資産の増減額（△は増加）	×××	×××
仕入債務の増減額（△は減少）	×××	×××
………………	×××	×××
小計	×××	×××
利息及び配当金の受取額	×××	×××
利息の支払額	△×××	△×××
損害賠償金の支払額	△×××	△×××
………………	×××	×××
法人税等の支払額	△×××	△×××
営業活動によるキャッシュ・フロー	×××	×××
投資活動によるキャッシュ・フロー		
有価証券の取得による支出	△×××	△×××
有価証券の売却による収入	×××	×××
有形固定資産の取得による支出	△×××	△×××
有形固定資産の売却による収入	×××	×××
投資有価証券の取得による支出	△×××	△×××
投資有価証券の売却による収入	×××	×××
連結の範囲の変更を伴う子会社株式の取得による支出	△×××	△×××
連結の範囲の変更を伴う子会社株式の売却による収入	×××	×××
貸付けによる支出	△×××	△×××
貸付金の回収による収入	×××	×××
………………	×××	×××
投資活動によるキャッシュ・フロー	×××	×××
財務活動によるキャッシュ・フロー		
短期借入れによる収入	×××	×××
短期借入金の返済による支出	△×××	△×××

長期借入れによる収入	×××	×××
長期借入金の返済による支出	△×××	△×××
社債の発行による収入	×××	×××
社債の償還による支出	△×××	△×××
株式の発行による収入	×××	×××
自己株式の取得による支出	△×××	△×××
配当金の支払額	△×××	△×××
少数株主への配当金の支払額	△×××	△×××
………………	×××	×××
財務活動によるキャッシュ・フロー	×××	×××
現金及び現金同等物に係る換算差額	×××	×××
現金及び現金同等物の増減額（△は減少）	×××	×××
現金及び現金同等物の期首残高	×××	×××
現金及び現金同等物の期末残高	×××	×××

四半期連結財務諸表　様式

四半期連結財務諸表規則・同ガイドライン　様式第二号
【四半期連結貸借対照表】　　（単位：　　円）

	前連結会計年度 （平成　年　月　日）	当第　四半期 連結会計期間 （平成　年　月　日）
資産の部		
流動資産		
現金及び預金	×××	×××
受取手形及び売掛金（純額）	×××	×××
有価証券	×××	×××
商品及び製品	×××	×××
仕掛品	×××	×××
原材料及び貯蔵品	×××	×××
その他	×××	×××
流動資産合計	×××	×××
固定資産		
有形固定資産	×××	×××
無形固定資産		
のれん	×××	×××
その他	×××	×××
無形固定資産合計	×××	×××
投資その他資産	×××	×××
固定資産合計	×××	×××
繰延資産	×××	×××
資産合計	×××	×××
負債の部		
流動負債		
支払手形及び買掛金	×××	×××
短期借入金	×××	×××
未払法人税等	×××	×××
引当金	×××	×××
資産除去債務	×××	×××
その他	×××	×××
流動負債合計	×××	×××
固定負債		
社債	×××	×××
長期借入金	×××	×××
引当金	×××	×××
資産除去債務	×××	×××
その他	×××	×××

固定負債合計	×××	×××
負債合計	×××	×××
純資産の部		
株主資本		
資本金	×××	×××
資本剰余金	×××	×××
利益剰余金	×××	×××
自己株式	△×××	△×××
株主資本合計	×××	×××
その他の包括利益累計額		
その他有価証券評価差額金	×××	×××
繰延ヘッジ損益	×××	×××
土地再評価差額金	×××	×××
為替換算調整勘定	×××	×××
………………	×××	×××
その他の包括利益累計額合計	×××	×××
新株予約権	×××	×××
少数株主持分	×××	×××
純資産合計	×××	×××
負債純資産合計	×××	×××

四半期連結財務諸表規則・同ガイドライン　様式第三号
【四半期連結損益計算書】
【第　四半期連結累計期間】
(単位：　　　円)

	前第　四半期連結累計期間 (自 平成 年 月 日 至 平成 年 月 日)	当第　四半期連結累計期間 (自 平成 年 月 日 至 平成 年 月 日)
売上高	×××	×××
売上原価	×××	×××
売上総利益（又は売上総損失）	×××	×××
販売費及び一般管理費		
………………	×××	×××
………………	×××	×××
………………	×××	×××
販売費及び一般管理費合計	×××	×××
営業利益（又は営業損失）	×××	×××
営業外収益		
………………	×××	×××
………………	×××	×××
営業外収益合計	×××	×××
営業外費用		
………………	×××	×××
………………	×××	×××
営業外費用合計	×××	×××

経常利益（又は経常損失）	×××	×××
特別利益		
………………	×××	×××
………………	×××	×××
特別利益合計	×××	×××
特別損失		
………………	×××	×××
………………	×××	×××
特別損失合計	×××	×××
税金等調整前四半期純利益（又は税金等調整前四半期純損失）	×××	×××
法人税、住民税及び事業税	×××	×××
法人税等調整額	×××	×××
法人税等合計	×××	×××
少数株主損益調整前四半期純利益（又は少数株主損益調整前四半期純損失）	×××	×××
少数株主利益（又は少数株主損失）	×××	×××
四半期純利益（又は四半期純損失）	×××	×××

四半期連結財務諸表規則・同ガイドライン　様式第三号の二
【四半期連結包括利益計算書】
【第　四半期連結累計期間】

（単位：　　　円）

	前第　四半期連結累計期間（自 平成 年 月 日 至 平成 年 月 日）	当第　四半期連結累計期間（自 平成 年 月 日 至 平成 年 月 日）
少数株主損益調整前四半期純利益（又は少数株主損益調整前四半期純損失）	×××	×××
その他の包括利益		
その他有価証券評価差額金	×××	×××
繰延ヘッジ損益	×××	×××
為替換算調整勘定	×××	×××
持分法適用会社に対する持分相当額	×××	×××
………………	×××	×××
その他の包括利益合計	×××	×××
四半期包括利益	×××	×××
（内訳）		
親会社株主に係る四半期包括利益	×××	×××
少数株主に係る四半期包括利益	×××	×××

四半期連結財務諸表規則・同ガイドライン　別紙
【四半期連結損益及び包括利益計算書】
【第　四半期連結累計期間】　　　　　　　　　　　　　　（単位：　　　円）

	前第　四半期 連結累計期間 (自 平成 年 月 日 至 平成 年 月 日)	当第　四半期 連結累計期間 (自 平成 年 月 日 至 平成 年 月 日)
売上高	×××	×××
売上原価	×××	×××
売上総利益（又は売上総損失）	×××	×××
販売費及び一般管理費		
…………………	×××	×××
…………………	×××	×××
…………………	×××	×××
販売費及び一般管理費合計	×××	×××
営業利益（又は営業損失）	×××	×××
営業外収益		
…………………	×××	×××
…………………	×××	×××
営業外収益合計	×××	×××
営業外費用		
…………………	×××	×××
…………………	×××	×××
営業外費用合計	×××	×××
経常利益（又は経常損失）	×××	×××
特別利益		
…………………	×××	×××
…………………	×××	×××
特別利益合計	×××	×××
特別損失		
…………………	×××	×××
…………………	×××	×××
特別損失合計	×××	×××
税金等調整前四半期純利益（又は税金等調整前四半期純損失）	×××	×××
法人税、住民税及び事業税	×××	×××
法人税等調整額	×××	×××
法人税等合計	×××	×××
少数株主損益調整前四半期純利益（又は少数株主損益調整前四半期純損失）	×××	×××
少数株主利益（又は少数株主損失）	×××	×××
四半期純利益（又は四半期純損失）	×××	×××
少数株主利益（又は少数株主損失）	×××	×××
少数株主損益調整前四半期純利益（又は少数株主損益調整前四半期純損失）	×××	×××
その他の包括利益		
その他有価証券評価差額金	×××	×××

繰延ヘッジ損益	×××	×××
為替換算調整勘定	×××	×××
持分法適用会社に対する持分相当額	×××	×××
………………	×××	×××
その他の包括利益合計	×××	×××
四半期包括利益	×××	×××
（内訳）		
親会社株主に係る四半期包括利益	×××	×××
少数株主に係る四半期包括利益	×××	×××

四半期連結財務諸表規則・同ガイドライン　様式第五号
【四半期連結キャッシュ・フロー計算書】（直接法）　　（単位：　　円）

	前第　四半期 連結累計期間 （自　平成　年　月　日 至　平成　年　月　日）	当第　四半期 連結累計期間 （自　平成　年　月　日 至　平成　年　月　日）
営業活動によるキャッシュ・フロー		
営業収入	×××	×××
原材料又は商品の仕入れによる支出	△×××	△×××
人件費の支出	△×××	△×××
その他の営業支出	△×××	△×××
小計	×××	×××
利息及び配当金の受取額	×××	×××
利息の支払額	△×××	△×××
損害賠償金の支払額	△×××	△×××
………………	×××	×××
法人税等の支払額	△×××	△×××
営業活動によるキャッシュ・フロー	×××	×××
投資活動によるキャッシュ・フロー		
有価証券の取得による支出	△×××	△×××
有価証券の売却による収入	×××	×××
有形固定資産の取得による支出	△×××	△×××
有形固定資産の売却による収入	×××	×××
投資有価証券の取得による支出	△×××	△×××
投資有価証券の売却による収入	×××	×××
連結の範囲の変更を伴う子会社株式の取得による支出	△×××	△×××
連結の範囲の変更を伴う子会社株式の売却による収入	×××	×××
貸付けによる支出	△×××	△×××
貸付金の回収による収入	×××	×××
………………	×××	×××
投資活動によるキャッシュ・フロー	×××	×××
財務活動によるキャッシュ・フロー		
短期借入れによる収入	×××	×××

短期借入金の返済による支出	△×××	△×××
長期借入れによる収入	×××	×××
長期借入金の返済による支出	△×××	△×××
社債の発行による収入	×××	×××
社債の償還による支出	△×××	△×××
株式の発行による収入	×××	×××
自己株式の取得による支出	△×××	△×××
配当金の支払額	△×××	△×××
少数株主への配当金の支払額	△×××	△×××
………………	×××	×××
財務活動によるキャッシュ・フロー	×××	×××
現金及び現金同等物に係る換算差額	×××	×××
現金及び現金同等物の増減額(△は減少)	×××	×××
現金及び現金同等物の期首残高	×××	×××
現金及び現金同等物の四半期末残高	×××	×××

四半期連結財務諸表規則・同ガイドライン　様式第六号
【四半期連結キャッシュ・フロー計算書】（間接法）　　（単位：　　円）

	前第　四半期 連結累計期間 (自 平成 年 月 日 至 平成 年 月 日)	当第　四半期 連結累計期間 (自 平成 年 月 日 至 平成 年 月 日)
営業活動によるキャッシュ・フロー		
税金等調整前四半期純利益（又は税金等調整前四半期純損失）	×××	×××
減価償却費	×××	×××
減損損失	×××	×××
のれん償却額	×××	×××
貸倒引当金の増減額（△は減少）	×××	×××
受取利息及び受取配当金	△×××	△×××
支払利息	×××	×××
為替差損益（△は益）	×××	×××
持分法による投資損益（△は益）	×××	×××
有形固定資産売却損益（△は益）	×××	×××
損害賠償損失	×××	×××
売上債権の増減額（△は増加）	×××	×××
たな卸資産の増減額（△は増加）	×××	×××
仕入債務の増減額（△は減少）	×××	×××
………………	×××	×××
小計	×××	×××
利息及び配当金の受取額	×××	×××
利息の支払額	△×××	△×××
損害賠償金の支払額	△×××	△×××
………………	×××	×××
法人税等の支払額	△×××	△×××

営業活動によるキャッシュ・フロー	×××	×××
投資活動によるキャッシュ・フロー		
有価証券の取得による支出	△×××	△×××
有価証券の売却による収入	×××	×××
有形固定資産の取得による支出	△×××	△×××
有形固定資産の売却による収入	×××	×××
投資有価証券の取得による支出	△×××	△×××
投資有価証券の売却による収入	×××	×××
連結の範囲の変更を伴う子会社株式の取得による支出	△×××	△×××
連結の範囲の変更を伴う子会社株式の売却による収入	×××	×××
貸付けによる支出	△×××	△×××
貸付金の回収による収入	×××	×××
………………	×××	×××
投資活動によるキャッシュ・フロー	×××	×××
財務活動によるキャッシュ・フロー		
短期借入れによる収入	×××	×××
短期借入金の返済による支出	△×××	△×××
長期借入れによる収入	×××	×××
長期借入金の返済による支出	△×××	△×××
社債の発行による収入	×××	×××
社債の償還による支出	△×××	△×××
株式の発行による収入	×××	×××
自己株式の取得による支出	△×××	△×××
配当金の支払額	△×××	△×××
少数株主への配当金の支払額	△×××	△×××
………………	×××	×××
財務活動によるキャッシュ・フロー	×××	×××
現金及び現金同等物に係る換算差額	×××	×××
現金及び現金同等物の増減額(△は減少)	×××	×××
現金及び現金同等物の期首残高	×××	×××
現金及び現金同等物の四半期末残高	×××	×××

【ア　行】

【カ　行】

【サ　行】

【タ　行】

【ナ　行】

【ハ　行】

【マ　行】

【ヤ　行】

【ラ　行】

■編著者

柳下　敏男　　公認会計士

竹原　玄　　　公認会計士

藤本　浩巳　　公認会計士

■執筆者（五十音順）

高野　寛之　　公認会計士

竹田　英秋　　公認会計士

竹本　稔　　　公認会計士

田中　浩生　　公認会計士

角田航太郎　　公認会計士

寺本　聡　　　公認会計士

花輪　大資　　公認会計士

山林　貴裕　　公認会計士

太陽 ASG 有限責任監査法人

Grant Thornton International メンバーファーム

[所在地]

本部・東京事務所
〒107-0052　東京都港区赤坂8-5-26　赤坂 DS ビル西館 9 階
TEL：(03) 5474-0111　FAX：(03) 5474-0112
大阪事務所
〒530-0015　大阪市北区中崎西2-4-12　梅田センタービル25階
TEL：(06) 6373-3030　FAX：(06) 6373-3303
名古屋事務所
〒450-0002　愛知県名古屋市中村区名駅4-6-23　第三堀内ビル 7 階
TEL：(052) 569-5605　FAX：(052) 569-5606

[沿革]

1971年 9 月　太陽監査法人設立
1985年 9 月　元監査法人設立
1991年 4 月　アクタス監査法人設立
1994年10月　グラント・ソントン　インターナショナル加盟
1999年 4 月　元監査法人とアクタス監査法人が合併しアクタス元監査法人となる
2001年 7 月　エーエスジー監査法人に社名変更（2003年 2 月より ASG 監査法人）
2006年 1 月　太陽監査法人と ASG 監査法人が合併し太陽 ASG 監査法人となる
2008年 7 月　有限責任組織形態に移行　太陽 ASG 有限責任監査法人となる

[業務概要]

太陽 ASG 有限責任監査法人は、金融商品取引法、会社法、信用金庫法、私立学校振興助成法等に基づく会計監査を主な業務としており、この他にも、株式公開準備会社の会計監査や業務支援、IFRS 対応のための業務支援に多くの実績がある。また、グラントソントン太陽 ASG 税理士法人、グラントソントン太陽 ASG㈱、㈱太陽 ASG アドバイザリーサービスおよびグラントソントン・マスターズトラスト㈱を加えた太陽 ASG グループ 5 社は、世界 6 大会計事務所のひとつ Grant Thornton の日本メンバーとして、会計業務、国内外税務、経営および財務コンサルティング業務をトータルなサービスとして提供している。

【実務解説】連結財務諸表作成と会計処理

2012年5月15日　発行

編著者　太陽ASG有限責任監査法人 ©

発行者　小泉 定裕

発行所　株式会社 清文社
東京都千代田区内神田1－6－6（MIFビル）
〒101-0047　電話 03(6273)7946　FAX 03(3518)0299
大阪市北区天神橋2丁目北2－6（大和南森町ビル）
〒530-0041　電話 06(6135)4050　FAX 06(6135)4059
URL http://www.skattsei.co.jp/

印刷：亜細亜印刷㈱

ISBN978-4-433-56972-3